项目资助

本书是2021年度"中央高校基本科研业务费专项资金"兰州大学格鲁吉亚研究中心基地建设项目（2021jbkyjd008）阶段性成果

国外学者视角下的格鲁吉亚

汪金国　主编

中国社会科学出版社

图书在版编目（CIP）数据

国外学者视角下的格鲁吉亚 / 汪金国主编. —北京：中国社会科学出版社，2023.1
ISBN 978-7-5227-1046-4

Ⅰ.①国… Ⅱ.①汪… Ⅲ.①格鲁吉亚—概况 Ⅳ.①K936.7

中国版本图书馆 CIP 数据核字（2022）第 220166 号

出 版 人	赵剑英
责任编辑	周晓慧
责任校对	刘　念
责任印制	戴　宽

出　版	中国社会科学出版社
社　址	北京鼓楼西大街甲 158 号
邮　编	100720
网　址	http://www.csspw.cn
发 行 部	010-84083685
门 市 部	010-84029450
经　销	新华书店及其他书店
印　刷	北京明恒达印务有限公司
装　订	廊坊市广阳区广增装订厂
版　次	2023 年 1 月第 1 版
印　次	2023 年 1 月第 1 次印刷
开　本	710×1000　1/16
印　张	22.25
插　页	2
字　数	357 千字
定　价	108.00 元

凡购买中国社会科学出版社图书，如有质量问题请与本社营销中心联系调换
电话：010-84083683
版权所有　侵权必究

前　言

地处外高加索中西部的格鲁吉亚，面积 6.97 万平方公里，人口不足 400 万人，因地处欧亚大陆交界处，是俄罗斯与西方国家对峙的前沿阵地，也是丝绸之路中线必经之路，特殊的地理位置赋予其重要的地缘政治意义。在当前美俄持续对抗、中美竞争加剧、中俄关系快速发展和"一带一路"建设深入推进的背景下，加大对格鲁吉亚问题的关注，具有十分重要的意义。

作为苏联加盟共和国，格鲁吉亚与俄罗斯之间有着千丝万缕的联系，但共同的历史、文化和地理因素，非但未能推动这两个国家的进一步合作，反而成为一种历史包袱，制约着两国关系的发展。为了摆脱俄罗斯的地缘压制，格鲁吉亚在独立后迅速走上"去俄罗斯化"道路，积极融入欧洲一体化，加大与美国等西方国家的接触，以此削减俄罗斯在高加索地区的影响力。持续紧张的俄格关系影响着俄罗斯的南部安全，"一心向西"的外交定位使高加索地区的地缘政治环境更为复杂。

尽管格鲁吉亚选择融入欧洲的发展道路，但是，它在加入欧盟和北约的过程中所付出的努力和代价是巨大的。在追求政治安全、经济稳定和文化融合的过程中，格鲁吉亚不得不面对权力关系的不对称、国家主权的削弱和民族认同感的下降。"选边站"的风险和小国在发展过程中对外部资源的依赖性，加强了格鲁吉亚与除俄罗斯、美国和欧盟之外的新力量交流合作的意愿。格鲁吉亚的这一发展定位与中国国家主席习近平在 2013 年提出的共建"丝绸之路经济带"和"21 世纪海上丝绸之路"倡议高度吻合，因此"一带一路"倡议提出后，立刻得到格鲁吉亚的积极响应。截至目前，中格两国在经济、文化和安全等领域的合作已经取得了显著的成效，不断深入的交流加大了中国社会各界对格鲁吉亚社会、历史、文化和国情的关注，同时也对相关领域的专业人员提出了更高的要求，需要其在研究的深度和广度上有所突破，为中格关系的进一步发展提供智力支持和决策咨询。

《国外学者视角下的格鲁吉亚》一书的编译计划正是在此背景下提出的。鉴于当前国内社会各界对格鲁吉亚信息的需求不断增大，而既有的研究成果在数量、广度和深度上多有不足，兰州大学格鲁吉亚研究中心总结前期研究经验，组织专业团队，搜集、挑选国外关于格鲁吉亚问题研究的代表之作，译为汉语，编辑成书。兰州大学格鲁吉亚研究中心作为一家研究格鲁吉亚问题的专业学术机构，其团队成员具有扎实的政治学、经济学、语言学、管理学、社会学、历史学和民族学等不同学科的背景知识，能够切实保障研究工作的全面展开。另外，除了训练有素的年轻研究人员之外，团队成员还包括多名科研经验丰富的资深专家，整个编译工作采取严格的分工协作制度，严把翻译、校对和审核质量关，有效弥补了以往研究"单打独斗"的零散性和质量上的参差不齐。

本书编译的内容涉及格鲁吉亚社会、政治、经济、安全、民族和宗教等多个领域，可供格鲁吉亚问题研究者作为参考资料，了解格鲁吉亚问题研究的世界动态和代表性学术观点，为初入该领域的研究生节省查找和翻译资料的时间，为他们进一步开展研究工作提供一个入口。希望读者能在阅读过程中，对比、鉴别不同观点，激发深入研究的热情。

目　　录

第一编　格鲁吉亚与国际关系

全球化和后疫情时代的世界秩序：格鲁吉亚在变革性国际
　　体系中的地位 …… 伊拉克里·乌比拉瓦　阿夫坦季尔·图克瓦泽
　　　　　　　　　　　　　　　　　　　　　瓦勒里安·多利泽（3）
格鲁吉亚和俄罗斯：为何及如何保持正常化 ……… 国际危机组织（13）
信息时代理解战争滥觞的困难：俄罗斯、格鲁吉亚和2008年8月
　　南奥塞梯战争 …………… 里克·福纳　罗伯特·纳尔班多夫（35）
民主化的破坏者还是促进者
　　——俄罗斯在格鲁吉亚和乌克兰的角色
　　…………………… 劳尔·德尔库尔　塔琳娜·沃尔丘克（68）
日本的南高加索外交：日本对格鲁吉亚外交政策的发展
　　………………………………… 马里亚姆·比比拉什维利（89）

第二编　格鲁吉亚与地区问题

格鲁吉亚与黑海安全
　　………………… 亚历山德拉·库伊莫娃　西蒙·T.维兹曼（115）
俄格关系背景下的南高加索一体化问题
　　………………… 米哈伊尔·达维多维奇·托克马齐什维利（135）
过渡背景下南高加索地区的现代政治史 …… 弗朗索瓦兹·康班仁（148）

第三编　格鲁吉亚的对外政策

格鲁吉亚：小国的对外政策……… 艾瓦江·安娜·斯捷潘诺夫娜（173）
主权的复杂性：科索沃、格鲁吉亚和俄罗斯的外交政策
　………………………………………… 查尔斯·E.齐格勒（184）
在俄罗斯"混合"战略和西方模糊性之间：格鲁吉亚
　脆弱性评估 …………………………… 尼克拉斯·尼尔森（203）

第四编　格鲁吉亚的政治和经济发展

在俄罗斯的自负与不安全之间：冲突后格鲁吉亚的政治
　挑战及前景 …………………………… 科内利·卡卡奇亚（225）
"欧洲正在觉醒"：东部伙伴民族国家民粹主义的扩散
　——以"格鲁吉亚进行曲"运动为例…… 尼诺·戈扎利什维利（242）
外国直接投资对经济发展的影响：以格鲁吉亚为例…… 瓦赫唐·查里亚
　　　　　　　　阿奇尔·乔奇亚　马里亚姆·拉什基（269）
影响南奥塞梯可持续发展的农业因素 ……………… 里拉·古利耶娃
　　　　　　　　诺达尔·卡波尔蒂　伊莉娜·季奥耶娃（284）

第五编　格鲁吉亚的民族国家认同

格鲁吉亚穆斯林群体：老问题和新挑战 ………… 乔治·萨尼基泽（295）
冲突后格鲁吉亚身份转换的案例
　——阿布哈兹战争和八月战争 ……………… 尼诺·塔贝沙泽（319）
在国家与民族建构之间：关于格鲁吉亚公民身份证上"民族"
　的辩论 ……………………………………… 奥利弗·赖斯纳（330）

后　记 ……………………………………………………………（350）

第一编
格鲁吉亚与国际关系

全球化和后疫情时代的世界秩序：格鲁吉亚在变革性国际体系中的地位[*]

伊拉克里·乌比拉瓦(Irakli Ubilava)[**]　阿夫坦季尔·图克瓦泽[***]
（Avtandil Tukvadze）　瓦勒里安·多利泽(Valerian Dolidze）

【摘要】 研究背景：关于后疫情时代的国际体系已经出现诸多的设想。

文章目的：通过分析新冠肺炎疫情所引发的经济和政治危机，预测格鲁吉亚在后疫情时代全球化秩序中的地位。

研究方法：结构功能分析、地缘政治分析和模拟分析。

研究结果与研究价值：在后疫情时代，全球化将会减弱，而民族国家的作用将会增强。在这种情况下，对于具有巨大军事潜力的国家而言，对自然资源和原材料丰富的国家以及有战略意义的国家进行军事和政治的控制将十分重要。南高加索和格鲁吉亚便是重要的地理节点之一。世界政治理论范式的修正主义可能导致世界体系重组，这将使格鲁吉亚重新思考其在该地区地缘政治关系中的位置，以确保其国家安全和民主的稳定发展。在这种情况下，几代人的两极世界观（正统和保守对抗自由和民主）将产生两党制。其中一个

---

[*] Ubilava, I., A. Tukvadze, and V. Dolidze, "Globalization and Post-Pandemic World Order: Place of Georgia in Transformative International System," *SHS Web of Conferences*, 92 (5), 2021, 01050.

[**] 俄罗斯人民友谊大学政策分析与管理学系，俄罗斯联邦，莫斯科，米克洛霍马克莱街（MiklouhoMaclay Str.）6号，117198。

[***] 伊凡尼·贾瓦赫什维利第比利斯国立大学（Ivane Javakhisvili Tbilisi State University）社会和政治科学学院政治学系。格鲁吉亚，第比利斯，恰夫恰瓦泽大道（I. Chavchavadze Av.）10159。

政党将倾向于西方，另一个政党将倾向于俄罗斯。这种政党制度将确保基于平衡外交政策的安全制度顺利运作。

【关键词】 全球化；世界秩序；国际体系；新冠肺炎疫情

导　言

冷战结束之后，文化、社会经济、政治发展和人类的发展方向已经被确定，在现实方面，全球化是自由主义模式的内容之一。大多数科学家认为，全球化的本质反过来意味着文化的跨国化、同质化和标准化。在特定的社会中，基于组织社会的自由模式且公民意识鲜明的政策，在全球范围内进一步推动各国的统一进程。但是，新冠肺炎疫情挑战了这种极端个人主义的社会组织模式。正如戴维斯（Davis）和文纳姆（Wenham）在评估新冠肺炎疫情对人类的影响时所言[1]："由新型冠状病毒引起的全球性疫情……既是一个政治问题，也是一个公共卫生悲剧。"根据杂志编辑的说法，是"领土、政治、管理"，"目前的疫情正在引发一个根本性的问题，即什么才能使民众、社会和国家得到可持续发展。社会公平和代际正义是幸福的组成部分且永不过时。"[2]

疫情揭示了社会生活的个人主义组织模式缺乏必要的社会资本。在我们看来，这就解释了为何疫情会造成制度混乱，这决定了社会运动跨越了许多组织和社会领域[3]，同时应该关注，在具有强烈团结意识的国家中，疫情的影响可能完全不同。比如瑞典，疫情显著提高了民众对当局的信任，在人际关系层面也提高了对陌生人的信任。[4]

---

[1] Davis, S. E., Wenham, C., "Why the COVID-19 Response Needs International Relations," *International Affairs*, 95 (5), 2020, pp. 1227 – 1251.

[2] Dodds, K., Broto, V., Deterbeck, K., Jones, M., Mamadouh, V., Ramutsindela, M., Versangi, M., Wacsmuth, D., Woon, C. Y., "The Covid-19 Pandemic：Territorial, Political and Governance Dimensions of Crises," *Territory Politics Governance*, 8 (3), 2020, pp. 289 – 298.

[3] King, B. G., Carbery, E. J., "Movements, Societal Crises, and Organizational," *Theory Journal of Management Studies*.

[4] Esaisan, P., Sohlberg, J., Ghersetti, M., Jonson, M., "How the Coronavirus Crisis Affects Citizen Trust in Institutions and in Unknown Others：Evidence from 'the Swedish Experiment,'" *European Journal of Political Research*, https：//ejpr.onlinelibrary.wiley.com/doi/10.1111/1475 – 6765.12419.

对全球化所导致的超个人主义社会组织模式的辩护，削弱了欧盟成员国的社会联系，破坏了以民族国家意识为特征的思维结构。这种思维结构是"特定民族国家内集体政治行动所必不可少的"①。公共体系的结构个性化、对"开放社会"原则和透明边界的保护，以及共同市场的形成，都促成了基于个人自由主义哲学的新古典主义经济模式的主导地位。从长远来看，建立在自由经济秩序基础上的全球化的基本要素是，建立一个具有超国家结构的欧洲国家联合体。② 久而久之，这将导致中东欧国家和大多数前苏联国家的一体化，并进入全球自由体系的核心，即进入参与区（Engagement Zone）。③ 如果我们用沃尔特（Walt）的话来说，就会认识到超全球化的特点。④

全球标准化的文化政策和国家统一是民族国家衰落的重要因素。在这种情况下，所有国家无一例外地都单独同疫情展开斗争，这表明解决全球问题机构的功能性机制失效。当今，蔓延至全球的疫情促使主权国家转向国内，这改变了国际舞台上各国家行为体的政治模式，无论是在欧洲—大西洋范围内还是在全球范围内。在西半球（不仅如此），各国的统治阶层忽视欧洲—大西洋的团结而重视本国利益，以此来打赢这场战役。

上述因素使给定的问题成为热门话题。因此，本文分析新冠肺炎疫情所引发的经济和政治危机，并预测格鲁吉亚在后疫情时代全球化秩序中的地位。我们意识到在后疫情时代，有关国际体系结构组织的设想不是单一的。然而，本文的目的是讨论众多前景中最有可能性的一种。

一 方法

利用结构功能分析，根据年龄将格鲁吉亚社会分成不同的社会群体，

---

① Beck, W., *What Is Globalization?* Moscow: Progress-Tradition, 1990.

② Mearsheimer, J., "Why We Will soon Miss the Cold War," The Atlantic Online, 2008 December 12, https://www.theatlantic.com/past/docs/politics/foreign/mearsh.htm.

③ Barnet, T., "The Pentagon's New Map," *On Point*, 2004, June 24, https://www.wbur.org/onpoint/2004/06/24/the-pentagons-new-map.

④ Walt, S. A., "World less Open, Prosperous, and Free," *How the World Will Look after the Coronavirus Pandemic*, FP, 2020, March 20, https://foreignpolicy.com/2020/03/20/world-order-after-coroanvirus-pandemic/.

这将成为可能出现的两党制和后疫情时代格鲁吉亚平衡外交政策的社会基础。

利用地缘政治分析，了解格鲁吉亚地缘政治的特点，以及这种特点在后疫情时代美俄在格鲁吉亚展开竞争中的作用。

利用模拟分析，根据新冠肺炎疫情可能造成的全球政治和经济危机，以及格鲁吉亚社会和地缘政治的特征，推导后疫情时代出现的情形和格鲁吉亚的地位。

二　详述

（一）欧洲—大西洋地缘政治空间的社会经济转型

在现代世界中，国家以各种方式紧密地联系在一起，秩序对促进有效、及时的互动是至关重要的。① 但是，新冠肺炎疫情破坏了能够发展国家间互动的旧秩序。这对世界社会经济状况产生了负面影响。新冠肺炎疫情在全球范围蔓延，使国际金融机构和大学研究机构的大多数专家得出了"全球经济衰退不可避免"的共同结论。哈佛大学教授罗格夫（Rogoff）指出："很明显，我们无法避免全球衰退，其可能性超过90%。"国际货币基金组织首席经济学家戈皮纳特（Gopinat）认为，全球经济将遭遇一场长期冲击。② 与此同时，金融机构和未来学研究中心的大多数研究人员深入分析全球经济，提出在后疫情时代不同程度的经济衰退的观点。这清楚地表明，经济衰退是不可避免的。

"新冠肺炎疫情前"全球经济的一体化建立在社会开放、边界开放和市场经济运作模式的基础上。值得关注的是，当疫情开始之时，这种秩序已处于重塑之中。正如佩特里维奇（Petrievic）和提斯（Teece）在疫情之前所写的那样："今天，我们面临着全球经济体系结构重塑的新形势。我们观察到的发展正在挑战现有的规范和规则，这引导了我们的许

---

① Mearsheimer, J. J., "Bound to Fall. The Rise and Fall of the Liberal International Order," *International Security*, 43 (4), 2019, pp. 7–50.

② Giles, K., Greeley, B., Arnold, M. "Authoritative Economists Say that Global Recession Has Already Begun," *Financial Times*, 2020, March 15, https://www.ft.com/content/be732afe-6526–11ea-a6cd-df28cc3c6a68.

多学术工作，并引导了迄今为止的实践。"① 他们让我们注意到"一些国家"试图从商业和创新中攫取更多的利益，为了自己国家的拥护者和特殊利益而破坏公认的法治。此外，值得注意的是，"贸易自由化带来的收益有多少，并没有简明的答案"②。

新冠肺炎疫情在全球引发的危机，几乎摧毁了全球经济运行模式。各国实施的隔离限制和宣布的紧急声明导致各国边境的关闭。结果，几乎所有国家都封闭国门，无论是政治还是经济，逐步向实体经济模式转变。与此同时，在全球层面上，强行限制经济关系所必需的通信网络，为在特定的、独立的国家中形成自主运作的市场奠定了基础。这种情况造成了相应的负面经济影响。特别是，全球对产品和服务需求下降，导致世界市场产品数量减少。《关于创业精神、供应链管理和新冠肺炎疫情带来战略机遇的交叉研究》的作者认为："似乎每个时代都有自己的痛苦经历，但是新冠肺炎疫情对商业的影响是前所未有的。"③ 正如福斯所认为的那样，新冠肺炎疫情的影响也揭示了当前行为战略思维的弱点。④

综上所述，新冠肺炎疫情将导致严重的经济和经济关系的转变。当代世界政治经济，已经从新自由主义经济秩序和全球共同市场为基础的经济体系，转变为经济碎片化、国家市场导向和主权国家碎片化的体系。

在我们假定的经济危机中，大多数国家，特别是物质至上的西方发达国家，其特点是有效和高度组织化的危机管理，为了避免社会动荡，它们将在疫情后实施一些社会经济政策和基础建设项目，并建立各种刺激经济的机制。西方发达国家（不仅如此）为了在尽可能短的时间内满足人民的物质需求，并恢复经济水平至危机前，将在自治经济条件下促

---

① Petrievic, O., Teece, D., "The Structural Reshape of Globalization: Implications for Strategic Sectors, Profiting from Innovation and Multinational Enterprise," *Journal of International Business Studies*, 50 (9), 2019, pp. 1487 – 1512.

② Arkolas, C., Costinot, A., Donaldson, D., Rodriguez Clare, A., "The Elusive Pro-Competetive Effects of Trade," *The Review of Economic Studies*, 86 (1), 2019, pp. 46 – 80.

③ Ketchen Jr., D. J., Graighead, Ch. W., "Research at the Intersection of Entrepreneurship, Supply Chain Management, and Strategic Management: Opportunities Highlighted by COVID-19," *Journal of Management*, 46 (8), 2020, pp. 1330 – 1341.

④ Foss, N. J., "Behavioral Strategy and the COVID-19," *Journal of Management*, 46 (8), 2020, pp. 1322 – 1329.

进生产资料本土化。在这种情况下，主权国家在国民经济的框架内，将努力吸引国家投资，积累大量资金用于补贴经济实体部门。与此同时，濒临破产的私营公司可能会国有化，或在程序上建立收购私企所必需的机制。

在特定的国家里，社会经济系统从开放转变为封闭，将伴随着传统的动员及其在社会价值结构顶层的变动，这使得生活在主权国家的民族沉浸在民族神话的精神世界之中。这将对政治体系结构的意识形态产生特定的影响。因此，社会文化状况将发生重大变化。经济关系的结构重建在呼吁以极端个人主义为基础的自由主义思想时，也将加强公共关系领域的修正主义。在这种情况下，在社会经济模式转变的过程中，激进的保守主义，如纳粹主义、法西斯主义或其他相似的思潮将被排除在外。

因此，我们假定，新自由主义社会经济模式已转变为保守主义与社会主义共存的模式。平衡社会经济结构的两种意识形态，是一个有组织的、运行良好的混合体，就社会文化组织而言，一方面是保守主义与温和中间派的结合；另一方面，在意识形态上倾向于中间偏左，在经济关系上倾向于社会主义。这种兼收并蓄的社会经济和政治组织模式，与索雷尔（Sorrell）提出的保守社会主义思想非常相似。① 在当前条件下很可能出现这种思想的当代版本。

与此同时，社会经济组织的新自由主义秩序的瓦解在很大程度上决定了现有精英结构的持续转型，以及社会活跃的公民整合的社会保守主义思想。政治精英结构转变的过程，反过来确保在国际关系中国家行为的变化。因此，在国际关系中，基于自由主义范式的外交政策将被排斥。在政治精英结构转变的过程中，国家的行为模式应该在国际关系现实主义的理论范式下重构，并处于自由主义范式的对立面。

（二）格鲁吉亚在重构地缘政治关系体系中的地位

在世界新秩序形成的条件下，在国际关系的国际主义—自由主义范式转变的过程中，将会强化以国家中心主义和现实主义原则为基础的行为模式。缺乏恢复经济和消除经济危机负面影响的资源，将削弱各国参与地区和全球问题的意愿。这将揭示国际关系的真正核心——主权国家

---

① Sorel, J., *Understanding about Violence*, Moscow: Falanster, 2013.

政府间的互动。在国际经济体系中，大多数国家的行为将受到经济因素和国家利益至上原则的影响，并将关注的焦点集中在原材料的供应上。

然而，通常在生产和经济的持续工业化过程中，能否恢复和发展特定国家的国民经济，将取决于原材料供应链。此时，控制自然资源和原材料丰富的国家，以及那些位于战略要地的国家有着重要的意义。

战略要地有很多，南高加索和格鲁吉亚便是其中之一。在地缘政治视角下，作为主权国家，格鲁吉亚位于南高加索地区的中部，同时横贯两个地缘政治轴线：东西方向和南北方向。

修正主义在世界政治中可能引发的国际体系重构，将迫使格鲁吉亚为了自身的安全和稳定民主发展，重新思考其在地缘政治关系中的地位和作用。为此我们深信，社会学研究和国际关系社会学的概念性方法，是实现外交政策一个必要条件。总的来说，国际关系社会学关注的是外交政策的形成。外交政策的形成基于特定国家人民的价值观、公共关系规范和传统民族文化。[1]

通过对当代格鲁吉亚社会结构进行社会学分析可知，格鲁吉亚社会两代人之间的世界观出现了严重分歧。绝大多数老一辈人在社会文化领域更加保守和传统，而在经济领域，则更加倾向于集体主义，明确表达了对社会主义的支持。一个具有社会文化特征和心态，以及民族意识结构的特定公众群体，完全符合社群主义的意识形态范式。研究社群主义运动的学者认为，社群主义作为社群—集体主义公共组织模式，在某些方面与传统价值体系有关，也与保守价值观有关。由于在传统主义价值体系的影响下组织起来的社会形式具有集体主义的特点，社群主义强调经济领域中社会与个人的关系，这一点更接近古典社会主义。总之，它是一种基于传统保守主义与社会主义价值要素的思想范式。[2] 至于年轻一代，在世界观方面，多数倾向于个人自由主义思维方式。[3] 当然，这并不排除例外的存在。这里只讨论通常情况。

---

[1] Bazhenov, A. M., *Sociology of International Relations*, Moscow: CSPiM, 2013.
[2] De Benya, A., *Against Liberalism: The Fourth Political Theory*, SPB: Amphora, 2009.
[3] Morison, Th., "NDI Polls: Georgians View Russia as Biggest Threat to Their Country," *Georgia Today*, 2017, http://georgiatoday.ge/news/6558/NDI-Polls%3AGeorgians-View-Russia-as-Biggest-Threat-to-their-Country.

基于对格鲁吉亚社会两种价值观的社会学分析，并考虑到"从长期来看，价值差异形成党派竞争"①，格鲁吉亚很容易转变成为两党制。在格鲁吉亚，自由个人主义和亲西方价值体系的年轻人被置于横向政治光谱的一边，与之相对应，有着社会主义意识的公众群体则以亲俄的老一辈群体为主。一般来说，"政客们经常吸引社会团体"②。但这一规则在格鲁吉亚不起作用，那里的政客们吸引的不是不同的社会群体，而是整个国家，这阻碍建立稳定的政党社会基础。在几代人不同价值观和对外取向的基础上形成的两党制度，将有助于政党制度的制度化。

三 讨论

社会政治制度的政治思想二元化和建立在此基础上的两党制度，在确立对外政策的过程中将对国家方向的选择产生深远影响。众所周知，从世界观的角度来看，在格鲁吉亚社会的大众意识中，社会政治力量、文化保守主义和经济社会主义的意识形态支持者，往往被认为是与俄罗斯和俄罗斯世界有关的组织联盟。相反，社会政治组织、自由主义、个人主义和资本主义经济制度的辩护者被认为是美国和西方世界的附庸。

总的来说，从格鲁吉亚政治精英的外交政策来看，在后共产主义时代，尤其是"玫瑰革命"之后，格鲁吉亚的外交政策以自由主义理论范式为基础，整个政府结构的运作倾向于同一个方向——美国和西方③，这确保了格鲁吉亚的主权。同时，从总体上看，近年来高加索地缘政治一直建立在相互牵制和不单独同大国结盟的模式之上，保持大国在该地区处于对立状态。但是，在格鲁吉亚的这场竞争中，俄罗斯仅在两个方面

---

① Evans, G., Neudort, A., "Core Political Values and the Long-Term Shaping of Partisanship," *British Journal of Political Science*, 50 (4), 2020, pp. 1263 – 1281.

② Robinson, J., Stuberg, R., Thau, M., Tilley, J., "Does Class-based Campaigning Work? How Working Class Appeals Attract and Polarize Voters?" *Comparative Political Studies*, 2020, https://journals.sagepub.com/doi/full/10.1177/0010414020957684.

③ Asmus, R., "Euro-Atlantic black Sea Coast," *Russia in Global Affairs*, 2007, June 23, http://www.globalaffairs.ru/number/n8817.

落后于美国：财政经济和意识形态宣传。然而，地缘给俄罗斯带来的军事战略优势，平衡了美国的优势。2008年8月发生的事件揭示了格鲁吉亚外交平衡政策的风险。其中一个原因是格鲁吉亚的政党制度几乎完全西化，而俄罗斯在格鲁吉亚政党的对外政策方面的影响过于薄弱。因此，要避免外交政策失衡所带来的危险后果，最好的方法是构建相互对立的两党制度。这种政党制度将使格鲁吉亚能够奉行一种基于利益平衡的外交政策。在世界观、意识形态和对外倾向方面有较大差异的两个政党，会为了掌权而斗争，外部势力将被迫援助倾向于各自一方的政党。他们的目的是防止在国家政治生活中相互竞争的政党出现一党独大。在这种情况下，各自政党彼此不可能完全征服对方，因此也就不可能形成一方垄断政局。实施这种政治制度之后，任何外部势力都无法对当局实行敲诈和威慑政策。它们的主要任务是，用审慎的策略和意见，为盟友提供最大限度的支持，以遏制对手的崛起，或者在政府结构的最高层实现平衡。

正是这种建立在该地区地缘政治结构和意识形态辩证模式基础上的政治体系，形成了一种区域秩序。在这种秩序中，敌对双方的对等原则可以确保以平衡外交政策为基础的安全体系顺利运作。在国家内部，这将转变为一种政治制度，平衡那些有着相同社会基础，但在意识形态和世界观上立场相异的政治精英。

美国哲学家、社会学家、后工业社会概念的提出者之一托夫勒（Toffler）认为，基于社会两极分化而形成的平衡制度，将大大提高国内政治制度的民主程度。他证明了该观点的正确性："民主政治形式出现在西方，不是因为几个天才思考而产生的……它们的出现与社会分化的历史推动有关。"[1]

四 结论

在后疫情时代，格鲁吉亚将重新思考其在高加索地区地缘政治关系中的地位和作用。后疫情时代的世界经济和政治秩序将对格鲁吉亚产生

---

[1] Toffler, E., *Shock of the Future*, Moscow: ACT, 2002.

深远影响，将改变格鲁吉亚的外交政策，美国和俄罗斯的利益将在格鲁吉亚得到平衡。该外交政策专注于协调对南高加索地区感兴趣的超级大国的利益，将提高格鲁吉亚获得政治和经济红利的能力。这将确保格鲁吉亚国家安全及其社会的稳定发展。格鲁吉亚外交政策转变的原因是在两大社会群体的基础上形成的两党制，其中一个社会群体将倾向美国，另一个将倾向俄罗斯。后疫情时代的经济体制将决定美俄在高加索地区的激烈竞争。但是，它们在格鲁吉亚的竞争和影响将被不同外交取向的两党制所平衡。这些国家将试图遵循"零和博弈"的原则。但是，在它们的互动过程中，现实的特点和对机会分配的敏感性，以及成本与利益之间的差异，将迫使它们双方采取侧重于有可能实现的利益。在这种情况下，基于该区域结构力量的平衡，每个活跃的地缘政治实体为了不失去各自应得的"一块"蛋糕，阻止竞争对手胜出，将专注于维持现有秩序。反过来，这将有助于建立一个在地缘政治行为体互动基础上的安全体系。

（兰州大学格鲁吉亚研究中心欧阳煜岱译，魏衍学校）

格鲁吉亚和俄罗斯：为何及如何保持正常化[*]

国际危机组织（International Crisis Group）

【摘要】 格鲁吉亚能否延续与俄罗斯的"正常化"政策：2020年10月，在格鲁吉亚议会及新政府选举前夕，其分离地区与莫斯科之间的关系十分紧张，特别是在格鲁吉亚控制的领土与其分离地区南奥塞梯的分界线上，存在着威胁格鲁吉亚与俄罗斯贸易和旅游联系的风险。第比利斯的下届政府将不得不决定是放弃还是保留能促进与俄罗斯联系"正常化"的政策。

"正常化"政策能够发挥的作用：如果格鲁吉亚与俄罗斯关系正常化的政策失败，那么未来在格鲁吉亚控制的领土及其分离地区（如南奥塞梯、阿布哈兹）的分界线上发生的事件可能会失去控制。俄罗斯与西方国家的关系，以及格鲁吉亚与西方国家的关系，可能会进一步恶化。

格鲁吉亚如何坚持"正常化"政策：目前，格鲁吉亚与俄罗斯的正常化对话回避了与分离地区有关的问题。为了减少摩擦，加强俄罗斯对跨越分离地区的贸易和旅游联系的支持，第比利斯应该与莫斯科开始讨论这些分离地区的问题；同时，要扩大日内瓦形式的对话，以更好地缓解分界线上的紧张局势。

【关键词】 格鲁吉亚；俄罗斯；正常化

---

* International Crisis Group. Founded in 1995, the International Crisis Group is an independent, non-profit, non-governmental organisation committed to preventing, mitigating and resolving deadly conflict. Stable URL：https：//www. jstor. org/stable/resrep31602. Oct. 27, 2020, pp. 1 – 20.

一 概述

2020年10月31日，格鲁吉亚公民计划选举新的议会和政府。新当选的格鲁吉亚政府将继续面临与俄罗斯的紧张关系：格鲁吉亚在2008年与俄罗斯爆发过战争。格鲁吉亚与俄罗斯的紧张关系集中在分离地区的分界线上，主要涉及南奥塞梯，但也包括阿布哈兹。这种紧张关系可能会破坏格鲁吉亚与俄罗斯之间联系"正常化"进程。自2012年以来，这一进程使两国之间的贸易和旅游联系重新恢复。但是，格鲁吉亚的一些政治派别正利用当前的紧张局势，抨击"正常化"政策不能再发挥作用，并开始推动格鲁吉亚政府对俄罗斯采取更具对抗性的政策。他们的策略是依赖西方国家的支持，而这种支持是不确定的。虽然格鲁吉亚能够获得来自西方国家的支持，但是它所起的作用也很有限，格鲁吉亚与俄罗斯之间的危机可能会继续升级。更好的办法是第比利斯与莫斯科在正常化对话的基础上扩大合作，双方共同解决生活在分离地区和分界线上的人所面临的问题。同时，格鲁吉亚与俄罗斯应该重提安全对话，以应对分界线上新出现的各种挑战。

南高加索地区的混乱状态由来已久。在苏联时期，阿布哈兹和南奥塞梯是格鲁吉亚苏维埃社会主义共和国的自治区（州）。随着苏联的解体，格鲁吉亚政府失去了对这两块领土的有效控制。伴随着国内暴力运动的升级，成千上万的格鲁吉亚族人不得不逃离他们在阿布哈兹和南奥塞梯的家园，前往格鲁吉亚政府控制的其他领土。此后，格鲁吉亚的这些分离地区一直处于不稳定状态。2008年8月，第比利斯和茨欣瓦利（南奥塞梯自称的首都）与莫斯科之间的紧张关系升级，敌意突然再次爆发。格鲁吉亚与俄罗斯之间爆发了持续五天的战争，俄罗斯不仅支持分离地区独立，其军队还进入了格鲁吉亚的领土。战争结束后，俄罗斯在政治上承认阿布哈兹和南奥塞梯的独立地位。然而，很少有其他国家承认这两个分离地区，重新整合这两个分离出来的"国家"仍然是格鲁吉亚政府的最终目标。

俄罗斯与格鲁吉亚在2012年启动的正常化进程是后苏联地区的一次独特尝试。这两个国家曾处于战争状态，互相之间没有建立外交关系，但两国开始就贸易、人道主义问题和其他与冲突无关的话题进行直接对话。对话避开了敏感的安全和政治问题（也就是说，避开了与分离地区有关的问题）。八年来，对话使两国之间重建了各种联系，并帮助格鲁吉亚维持了相对平静的状态。但近期，随着分离地区分界线上的紧张局势不断升级，正常化进程面临风险。该进程无法再忽视阿布哈兹和南奥塞梯这两个分离地区。此外，俄罗斯与格鲁吉亚没有将分离地区纳入对话议题，不仅妨碍了第比利斯与分离地区之间重要的人道主义对话，也阻碍了关于诸如阿布哈兹努力振兴贸易等议题的谈判。

与俄罗斯重新对抗并不是格鲁吉亚的最终选择，这种对抗给格鲁吉亚的国家统一目标所带来的负面影响不会小于对俄罗斯既定目标的破坏程度，而且两国间的对抗可能会以危险的方式升级。相反，无论哪个政党或政党集团在2020年10月31日的格鲁吉亚选举中获胜，都应该接受这一挑战：制定一项新的政策，以消除格鲁吉亚与阿布哈兹、南奥塞梯和俄罗斯之间的摩擦。就莫斯科而言，如果它希望缓和分离地区的紧张局势，并积极采取措施应对阿布哈兹和南奥塞梯所处的经济困境，那么它就面临着寻求与第比利斯开展合作的挑战。一个解决方案是在两国正常化对话进程的基础上做出努力。迄今为止，俄罗斯取得的成就为拓宽与第比利斯之间新的合作领域奠定了基础，这一合作也涉及与分离地区相关的问题，所有的合作都不需要俄罗斯或格鲁吉亚转变它们各自对阿布哈兹和南奥塞梯政治地位的基本立场。相反，莫斯科与第比利斯可以通过一些小的举措来促进国内稳定，从而更好地服务于各方。

二 正常化、"战略忍耐"和双边安全对话

2012年，格鲁吉亚与俄罗斯开始了一个它们称之为"正常化"的对话进程，两国之间的对话推动了双边旅游和贸易联系的恢复，双方都从重新建立的友好关系中获得了经济利益。但是第比利斯与莫斯科在分离地区的核心问题上，即格鲁吉亚的两个分离地区——阿布哈兹和南奥塞梯的政治地位问题上，还没有取得任何进展。阿布哈兹和南奥塞梯高度

依赖俄罗斯的政治和资金支持,是俄罗斯主要的军事基地。① 这两个事实上的政治实体与俄罗斯的关系非常密切,甚至它们的政府部门里还有前俄罗斯官员担任高级职务,尤其是在负责格鲁吉亚安全事务的部门。②

正常化进程从来都不代表能够帮助解决第比利斯与莫斯科在阿布哈兹和南奥塞梯问题上的争端,尽管它不妨碍双方展开对话。相反,它是一个务实的进程,专注于讨论与分离地区无关的格鲁吉亚与俄罗斯之间的共同利益问题。格鲁吉亚梦想党领导的联盟于2012年上台后不久,第比利斯就启动了正常化这一进程,它向莫斯科提议,两国共同在这两个分离地区任命特使,定期进行私人会面和电话交流。这一方法在很大程度上参考了当时已经退休的格鲁吉亚外交官祖拉布·阿巴希泽提出的建议。③ 曾在莫斯科和布鲁塞尔任职的阿巴希泽回到格鲁吉亚工作,担任格鲁吉亚特使。作为阿巴希泽的接应方,俄罗斯任命了其副外长格里戈里·卡拉辛。这两个人对彼此都很了解,他们的职业生涯都是在苏联外交部开始的。尽管卡拉辛于2019年9月离开了外交部门,之后在俄罗斯参议院工作,但他仍然负责处理莫斯科与第比利斯之间的关系。

正常化进程得到了格鲁吉亚梦想党提出的另一个缓解紧张局势的理论"战略忍耐"的支持,反过来,正常化进程也巩固了"战略忍耐"这一理论。"战略忍耐"理论重视通过强制手段实施一个非正式的要求,以保持与俄罗斯的关系稳定:格鲁吉亚政府在考虑俄罗斯会做何反应的情况下才会采取行动。④ 举例而言,俄罗斯于2014年3月吞并克里米亚并在乌克兰东部展开军事行动后,第比利斯表示支持基辅,但它没有与乌克兰和西方国家一起对莫斯科实施广泛的制裁。虽然它禁止与克里米亚进行贸易和金融交易,但这项措施也是在回应乌克兰对阿布哈兹和南奥塞梯在此类交易上所采取的限制政策,格鲁吉亚此举意在表明与基辅的

---

① See Crisis Group Europe Briefing N 53, Georgia-Russia: Still Insecure and Dangerous, 22 June 2009.

② David Batashvili, "'Surkov Leaks': Glimpse into Russia's Management of Georgia's Occupied Regions," *The Clario Brief*, October 2016. Also See the Rondeli Foundation's Regular Updates Posted at Its "Roadmap to Kremlin's Policies in Abkhazia and Tskhinvali Region".

③ Zurab Abashidze, "Russian-Georgian War: 20 Months Later," in George Khutsishvili and Tina GoLetiani (Eds.), *Russia and Georgia: The Ways out of the Crisis*, Tbilisi, 2010, pp. 53 – 58.

④ Crisis Group Interviews, *Current and Former Officials*, Tbilisi, August and September 2020.

团结，同时也避免了与莫斯科紧张关系的升级。① 因为格鲁吉亚没有对俄罗斯采取其他制裁行动，俄罗斯也没有对格鲁吉亚采取对等的制裁措施，这种制裁必将破坏双边贸易。

正常化进程使得格鲁吉亚与俄罗斯有谈论贸易和旅游合作的可能，即使它们在阿布哈兹和南奥塞梯问题上仍有很大的分歧，双方已经开始以另一种形式处理分离地区的问题——多国日内瓦国际研讨会，该研讨会是在2008年俄格战争后为莫斯科与第比利斯之间开展安全对话而设立的。日内瓦国际研究会由欧盟、联合国及欧洲安全与合作组织参与调解，参与者包括格鲁吉亚、俄罗斯和事实上的两个实体：阿布哈兹、南奥塞梯，以及美国。

然而，该研讨会不会像正常化进程一样产生实质性的效果，日内瓦国际会议是不断重复和无效的。② 从某种程度上讲，这是因为双方在最具争议的问题上立场鲜明，彼此都没有留下明显的妥协空间。格鲁吉亚认为，俄罗斯对阿布哈兹和南奥塞梯的支持、对它们独立地位的承认可以追溯到20世纪90年代，这是对格鲁吉亚主权的侵犯和深刻的侮辱；俄罗斯在其分离地区的军事存在和安全支持，以及俄罗斯人在这两个事实上的政治实体政府中的参与，都被格鲁吉亚视为对其领土的占领，格鲁吉亚希望重新控制分离地区。③ 但在这一问题上，莫斯科没有显示出对格鲁吉亚任何让步的迹象。一位前格鲁吉亚官员表示，在高加索山区边界以南的阿布哈兹和南奥塞梯建立军事基地后，俄罗斯已经得到了它想要的

---

① "Council Decision 2014/386/CFSP of 23 June 2014 Concerning Restrictions on Goods Originating in Crimea or Sevastopol, in Response to the Illegal Annexation of Crimea and Sevastopol," *Official Journal of the European Union*, L 183/70, 24 June 2014. Georgia Has Affirmed its Continued Adherence to the Crimea Sanctions Every Year Since, Including in 2020: "Declaration by the High Representative on Behalf of the EU on the Alignment of Certain Countries Concerning Restrictive Measures in Response to the Illegal Annexation of Crimea and Sevastopol," *Press Release*, Council of the European Union, 18 June 2020. Crisis Group Interviews, *Officials and Foreign Diplomats*, Tbilisi, September 2020.

② Crisis Group Interviews, *Diplomats*, Officials and Defacto Representatives, Moscow, Tbilisi and Sukhumi, April, July and August 2020.

③ Crisis Group Interviews, *Officials*, Tbilisi, August and September 2020. Also See "Georgian Prime Minister Giorgi Gakharia's Speech at the Session of the UN General Assembly," *Government of Georgia*, 25 September 2020.

东西。因此，它几乎没有动力做出任何调整。①

第比利斯也敦促与莫斯科就这两个议题进行对话，对话进程所获得的成果远远达不到格鲁吉亚重新控制阿布哈兹和南奥塞梯的长期目标。首先，只要分离地区的现状保持不变，第比利斯就表示希望终止对欧盟观察团进入分离地区的限制。目前，该观察团只能在分界线上巡逻，以确保2008年的停火协议得到贯彻。但观察团也需要进入分离地区，以提供有关当地局势的第三方报告。其次，第比利斯希望俄罗斯承诺不对格鲁吉亚使用武力。

莫斯科拒绝了这两项提议。首先，莫斯科认为，欧盟观察团在格鲁吉亚的任务不应该扩展到阿布哈兹和南奥塞梯两个分离地区，因为俄罗斯（虽然不是欧盟）已经承认了这两个分离地区是独立国家。因此，在俄罗斯看来，它们不是格鲁吉亚的一部分。其次，俄罗斯坚持认为，因为自己是格鲁吉亚与两个分离地区之间冲突问题的调解人，而不是冲突的一方，所以它没有理由保证不使用武力。

格鲁吉亚这一诉求的结果使正常化的对话进程停止了。为了解冻对话，2014年，在俄罗斯邀请格鲁吉亚总统访问莫斯科时，第比利斯询问是否可以将分离地区的冲突列入双边会谈的议程。第比利斯在2015年再次提出这一请求。② 2018年，格鲁吉亚时任总理乔治·克维里卡什维利提议他与俄罗斯领导人以日内瓦会议的形式会面，但俄罗斯拒绝了这一提议。③ 一年后，新当选的格鲁吉亚总统萨洛梅·祖拉比什维利提议对乌克兰问题采取诺曼底进程的格鲁吉亚版本：由俄罗斯、格鲁吉亚、法国和德国领导人举行一系列峰会。④ 格鲁吉亚领导人这次提议也被

---

① Crisis Group Interview, *Former Official*, Tbilisi, August 2020.

② Crisis Group Interviews, *Officials and Analysts*, Moscow and Tbilisi, March, August and September 2020.

③ "Statement by the Georgian Prime Minister Giorgi Kvirikashvili," *Official Website of the Government of Georgia*, 9 March 2018 (Georgian). Crisis Group Interviews, *Current and Former Officials and Analysts*, Moscow and Tbilisi, March, August and September 2020.

④ The Normandy Format for Ukraine Brings together the Leaders of Ukraine, Russia, France and Germany to Ensure Senior-level Commitment to Agreed-upon Actions That Can Help Further the Peace Process. There Have Been Six Meetings in This Format since the Summer of 2014. "President ZuraBishvili Speaks of Recent Developments in Georgia," *Civil. Ge*, 26 December 2019.

拒绝了。① 格鲁吉亚领导人得出结论：俄罗斯只是单独地对安全对话不感兴趣。② 一位前格鲁吉亚高级官员曾说："我们没有什么可以提供给他们的。"③

格鲁吉亚缺乏影响力的说法是有一定道理的。第比利斯正在推动解除欧盟观察团成员进入分离地区的限制和俄罗斯做出不使用武力的承诺，但莫斯科不像第比利斯一样有所行动，在与格鲁吉亚关系的问题上，莫斯科似乎对现状基本感到满意。④ 尽管俄罗斯官员经常批评格鲁吉亚与北大西洋公约组织和欧盟的联系，包括格鲁吉亚与前者的军事演习和与后者的合作协议，以及与这两个组织开展的强有力的咨询工作，但莫斯科似乎并不真正担心这些问题。⑤ 相反，莫斯科认为，其在2008年对阿布哈兹和南奥塞梯的干预和持续性驻军，已经使得这两个分离地区的领土争端从长远来看难以解决，也就消除了格鲁吉亚加入北约的短期前景。⑥ 在莫斯科看来，欧盟似乎也不热衷于在不久的将来把格鲁吉亚纳入其中。这样做不仅会使欧盟与俄罗斯的关系进一步复杂化，而且面对英国脱欧和一系列的内部挑战，欧盟内部在继续东扩的利好方面存在严重分歧。⑦

从短期来看，由于格鲁吉亚不太可能很快加入北约或欧盟，莫斯科可能越来越不愿意接受第比利斯仍然处于其外交政策的轨道之外。事实上，莫斯科的一些官员认为，俄罗斯承认这两个分离地区的独立是一个错误，因为这一决定除了让第比利斯支持西方一体化之外，没有任何其

---

① Crisis Group Interviews, *Current and Former Officials and Analysts*, Moscow and Tbilisi, March, August and September 2020. Also See Natalia Kochiashvili, "Kremlin Answers Zourabichvili on 'Normandy Format'," *Messenger Online*, 27 December 2019.

② Crisis Group Interviews, *Politicians and Officials*, Tbilisi, August and September 2020.

③ Crisis Group Interview, *Former Official*, Tbilisi, August 2020.

④ Crisis Group Interviews, *Analysts*, Moscow, March 2020.

⑤ On Georgia-NATO Relations, See "Relations With Georgia," *North Atlantic Treaty Organization*, 26 March 2019. On Georgia-EU Relations, See "Facts and Figures about EU-Georgia Relations," *Council of the European Union*, Undated. Crisis Group Interviews, *Current and Former Officials*, Tbilisi, August and September 2020.

⑥ Crisis Group Interviews, *Official and Analysts*, Moscow, March 2020. The 1995 Study Guiding NATO Policy on Enlargement Requires Prospective Members to Have Settled any Disputes Peacefully. See "Study on NATO Enlargement," *North Atlantic Treaty Organization*, 3 September 1995.

⑦ Crisis Group Interviews, *Officials, Analysts and Foreign Diplomats*, Moscow and Tbilisi, March and July 2020.

他的战略选择。① 一位俄罗斯专家说："如果我们只承认南奥塞梯，俄罗斯仍然可以换取阿布哈兹的命运。"② 如果从俄罗斯的角度来看，目前的情况可能并不理想，但似乎也可以接受。

第比利斯无法与莫斯科讨论有关阿布哈兹和南奥塞梯的问题，这使得第比利斯与这两个事实上的政治实体开展官员直接会谈的前景更加复杂化。俄罗斯的反对不是阻碍：虽然俄罗斯在促进官员直接会谈方面做得很少，但是原则上俄罗斯并不反对这样的对话。相反，格鲁吉亚担心，除非它与事实上政治实体的官员进行的会谈属于与莫斯科的更广泛的谈判的一部分，否则俄罗斯可能会破坏这些会谈，或者利用这些会谈迫使格鲁吉亚做出让步。例如，俄罗斯可以利用这些会谈来指责，既然格鲁吉亚正在与那些被赋予了谈判资格的分离地区进行接触，这些分离地区也有它们自己的权利，第比利斯和其他国家就应该承认它们的独立。③ 因此，只有在俄罗斯同意与格鲁吉亚就不使用武力和允许观察团进入分离地区这两个问题进行实质性讨论的前提下，第比利斯才愿意与阿布哈兹接触（阿布哈兹现在对贸易感兴趣，而南奥塞梯对此并不感兴趣）。这样一来，格鲁吉亚能够保持自己的立场，在与俄罗斯进行谈判的同时也能改善与阿布哈兹的关系。④

虽然格鲁吉亚在解决分离地区的争端方面没有取得进展，但是格鲁吉亚梦想党成员认为，"战略忍耐"和正常化进程是成功的。⑤ 格鲁吉亚梦想党是格鲁吉亚于1991年独立以来第一个在任期内避免了发生新的战争或军事冲突的执政党。格鲁吉亚官员认为，在俄罗斯与西方国家关系日趋紧张的情况下，第比利斯与莫斯科之间的直接接触有助于降低两国间发生新的军事冲突的风险。⑥ 格鲁吉亚还认为，南高加索地区由此产生的稳定使第比利斯比较容易与北约和欧盟开展更多的合作，而且这种合作已经达到了历史上的高峰，格鲁吉亚与欧盟的定期交流、经济合作以及与

---

① Crisis Group Interviews, *Analysts*, Moscow, March 2020.
② Crisis Group Interview, *Analyst*, Moscow, March 2020.
③ Crisis Group Interviews, *Current and Former Officials*, Tbilisi, August and September 2020.
④ Crisis Group Interviews, *Officials*, Tbilisi, August and September 2020.
⑤ Crisis Group Interviews, *Politicians and Officials*, Tbilisi, August and September 2020.
⑥ Crisis Group Interviews, *Analysts and Officials*, Tbilisi, August and September 2020.

北约的联合军事演习都在显著增加。在格鲁吉亚看来，南高加索地区的和平与稳定有利于其与西方国家进行接触，并有助于说服西方国家官员相信格鲁吉亚是一个可靠的合作伙伴；反之，格鲁吉亚的不稳定可能会导致欧盟和北约放弃与格鲁吉亚之间的合作关系，即使格鲁吉亚不会很快成为北约和欧盟的成员国，这些合作关系本身也会给格鲁吉亚带来一定的好处。①

俄罗斯与格鲁吉亚之间的对抗减少，让格鲁吉亚和格鲁吉亚人对阿布哈兹和南奥塞梯居民的言辞不断软化，对这些居民的怀疑也在减少。直至目前，更多的人从阿布哈兹和南奥塞梯地区前往第比利斯和格鲁吉亚其他城镇就医、与家人团聚，有时他们甚至一起购物。② 2008 年战争结束后，人们其实很少越过分离地区的分界线，与 2008—2012 年的这段平静期相比，2012 年之后分离地区与格鲁吉亚所控制的领土之间的交通量大幅提升。③ 但是在过去的两年里，随着分界线上紧张局势的加剧，过境已经变得越来越困难。

三 "边界化"威胁着正常化

目前，在格鲁吉亚和两个分离地区之间的分界线上，特别是格鲁吉亚与分离地区南奥塞梯之间分界线上的情况还在不断恶化，格鲁吉亚与俄罗斯之间的关系越来越紧张，威胁着两国正常化进程的未来。

在一系列被观察家称为"边界化"的活动中，俄罗斯与事实上的政治实体南奥塞梯的安全人员正在沿着这些分界线建立类似于边界的障碍，他们认为，这样做是有必要的，能够防止人们随时随地任意地越过分界线。在分离地区的边界线上，包括在横跨格鲁吉亚控制区和事实上的政治实体南奥塞梯控制区之间人口稠密的定居点中间，他们用栅栏加固边界、铺设沟渠、安装安全摄像头，并建立瞭望塔。④ 这些地方的村民已经

---

① Crisis Group Interviews, *Officials*, Tbilisi, August and September 2020.
② Crisis Group Interviews, *Officials*, Tbilisi, August 2020.
③ Also See Bradley Jardine, "New Georgian Hospital Aims to Heal, and Win, Abkhazian Hearts and Minds," *Eurasianet*, 5 February 2018; Dato Parulava, "Georgia's Medical Programme for Abkhazians and South Ossetians May Be At Risk," *OC Media*, 29 July 2020.
④ 据格鲁吉亚政府称，俄罗斯和事实上的实体的安全人员已经在与阿布哈兹和南奥塞梯 500 公里分界线上的 100 多公里上设置了障碍，Anti-occupation Movement: Since 2012, Georgia Lost 35 Million Sqm, *Netgazeti*, 16 September 2020（Georgian）.

失去了对房屋、田地和其他财产的使用权；如果他们试图越过边界去看望家人，他们将面临事实上的政治实体南奥塞梯安全人员的拘留。他们有些人受了伤，有些甚至被杀害。①

日内瓦框架包括两个附属的对话形式（阿布哈兹和南奥塞梯各有一个），称为事件预防和响应机制（Incident Prevention and Response Mechanisms，IPRMs），旨在为各方提供一个解决已经导致或可能导致冲突事件的场所，以及召集代表格鲁吉亚、两个分离地区、俄罗斯、欧安组织（代表南奥塞梯）、联合国（代表阿布哈兹）和欧盟观察团的安全官员举行定期会议。但迄今为止，面对新的事件，他们一再中断该工作机制，并没有从根本上解决这些问题。

2017年，阿布哈兹的一名低级别官员杀害了一名格鲁吉亚族居民后，阿布哈兹的事件预防和响应机制在两年内没有再举行会议。2019年8月，南奥塞梯的事件预防和响应机制也停止了工作，因为格鲁吉亚政府在靠近南奥塞梯分离地区的边界线上建造了一个警察哨所，以阻止俄罗斯与事实上的政治实体南奥塞梯边防军在格鲁吉亚控制的领土乔尔恰纳村架设围栏，这个情况在下文中会有更详细的描述。2020年7月，事件预防和响应机制恢复了工作，但过境点仍然处于关闭状态，阿布哈兹和南奥塞梯的领导层继续要求格鲁吉亚拆除在边界线上设立的警察哨所。因为这些哨所，居民无法进入格鲁吉亚控制的领土领取养老金，购买便宜的食物或获得紧急医疗服务。②

---

① 自2012年以来，有超过2600人在这些线路附近被拘留，4人在分界线附近被杀。反占领运动：自2012年以来，格鲁吉亚失去了3500万平方米的领土，见 Amnesty International, "Behind Barbed Wire: The Human Rights Toll of 'Borderisation' in Georgia," 3 July 2019; and "The Right to Non-Discrimination in Practice for Various Groups in Georgia," Human Rights Education and Monitoring Center, 2020 (Georgian), pp. 85 – 89. The Last Is A Joint Report by Eleven NGOs That Describes Other Problems in the Conflict Zones, Particularly for Ethnic Georgians Who Often Cannot Collect Pensions or Salaries, Suffer Shortages of Food and Firewood, and Lack Access to Medical Assistance because of Long-term Closures of Crossings Beginning in 2019. 最后一份是来自11个非政府组织的联合报告，该报告描述了冲突地区的其他问题，特别是格鲁吉亚族人的问题，他们往往无法领取养老金或工资，食物和木柴极度短缺，由于自2019年开始过境点长期关闭而无法获得医疗援助。

② "Statement of the Co-Chairs of the Geneva International Discussions," *OSCE*, 6 November 2019; "EU Special Representative Meets Georgia Officials, Says Tskhinvali Crossing Points Need to Be Reopened," *Civil. Ge*, 21 January 2020; "An Urgent Call for Action to End Humanitarian Crisis in Akhalgori, Georgia," *International Society for Fair Elections and Democracy*, 3 February 2020; "Reports: Occupied Akhalgori Resident Dies after Denied Transfer to Georgia Proper," *Civil. Ge*, 15 October 2020.

2019年9月，边界化确实让俄罗斯和格鲁吉亚的外交部长走到了一起，当时他们举行了会晤，努力化解2008年战争以来的第一次严重危机。危机首次出现在2019年的8月底。在发现南奥塞梯人准备建造围栏后，第比利斯在分离地区分界线附近，格鲁吉亚一侧的一个村庄的入口处建立了一个警察哨所，试图阻止南奥塞梯人经过。作为对这一行为的回应，南奥塞梯的领导层在该地区集结了军队，并威胁要袭击格鲁吉亚警察。① 当俄罗斯与格鲁吉亚的外交部长在事件发生一个月后进行会面时，他们也没有能够达成协议。此外，俄罗斯外交部长谢尔盖·拉夫罗夫后来指责格鲁吉亚外交部长在这次会面中的发言甚至远短于他在格鲁吉亚媒体上的发言。② 一年以后，僵局仍未得到解决。格鲁吉亚的警察哨所仍然存在，事实上的实体南奥塞梯的领导层定期威胁要接管这个哨所。

格鲁吉亚政府与俄罗斯的正常对话进程似乎在安全问题上走到了死胡同，这与边界化活动相吻合，加剧了公众和精英在第比利斯对莫斯科政策上的失望情绪。因此，第比利斯很难继续沿着正常化进程的轨道前进。最近的民意调查显示，只有40%的格鲁吉亚人支持与俄罗斯对话，这是十年来的最低水平，正常化进程刚开始时，支持对话的人占83%，相比之下，目前格鲁吉亚国内对正常化进程的支持率大幅下降。③ 2019年6月，当一位俄罗斯议员参加在格鲁吉亚议会大厦举行的国际会议并在格鲁吉亚的议席上向与会者发表讲话时，格鲁吉亚民众对俄罗斯的不满情绪暴露无遗。格鲁吉亚首都爆发了自2012年以来最大规模的抗议活动，批评者对这种具有象征意义的行为表示愤慨。抗议者要求政府辞职并进行改革，还表达了强烈的反俄观点。其中一些抗议者试图闯入议会大厦，当局派出了防暴警察。由此造成的数百人受伤事件又引发了另一桩丑闻。④

---

① For Details of the Crisis, See Tornike Zurabashvili, "Tsnelisi-Chorchana Crisis: Facts, Details and Chronology," *Rondeli Foundation*, 2019.

② "Lavrov Says Zalkaliani Requested Meeting," *Civil. Ge*, 28 September 2019.

③ "Public Opinion Survey-Residents of Georgia, June-July 2020," *International Republican Institute*, 12 August 2020, p.57.

④ On A More Positive Note, The Scandal May Have Contributed to Enactment of Electoral Reforms That Will Ease the Entry of Opposition Voices into Parliament. See "Georgia Protests: Thousands Storm Parliament over Russian MP's Speech," *BBC*, 21 June 2019.

令第比利斯官员更加沮丧的是，在分界线上或其附近发生的新事件正在引发他们自己国民的抗议活动，这种抗议被证明是一种巨大的分裂。① 为了让愤怒的抗议者远离分界线，分界线附近已经成为聚集冲突的热点地区，格鲁吉亚警察开始在分界线附近建立临时检查站。② 一位格鲁吉亚反对派政治家问道："我们已经到了由格鲁吉亚警察保护俄罗斯士兵的地步了——这不是疯了吗？"③ 由于格鲁吉亚梦想党努力与俄罗斯实现和解，那些已经倾向于将该党派视为"俄罗斯计划"或"俄罗斯项目"的人认为，这些事件更加证明了该党在维护莫斯科的利益。④ 当然，这种想法将会使正常化进程的推进变得更加困难。⑤

格鲁吉亚官员告诉危机组织另一个戏剧性的发展——无论是在分界线上的人员死亡事件，还是在格鲁吉亚村庄展开的新的边界化活动——都可能引起公众的反感，迫使他们放弃正常化进程。⑥ 而且，格鲁吉亚与俄罗斯的关系已经冷却。阿巴希泽和卡拉辛曾经作为正常化对话的一方，每年都举行三到五次会面，自2020年初以来，虽然他们偶尔通过电话进行交谈，但是他们没有进行过一次面对面的会谈。⑦ 官方称，两国关系放缓的原因是新冠肺炎疫情大流行，但格鲁吉亚和俄罗斯官员参加的其他会议仍在继续。

同时，俄罗斯与格鲁吉亚之间已经有一年多没有开放直接的航空旅行了，这是莫斯科在2019年第比利斯抗议活动后实施旅行禁令的后果。⑧ 在两国解除与新冠肺炎疫情有关的边境管制后，直飞的航班有可能恢复，但也不确定，这可能为俄罗斯提供一个改变对格鲁吉亚政策的途径，并

---

① Crisis Group Interview, *Official*, Tbilisi, September 2020.
② The Checkpoints Are Usually Removed When Protesters Leave the Area and/or Tensions Ease. Four Leading Georgian NGOs Have Issued A Joint Statement Asking the Government to Remove the Checkpoints Permanently. "Civil Organisations to the Government: Cease Limiting Access to Villages Near the Occupied Territories," *Georgian Young Lawyers' Association*, 29 July 2020 (Georgian).
③ Crisis Group Interview, *Politician*, Tbilisi, August 2020.
④ Crisis Group Interviews, *Politicians*, Tbilisi, August 2020.
⑤ Crisis Group Interviews, *Officials*, Politicians and Analysts, Tbilisi, August and September 2020.
⑥ Crisis Group Interviews, *Georgian Officials*, Tbilisi, August and September 2020.
⑦ Crisis Group Interview, *Georgian Official*, Tbilisi, September 2020.
⑧ "Putin's Ban on Direct Russia-Georgia Flights Comes into Force," *RFE/RL*, 8 July 2019.

就与格鲁吉亚的关系发出积极信号。事实上，拉夫罗夫已经表示支持恢复航班，但格鲁吉亚官员说他们不知道俄罗斯计划怎么做。①

四 提高赌注是否有意义

对现状的失望使"战略忍耐"和正常化进程的批评者更加胆大妄为——他们中的许多人与"民族国家联合运动"（UNM）有关，它领导的政府在2012年被格鲁吉亚梦想党击败，至今仍是格鲁吉亚最著名的反对党。

民族国家联合运动的成员认为，格鲁吉亚梦想党及其创始人比德齐纳·伊万尼什维利正在扩大俄罗斯在南高加索地区的利益。② 在其他问题上他们认为，与莫斯科的对话增加了格鲁吉亚对俄罗斯的经济依赖，而像"战略忍耐"和正常化这样的策略是"无用的"，莫斯科不大可能从阿布哈兹和南奥塞梯撤军，并改变其对分离地区的承认——这是民族国家联合运动成员认为的尊重格鲁吉亚主权的唯一回应。他们主张采取更多的对抗性策略。由于民族国家联合运动成员认为莫斯科只懂"压力的语言"，而且俄罗斯正与西方关于乌克兰问题争执不断并受到西方国家的削弱，俄罗斯担心开辟"第二战场"，民族国家联合运动成员认为，格鲁吉亚需要从这一弱点入手威胁俄罗斯。因此，民族国家联合运动领导人呼吁在西方国家开展一场"号召运动"，以帮助俄罗斯增强对阿布哈兹和南奥塞梯行动的认识，并要求其对这些行动做出回应。他们认为，这一运动将导致西方国家威胁俄罗斯：如果不改变其对分离地区的政策，俄罗斯就要付出实际的代价。③

虽然如下文所述，民族国家联合运动成员的一些承诺值得商榷，但

---

① See "Foreign Minister Sergey Lavrov's Interview with Trud Newspaper," *Official Website of the Russian Ministry of Foreign Affairs*, 21 August 2020. Crisis Group Interviews, *Georgian Officials*, Tbilisi, August and September 2020. For Details, See the "Peace Policy" Published on the UNM Website (Georgian).

② See "Foreign Minister Sergey Lavrov's Interview with Trud Newspaper," *Official Website of the Russian Ministry of Foreign Affairs*, 21 August 2020. Crisis Group Interviews, *Politicians*, Tbilisi, August 2020.

③ Crisis Group Interview, *Politician*, Tbilisi, August 2020.

是持续的边界化和相关行动已经导致其他政党的政治家（包括格鲁吉亚梦想党）有时也会响应他们的呼吁，即对莫斯科采取更强硬的立场。

例如，2018 年格鲁吉亚政府没有惩罚那些对公民死亡事件负有责任的南奥塞梯安全办公室的官员，格鲁吉亚各政治派别人士对此感到震惊。2018 年 2 月底，阿奇尔·塔图纳什维利和他的两名同事被南奥塞梯的安全官员拘留，据说他们都参与了南奥塞梯和格鲁吉亚控制的领土之间的贸易。几小时后，塔图纳什维利死在了拘留中心。① 第比利斯要求归还遗体，塔图纳什维利的遗体在南奥塞梯停留了一个月后才被运送回国。在被送回的遗体上，发现有被虐待的痕迹。② 这是第三起南奥塞梯和阿布哈兹低级别官员杀害格鲁吉亚族人的事件，阿布哈兹和南奥塞梯都没有对这些事件进行过全面调查。③ 另一个反对党欧洲格鲁吉亚党呼吁政府实施制裁，以回应事实上的政治实体在俄罗斯支持下对格鲁吉亚族人的虐待行为。④

格鲁吉亚政府在一定程度上做到了这一点。它公布了一份禁止国际旅行和银行业务的 33 名候选人名单，并对他们进行了制裁。名单中包括第比利斯认为的应对塔图纳什维利之死负责任的人，格鲁吉亚政府还将这种虐待行为追溯到 20 世纪 90 年代，列举了对格鲁吉亚族人犯下罪行和侵犯过格鲁吉亚人权的名单。据报道，名单上的一些人已经死亡，他们都是阿布哈兹和南奥塞梯的居民。⑤ 然而，令反对派领导人失望的是，政府并没有制裁任何俄罗斯军队或安全官员。⑥

制裁名单得到了一些欧洲国家和欧盟机构，以及美国众议院的支持，

---

① Crisis Group Europe Report, Abkhazia and South Ossetia: Time to Talk Trade, 24 May 2018, p. 9.
② "Georgian Autopsy Says Tatunashvili Sustained over 100 Injuries Before Dying," *OC Media*, 6 June 2018.
③ 前两起案件中的第一起发生在 2014 年，一名格鲁吉亚族少年大卫·巴斯哈鲁里（David Basharuli）在被事实上的政治实体南奥塞梯检察官办公室代表拘留后死亡。第二起死亡事件发生在 2017 年，一名格鲁吉亚境内流离失所者吉加·奥特霍佐利亚（Giga Otkhozoria）被事实上的政治实体阿布哈兹的一名低级别官员枪杀，这起杀人事件被闭路电视摄像机拍摄了下来。
④ For Background on the List, See "Government Unveils Tatunashvili-Otkhozoria List," *Civil. Ge*, 27 June 2018.
⑤ For Background on the List, See "Government Unveils Tatunashvili-Otkhozoria List," *Civil. Ge*, 27 June 2018.
⑥ See "Government of Georgia Decree No. 339," *Parliament of Georgia*, 26 June 2018; "Statement by European Georgia," *Facebook*, 19 May 2020.

美国众议院向白宫发出两党联合呼吁，敦促白宫采取格鲁吉亚提议的制裁措施。① 但格鲁吉亚反对派领导人认为这一努力是失败的，他们认为，格鲁吉亚梦想党领导的政府不足以向俄罗斯施压，也无力推动西方执行格鲁吉亚提出的制裁政策。② 一位反对派政治家告诉危机组织，格鲁吉亚梦想党只做了最基本的工作，并试图将其作为真正的回应："他们（格鲁吉亚梦想党）想拥有自己的利益，也只想维护自己的利益，他们不断对我们的合作伙伴和我们所有人撒谎，告诉我们，一切都很好。"③

尽管如此，为实现第比利斯的目标，获得西方领导人的支持，以及借此加剧与俄罗斯的紧张关系，格鲁吉亚反对派做出了一系列假设，但是这些假设看起来与现实有些脱节。没有迹象表明，进一步加剧与莫斯科的紧张关系，同时推动南高加索地区的紧张局势升级对西方国家有很大的价值。正如一位美国高级官员所说，尽管格鲁吉亚和乌克兰对于俄罗斯来说都是平行的"前线伙伴"，但特朗普总统似乎不愿意支持与格鲁吉亚有关的对俄罗斯的制裁措施。④（如果前副总统拜登在选举中获胜，这一立场可能会在未来的政府中发生变化。）

对于欧盟会采取更强硬立场的期望也是不现实的，即使对那些最希望欧盟这样做的人来说也是如此。东欧和波罗的海地区的成员国倾向于支持第比利斯为争取欧盟而对俄罗斯采取更强硬的立场，至少从理论上讲是这样的，但第比利斯对西欧国家的支持并不太有信心，因为他们认为西欧国家的呼声较低，而且比较谨慎。⑤ 因此，甚至一些格鲁吉亚的强

---

① Lithuania Introduced A Travel Ban for Sanctioned People in August 2018. In June 2018, The European Parliament Called on the Member States and the EU Council to Impose National and EU-Wide Sanctions on Those in the List. The U. S. House of Representatives Proposed Similar Restrictions in the Georgia Support Act Adopted in October 2019. The Parliamentary Assembly of the Council of Europe (PACE) Supported the Georgian List in Its Resolution on Sergey Magnitsky in January 2019.

② See "Statement by European Georgia," *Facebook*, 19 May 2020. Crisis Group Interviews, Politicians, Tbilisi, August 2020.

③ Crisis Group Interview, *Politician*, Tbilisi, August 2020.

④ Crisis Group Interview, *U. S. Official*, Washington, March 2020.

⑤ Crisis Group Interview, *EU Official*, Georgian Officials and Politicians, Tbilisi, February, August and September 2020. EU Officials Broadly Concurred That Western European Policies Would Not Become Tougher on Russia If Georgia Abandoned Normalisation. Crisis Group Interviews, Brussels, 22 October 2020.

硬派也意识到，他们的成功前景比他们的同事预测得要微弱得多。一位民族国家联合运动代表说："我是一个现实主义者，我知道'老欧洲'对这个问题没有多大的兴趣。""但如果你不为自己的利益而努力，就不会有人来为你站台"，也就是说，没有人会支持你。①

民族国家联合运动成员的强硬策略似乎是建立在错误的假设之上的，结束正常化对话还有另一个坏处：它可能会逆转过去八年来格鲁吉亚与俄罗斯之间关系的实际进展。由于正常化进程，俄罗斯现在是格鲁吉亚的第二大贸易伙伴。② 无论是旅行禁令还是新冠肺炎疫情大流行都没有降低俄罗斯的排名，但这两起事件对格鲁吉亚的经济及其至关重要的旅游业造成了严重的打击，格鲁吉亚的商业业务量也有所下降。③

虽然批评者会认为，正常化对话通过加强格鲁吉亚对俄罗斯的依赖而损害了格鲁吉亚的国家安全，但是停止两国的正常化进程可能会对格鲁吉亚的国家安全和稳定造成更直接的伤害，特别是分界线沿线的风险会不断升级。虽然正常化进程的目标不是国家安全和稳定，但在某些情况下，它作为一种稳定的沟通渠道，缓解了格鲁吉亚与俄罗斯之间的紧张局势。虽然它们不能取代日内瓦模式，但是提供了一种补充措施，有助于为召开日内瓦会议、采取事件预防和响应机制进行更有效的会谈奠定基础。例如，2013 年，第比利斯通过这一渠道提出了申诉，俄罗斯和南奥塞梯边防军在一些人口密集地区将铁丝网改成了铁栅栏。④ 在 2018 年的事件中，他们的申诉也使得塔图纳什维利的遗体能够被送回国内。⑤ 2019 年底，事实上的政治实体的政府当局释放了一名格鲁吉亚医生，他

---

① Crisis Group Interview, *Politician*, Tbilisi, August 2020.

② "Georgia's Economic Dependence on Russia: Trends and Threats," *Transparency International Georgia*, 4 May 2020.

③ According to A Senior Georgian Official, Trade with Russia Went Down by 15 – 17 Percent, "Which Is Much less than What We Expected," *Crisis Group Interview*, Tbilisi, September 2020. PMCG Research Figures Indicate A Sharp Decrease in Tourism after the Russian Ban on Flights in 2019 and The Onset of COVID-19 in 2020. See Its "Monthly Tourism Updates" for September 2019 and July 2020.

④ "South Ossetian KGB: Only Chain-link Fences Will Be Installed at the Border with Georgia," *Caucasus Knot*, 1 December 2013（Russian）.

⑤ "Zurab Abashidze Focused on Death of Archil Tatunashvili and Giga Otkhozoria during Meeting with Gregoriy Karasin," 1*TV Georgia*, 25 May 2018.

是在越过分界线紧急援助南奥塞梯病人后被逮捕的。①

此外,第比利斯与莫斯科之间的关系恶化也可能破坏格鲁吉亚与事实上政治实体的政府之间的合作前景。一位前格鲁吉亚外交官说:"自20世纪90年代以来,每当第比利斯与莫斯科发生冲突时,它们之间矛盾的回声就会传到苏呼米(阿布哈兹自封的首都)和茨欣瓦利。"② 结束正常化进程可能意味着分离地区的居民对格鲁吉亚控制区的访问将再次减少,甚至停止,这将对分离地区人们的健康、财产和生活质量造成负面影响。

相比之下,随着正常化对话进程的推进,格鲁吉亚与阿布哈兹的关系至少可以改善。如上所述,苏呼米认为,无论格鲁吉亚与俄罗斯的关系如何,它都准备与格鲁吉亚开展贸易。③ 阿布哈兹需要重新振兴与第比利斯的贸易,以弥补俄罗斯对阿布哈兹财政支持的持续下降,这种情况因新冠肺炎疫情而更加严重。自2020年夏天以来,阿布哈兹在支付工资和养老金方面遇到了困难,并报告说经常出现现金短缺。④

南奥塞梯的人口是阿布哈兹的七分之一(南奥塞梯有约3万人,而阿布哈兹有20多万人),虽然南奥塞梯在资金方面也有类似问题,但是它更容易利用俄罗斯提供的资源满足其需求。即使在面对新冠肺炎疫情的情况下,南奥塞梯领导层也一直很乐意等待俄罗斯的现金注入,而不是与第比利斯谈判。⑤

五 另一条前进的道路

随着正常化进程的压力越来越大,而强硬路线又使问题变得更加复杂,格鲁吉亚对俄罗斯似乎没有更好的政策选择。为了打破"接触与对抗"的二分法,来自不同政治派别的格鲁吉亚人开始考虑一种不同的路径——这

---

① "Zurab Abashidze-I Hope We Will Get An Answer to Vazha Gaprinashvili's Case in Geneva," 1*TV Georgia*, 9 December 2019.
② Crisis Group Interview, *Former Official*, Tbilisi, August 2020.
③ Crisis Group Telephone Interviews, *De facto Representatives*, Sukhumi, August 2020.
④ Inal Khashig, "Difficult Times ahead for Economy of Abkhazia," *JAM News*, 25 June 2020.
⑤ See Crisis Group Europe Briefing N°89, The COVID-19 Challenge in Post-Soviet Breakaway Statelets, 7 May 2020, pp. 12 – 15.

种方法不会放弃正常化进程,并且能够保持格鲁吉亚在主权完整上的核心立场,还能使第比利斯在改善与两个分离地区的关系方面占据主动权,特别是与阿布哈兹,它似乎比南奥塞梯更渴望建立联系。拟议的新政策的核心是积极主动地确定格鲁吉亚可以与俄罗斯在分离地区开展合作的领域。事实上,正常化进程——迄今为止排除了对分离地区相关问题的讨论——应该扩大到格鲁吉亚与这些实体的关系对话上。这一政策的支持者包括担心正常化进程的未来但无力重振该进程的格鲁吉亚梦想党成员,还有担心对俄罗斯施加更多压力会适得其反的格鲁吉亚反对派活动家。

拟议的新政策反映了格鲁吉亚官员努力从过去的失败中吸取教训。一位前高级官员说,格鲁吉亚梦想党无法与莫斯科进行成功的安全对话,原因之一是它寻求"一些重大的东西"①。相反,它在日内瓦会谈中得到的是对熟悉话题的重复、无结果的讨论。② 如上所述,格鲁吉亚希望俄罗斯提供的保证——欧盟观察团的准入和不使用武力的承诺——对莫斯科没有吸引力,而第比利斯也没有给莫斯科提供什么诱因措施。一位与克里姆林宫有联系的俄罗斯分析家告诉危机组织,"如果格鲁吉亚只提出这两个讨论议题,会议将非常短暂"③。

因此,除了允许在现有的正常化进程中讨论分离地区的问题之外,莫斯科与第比利斯还可以将边界化作一个一般性话题纳入它们为日内瓦会谈制定的议程中。这样做并不意味着取消事件预防和响应机制模式,这一模式仍然适用于对具体事件的讨论。该模式将边界化活动视为影响俄罗斯与格鲁吉亚,以及分离地区关系的更广泛的问题。

关键是莫斯科是否愿意接受这种方法。虽然第比利斯想让莫斯科负责,但是后者却认为第比利斯只是因为两个分离地区而与俄罗斯争论不休。没有人抗议俄罗斯士兵在南奥塞梯和阿布哈兹实施边界化活动的事实。④ 根据

---

① Crisis Group Interview, *Former Official*, Tbilisi, August 2020.
② Crisis Group Interview, *Former Official*, Tbilisi, August 2020.
③ Crisis Group Interview, *Analyst*, Moscow, March 2020.
④ "Agreement between the Russian Federation and the Republic of Abkhazia on Joint Efforts in Protection of the State Border of the Republic of Abkhazia" and "Agreement between the Russian Federation and the Republic of South Ossetia on Joint Efforts in Protection of the State Border of the Republic of South Ossetia," *Official Website of the President of Russia*, 30 April 2009 (Russian).

莫斯科与事实上的政治实体当局签订的条约，俄罗斯士兵被派往边界线，他们甚至比事实上的政治实体更想阻止村民绕过新建的围栏，阻止村民到达几十年来维持其生计的田地和市场。① 现役俄罗斯军事人员正在用更多的铁丝网和瞭望塔来加固这些哨所，他们并没有阻止对处于重要位置的村庄的分割。一位俄罗斯专家警告说："在某些时候，他们会开始建造围墙。"②

边界化活动对俄罗斯来说也有一些不利因素。如果分离地区局势升级，格鲁吉亚与西方国家都可能认为俄罗斯应该对此负责，俄罗斯将面临更多的指责，俄罗斯与西方国家之间的关系将进一步恶化。俄罗斯官员告诉危机组织，他们已经认识到了这些危险。③

如果各方同意将边界化问题摆到谈判桌上，他们可能会密切关注日内瓦调解员在2019年12月提出的一项建议：沿着南奥塞梯的分界线建立一些非军事区。④ 第比利斯、莫斯科和茨欣瓦利撤回它们的军队、边防军和警察，并在它们同意就分界线的位置达成一致的那部分领土上建立一个特殊的制度，这个提议现在仍然被摆在谈判桌上，其技术规定和具体细节仍有待充实。

同时，继续和扩大正常化进程也将改善第比利斯与阿布哈兹当局之间的贸易谈判前景。由于克里姆林宫面临国内增加开支的压力，自2014年以来，莫斯科开始减少在阿布哈兹和南奥塞梯的投入，这种趋势可能会持续下去。⑤ 虽然南奥塞梯目前对与第比利斯贸易不感兴趣，但阿布哈兹的经济可以从缓和的关系中得到改善，有可能让莫斯科减轻经济负担。如果俄罗斯能在不改变其对两个分离地区的政治立场的前提下同意这么做，它就能在不失去重大政治地位的情况下获得一些经济利益。⑥

第比利斯很可能会同意：它在2018年也提出了类似的"迈向更美好

---

① Crisis Group Interviews, *Analysts and Officials*, Moscow and Tbilisi, March and August 2020.
② Crisis Group Interview, *Analyst*, Moscow, March 2020.
③ Crisis Group Interviews, *Officials*, Moscow, March 2020.
④ Crisis Group Interviews, *Diplomat and Officials*, Tbilisi, February, July and August 2020.
⑤ Crisis Group Interview, *Analyst*, Moscow, March 2020.
⑥ Crisis Group Interviews, *Officials*, Moscow, March 2020.

的未来"的计划，该计划将放宽贸易，并承认事实上的政治实体当局颁发的大学文凭。苏呼米当时拒绝了这一计划，因为格鲁吉亚给分离地区提供的好处太少。目前，新的阿布哈兹政府更愿意与格鲁吉亚建立联系，该计划的一些内容可以成为格鲁吉亚与事实上的政治实体政府进行新谈判的起点。① 与阿布哈兹加强接触可以提高第比利斯在其他问题上的影响力，包括政府的主要目标：放宽跨越分界线的旅行，改善居住在阿布哈兹的格鲁吉亚人的生活条件。

为了使这些想法真正可行，第比利斯与莫斯科必须都乐意讨论这些问题并频繁地开展对话。一位俄罗斯外交官总结过，尽管有各种的谈判形式，但是格鲁吉亚与俄罗斯官员每年只花两天时间进行谈判。这名外交官问道："如果我们没有真正的对话，你怎么能指望我们想出聪明的主意呢？"② 通常，俄罗斯官员与阿布哈兹和南奥塞梯举行的会议，涉及生态、人道主义合作和文化交流等相关的议题，以符合最初设想的正常化进程。③ 但是分离地区的问题并不是必须远离谈判桌，政府需要做出一个有意识的政策决定，把这些问题放到谈判桌上。正如一位俄罗斯官员告诉危机组织的那样："我们不能指望一个官僚机构在没有上级指示的情况下，迅速地、主动地偏离既定的政策路线。"④

莫斯科表示，它并不希望中断正常化进程。即使在 2019 年俄罗斯外交部宣布空中交通禁令时，它也强调希望仍然与第比利斯保持直接联系。⑤ 现任参议员格里戈里·卡拉辛从外交部退休后仍担任谈判代表，这也表明莫斯科希望继续与第比利斯保持对话。格鲁吉亚一位高级官员说："如果俄罗斯人想结束这一进程，他们有很多很好的借口。"⑥

莫斯科从未指望通过正常化进程彻底转变第比利斯在阿布哈兹或南奥塞梯问题上的基本立场，或使格鲁吉亚的外交政策与俄罗斯保持

---

① See Crisis Group Report, Abkhazia and South Ossetia: Time to Talk Trade, 24 May 2018, p. 9.
② Crisis Group Interview, *Official*, Moscow, March 2020.
③ Crisis Group Interview, *Official*, Tbilisi, September 2020.
④ Crisis Group Interview, *Official*, Moscow, March 2020.
⑤ "Response of the State Secretary and Deputy Foreign Minister of Russia Grigory Karasin to RIA Novosti," *Official Website of the Russian Ministry of Foreign Affairs*, 20 June 2019.
⑥ Crisis Group Interview, *Official*, Tbilisi, September 2020.

一致。① 恰恰相反，正常化进程除了带来直接利益和能够稳定局势之外，还能让莫斯科看到一个邻国尽管有战争和领土争端，但仍同意保持与俄罗斯的良好关系。鉴于莫斯科与基辅的敌对关系，莫斯科认为，格鲁吉亚这个案例十分有用，能够向乌克兰人、西方人和世界展示另一种模式是可能的。② 其他人是否愿意调整和扩展正常化进程暂时还不能确定，但莫斯科有充分的理由同意正常化。就像8年前第比利斯启动对话一样，格鲁吉亚的新政府一旦上任，就应该与莫斯科进行接触，探讨目前的时机是否成熟，以便更新正常化进程，并在日内瓦会谈上就边界化进行坦诚的对话。

六　结论

无论谁在10月的选举后就职第比利斯，他都将承担起确保格鲁吉亚安全和繁荣的责任。自2012年以来，尽管正常化进程不完善，但是也有助于促进格鲁吉亚的安全和繁荣。没有正常化进程，格鲁吉亚与俄罗斯的情况都会变得更加糟糕。但是，如果不对这一政策进行调整并让第比利斯与莫斯科坦诚地谈论分离地区的问题，如果两者讨论安全问题的日内瓦进程不包含日益严重的边界化挑战，那么这一政策就无法持续下去。这两种对话的扩大可以改善安全局势，使俄罗斯与格鲁吉亚能够保持双边贸易，并预示格鲁吉亚与阿布哈兹之间的交流前景，这对所有人都是有利的。

---

① Crisis Group Interviews, *Analysts*, Moscow, March 2020.
② Crisis Group Interviews, *Analysts*, Moscow, March and September 2020.

附录：格鲁吉亚与分离地区地图

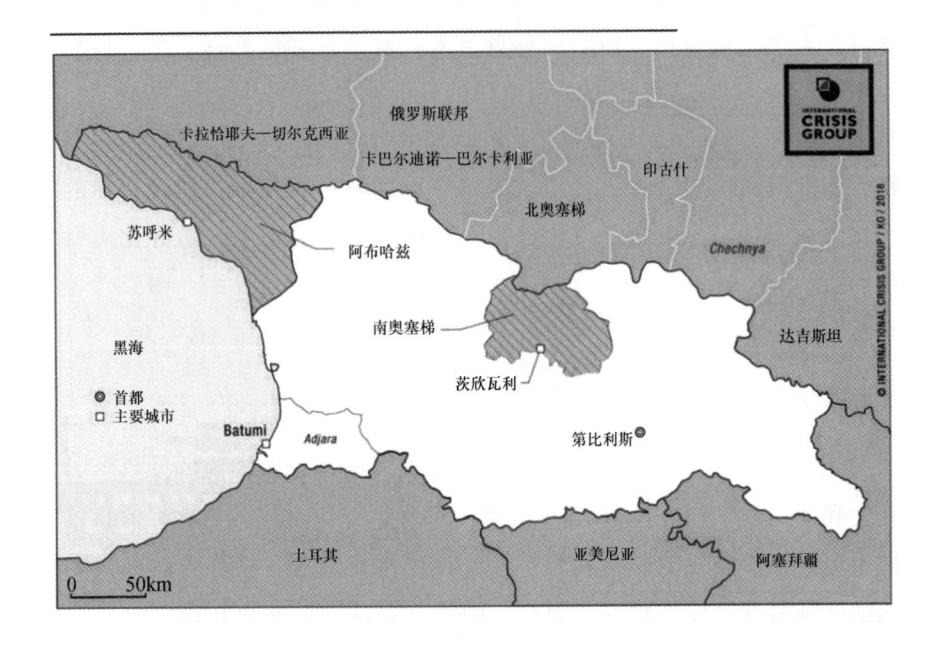

（兰州大学格鲁吉亚研究中心祁梦丹译，张立辉校）

信息时代理解战争滥觞的困难：
俄罗斯、格鲁吉亚和2008年8月
南奥塞梯战争*

里克·福纳（Rick Fawna）　　罗伯特·纳尔班多夫
（Robert Nalbandov）

【摘要】 在分析2008年8月南奥塞梯战争爆发的原因时，各方有着互不相容的叙事版本。通过对俄语、格鲁吉亚语和英语主流的印刷媒体、网络和电视等消息来源进行分析，本文对客观知识中存在的主观性做出了进一步的剖析。本文首先对8月战争的已知信息和存疑信息进行整理，并指出了目前仍然缺失的信息。接着，文章分析了确定战争爆发原因时存在的困难，以及各方主体采用不同叙事版本的原因。本文认为，不应将战争爆发的原因单一化，而必须从相互关联的事件整体来理解战争爆发的缘由。

【关键词】 俄格战争；南奥塞梯；2008年8月；媒体

一　绪论

从一般性和特殊性的角度确定战争和战争爆发的原因是国际安全研

---

* Fawna, R. and Nalbandov. R, "The Difficulties of Knowing the Start of War in the Information Age: Russia, Georgia and the War Over South Ossetia August 2008," *European Security*, 21（1），pp. 57–89.

究的基础。在密集通信和即时通信的时代，我们假定基本信息是可以获得的，即便这些信息不完全准确，至少也可以根据多个信息来源进行事实核查。然而，2008年8月在南奥塞梯及其周边地区发生的战争表明，我们在了解战争爆发的确切原因时，存在着深刻的局限性。因为针对"原因"的分析几乎总是与政治立场有关，甚至是被政治所裹挟。各相关利益方针对2008年8月俄格战争展开的舆论战就是一个典型的案例。

在当代，密集通信和信息网络已经不再单纯是客观信息的来源，它也有可能是战争中模糊起因、影响结果的武器。虽然这已经是众所周知的现象，不足为奇，但是，从分析方法和政策解读的角度来看，各国针对2008年8月战争爆发在叙事上的差异，却仍是让人惊异的。正如约瑟夫·奈所说："在信息时代，军队和舆论都是国家行动获得成功的重要工具。"

本文通过对俄语、格鲁吉亚语和英语主流消息来源进行分析，探究了客观知识中存在的经验性障碍。本文整理出了有关8月战争的已知信息和存疑信息，并指出了目前仍然缺失的信息。笔者首先将各方的叙事置于各方声称的对了解战争爆发至关重要的大背景下。接着，笔者对南奥塞梯战争爆发前后的时间线进行了梳理，分析了战争爆发前的事件与战争爆发之间的联系。

有些人可能会认为，8月战争爆发的责任是单方面的。譬如乔治·休伊特认为，自1989年以来，族际关系破裂的责任应当全部归咎于第比利斯。之所以产生这样的观点，是因为人们把分析重点放在了分析8月战争爆发的合理性方面。但是，也有观点认为，战争既然爆发了，那么就没有必要再去纠结8月战争的责任归属问题，俄罗斯和格鲁吉亚的行动都可以被视为非侵略行为。然而，作为交战方的俄罗斯和格鲁吉亚在战争的责任归属问题上纠缠不休并互相攻讦。双方针对南奥塞梯战争提出的不同版本的叙事，不仅对我们了解真相本身很重要，而且对实现南奥塞梯的和平也很重要。

格鲁吉亚冲突问题国际独立实况调查团的报告可能是我们了解南奥塞梯战争情况的一份最佳资料。格鲁吉亚冲突问题国际独立实况调查团的成员来自多国，而且其职权在形式上是独立的（尽管总有人会质疑这一点）。该报告长达1100页，列出了大量的采访和会议内容。

该报告结果存在着显著差异。俄罗斯驻欧盟大使弗拉基米尔·奇佐夫在该报告发布时宣称,该报告明确了战争的时间,并"直截了当地指出冲突始于格鲁吉亚在夜间对茨欣瓦利进行大规模炮击"①。而格鲁吉亚重返社会国务部长铁木尔·亚科巴什维利称,该"报告认为战争不是在8月7日或8日开始的",并且"俄罗斯多次向格鲁吉亚发起军事挑衅"。

如果说西方媒体最初只是认为调查团对格鲁吉亚略有微词的话,那么调查团的调查结果则直截了当地指责了格鲁吉亚。英国广播公司报道称,"格鲁吉亚"发动了不正义的战争。然而对此报告更全面的解读是,该报告确实得出格鲁吉亚发动了战争的结论,但是该报告也指出这场战争不过是俄格矛盾发展到高潮的表现。笔者注意到,该报告内容在许多方面都存在差异。这些差异是本文研究的重点,它将为本文提供一个分析框架:指出我们需要解决的问题,并利用现有的至关重要且相互矛盾的一级信息和二级信息来分析现有解释所存在的缺陷,并指明未来研究的发展方向。

目前的情况是,虽然可获得的资料在不断丰富,但是南奥塞梯战争爆发的原因和发展的脉络反而变得单一化起来。通常,获取国际非政府组织英语报告的难度很高,而且这些机构的报告往往存在信息片面零散的缺点,因此人们无法通过这些组织了解到更多信息。战争与和平报告研究所一方面宣称"大家都认同格鲁吉亚军队在当晚11点30分发动了攻击这一观点",但另一方面又称"并不清楚在晚上7点到11点30分这四个半小时内发生了什么"。因此这段时间对于我们理解各方提出的叙事版本至关重要;然而,我们可能没有办法准确地了解这段时间所发生的事情。本文将在下一节分析哪些因素会对我们理解战争爆发的原因产生阻碍。

二 信息提供者和信息提供方法

以第三方视角回溯整个事件,今天人们称南奥塞梯战争是一场蓄谋已久的战争。但实际上,在战争发生时并不存在"具有独立性"的媒体。

---

① 这里地名的拼写将采用原始资料中的拼写。——译者

最初的国际报告并非一手资料，这些报告存在事实上的错误和偏见。甚至英国广播公司在最初报道此次事件时，使用的地图是北奥塞梯地图而非南奥塞梯地图。

格鲁吉亚和支持格鲁吉亚的西方消息来源声称，在战争爆发的前几天就有40多名俄罗斯记者和支援人员抵达南奥塞梯。格鲁吉亚对这些记者、其专业背景，以及他们在这段时间里制作的报道进行了总结汇编。格鲁吉亚方面指出，这些记者的许多报道都是关于南奥塞梯局势的，甚至作为俄罗斯喉舌的一些媒体还通过公布详细的影像资料为冲突造势。格鲁吉亚官方和一些西方分析人士认为，俄罗斯媒体在战前出现在南奥塞梯和这些媒体的报道内容是俄罗斯意图发动战争的证据。

然而，南奥塞梯和俄罗斯则认为，这些记者的出现和报道只能反映人们对格鲁吉亚增兵局势的担忧。俄罗斯消息人士称，这些记者及追踪报道的频繁出现，是因为他们意识到冲突正在加剧。奥塞梯人逃离南奥塞梯，以及俄罗斯将奥塞梯平民疏散至俄罗斯境内的相关报道可以证实冲突的加剧。与之相反的观点是，南奥塞梯当局和莫斯科知道冲突即将到来，因此他们提前疏散了平民。

此外，俄罗斯媒体承认，在早前的报道中南奥塞梯平民人口的伤亡数字不实，存在着夸大数字的可能。俄罗斯媒体的报道最初称，格鲁吉亚的军事行动造成1500—2000名南奥塞梯平民伤亡。（在俄罗斯总检察长办公室的调查委员会的后续调查中，这一伤亡数字减少到了162名）。但是，这些媒体的早期报道却成为俄罗斯官方叙事的一部分，也成为俄罗斯干预南奥塞梯事务的部分理由。然而，除了南奥塞梯和俄罗斯对此数字表示认可外，这一数据的可信性受到了广泛的怀疑。

一些人认为，俄罗斯的官方叙事并没有在西方赢得市场。正如乔治·休伊特所指出的那样："人力资源主管参议员约翰·麦凯恩、水星集团的兰迪·休内曼当时与米哈伊尔·萨卡什维利签订了合同，并热情地转述了格鲁吉亚的叙事内容"。《莫斯科时报》写道，格鲁吉亚总统米哈伊尔·萨卡什维利的政府雇用了一家西方公关公司来为格鲁吉亚的行动进行辩护。这也许可以在一定程度上解释为什么"俄罗斯入侵格鲁吉亚"的论据占据了主导地位，而"格鲁吉亚入侵南奥塞梯"的观点则声势甚小。格鲁吉亚及其支持者对格鲁吉亚"入侵"南奥塞梯的说法进行了驳斥。但是，尽管如此，俄罗斯媒体还是继续用俄语或英语称格鲁吉亚"入侵"南奥塞梯。①

俄罗斯政府称自己被排除在西方媒体之外。俄罗斯副总理伊万诺夫在战争开始几天后，接受美国有线电视新闻网采访时称："美国媒体很少报道我们的观点。"② 即便如此，俄罗斯还是"通过不懈的努力让莫斯科的政策进入了美国媒体的视线范围。

事实上，西方媒体对理解这场战争所必须了解的相关事件漠不关心。在战争爆发后，"格鲁吉亚向叛军领地发起了进攻"这样的表述就已经变得司空见惯。英国广播公司在8月15日指出，面对这样的攻势，"俄罗斯人在舆论战中不断败退"。格鲁吉亚采取的措施包括，每个小时向西方媒体发送一次电子邮件。这些邮件的内容将被纳入西方媒体对南奥塞梯战争的叙事中。正如金所写，"格鲁吉亚主导了公关战线"，萨卡什维利的媒体叙事"涉及了每一个对西方观众有重要意义的话题，其中包括对族群清洗和族群灭绝指控的解释"。这样的叙事是十分重要且有效的，因为格鲁吉亚已经构建了一个成功的"媒体叙事"，尤其是在美国，这个"媒体叙事"本身"通常没有经过仔细审核"。面对格鲁吉亚政府保持着非常有效的媒体宣传活动的这种说法，西方媒体承认俄罗斯在舆论战中的颓势这一观点是值得赞扬的。

当然，格鲁吉亚政府坚持认为，是莫斯科开展了成功的公关活动。萨卡什维利在《华尔街日报》上写道：

> 俄罗斯花费了数百万美元进行激烈的公关活动，这在很大程度上将格鲁吉亚推到了风口浪尖。俄罗斯公关的依据是一份由欧洲安全与合作组织的军事观察员泄露的、非常片面的、具有误导性的报告。该报告称，格鲁吉亚在南奥塞梯针对俄罗斯做出的军事回应并

---

① 例如，乔治·布什在自传中写道："格鲁吉亚入侵南奥塞梯。"对此俄罗斯塔斯社的评论是，"布什误解了南奥塞梯战争爆发当日下午发生的事件"。尽管没有国家承认车臣是一个独立的国家，但许多西方媒体都把俄罗斯对车臣军事行动称为"入侵"。——译者

② 此网页（http://edition.cnn.com/video/#/video/world/2008/08/11/georgia.crisis.russia.dpm.ivanov.cnn?irefvideosearch）已不可进入，因此无法获得有关该文章的更多详细信息。——译者

提供足够充分的理由。因为俄罗斯并没有对格鲁吉亚做出过激的军事挑衅。从最近的舆论风向来看，俄罗斯的公关活动是成功的。

而西方和俄罗斯观察家认为，萨卡什维利能够接触到美国或西方媒体是格鲁吉亚公关活动取得成功的证据。

影响我们了解事件真相的另一因素是，西方或国际官员可能希望避免将责任归咎于一方。这样做可能是为了帮助南奥塞梯尽快恢复和平，而并不一定是怀有恶意的举动。随着暴力事件的爆发，西方领导人试图避免讨论战争的责任归属问题。德国总理默克尔的发言人在第比利斯表示："现在不是追究责任归属问题的时候。"同样，德国媒体也表示，外交部长弗兰克·瓦尔特·施泰因迈尔希望避免"单方面的谴责"，寻求保持与莫斯科和第比利斯沟通渠道畅通的路径。欧洲安全与合作组织作为当地唯一的国际机构，在其8月7—8日的时间表中记录道："俄格敌对行动爆发。"在冲突爆发数周后，随着各方叙事开始被仔细审查，越来越多的证据表明，至少在8月7—8日爆发的事件中格鲁吉亚应当负有更多的责任。但是，官方表态转移了人们对战争起因的关注。① 在欧盟发布独立报告的新闻发布会上，欧盟并未谴责战争中的任何一方。该报告负责人、瑞士大使海蒂·塔利亚维尼发表声明称，此次事件中各方都应该受到指责：每个人都是输家，冲突各方都是失败者。这次冲突严重违反了人道主义法和人权法，威胁使用武力和使用武力的问题又回到了欧洲政治之中。

可以理解的是，国际社会必须协调冲突中各国政府和政府间组织的关系，避免双方爆发更多的对抗活动以确保紧急问题的解决。然而，这种方法可能会导致最有可能了解事态的人无法公开真实信息。

在防止俄格冲突加深时，可能会产生一个新的问题，即各方会将南奥塞梯本身作为一个单独的参与者。许多西方媒体和官方报道最初似乎在暗示除俄罗斯外南奥塞梯也应对此次事件负责。最初，南奥塞梯经常

---

① 西方政府显然对这场战争持不同看法。一些人指责格鲁吉亚是战争的主要责任方。然而，英国外交大臣米利班德却表示："双方行为的对错需要进一步的调查。但是无论如何一个拥有着80万军人的邻国入侵了一个主权国家，这是不争的事实。"——译者

被当作一个独立的行为体。美国助理国务卿丹尼尔·弗里德于8月7日称："此次暴力冲突似乎是南奥塞梯煽动的结果。"他继续说道："我们已经呼吁俄罗斯敦促其南奥塞梯朋友表现出更大的克制。我们相信俄罗斯……正在努力实现这一点。"弗里德补充道："我们敦促格鲁吉亚保持克制，但似乎南奥塞梯才是挑衅的一方。"

影响我们了解事件真相的另一因素是新闻成为解释的一部分。双方（尤其是与西方媒体联系更为密切的格鲁吉亚）都将新闻报道作为其行动的证据和理由。双方都努力让自己的叙事成为主流的舆论导向。格鲁吉亚政府在其官方声明中提到了《纽约时报》的报道和前美国大使接受自由欧洲电台采访时做出的回应。在冲突爆发一个月之后，格鲁吉亚声称自己截获的南奥塞梯与俄罗斯之间的通信记录显示，俄罗斯装甲部队在俄格冲突正式爆发前就已经通过罗基隧道进入格鲁吉亚。这是格鲁吉亚指责俄罗斯装甲部队在格鲁吉亚采取行动之前进入南奥塞梯的重要部分。从格鲁吉亚官方角度来看，这是指证俄罗斯罪责的明确证据。格鲁吉亚的活动仅仅是为了阻止俄罗斯的进一步行动。

但是，俄罗斯方面则称，俄方将利用新闻报道来证实格鲁吉亚侵略和族群灭绝的"事实"。

原本应当是客观信息来源的组织——欧安组织——本身却成为争论的焦点之一。该组织驻南奥塞梯的观察团由56名成员组成。一位被借调于此的英国军事观察员（不过，受雇于国际组织的成员，其国籍的重要性会下降）称，他"在8月7日左右就得到了令人担忧的消息，俄格矛盾正在逐步发酵。但该组织没有通过外交渠道处理这些问题"。

此外，高科技情报（比如说卫星图像）本应成为进一步确定事件缘由的另一种手段——提供原始信息。但美国卫星图像的明显缺失却成为格鲁吉亚官方关于战争爆发叙事的一部分。萨卡什维利在2008年8月24日对此解释说：

> 我们已经询问过我们的西方伙伴是否有此次事件的卫星图像。但是，他们回答说，他们的卫星主要是针对伊拉克的，加之当天是多云天气，因此无法得知俄格冲突发生的具体情况。这是国际情报服务的严重失误。

但是，有人对格鲁吉亚的说法表示怀疑。切特里安写道，在俄格冲突爆发前不久，美国卫星还记录下了8月7日俄军在北奥塞梯集结的图像。《华盛顿邮报》也写道："美国在格鲁吉亚有军事训练员和情报卫星，但是布什政府居然声称对俄格冲突爆发的时间和烈度感到震惊。"当然，也有人持相反的观点，认为如果美国清楚俄罗斯会进行袭击的话，难道美国就没有阻止俄罗斯进攻的利益所在吗？

但是，无论如何，卫星图像这一确凿证据的缺乏本身就成为模糊战争起因的因素之一。

最后，2008年8月7日至8日晚，俄乌冲突爆发的准确时间本身就需要实证研究，需要保证所有相关信息的可证实性。即使这些信息无法被证实，或不能被独立验证，但这些信息起码可以让我们了解各方是如何提出自己的解释，并转用于攻击其他行为体解释的。

在一些人看来，格鲁吉亚—奥塞梯—俄罗斯的冲突始于8月7—8日；现在舆论倾向于将责任归咎于格鲁吉亚。然而，对其他人来说，这种做法表明了观察者的立场，这将会导致他们解释的短视性。美国大使大卫·J.史密斯称："在关注这次冲突的外交官、非政府组织和记者中，有许多人孤立地关注事件的发展，而忽视了那些必须了解的背景。"但在格鲁吉亚解决冲突的实践中，还是有一部分人意识到了解这些背景的重要性。然而，关于如何收集和分析8月7—8日信息的讨论仍在继续。

此外，尽管冲突各方都称8月7—8日俄格冲突的责任在于对方，但是，格鲁吉亚、南奥塞梯和俄罗斯都将这些具体而不同的战争起因置于一系列相关事件背景之中。冲突的各参与方都没有将8月7—8日的事件视为孤立的事件。冲突正式爆发前的事件，包括与此次冲突有关的几个月甚至几年之前的事件，对于各方话语来说都是不可或缺的重要解释。因此，这些相关事件对于了解俄格冲突爆发本身至关重要。

事实上，格鲁吉亚和俄罗斯的官方叙事都不约而同地将8月战争纳入双方长期矛盾的叙事背景之下。本文整理了8月7—8日事件的相关信息，讨论了战争爆发与长期矛盾之间的联系，分析了现有解释存在的缺陷，并谈及了应当如何呈现这些事件的全貌。本文以各方针对冲突做出的元叙事为开端，到最后才谈及冲突爆发当晚的具体事件。格鲁吉亚针对冲突的主要叙事内容为，格鲁吉亚替代模式的成功、领土重新整合工作的开展、欧洲—大西洋一体化的倾向和俄罗斯自身的战争准备等因素导致俄罗斯采取军事行动。俄罗斯的主要叙事内容为，俄罗斯此次的行动是反抗当前国际体系不公正的价值判断和运作模式。南奥塞梯的叙事中心则在于，俄罗斯和南奥塞梯的军事行动是为了保证公民和平民的安全，防止本族被"灭绝"。

三 主题

（一）萨卡什维利总统的替代模式及其与战争爆发的关系

格鲁吉亚官方和媒体称，这场战争爆发的原因之一在于，格鲁吉亚的替代模式是后苏联地区一个新的、成功的发展模式。这对俄罗斯构成了根本威胁。本文首先考察格鲁吉亚国内因素与战争爆发的相关性，随后分析俄罗斯在这场战争中所做的准备。

"玫瑰革命"曾经让萨卡什维利成为格鲁吉亚的总统。但是，这场革命在多大程度上可以被称为"革命"，又在多大程度上算得上是积极的变化，人们对此一直持有不同的观点。然而，不管外界如何评论，萨卡什维利本人声称，他在格鲁吉亚进行的变革是对莫斯科的威胁。这些变革包括重大的国内改革（即使其中一些改革已经退潮）、分离主义地区的重新整合、加入欧洲—大西洋一体化的进程，以及成为北约正式成员的野心。

事实上，格鲁吉亚的人口只有俄罗斯人口的三十分之一，领土面积与俄罗斯相比更是只有后者的两百五十分之一，甚至格鲁吉亚举国的能源财富与早前莫斯科的能源财富相比都是微不足道的。因此，有些人认为，第比利斯在俄罗斯官方眼中的自我认知可以称得上是外交政策唯我论的经典案例，它严重高估了自己的重要性。然而，自2004年以来俄罗斯与格鲁吉亚关系恶化确实是不争的事实，如俄罗斯对格鲁吉亚货物实施禁运、俄军方飞越格鲁吉亚领空和格鲁吉亚指控俄方进行间谍活动，等等。

格鲁吉亚对俄罗斯的意图进行了解读，称俄罗斯的举措是政治上的倒退和彻底的帝国主义。萨卡什维利称自己的改革证实了替代模式的可行性，这是俄罗斯对格鲁吉亚抱有敌意的原因之一。格方称，格鲁吉亚政治和经济的成功转型，以及它融入西方的强烈意愿，威胁到了俄罗斯的传统利益。早在冲突爆发之前，俄罗斯官方和媒体就一再将格鲁吉亚视为对俄罗斯在该地区既得利益的威胁。

格鲁吉亚分析家认为，格鲁吉亚的改革除了威胁到俄罗斯的政治利益之外，还威胁到了俄罗斯的经济利益。格鲁吉亚评论员贾巴·德夫达里安尼解释道："俄罗斯看到其新的扩张工具——经济利益——受到严重威胁。如果新政府能够通过遏制腐败和提高效率成功地吸引更多的外国投资，那么俄罗斯的作用和影响力自然会因此减弱。"

俄罗斯领导人则否认了任何关于俄方对格鲁吉亚新政府怀有敌意的说法，正如俄罗斯议员安德烈·科科申的解释：

> "玫瑰革命"及其之后的改革使得格鲁吉亚的国家和社会结构逐步瓦解，但是，俄罗斯不希望格鲁吉亚成为滋生动荡的温床。俄罗斯希望格鲁吉亚能够考虑俄罗斯在该地区的战略利益，并成为俄罗斯真正的战略伙伴。

面对俄罗斯对"玫瑰革命"及其之后改革的批判，萨卡什维利在2007年强调，"玫瑰革命"让格鲁吉亚朝着更加光明的方向发展。萨卡什维利表示，从发展速度和改革成就来看，"玫瑰革命"把"注定前途黯淡且被公认是腐败国家的格鲁吉亚变成了一个全新的国家"。此外，萨卡什维利还声称："俄罗斯认为新的格鲁吉亚是'一个挑战'，这对自己来说是致命的威胁。因此，他们认为有必要铲除这个新的格鲁吉亚，以防自身在该地区的影响力被削弱。"

2008年8月战争爆发后，萨卡什维利宣称，俄罗斯正试图摧毁格鲁吉亚这座"民主灯塔"。俄罗斯副总理谢尔盖·伊万诺夫则谴责萨卡什维利的说法是"戈培尔式的宣传"[①]。事实上，截至2008年8月，萨卡什维利领导下的民主政治遭受到了越来越多的质疑，但是，萨卡什维利政府始终坚持，无论是"玫瑰革命"还是"玫瑰革命"之后的政治变革，都从根本上威胁到了莫斯科的利益。

---

① 美国总统乔治·布什曾用"民主灯塔"来形容格鲁吉亚。——译者

(二) 重新整合

在2004年萨卡什维利担任总统之初，重新获得格鲁吉亚对失地的控制权就是其重要的政治目标。尤其是萨卡什维利政府在格鲁吉亚西南部的半独立实体阿扎里亚（阿扎尔）所取得的成就，更是进一步鼓舞了萨卡什维利统一南奥塞梯的信心。由于格鲁吉亚人仍然居住在南奥塞梯的部分地区，因此与阿布哈兹相比，南奥塞梯回归格鲁吉亚的前景似乎更加明朗。在阿布哈兹，已经鲜有格鲁吉亚人居住。而在南奥塞梯，格鲁吉亚人、南奥塞梯人和俄罗斯人至少在名义上仍然是合作的关系，三方共同参与的维和行动是在联合控制委员会指导下进行的。

在2008年的一次采访中，萨卡什维利表示，阿扎尔和平回归格鲁吉亚这一事件，助长了俄罗斯对其（萨卡什维利）任期下的格鲁吉亚的敌意。萨卡什维利称，自己为实现格鲁吉亚失地和平回归做出的贡献，是"玫瑰革命"成功带来的第一波成果。可以说，2008年的战争与"玫瑰革命"带来的成果（特别是阿扎尔的重新统一、反腐败斗争的成功和经济发展）直接相关。2004年7月，萨卡什维利重申了他统一南奥塞梯的承诺："我们并不着急。我们将在南奥塞梯不发生武力冲突的情况下，在一年之内让南奥塞梯重返格鲁吉亚。"萨卡什维利的承诺是友好而和平的。事实上，萨卡什维利还称自己"准备向阿布哈兹人和奥塞梯人伸出友谊之手"，并称他们为"兄弟"。他还提议，阿布哈兹和南奥塞梯"在地区主义的背景下建立一个联邦"。萨卡什维利在2008年连任后的就职演说中表示：

> 我本人将尽我所能，确保在下一任总统宣誓就职时，我们将恢复领土完整，实现格鲁吉亚真正的和平统一。

恢复国家统一，无疑是萨卡什维利的目标。尽管萨卡什维利使用的是和平的外交辞令，但是，实际使用的手段却模棱两可。

与其纠结于如何美化萨卡什维利政府对阿扎尔的统一，不如将其视为"重新统一已经分离的阿布哈兹和南奥塞梯自治地区"的先兆。据俄罗斯媒体报道，"大量俄罗斯公民居住在那里""萨卡什维利政府的举动将严重增加与其北部邻国（俄罗斯）发生战争的风险"。萨卡什维利的其他举动，也被俄罗斯当权派解读为对俄罗斯具有先天敌意。俄罗斯认为，萨卡什维利更偏向于用对抗性的方式应对危机。2007年，被指控从事间谍活动的俄罗斯外交官被驱逐出格鲁吉亚，因此俄罗斯国家杜马副议长弗拉基米尔·日里诺夫斯基（以夸张著称）称萨卡什维利为"格鲁吉亚未来的皮诺切特"。日里诺夫斯基进一步解释道，萨卡什维利正处于政治困境中，因此他需要以外部敌人威胁的形式来转移国人对国内矛盾的注意力。

格方认为，长期以来，特别是在"玫瑰革命"爆发之后，俄罗斯始终对格鲁吉亚政府与西方之间的暧昧关系抱有敌意。在八月战争爆发之后，格鲁吉亚领导人更是暗示俄格冲突是文明之间的冲突。2008年9月23日，萨卡什维利在联合国大会上称："格鲁吉亚遭到袭击的原因在于它是这个地区成功的民主国家。"在萨卡什维利发起所谓的第二次"玫瑰革命"时，他表示：

> 如果说第一次"玫瑰革命"（2003年）是通过改造一个腐败成风的失败国家来应对来自内部的威胁的话，那么我们第二次革命必须更加有针对性，因为现在我们面临着来自外部且更加严峻的挑战。

他进一步解释道："第一次'玫瑰革命'的成功拯救了格鲁吉亚，而第二次革命将关系到国际秩序是否能够保持稳定。"

格鲁吉亚认为，"玫瑰革命"后改革的成果，使得莫斯科想要通过这次武装冲突实现政权更迭。在这次武装冲突结束后，萨卡什维利将其称为被外部势力干涉的未遂政变：

> 很明显，俄罗斯的目标不是占领茨欣瓦利，这只是一个格鲁吉亚的省级城镇——在俄罗斯只有少数人知道它在哪里……俄罗斯的真实目的是接管第比利斯并推翻现任政府。

萨卡什维利的这一声明是针对俄罗斯的表态做出的。拉夫罗夫曾表示，希望格鲁吉亚能够建立一个更"值得信赖"的政府：

>……萨卡什维利政权根本没有达到国际社会所设立的标准……俄罗斯对格鲁吉亚人民抱有真挚的友谊和同情，相信格鲁吉亚人民迟早能够拥有一位称职的领导人。

八月战争之后，莫斯科向美国表明立场，萨卡什维利必须被免职。拉夫罗夫在致美国国务卿康多莉扎·赖斯的信件中表示"萨卡什维利必须下台"。美国驻联合国大使扎勒米·哈利勒扎德驳回了这一要求，称这是"完全不可接受"和"越界"的要求，并特别强调俄罗斯此举具有操纵"政权更迭"的意图。即便如此，8月12日，拉夫罗夫本人在与芬兰外交部长举行的新闻发布会上，再次表示"萨卡什维利无法成为俄罗斯的伙伴，他必须下台"。

法国总统外交政策助理让·大卫·莱维特透露，8月12日，普京告诉萨科齐，他想"吊死萨卡什维利"，就像美国人对萨达姆·侯赛因所做的那样。即便是在冲突结束之后，梅德韦杰夫仍在继续贬损萨卡什维利："我们一直非常清楚他的脑子有问题，但是我们从没有想到他是个彻头彻尾的疯子"。其他的俄罗斯政客也秉持了类似的论调，例如，议员谢尔盖·马尔科夫称，萨卡什维利是一个"军事罪犯"，并表示"我们需要让所有国际社会都意识到萨卡什维利是一条患有狂犬病的疯狗"。

俄罗斯外交部的声明证实，格鲁吉亚和西方对俄罗斯意图影响格鲁吉亚"政权更迭"的担忧并非空穴来风。2008年8月26日，俄罗斯称格鲁吉亚处于"萨卡什维利军国主义政权"的统治之下，并称：

>萨卡什维利政权完全没有遵守协议，它在冲突地区不断地挑衅并蓄意制造矛盾，袭击俄罗斯维和人员，对阿布哈兹和南奥塞梯民主选举产生的领导人态度日益恶化……萨卡什维利政权根本没有达到国际社会所设定的标准……俄罗斯相信格鲁吉亚人民迟早能够拥有一位称职的领导人……俄罗斯准备为此做出最大努力。

之后，莫斯科拒绝与格鲁吉亚现任领导人进行对话。9月3日，梅德韦杰夫总统在接受俄罗斯电视台采访时称格鲁吉亚政府为"破产政权"，并称"萨卡什维利总统在我们眼中已不复存在。他不过是一具政治尸体"。

有人可能会争辩说，八月战争之后莫斯科之所以坚持要求萨卡什维利下台，是因为格鲁吉亚对南奥塞梯实施了族群灭绝。因为，如果俄罗斯的目标仅仅是阻遏"玫瑰革命"后格鲁吉亚的改革进程，那么萨卡什维利政权在冲突爆发之前就会被推翻。对此，格鲁吉亚官方解读了冲突爆发的另一因素：莫斯科企图阻挠格鲁吉亚加入欧洲—大西洋一体化进程。

（三）萨卡什维利推动格鲁吉亚加入欧盟和北约的野心

在冲突爆发之前和冲突期间，格鲁吉亚领导人始终称自己是西方可靠的伙伴、欧洲国家大家庭的成员和美国的特殊伙伴。但是，萨卡什维利也清楚"格鲁吉亚从未成为美国真正的、平等的战略盟友"。众所周知，在八月战争期间及之后，萨卡什维利把这次战争归类为苏联对其他国家特别是对欧洲国家袭击的延续：波兰，1939 年；芬兰，1940 年；匈牙利，1956 年；捷克斯洛伐克，1968 年；阿富汗，1979 年。实际上，早在 2008 年 6 月他就发出了类似的警告：

> 波兰、立陶宛、拉脱维亚、捷克、匈牙利、罗马尼亚和保加利亚——如果你们今天能够站到格鲁吉亚的立场上，那么就能够看到格鲁吉亚处于怎样危险的境地……每个人都应该意识到，如果今天俄罗斯可以侵占阿布哈兹，那么明天它就可能会攻打克里米亚；如果它明天攻打克里米亚，那么后天它的目标就可能是爱沙尼亚和拉脱维亚，紧接着它可能觊觎波兰东部。以此类推，俄罗斯的欲求将永远不会得到满足。

在奥塞梯战争后，萨卡什维利再次强调格鲁吉亚地缘文化中对俄罗斯的排斥。例如，他在 2008 年 8 月 28 日宣称："我们觉得自己是一个欧洲国家，我们需要欧洲和北约，我们宁愿成为欧洲附属，也不愿成为俄罗斯的奴隶。"以美国为首的西方社会之所以会为萨卡什维利提供政治支持，主要是因为萨卡什维利采取积极推动格鲁吉亚加入北约的战略。2007 年 11 月，萨卡什维利所代表的执政党与反对派发生冲突之后，美国助理国务卿马修·布里扎重申了对"格鲁吉亚加入北约"的坚定支持：

> 我们已经花了十多年的时间，为格鲁吉亚的民主成功贡献了我们的财力、精力和情感……但是，现在发生在格鲁吉亚的冲突事件使我们北约中的部分盟友对批准格鲁吉亚加入北约的计划产生了动摇和怀疑……我们反对这种观点。

俄罗斯的官方声明和媒体报道都清楚地释放出莫斯科不希望格鲁吉亚加入北约的信号。政治和军事分析研究所分析部主任亚历山大·克拉姆奇金分析，在格鲁吉亚问题上，北约不会拿与俄罗斯的关系冒险：

> 北约的任务是用日益减少的兵力来保护日益扩大的领土……"老"成员越来越不愿意打架了……北约永远不会与俄罗斯作战……没有哪个联盟国家会为恢复格鲁吉亚的领土完整而战……现在欧洲北约国家将尽最大努力阻止格鲁吉亚加入联盟。它们绝不希望与俄罗斯之间存在任何意义上爆发军事冲突的可能性。

以美国为首的西方国家把对格关系视为一种胁迫俄罗斯的手段。俄罗斯国家战略研究所所长米哈伊尔·雷米佐夫认为，格鲁吉亚与美国的关系就像非正式的婚姻关系。对于美国而言，格鲁吉亚不过是一颗可以向俄罗斯施压的棋子。

战后，出于与格鲁吉亚的合作关系，北约成员国密切关注格鲁吉亚的事态发展。德国外交部长弗兰克·瓦尔特·施泰因迈尔表示，拒绝格鲁吉亚加入《成员国行动计划》的主要原因是八月战争。然而，正如某外交官所指出的那样，虽然北约实际上不同意格鲁吉亚成为成员国，但表面上却仍可以向格鲁吉亚发出积极的信号，表示支持格鲁吉亚加入北约，并向俄罗斯表明，俄罗斯无权干涉北约的行动。格鲁吉亚的其他西方伙伴国家对格鲁吉亚的事态发展也持悲观的态度。正如比利时参议院外交关系委员会副主席乔西·杜比所指出的那样：

> 我们不能允许（格鲁吉亚加入北约）。虽然萨卡什维利仍然是国家

元首，但是倘若我们接受格鲁吉亚为北约成员，那就是冒着与俄罗斯进行战斗的风险，因为北约有义务在发生军事冲突时保卫格鲁吉亚。

西方的俄罗斯分析家约翰·劳夫兰在俄罗斯报纸上对克拉姆奇欣的观点表示赞同。他认为格鲁吉亚战后争取加入北约的努力是徒劳的：

> 如果北约国家不准备与俄罗斯军队就茨欣瓦利周围那一小块领土发生战争，那么格鲁吉亚就永远不能加入北约。因为北约成员国身份意味着成员国必须为彼此的领土完整而战……如果格鲁吉亚不能加入北约，乌克兰也无法加入。这两个黑海国家加入大西洋联盟是同一战略计划的一部分，一旦格鲁吉亚与俄罗斯军队发生暴力冲突，这一战略计划就将烟消云散。

在2008年8月之前，萨卡什维利称，与分离地区的冲突将会导致格鲁吉亚失去其在北约的成员资格。在八月战争结束后，他对西方特别是北约未能保护格鲁吉亚免受俄罗斯侵略表示失望：

> 北约并没有直接表示不允许我们加入北约的《成员国行动计划》，而是说，由于存在冲突，北约暂时不会给格鲁吉亚加入成员国行动计划的资格，但是我们将在12月重新讨论这个问题。这样的说法无异于告诉俄罗斯，如果俄罗斯不在2008年12月之前采取行动，格鲁吉亚就有可能在12月得到加入北约成员国行动计划的资格。

虽然国内反对萨卡什维利的声音越来越大，但是，在这一问题上他和反对派主要领导人秉持了相同的观点。反对派领导人沙尔瓦·纳特拉什维利直言不讳地说："虽然格鲁吉亚目前没有得到加入北约成员国行动计划的资格，但是有一点可以明确，我们已经有了一张通往北约的指南。"

格鲁吉亚称，俄罗斯发动战争的动机在于阻挠格鲁吉亚加入欧洲—大西洋一体化进程。在分析俄罗斯发动八月战争的具体原因时，格鲁吉亚加强了对此观点的论述。

(四) 俄罗斯的战争准备

除了在西方媒体上强调八月战争是俄罗斯长期计划的侵略结果外，萨卡什维利还声称，俄罗斯领导人在他担任格鲁吉亚总统之初就准备在格鲁吉亚的分离地区采取军事行动。

2008年8月24日，萨卡什维利表示，2004年"玫瑰革命"后不久自己"出于礼貌"致电普京，感谢俄罗斯方面接受第比利斯处理阿扎里亚问题的方案。但是，俄罗斯方面的回应方式相当粗暴，俄方表示自己没有对阿扎尔事务进行干预。但是，在南奥塞梯或阿布哈兹的问题上，俄方绝不会让格鲁吉亚得到任何好处。萨卡什维利解释道，从格鲁吉亚的角度来看这是一个重要的信号。这通4年前的电话，已经预示了莫斯科会在南奥塞梯和阿布哈兹问题上做出不同的反应。

据萨卡什维利说，俄罗斯在2007年就已经开始考虑对格鲁吉亚进行军事干预。萨卡什维利还提到，俄罗斯政府暂停履行其在《欧洲常规武装力量条约》下做出的承诺。在2007年7月的声明中，萨卡什维利似乎暗示了俄罗斯的军事计划：

> 俄罗斯宣布退出旨在限制欧洲和高加索地区的军事力量的《欧洲常规武装力量条约》。俄罗斯背弃了自己的承诺，退出了条约。但是，我们只有200辆坦克，因为根据条约我们无权拥有更多的坦克。

格鲁吉亚媒体也对俄罗斯此举表示担忧，认为俄罗斯退出《欧洲常规武装力量条约》对格鲁吉亚而言是一个根本性的威胁：

> 从现在开始，俄罗斯对西方和格鲁吉亚都存在军事威胁……在俄格边界的俄罗斯军事基地很有可能存在大量的军事装备。

俄罗斯军事分析家安德烈·伊拉里奥诺夫认为，莫斯科终止履行《欧洲常规武装力量条约》的义务，是为了解除西方对俄罗斯在北高加索地区部署军队和装备的限制，进而为与格鲁吉亚之间的战争做准备。

除了俄罗斯暂停履行《欧洲常规武装力量条约》的义务对格鲁吉亚

造成的显著影响之外，萨卡什维利还批评西方领导人没有足够重视格鲁吉亚针对俄罗斯在冲突地区附近进行军事集结所发出的警告：

> 很明显，2007年，他们已经不需要再布置3000辆坦克用于解决车臣问题（因为根据莫斯科的说法，这场冲突已经解决）。我对许多西方伙伴说：看看俄罗斯在做什么；它把军事设施集中在格鲁吉亚边境。这难道不是俄方正在准备战斗的信号吗？

此外，格鲁吉亚指出，俄罗斯早在8月7—8日之前就在为战争做准备，但格鲁吉亚自己却对与南奥塞梯的战争毫无准备：

> ……我们的主要部队仍然部署在靠近阿布哈兹的西部；在塞纳基的军事基地有一个旅的兵力。我们甚至没有召回我们驻伊拉克的部队，因为我到最后一刻都深信俄罗斯不会发动这样大规模的进攻。

然而，这样的声明只能表明格鲁吉亚对俄罗斯的反应预期不足，而不能证明格鲁吉亚没有进行军事准备。面对这样的质疑，萨卡什维利补充说，如果有人认为是格鲁吉亚导致了战争的爆发，他应该解释俄罗斯为何能够在几个小时内就调动如此庞大的军队。

在8月7—8日之前，俄罗斯进行军事调动似乎印证了格鲁吉亚的推断。其中最有说服力的证据是俄罗斯分析家安德烈·伊拉里奥诺夫整理的材料，他在2008年8月之前就列出了俄罗斯军事人员的变动、实际准备和部署情况，这证明了俄罗斯存在对格鲁吉亚开战的明确意图。2008年，俄罗斯在北高加索地区举行的大规模作战演习一直持续到8月4日才结束，这也被认为是俄罗斯准备对格鲁吉亚开战的论据之一。① 在这次演习中，俄罗斯给军队下发了一份题为"士兵，了解你可能的敌人"的书面通知。当时该通知明确指出，格鲁吉亚是俄罗斯的敌人。但是，伊拉里奥诺夫称，这些措施仅仅是为应对格鲁吉亚可能造

---

① Davit Akhvlediani, Rezonansi, "Georgian Pundits View Threats Posed by Russian Moratorium on CFE Treaty," *BBC Worldwide Monitoring*, December 14, 2007.

成的威胁，对此他详细地介绍了2008年4—7月期间俄格爆发的"低强度战争"。

一些俄罗斯媒体报道的轶事表明，在莫斯科正式宣布部署军队之前，俄罗斯正规军而不是事先约定的维和人员就已经进入了南奥塞梯。8月12日，《共青团真理报》报道了23岁的俄罗斯陆军中尉亚历山大·波波夫在茨欣瓦利受伤的情况。据他的母亲说，战争发生前一周，他曾在南奥塞梯附近的山区进行军事训练。俄罗斯《彼尔姆新闻报》在8月15日记述了693团一名士兵的事迹，士兵告诉他的母亲："我们整个第58军，也就是驻扎在俄罗斯联邦北奥塞梯的陆军师，8月7日开始就已经驻扎在南奥塞梯了。"《萨兰斯克晚报》采访了第58军第135团的年轻士兵比基尼亚耶夫，并登载了他与其亲属的通话内容："8月6日我们正在行军。8月7日我们就要上山了。"① 俄罗斯军事报纸刊登了奥塞梯人列万·胡巴耶夫、维亚切斯拉夫·巴拉塔耶夫、伊尔贝克·瓦利耶夫等人的文章，他们称"所有人都知道，第58军的人在贾瓦（南奥塞梯）"。

本文的最后一部分会梳理2008年8月初战争爆发前的时间线。这一部分将进一步反映，从格鲁吉亚官方的角度来看，自身面临着怎样的生存威胁。届时本文将分析第比利斯产生被威胁感的原因。当然，格方叙事与俄罗斯和南奥塞梯的叙事大相径庭。

（五）俄罗斯对国际体系的挑战：建立公正秩序和防止族群灭绝

俄罗斯政治机构和大部分俄罗斯媒体认为，受到双重标准的影响，冷战后的国际体系是单边的。在这种情况下，"道义"成为西方的政治工具。2007年2月10日，普京在慕尼黑安全会议上发表了里程碑式的讲话，将全球政治问题归咎于美国：

> 我们看到越来越多的人蔑视国际法的基本原则。原本应当独立的法律规范，事实上正越来越演变成为某一个国家的法律体系。这个国家，当然是美国，它的权力正在全方面溢出其国界范围。这在

---

① Vechernii Saransk, "Ministry of Foreign Affairs of Georgia Leaflet," *The Newspaper Vechernii Saransk*, August 8, 2008.

它强加于其他国家的经济、政治、文化和教育政策中可见一斑……这导致在这个世界上,只有一个主宰,只有一个主权国家。但是,归根结底,这不仅对这个系统内的所有人都是有害的,而且对主权者本身也是有害的,因为它从内部摧毁了自己……单极模式不仅是不能被接受的,而且在当今世界也是不可能实现的。

以美国为首的西方国家是双重标准的使用者,而科索沃问题是首个被诉诸双重标准的案例。这可以追溯到1999年俄罗斯官方和民众反对北约在贝尔格莱德向已经被正式列为恐怖组织的科索沃解放军提供武力支持。俄罗斯政府一直都警告称,莫斯科不能接受科索沃单方面宣布独立的做法。普京政府表示苏联为解决长期的冲突问题产生了事实上的国家,但是科索沃问题并不能适用于这种解决方式。俄方甚至对科索沃问题和苏联内部的长期冲突问题进行了明确的区分。

在纳戈尔诺—卡拉巴赫冲突中俄罗斯曾担任正式的国际调解人,并试图平衡其在亚美尼亚与阿塞拜疆之间的诸多利益,但俄罗斯并不准备在纳—卡地区对西方在科索沃的行动进行报复。

然而,格鲁吉亚存在的分裂冲突却表明,格鲁吉亚显然是俄罗斯坚持不分裂政策的受益者。如果科索沃独立能够得到西方的承认,那么格鲁吉亚也必将因此付出冲突地区实现独立的代价。萨卡什维利也称,早在科索沃宣布独立5天之后,也就是2007年2月2日,普京就曾警告他说:"你应当知道我们必须对西方在科索沃的行动作出回应。虽然我们对此感到抱歉,但不幸的是格鲁吉亚会成为俄罗斯反击西方的牺牲品。"

西方国家之所以在2008年2月承认科索沃的独立,在很大程度上是因为它们认为科索沃阿尔巴尼亚人的人权遭到了侵犯。正如美国高级外交官、巴尔干谈判代表理查德·霍尔布鲁克在科索沃独立前夕所说的那样,科索沃人自1912年以来一直遭受压迫,他们的人权遭到践踏。俄罗斯和南奥塞梯对八月冲突的叙事也是以奥塞梯民族生存的长期和即时威胁作为背景的。

莫斯科坚持认为,将俄罗斯的军事措施作为俄罗斯战略的一部分,是符合并坚持国际法和国际标准的。然而,对俄罗斯意图持怀疑态度的西方评论员指出，俄罗斯官员和媒体显然已准备好在8月7—8日冲突开始后立即使用此类论调。普京重申了国际法律规范和标准的重要性，他在8月9日表示："从法律的角度来看，我们的行为是绝对正当和合法的……也是必要的……俄罗斯不仅要履行其维和职能，而且在一方违反停火协议的情况下，履行保护另一方安全的职责。"俄罗斯外交部于2008年8月26日发表的官方声明中解释了俄罗斯干预南奥塞梯的指导原则：

> 俄方在做出这一决定时参考了《联合国公约》《赫尔辛基最后文件》和其他基本国际文件，包括《1970年关于各国依联合国宪章建立友好关系及合作之国际法原则之宣言》。根据此宣言，每个国家都有义务避免采取任何剥夺民族自决、自由和独立的敌对行动，尊重平等和民族自决原则，并在其领土上设立能够代表整个国家的政府。

俄罗斯外交部长拉夫罗夫也为俄罗斯的行动做出辩护，称其"遵守了《联合国宪章》关于单独和集体自卫的第五十一条"①。2008年11月，拉夫罗夫宣布："俄罗斯将继续捍卫最高文明价值观，保护人类的生命权和自由权，保护所有人免受族群歧视。俄罗斯将继续采取行动，反对那些基于双重标准和结盟思维，为了建立单极世界体系而牺牲此价值观的企图。"俄罗斯政党代表也表示他们支持俄罗斯基于国际法律准则对南奥塞梯事务进行干预。"统一俄罗斯党"总理事会常任委员会秘书维亚切斯拉夫·沃洛金称："格鲁吉亚对南奥塞梯进行军事侵略的行为不仅违反了先前达成的和平协议，而且违反了所有国际法律规范。"虽然我们可能无法确切地了解到底发生了什么，但是南奥塞梯人和俄罗斯的叙事表明，奥塞梯人一再受到格鲁吉亚的压迫，甚至面临"族群灭绝"的威胁。南奥塞梯共和国国家信息和新闻委员会向俄罗斯领导人发表声明，要求其停止"消灭"奥塞梯民族的活动。它呼吁莫斯科"保护自己的公民！""你是我们唯一的希望！""立即采取措施保护你们的公民，因为格鲁吉亚正

---

① Minister of Foreign Affairs of Russia, Transcript of Mass Media Q & A of Sergei Lavrov, at the Join Press-Conference of the Closing Meeting with A. Stubb, OSCE Acting Chair, Minister of Foreign Affairs of Finland, 2008, http://www.mid.ru/brp_4.nsf/0/D1B2AF1B82040B7CC32574A30058505F.

在推行彻底消灭奥塞梯民族的方针。"

俄罗斯政府在联合国安理会特别会议上接受并使用了"奥塞梯民族危在旦夕"这一版本的叙事。俄罗斯大使维塔利·丘尔金在提到格鲁吉亚军队在冲突区的行动时首次使用了"族群灭绝"一词：①

> 我们应当用什么法律术语来定义格鲁吉亚领导人的所作所为？在短短的几天时间里，南奥塞梯12万人口中有近3万人成为逃往俄罗斯的难民，当逃难人口超过总人口的四分之一时，我们难道不能将其称为"族群清洗"吗？……当12万人口中有2000名无辜平民在一天之内死亡时，这是不是族群灭绝？在我们能够将其定义为族群灭绝之前，还要有多少人、多少平民死亡？

俄罗斯当局不仅用"族群灭绝"这个词来描述格鲁吉亚在南奥塞梯的具体行动，而且用其来指称格鲁吉亚对奥塞梯整个民族实施的灭绝。8月9日，普京提到"对奥塞梯人民的族群灭绝"②，意思是格鲁吉亚对那些生活在北奥塞梯的人也造成了威胁，从而将发生在南奥塞梯的灾难描述为一个单一民族的全球灾难。在与梅德韦杰夫的会谈中，普京总结说："他们的所作所为已经远远超出了国际社会对战争的定义。他们正在对奥塞梯人民实施族群灭绝……他们对平民犯下了不可饶恕的罪行。"2008年8月11日，副总理伊万诺夫告诉美国电视新闻网，"格鲁吉亚对南奥塞梯省进行了大规模攻击……他们开始了我可以称之为族群清洗和族群灭绝的行动。"③ 这是俄罗斯干涉南奥塞梯事务的基本理由。

（六）俄罗斯拯救其"公民"和实施人道主义干预的理由

人们认为，俄罗斯政府向南奥塞梯（和阿布哈兹）居民提供护照，

---

① State Committee on Information and Press of the Republic of South Ossetia, "Save a Small Nation from Destruction by Georgian Fascists!", Pec, 2008, http：//cominf. org/en/node/1166477978.

② Владимир Путин, "Путин называет геноцидом происходящее в Южной Осетии", *RIA Novosti*, 2008, http：//ria. ru/politics/20080809/150231469. html.

③ http：//edition. cnn. com/video/#/video/world/2008/08/11/georgia. crisis. russia. dpm. ivanov. cnn? irefvideosearch.

并让南奥塞梯人以此获得俄罗斯公民身份的举动,要么是在拯救平民,要么是在挑衅格鲁吉亚。但是,俄罗斯政府有时会宣称自己是在保护"公民"——一种以现代国家为中心的举措——有时又称是在保护"平民"——一种在后主权时代人道主义武装干涉所认可的举措。

不管使用哪种说法,俄罗斯和南奥塞梯当局都坚持认为,南奥塞梯的维和人员与平民面临着来自格鲁吉亚的根本性威胁。这里将探究这一观念是如何被建构的。在八月战争爆发的几年前,俄罗斯就已经开始给这些分离地区的人民发放俄罗斯护照,不过,这一进程在 2008 年夏天明显加快。然而,在大规模发放护照之前,俄罗斯就已经声明将会保护自己的"公民"。例如,2008 年 4 月,俄罗斯外交部与独联体国家关系特别代表瓦列里·肯雅尼金宣称:"俄罗斯已经在尽一切可能避免采取军事行动,在这种情况下,如果阿布哈兹爆发冲突,那么俄罗斯必将做出反应,而且是军事反应。如果手无寸铁的人遭受痛苦,我们就必须采取一些行动来保护他们。如果有人想依靠北约的力量,那么我们也会对此做出反击。"在 8 月 7—8 日冲突爆发的两天前,即 8 月 5 日,俄罗斯驻格鲁吉亚特使尤里·波波夫警告称:"如果事态继续向最悲观的方向(军事冲突)发展,那么考虑到南奥塞梯(包括冲突区)俄联邦公民的安危,俄罗斯将不得不进行干预。"①

在 2008 年 8 月正式爆发冲突之前,南奥塞梯外交部于 2008 年 8 月 2 日发表声明,指责格鲁吉亚从 1991 年开始就在该地区实施"族群灭绝":"破坏、恐吓和杀害平民的行为……在过去几年中被故意实施……""这只不过是对奥塞梯人民实施族群灭绝政策的延续。"南奥塞梯人民党领袖罗兰·克雷克萨耶夫也支持此观点,他指责国际社会"纵容格鲁吉亚人对奥塞梯人实施族群灭绝",并呼吁"格鲁吉亚去法西斯化"。

有消息称,"格鲁吉亚怪物"行动旨在"彻底消灭奥塞梯人",并构成了"格鲁吉亚对奥塞梯民族实施的第三次族群灭绝"。"第一次族群灭绝"发生在 20 世纪 20 年代,1918—1920 年格鲁吉亚政府蓄意杀害南奥塞梯人。《1920 年南奥塞梯族群灭绝宣言》(1990 年 9 月 20 日)要求

---

① Yuri Popov, *BBC Russian Service*, 2008, http://news.bbc.co.uk/hi/russian/russia/newsid_7543000/7543054.stm.

"格鲁吉亚承认1920年其在南奥塞梯大规模屠杀奥塞梯人的行径是族群灭绝",并要求其"赔偿南奥塞梯500万卢布"。据南奥塞梯官员称,第二次族群灭绝发生在20世纪90年代初南奥塞梯与格鲁吉亚的第一次冲突期间。

南奥塞梯国家信息和新闻委员会呼吁国际社会"拯救这个小国,使其免于被格鲁吉亚法西斯消灭"的命运,并称格鲁吉亚是一个"病态的国家"。俄罗斯干预奥塞梯之后,阿布哈兹当局开始对位于科多里峡谷的格鲁吉亚军队发动进攻,最终成功占领了格鲁吉亚控制的唯一领土,他们也将格鲁吉亚的行动定性为族群灭绝,并要求这两个分离主义地区独立。

随着8月8日战斗的加剧,联邦委员会主席谢尔盖·米罗诺夫将俄罗斯的干预行动界定为"保护俄罗斯公民的生命和利益的行动"。俄罗斯国家杜马议长鲍里斯·格雷兹洛夫称,"由于南奥塞梯局势恶化,俄罗斯不会放弃采用必要的大规模和快速措施来保护该地区俄罗斯公民的安全并维护我国南部的边境安全。"8月8日,梅德韦杰夫宣布:

> 根据联邦宪法和法律,作为俄罗斯总统,无论俄罗斯公民身处何方,我都必须保护他们的权利和尊严不受侵犯……我们不能容忍我们的同胞枉死,有罪的人必将受到应有的惩罚。

8月8日后,俄罗斯政府采用了南奥塞梯正在遭受"族群灭绝"这一版本的叙事,并强化了南奥塞梯受难者的形象。拉夫罗夫称,格鲁吉亚的行动导致该地区发生了"人道主义灾难"。俄罗斯外交部副部长格里高利·卡拉辛将南奥塞梯局势归结为萨卡什维利总统造成的"悲剧"。弗拉基米尔·普京总理称,格鲁吉亚的行径是"对其本国人民的犯罪"(当时可能没有考虑到已经获得俄罗斯护照的南奥塞梯人)和"对南奥塞梯的侵略"[①],并称格鲁吉亚此举必将受到惩罚。

冲突结束后,俄罗斯政府的干涉理由从简单地保护其公民,上升到

---

① Роланд Келехсаев, Международное сообщество потворствует геноциду осетин со стороны Грузии, 2008, https://cominf.org/en/node/1166477809.

反击"各国"的"侵略行动"。正如梅德韦杰夫总统所说:"在这段时间里,我们表明俄罗斯是一个能够保护其公民的国家。即使是那些试图通过以结交更强大的国家为手段来保护自己的国家,也应该考虑俄罗斯的意见。"在另一次采访中,梅德韦杰夫称:"俄罗斯的立场是相当坚定而明确的,我们不会容许俄罗斯公民的生命和尊严受到任何威胁。我们将……保护和捍卫我国公民在任何地方的利益。这并不违反国际秩序。这是任何国家和任何领导人都应当承担的责任。"

俄罗斯官员利用北约对科索沃事务的干涉行动,为其在南奥塞梯的军事行动进行辩护。8月11日,俄罗斯副总理谢尔盖·伊万诺夫在接受美国有线电视新闻网采访时,避而不谈俄罗斯军队为什么进攻奥塞梯之外领土的问题,而只谈北约对塞尔维亚的轰炸,并称俄罗斯此举既是为了"保护俄罗斯公民的生命",也是"防止族群灭绝"。

在随后的公开声明中,梅德韦杰夫总统表示:

> 无论是过去还是现在,俄罗斯都是基于绝对合法的理由出现在格鲁吉亚领土上的,根据……国际协议……俄罗斯过去是、现在仍然是高加索人民安全的保障者。格鲁吉亚军队……对俄罗斯维和人员及平民实施了侵略。这严重违反了国际法……南奥塞梯有大量人口、妇女、儿童和老人死亡,其中大多数是俄罗斯联邦公民……根据联邦宪法和法律,作为俄罗斯联邦总统,我必须保护俄罗斯公民的生命和尊严,无论他们身在何处……

由于各方发动战争的理由迥然有别,因此各方针对战争爆发的过程梳理出了不同的时间线。

(七) 存在争议的战争时间线

正如前文所述,俄罗斯、南奥塞梯和格鲁吉亚的不同叙事都说明八月战争的爆发与其他事件之间相互关联,而这些事件的总和构成了这场战争的全貌。不同的事件和事件间不同的关联,共同导致了战争的爆发。俄罗斯、南奥塞梯和格鲁吉亚叙事的共同特点是,都将对方的挑衅当作战争爆发的起因,称自己的行动只是对挑衅行为做出的反击。尽管联合控制委员会的部队作为维和人员驻扎在冲突区，但是每次爆发军事冲突时，交战各方总会互相指责，各方都指责是对方打响了第一枪，并称自己的行动是对对方的回击。

南奥塞梯的局势在2008年夏天开始恶化。7月3日，茨欣瓦利地区亲第比利斯的临时政府首脑弗拉基米尔·萨纳科耶夫被谋杀未遂，这一事件加剧了紧张局势。7月7日，南奥塞梯当局在南奥塞梯扣押了4名格鲁吉亚军官，双方关系进一步恶化。萨卡什维利反应激烈，称"2004年时我们的士兵被拘留并被公开羞辱，今天我们绝不能让这一幕再次上演。"[①] 同日，四架俄罗斯军用飞机进入格鲁吉亚领空。作为回应，第比利斯撤回了其驻莫斯科大使并在联合国安理会提出抗议。2008年8月1日，格鲁吉亚一辆警车被炸，这再次加剧了格鲁吉亚对俄罗斯的敌意。

不出所料，各方针对这些事件互相攻讦。格鲁吉亚方面称，这些事件是"恐怖行动，是土匪……和受雇的恐怖分子所为"。奥塞梯的报告则称，这些事件是由"凶残的格鲁吉亚警察"和"格鲁吉亚法西斯分子"发起的"旨在加剧紧张局势的一连串挑衅行为"，旨在发动"最肮脏和变态的"大规模战争。南奥塞梯政府战时主席尤里·莫罗佐夫断言，这些是格鲁吉亚为了将战争责任归咎于南奥塞梯而故意制造的挑衅行为。

格鲁吉亚重新统一部长特穆尔·亚科巴什维利称，8月1日发生的暴力事件是南奥塞梯"将格鲁吉亚拖入军事对抗的又一次尝试"。科科伊蒂则指责这是"格鲁吉亚对南奥塞梯人民的阻击战"，并表示南奥塞梯"拒绝对格鲁吉亚的挑衅做出回应"。但是，这一声明被格鲁吉亚政府视为南奥塞梯的挑衅行为。声明发布后，北奥塞梯共和国表示会给予南奥塞梯广泛的支持。8月2日，北奥尔塞梯领导人泰穆拉兹·马穆苏罗夫称，格鲁吉亚的行径是"野蛮的"，北奥塞梯已准备好帮助他们的"南方兄弟""决心共同抵抗格鲁吉亚的侵略"[②]。格鲁吉亚维和营负责人马穆卡·库拉什维利回应称，格鲁吉亚"永远不会退缩"，并警告说对格鲁吉亚阵地的

---

① 正如格鲁吉亚主流新闻网站所报道的那样，萨卡什维利指的是2004年7月南奥塞梯方面拘留了多达50名格鲁吉亚军人。被拘留的格鲁吉亚士兵被护送到南奥塞梯首都茨欣瓦利，在主要街道上游行，被迫在枪口下下跪。这一图景由俄罗斯电视台播出。——译者

② Republic of North Ossetia-Alania, 2008, http://www.rsoa.ru/vlast/head/activity/detail.php?ID3274.

攻击将受到格鲁吉亚的反击。8月2日发表的这一声明很可能表明各方已经陷入公开对抗之中。

但是，在这一阶段俄罗斯政府仍然强调其在联合控制委员会中的中立立场。此时，俄罗斯的外交行动一般仅限于"表示严重关切"，呼吁"第比利斯和茨欣瓦利保持克制并努力解决危机局势"①。然而，在奥运会开幕式一周前，即8月2日，俄罗斯国防部发言人亚历山大·多布里雪夫斯基指责格鲁吉亚"违反了奥林匹克休战原则，挑战所有遵守这一原则的人"②。

在8月7—8日之前，零星的军事冲突和舌战的增多加剧了双方的不信任感。在公开演讲中，双方互相指责对方隐瞒议程，称其把险恶的真正意图隐藏在和平言论的背后。格鲁吉亚领导人发表了希望继续保持和平对话的声明。但是，俄罗斯认为，这些声明是格鲁吉亚政府试图以对外战争的潜在可能性来转移公众对国内经济困难状况的关注。

格鲁吉亚则指责俄罗斯应当为紧张的局势负责。例如，格鲁吉亚重新统一部长特穆尔·亚科巴什维利于8月7日宣布："如果发生军事行动，那么俄罗斯应当负全责。因为它无力控制局势，无力控制它所饲养的恐怖分子。"正如格鲁吉亚外交部在声明中要求俄罗斯为"该地区未来所有的进程发展"负责一样，第比利斯一直试图把格鲁吉亚与南奥塞梯之间的冲突定义为格鲁吉亚与俄罗斯之间的矛盾。

为了保护自己免遭所谓的"格鲁吉亚的侵略"，南奥塞梯领导人接受了来自北奥塞梯的援助。除了已经派出进行援助的300名志愿者外，北奥塞梯还承诺再增派2000名战士。俄国南部各省的哥萨克人除了准备从卡拉恰伊·切尔克斯共和国派出500名士兵外，还准备再派出2000名志愿者。哥萨克人维克托·沃洛达尔斯基称，他们的任务是"不仅要保护南奥塞梯的人民，还要保护俄罗斯"③。正如南奥塞梯安全理事会秘书长阿纳托利·巴兰克维奇所说，如果"格鲁吉亚发动全面军事行动"，这些部

---

① РИА Новости，"Statement of the Ministry of Foreign Affairs of the Russian Federation，" 2008，http：//ria. ru/politics/20080802/115523489. html.

② News Georgia，"Statement of the Ministry of Foreign Affairs of Georgia，" 2008，http：//www. ria. ru/politics/20080807/150163211. html.

③ Eduard Kokoiti，2008，http：//www. newsru. com/russia/05aug2008/dobrovolzy. html.

署于南奥塞梯的部队将对格鲁吉亚的进攻展开防御"。

格鲁吉亚方面称，茨欣瓦利和俄罗斯的声明及行动是在为战争做准备。格鲁吉亚外交部称这些志愿者是"恐怖分子"和"强盗"，并表示"这些'志愿者'进入格鲁吉亚后导致了冲突地区紧张局势的升级，并有可能进一步加剧事态的恶化。由于这些战斗人员是俄罗斯公民，因此俄罗斯应为这些人的行为"负责。但是，随着南奥塞梯枪击事件的增加，除了强调俄罗斯的责任外，格鲁吉亚方面在面对这些"志愿者"时也采取了更为强硬的态度。8月6日，格鲁吉亚称这些"志愿者"是"茨欣瓦利地区犯罪政权的强盗组织"。

在8月8日早些时候，事态迅速恶化。在格鲁吉亚单方面宣布停战后，格鲁吉亚有消息称，南奥塞梯破坏了和平协定，再次炮轰格鲁吉亚阵地普里西和塔玛拉什尼村庄的格鲁吉亚居民。与之相对，南奥塞梯和俄罗斯当局则指责说，格鲁吉亚将"和平"作为一种暂缓策略，并随后挑起了敌对行动。现在，几乎所有媒体分析人士、主要的非政府组织研究团体和独立委员会都承认，格鲁吉亚在8月7—8日发动了战争。但是，格鲁吉亚坚称是南奥塞梯当局不愿谈判并率先展开了敌对行动。8月7—8日格鲁吉亚部队发动的进攻，只是针对南奥塞梯敌对行动的反攻。格鲁吉亚宣称："不要再拖延，不要再多一个茨欣瓦利，也不要拒绝与我们会见。"这样的呼吁并没有产生任何效果。我们这次行动的目的，仅仅是为了"恢复茨欣瓦利地区的宪法秩序"①。

格鲁吉亚部队在几个小时内占领了该地区的大部分村庄，然后攻占了茨欣瓦利。在开展这些军事行动时，格鲁吉亚政府再次发表声明称："格方希望和平解决冲突，并呼吁分离主义分子停止军事活动，坐到谈判桌前。"② 8月9日清晨，格鲁吉亚成功地夺回除了南奥塞梯领导人科科伊提的据点德瓦瓦村外的几乎全部的南奥塞梯领土。

在各方叙事的时间线中，最具争议的中心事件是罗基隧道事件。罗基隧道是连接俄罗斯和南奥塞梯的唯一陆路通道。格鲁吉亚指责俄罗斯

---

① Mamuka Kurashvili, "Chief of The Georgian Peacekeeping Battalion," *Civil Georgia*, 2008c.

② News Georgia, "Statement of The Ministry of Foreign Affairs of Georgia," 2008, http://www.ria.ru/politics/20080807/150163211.html.

在开始攻击茨欣瓦利之前就派兵进入了罗基隧道。正如文章第一节所述，格鲁吉亚政府迅速在主流电视台、印刷媒体、广播和网络媒体上对这一事件进行了报道，并引起国际社会的广泛关注。俄罗斯记者尤利娅·拉蒂尼娜认为战争始于8月7日：当时，俄罗斯军队曾在格鲁吉亚边境附近集结，穿越罗基隧道进入格鲁吉亚。

在战争期间，格鲁吉亚政府声称，它曾多次与南奥塞梯进行谈判，但南奥塞梯拒绝与它们进行直接谈判。亚科巴什维利和波波夫曾分别前往茨欣瓦利，希望与南奥塞梯领导人展开会谈，但都没有成功。在俄罗斯特使的调解下，南奥塞梯才同意举行一次例外会议。在接受拉蒂尼娜采访时，亚科巴什维利谈到了萨卡什维利下令攻击茨欣瓦利的原因。亚科巴什维利称，萨卡什维利得知格鲁吉亚塔玛拉什尼村遭到炮击时，并没有下令对南奥塞梯进行报复。然而，接下来收到的信息却让萨卡什维利改变了最初的决定：150辆俄罗斯坦克正驶向罗基隧道。据这篇报道的说法，萨卡什维利面临的不是战略而是战术上的两难选择：不是选择何时与俄军交火，而是选择在哪里与俄军交火——要么夜晚与俄军在茨欣瓦利交火，要么等到黎明俄罗斯攻至格鲁吉亚腹地哥里时再发起反击。拉蒂尼娜的结论是，当俄罗斯正式宣布介入格鲁吉亚的战争时，事实上它的军队就已经参与了战斗——不是维和部队，而是第58军："很明显，8月8日下午3点，俄罗斯就决定把发动战争的责任推给格鲁吉亚。"

在通过罗基隧道时俄军与南奥塞梯军官进行了联系，其对话内容证实了拉蒂尼娜对战争的分析。对话内容显示，在格鲁吉亚对南奥塞梯发动战争之前，俄罗斯坦克和装甲车就已经于8月7日穿过了罗基隧道。据格鲁吉亚和一名手机供应商说，被截获的8月7日凌晨3点52分的电话内容显示，南奥塞梯边防部队总部的一名主管向罗基隧道的一名警卫询问装甲部队和武装人员是否已经到位。这位警兵回答说，"是的，装甲部队和武装人员已经到位。"

不出所料，8月12日，美国总统布什对俄罗斯发动战争的说法表示支持：

> 有报道称，俄罗斯军队越过南奥塞梯的冲突区攻击格鲁吉亚城镇哥里，并威胁格鲁吉亚首都第比利斯，对此我深表关切。有证据

表明，俄罗斯军队可能很快就会开始轰炸首都的民用机场。如果这些报道属实，俄罗斯的这些行动将代表着格鲁吉亚冲突的进一步升级。

然而，美国国务院的丹尼尔·弗里德在2010年10月接受BBC采访时，却表达了美国对格鲁吉亚版本叙事的怀疑。当然，他仍然认可格鲁吉亚对俄罗斯拥有的压倒性军事优势的担忧：

> 我们了解格鲁吉亚的指控，但是我得非常小心地鉴别这些指控的真实性。在这个领域，你可能经常收到各种部队和装备调动的报告。而这些报告通常都有不同程度的夸大成分：一辆装甲车变成一辆坦克或者一辆装甲车变成20辆。或许，格鲁吉亚可能真的相信有一支庞大的俄罗斯装甲部队正在通过罗基隧道。但是，我有资格告诉你格鲁吉亚的指控一定是事实吗？不，我没有。

在另一次采访中，布里扎说：

> 在事态发展到最严重的时候，我曾与格鲁吉亚高级官员通过电话。听起来他们确实完全相信俄罗斯的装甲车在停火之前和停火期间进入了罗基隧道，又撤离了罗基隧道。按照上级的指示，我敦促他们不要与俄罗斯发生直接冲突。

在当天晚些时候，布里扎与特克舍拉什维利举行了会谈。特克舍拉什维利再次向他强调了南奥塞梯地区俄罗斯军事力量的存在。在这之后，萨卡什维利下令发动攻击，并称"在这样的情况下，我们必须保卫我们的村庄"。

8月9日，拉夫罗夫在接受BBC采访时解释道：

> 俄罗斯的目标是维护和平，这不仅是俄罗斯的目标，也是俄罗斯的义务……格鲁吉亚部队第二次采取侵略行动，完全违反这些国际协定和国际人道主义法所规定的义务，攻击平民、居民区和人道

主义车队，攻击试图把伤员从战斗地区带走的车队，甚至有一些报道显示他们还杀死了伤员。

在与西方政界人士会谈后，拉夫罗夫进一步指出，萨卡什维利此次的行动可能并不是西方鼓动的结果，而仅仅是萨卡什维利政府自己的选择。拉夫罗夫称："就我们从华盛顿获得的间接信息来看，与格鲁吉亚冲突有关的西方官员对萨卡什维利先生的所作所为感到非常震惊。"

拉夫罗夫进一步驳斥了格鲁吉亚关于俄罗斯吞并他国领土的说法：

> 萨卡什维利说，俄罗斯还对包括波罗的海国家在内的其他国家提出了领土要求……这完全是无稽之谈。我们一直严格按照联合国赋予俄罗斯维和人员的权力行事。联合国的授权规定，除了维和人员本身外，冲突区不得有任何非法武装团体，维和人员必须保证冲突地区平民的安全。

针对这场冲突，格鲁吉亚官方表示，格鲁吉亚的行动是对南奥塞梯挑衅行为和俄罗斯干涉活动做出的回应。8月8日，格鲁吉亚总理拉多·古尔格尼泽称："面对总统萨卡什维利的和平倡议，南奥塞梯的分离主义分子做出了炮击格鲁吉亚村庄的举动。格鲁吉亚政府军被迫采取措施以期强制实现南奥塞梯地区的和平，保障该地区人民的安全。"

古尔格尼泽还强调，来自北高加索的志愿军进入了南奥塞梯。南奥塞梯政府称，这是"兄弟般的支持"。古尔格尼泽继续说："我们也在采取措施阻止这些志愿军流入格鲁吉亚，因为他们是破坏稳定的主要来源之一。"在8月14日的记者招待会上，古尔格尼泽从格鲁吉亚的角度介绍了事态的发展过程。古尔格尼泽在采访中进行了详细的引述，强调在8月7日晚冲突正式爆发前，南奥塞梯反复对格鲁吉亚进行挑衅：

> 当地时间8月1日上午8时左右，在南奥塞梯冲突地区旁边的路上，6名格鲁吉亚警察遭到两起遥控炸弹的袭击。8月2日，南奥塞梯分裂分子炮轰格鲁吉亚村庄后，有6名平民和1名格鲁吉亚警察受伤。8月3日，俄罗斯媒体对格鲁吉亚展开了大规模的舆论攻击。8月6

日，分裂分子再次向几个村庄开火。政府部队被迫进行还击……8月6日，为避免平民伤亡，政府部队决定不对分裂分子的猛烈攻击做出反击。8月7日夜间和次日清晨，奥塞梯村庄再次遭到密集的炮轰，这次使用的是120毫米火炮。分离主义当局的炮击持续了一整天。8日早上，南奥塞梯事实上的领导人科科伊提宣布，如果格鲁吉亚政府不从该地区撤军，他将开始"清除他们"……晚上7点10分左右，萨卡什维利总统在电视讲话中单方面承诺停火。

格鲁吉亚对8月7日晚些时候发生的事件的描述表明，南奥塞梯对格鲁吉亚阵地的攻击加剧：

> 当天下午8点30分左右，南奥塞梯的格鲁吉亚村庄阿弗内维（Avnevi）再次遭到南奥塞梯民兵的猛烈攻击。在猛烈的炮火下，这个村庄几乎被完全摧毁。在晚上10点30分左右分裂分子向格鲁吉亚另一个村庄开火，然后分离主义部队向茨欣瓦利周围的所有格鲁吉亚阵地开火。下午11点30分左右，塔玛拉什尼和库尔塔村庄也成为炮轰的对象。这是一次大规模的攻击，使用了榴弹炮和120毫米远程重炮。这是此前从未有过的攻击烈度。

最后，格鲁吉亚解释道：有经证实的报道称，由多达150个小组构成的庞大的纵队穿过罗基隧道，从俄罗斯一侧跨越格俄边境。不管多么不情愿，这位总司令随后做出了保卫格鲁吉亚村庄的决定。

而另外一些资料，如国际危机组织从南奥塞梯和俄罗斯方面收集的资料显示，俄罗斯军队在格鲁吉亚进攻大约30分钟后才进入罗基隧道。[①]

简而言之，时间线的确定取决于以下几个方面：是什么引发了2008年8月初后续的一系列事件；这种紧张局势是何时又是如何加剧的——此问题与俄罗斯装甲部队是否在格鲁吉亚对茨欣瓦利进行大规模军事打击之前就已经进入罗基隧道密切相关。

---

① 另外有一些资料表明："显然，俄罗斯已经预料到，如果他们不激怒格鲁吉亚，那么格鲁吉亚将不会行动。"——译者

四 结论

八月战争的爆发并不是毫无根据的。格鲁吉亚、南奥塞梯和俄罗斯的官方叙事都证明，2008年的8月战争不过是三方纠葛的冰山一角。对于南奥塞梯来说，这场冲突的大背景是格鲁吉亚延续了历史上对奥塞梯人实施"族群灭绝"的政策。对俄罗斯来说，从国际法和国际规范的角度来看，无论是为了保护本国公民还是为了保护第三方，俄罗斯都必须对格鲁吉亚的行动进行干预。对萨卡什维利政府来说，局部冲突对国家生存构成了根本威胁。

战争发动的具体时间是8月7日的晚间至8月8日的早间。而准确时间的确定则取决于俄罗斯装甲部队何时和为何从俄罗斯穿过罗基隧道进入格鲁吉亚。尽管格鲁吉亚官方并不承认，但是大多数说法都认为，俄罗斯军队的行动是对格鲁吉亚在南奥塞梯发动进攻后做出的反应。但是，国际上仍然有一些国家（包括美国）对格鲁吉亚持同情态度，并认为不管战争爆发的准确时间是何时，萨卡什维利确实感受到了威胁的存在：他认为一场重大袭击即将到来。交战双方显然有理由彼此恐惧。

8月7—8日的相关信息，似乎都不可能得到独立验证。因此，应当清楚，我们在获取和理解各方叙事，以及事件原始信息的方式上仍然存在着很严重的问题。而且更重要的是，由于双方长期处于不同的背景下，有着不同的价值观和利益，因此各方叙事本身可能存在着严重的主观倾向。2008年8月之后，尽管几乎所有国家都承认南奥塞梯是格鲁吉亚的领土，但是俄罗斯军队并未从南奥塞梯撤离。无论如何，结局是格鲁吉亚在这场战争中败北。但是，直到今日，关于这场战争发生的时间、背景和战争本身的争论仍在继续。

（兰州大学格鲁吉亚研究中心柳睿译，魏衍学校）

民主化的破坏者还是促进者

——俄罗斯在格鲁吉亚和乌克兰的角色*

劳尔·德尔库尔　塔琳娜·沃尔丘克

（Laure Delcour and Kataryna Wolczuk）

【摘要】 自苏联解体后，由于"颜色革命"引发的国内政治转型，格鲁吉亚和乌克兰成为该地区的非威权国家。本文根据欧盟和美国实施的民主促进政策与这两个国家国内民主化模式之间的相互作用，探讨了俄罗斯对格鲁吉亚和乌克兰国内政治转型的反应。尽管欧盟和美国的政策对于促进两国国内民主转型的影响相对较弱，但是俄罗斯对其所认为的西方扩张主义行为做出了严厉的回应，强调它在后苏联空间的霸权地位。然而，来自俄罗斯的外部强制性压力也有其他方面的效果。本文认为，这种压力实际上使格鲁吉亚和乌克兰更加坚定地实行亲西方的外交策略，并推动了国内民主化改革进程，从而迎合西方国家的民主化目标。

【关键词】 民主化；欧盟；东部伙伴关系；美国；格鲁吉亚；乌克兰；俄罗斯

一　引言

在自由主义世界体系的背景下，乌克兰和格鲁吉亚这两个国家可以

---

* Delcour, L. & K. Wolczuk, "Spoiler or Facilitator of Democratization? Russia's Role in Georgia and Ukraine," *Democratization*, 2015, 22 (3), pp. 459–478.

作为显著案例来证明西方国家作为民主化促进者在一国国内政治转型中的影响。本文揭示了外部行动者在塑造目标国家国内政治发展方面的作用。民主促进者和地区霸权国影响的相互作用，同时与不断变化的目标国国内政治环境相竞争。本文根据俄罗斯所追求的战略和促进民主政策之间复杂的关系、欧盟和美国的促进民主化战略，以及乌克兰和格鲁吉亚两国国内对外部影响的接受程度，探讨了俄罗斯对抗西方的战略对两国民主化进程的影响。因此，本文研究的问题是：非民主地区大国政策如何影响美国和欧盟在其目标国家的国内民主化成果和民主化方面的努力。

苏联解体给西方国家带来了对可持续民主转型的希望，但是自20世纪90年代末以来，原苏联加盟共和国的政治发展给民主转型敲响了警钟。① 尽管追求不同的改革道路，但是大多数后苏联国家已经进入了威权主义与民主化之间的政治灰色地带。这些国家被描述为以竞争威权主义为特征的"混合政权""正式的民主制度被视为获得和行使政治权力的一种手段"，但是"现任政府违反这些规则又意味着该政权未能符合传统的民主最低标准"②。

格鲁吉亚和乌克兰是两个相反的例子。10年前，由于"颜色革命"（2003年格鲁吉亚的"玫瑰革命"和2004年乌克兰的"橙色革命"）使乌克兰从2004年开始了影响深远的国内政治转型。③ 国内新政治精英阶层上台的口号是反对威权主义，拥抱民主。2003年的"颜色革命"也说明了外部参与者在国内政治转型中的作用：公众抗议活动是由西方基金会支持的，主要由美国国际开发署和欧盟成员国资助。④ 追求民主化的政治精英阶层的出现，也加强了外部民主促进者的作用。

---

① Carothers, Thomas, "The End of the Transition Paradigm," *Journal of Democracy*, Vol. 13, No. 1, 2002, pp. 5–21.

② Way, Steven, and Levitsky Lucan, "The Rise of Competitive Authoritarianism," *Journal of Democracy*, Vol. 13, No. 2, 2002, pp. 52–65.

③ The Colour Revolutions Are also Called "Electoral Revolutions." See Bunce and Wolchik, "Favorable Conditions."

④ Muskhelishvili, Marina, Jorjoliani, Gia, Georgia's "Ongoing Struggle for a Better Future Continued: Democracy Promotion through Civil Society Development," *Democratization*, Vol. 16, No. 4, 2009, pp. 682–708.

然而，国内政治转型也引发了一个强大的外部参与者——俄罗斯的反应。"颜色革命"之后的反弹首先发生在俄罗斯国家内部，即对非政府组织实施控制。事实上，将反对派排除在政治生活之外，以及向"主权民主"模式的转变，表明了俄罗斯对"颜色革命"蔓延的恐惧。① 但是发生在乌克兰和格鲁吉亚的事件被俄罗斯与西方国家之间的地缘政治斗争所解释。"玫瑰革命"引发了俄罗斯对在后苏联空间失去影响力的担忧，而"橙色革命"则加剧了莫斯科对"西方特工"所谓的颠覆性角色的愤怒情绪。这种愤怒情绪随后塑造了俄罗斯政府对2013—2014年独立广场抗议的看法，与早期的大规模抗议相比，这些抗议性的社会运动演变成暴力活动，俄罗斯将其完全归咎于西方。

因此，本文认为，国内因素是导致两国民主化转型的首要因素，欧盟和美国的民主促进是次要因素，但是俄罗斯的反应（自认为）是对后苏联空间的西方扩张主义战略的遏制。实际上，影响这些国家国内民主化发展的最大障碍是俄罗斯的反应，而不是促进民主本身。同时，这种反应似乎已经导致政治变革（即使有限或不可持续）走向民主化，并导致两国人民共同反对俄罗斯。与此同时，俄罗斯的反应也刺激了美国和欧盟对其支持国家的反应，从而加强了它们对促进国内政治民主化的参与程度。本文的论点是，俄罗斯的强制行动已经削弱了它自己在一些后苏联国家作为"民主破坏者"的影响力，并加强了民主促进者的作用。

在第一部分中，本文概述了欧盟和美国的民主促进政策及其在格鲁吉亚和乌克兰的（有限）影响。第二部分将继续研究俄罗斯何时以及如何应对欧盟和美国对后苏联空间国家内政的干预。在第三部分，本文将研究俄罗斯反民主化行动的矛盾结果，并明确说明它们是影响格鲁吉亚和乌克兰民主化进程的因素。在最后部分，本文将得出从这两个案例研究中发现的具有普适性的现象。

---

① 参见 Ambrosio, Thomas, *Authoritarian Backlash: Russian Resistance to Democratization in the Former Soviet Union*, Farnham: Ashgate, 2009; Carothers, Thomas, "The End of the Transition Paradigm," *Journal of Democracy*, Vol. 13, No. 1, 2002, pp. 5–21.

二 民主化是外部驱动还是自发的过程

欧盟和美国关于乌克兰和格鲁吉亚的政策：在哪里促进民主？

近年来，欧盟和美国已经在其民主化促进战略上有所收敛，欧盟并不太倾向于将促进民主政策作为其战略的核心。这是欧盟强调"良好治理"的结果，特别是自2009年启动东部伙伴关系以来。① 欧盟对其东部邻国的政策突出了促进民主进程的一个悖论。自2011年以来，欧盟更加关注促进"深度民主"进程。② 除了现有的文件如欧洲民主和人权文书外，它还为此目的引入了新的机构，如欧洲民主基金会，这些机构文件补充了2009年欧洲在多边关系下为支持民主而制定的文件，如公民社会论坛。然而，自2004年成立以来，促进民主并不是东部伙伴关系的主要目标，安全和稳定才是首要战略。特别是东部伙伴关系优先考虑了监管融合，改善东欧国家的政府治理。③ 在东部伙伴关系上，欧盟仅就开启深入全面的自由贸易区协议以及签证自由化相关谈判，以及被视为优先领域的特定部门基准制定了明确的限制条件。部分学者认为，功能性合作反映了欧盟促进民主方式的转变，丰富了传统的"联系"和"杠杆"战略。④ 这是因为欧盟的政策部门制定了严格的民主治理条款。⑤ 因此，"民主治理方法"没有以核心政治机构为目标⑥，而是通过在部门合作中

---

① Stewart, Susan, "Democracy Promotion before and after the 'Colour Revolutions'," *Democratization*, Vol. 16, No. 4, 2009, pp. 645 – 660.

② According to the EU's High Representative, Together with Free Election, Speech on Main Aspects and Basic Choices of the Common Foreign and Security Policy and Common Security and Defence Policy, Strasbourg, 11 May 2011. http：//europa. eu/rapid/press-release SPEECH – 11 – 326_en. htm.

③ Ghazaryan, Narine, *The European Neighbourhood Policy and the Democratic Values of the EU*, Oxford and Portland：Hart Publishing, 2014.

④ Lavenex, Sandra, and Frank Schimmelfennig, "EU Democracy Promotion in the Neighbourhood：From Leverage to Governance?" *Democratization*, Vol. 18, No. 4, 2011, pp. 885 – 909.

⑤ Freyburg, Tina, Sandra Lavenex, Frank Schimmelfennig, Tatiana Skripka, and Anne Wetzel, "Democracy Promotion through Functional Cooperation? The Case of the European Neighbourhood Policy," *Democratization*, Vol. 18, No. 4, 2009, pp. 1026 – 1054.

⑥ Ghazaryan, Narine, *The European Neighbourhood Policy and the Democratic Values of the EU*, Oxford and Portland：Hart Publishing, 2014.

嵌入民主原则（透明度、问责制、参与度）来间接促进民主，从而将它们嵌入伙伴关系中促进民主转型。

对欧盟关键部门的政策文件进行仔细的审查发现，欧盟只是偶尔会在部门一级促进"将民主原则纳入行政规则和实践"①。相反，欧盟试图输出保证自由贸易区及反垄断监管、知识产权等交易产品质量和安全的规范。同样，在签证自由化程序中，它优先考虑与安全有关的规则，但代价是牺牲与人权有关的规定。此外，在启动东部伙伴关系时，欧盟接受了伙伴国家（白俄罗斯除外）的政治现状，但是没有明确将政治转型作为加强关系的先决条件，尽管西方国家对阿塞拜疆的民主转型深表关切。因此，这造成促进民主化与邻近区域一体化功能方面的脱钩。②

在格鲁吉亚，欧盟保持在促进民主方面做法的一致，其内部战略文件证明了这一点。尽管自"玫瑰革命"以来，格鲁吉亚的民主化进程取得了重大进展，但是随后的事态发展突出了民主化的脆弱性。在欧盟看来，行政权力部门的监管阻碍了格鲁吉亚民主化结果的巩固。③ 因此，欧盟在其援助文件中将支持民主发展作为其优先事项。欧盟动员了广泛的援助机制来促进格鲁吉亚的民主，并结合了不同类型的支持，例如，对独立国家联邦的快速反应机制和技术援助、对核心政治机构（例如议会）的资助，以及对非国家行为体，包括地方当局基层组织的资助。

与此同时，欧盟在东部伙伴关系的双边关系下更加强调良好的治理和机构建设。从 2010 年开始，东部伙伴关系协议与深入全面的自由贸易协定一起成为格鲁吉亚与欧盟关系的首要优先事项。④ 虽然协定中提到了

---

① European Commission, ENPI Country Strategy Paper for Georgia, 2007 – 2013, Brussels, 2006; ENPI National Indicative Programme for Georgia, 2011 – 2013, Brussels, 2010.

② This Required Strengthening Key Institutions, Primarily Those Involved in the Negotiation and the Implementation of the Future Agreement, for example, The Office of the State Ministry for Euro-Atlantic Integration.

③ The Preamble Refers to the "Common Values on which the European Union Is Built-Democracy, Respect for Human Rights and Fundamental Freedoms, and the Rule of Law," and Indicates that these Values Are Shared by Georgia. EU-Georgia Association Agreement, http://eeas.europa.eu/georgia/assoagreement/pdf/ge-aa-preamble_en.pdf.

④ Some EU Democracy Funds Are Implemented through An EU-Council of Europe (CoE) Joint Programme Financed up to 90% by the EU. For example, The Coe Run Joint Projects on Media, Judiciary, Women's and Children's Rights, and Anti-corruption.

民主和价值观，但是谈判期间的重点是与贸易有关的条款。①

尽管乌克兰持续面临许多问题，但是在2005—2011年，欧盟促进民主的方式是保持乌克兰的政权进行连续非政治转型。乌克兰当局缺乏发起和维持全面改革进程的政治意愿和能力，这意味着"橙色革命"后产生的改革势头在2009—2010年丧失了。虽然欧盟阐明其在东部伙伴关系下的优先援助事项，但是没有充分承认这是一种民主化的倒退，仅仅只是在2011—2013年通过民主条款做出了迟钝的反应。

在援助方面，重点是促进民主转型。2011—2013年的援助议程并没有提到民主化作为改革的关键优先事项，其重点是宪法改革、法治、打击腐败、改善商业和投资环境。总的来说，在正义、自由和安全、"综合边境管理"和裁军等更具威胁的领域，已经出现了向良好治理的转变。欧盟的援助经过了基本的检验，其援助与民主改革缺乏明确的联系。这表明，乌克兰被认为是威胁和不稳定的来源，这是欧盟在2012年前在乌克兰促进民主化进程作用减弱的原因。

然而，欧盟在对两国的双边援助方面仍然附加了广泛的与民主相关的活动。欧盟还将民主推广工作外包给了欧洲委员会等其他组织。② 欧洲委员会的两个机构——人权议会和威尼斯委员会，就选举、法治和司法问题向政府提供监测、专业知识和咨询意见，作为乌克兰和格鲁吉亚以承诺为前提的著名外部"监督机构"。在乌克兰，欧洲仍然是公民社会和媒体的重要资金来源，欧洲是一个强大的榜样和民主力量的参考点。美国20世纪90年代设立的民主援助计划的目标，比俄罗斯所怀疑的要温和（即政权更迭）。③ 当"玫瑰革命"发生时，美国国际开发署的项目集中在自由选举、正常运作的政治机构和对公民社会的支持上。然而，在"颜色革命"后的几年里，美国的援助转向支持政府和新政权当局，优先支持亲西方国家的非政府组织，并在2005年终止了美国国际开发署最大

---

① Shapovalova, Natalia, "Assessing Democracy Assistance: Ukraine," *Project Report*: *Assessing Democracy Assistance*, FRIDE, 2010.

② Mitchell, Lincoln, *Uncertain Democracy. US Foreign Policy and Georgia's Rose Revolution*, Philadelphia: University of Pennsylvania Press, 2008.

③ Lazarus, Joel, "Neoliberal State-Building and Western 'Democracy Promotion': The Case of Georgia," Paper presented at the 7th Pan European Conference on International Relations, 2010.

的媒体项目。① 目前美国国际开发署的格鲁吉亚战略是通过加强政府的问责制和制衡来强调民主发展。② 在促进国内良好治理的同时，美国国际开发署的援助更关注民主，而欧盟更关注支持自由和公平的选举、媒体部门的独立和公民社会的发展。③

就乌克兰而言，美国遵循了欧盟的模式，履行了"橙色革命"后对民主和法治的承诺。因此，尽管 2004—2005 年美国的民主援助经费大幅增加，但是自 2006 年以来，美国国际开发署的民主援助经费数量却大幅下降。此外，在 2004 年至 2007 年期间，美国对非国家行为体的支持减少了 70%，而对政府部门的援助则有所增加。因此，与 2004 年相比，2013 年，美国对公民社会和媒体提供的支持较少，它在政权变革中的作用不如预期得那么突出，俄罗斯宣称也是如此。④

西方对乌克兰媒体和公民社会的支持仍然很重要，因为除了少数例外，并没有其他国家为这些行为体提供资金。独立媒体，特别是在独立广场上发挥重要作用的新媒体，是一个被西方国家认为最有价值的部门。⑤

总的来说，在格鲁吉亚和乌克兰，东部伙伴关系标志着欧盟将良好治理和机构建设放在优先地位，而美国则追求更传统的促进民主的方式，但是较少关注非国家行动者。尽管后苏联国家仍在促进民主方面做出了相当大的努力和付出大量资源，但是自 2008 年以来，由于外国势力的变化，奥巴马领导下的美国政府在后苏联空间国家的影响力减弱，尤其是在格鲁吉亚和乌克兰地区。

---

① USAID, Country Development Strategy, Georgia.
② USAID, "Democracy, Human Rights and Good Governance," http：//www.usaid.gov/georgia/democracy-human-rights-and-governance.
③ Shapovalova, Natalia, "Assessing Democracy Assistance：Ukraine," Project Report：Assessing Democracy Assistance, FRIDE, 2010.
④ Stewart, Susan, "The Interplay of Domestic Contexts and External Democracy Promotion：Lessons from Eastern Europe and the South Caucasus," *Democratization*, Vol. 16, No. 4, 2009, pp. 804 – 824.
⑤ Wilson, Andrew, *Ukraine Crisis, What It Means for the West*, New Haven and London：Yale University Press, 2014.

三 格鲁吉亚和乌克兰的民主化：
　　促进民主的影响有限

只有在国内有愿意接受民主的群众基础时，促进民主化的努力才会有效果。在这方面，格鲁吉亚和乌克兰案例展现出"外部行为体有能力应对不断变化的地方背景"，并适应每个国家的具体国内情况。尽管有苏联时代的遗产和"选举革命"的经验，但是格鲁吉亚和乌克兰在民主化议程和包括反对派在内的行动者方面存在差异。然而，美国和欧盟都不太关注这些国内动态，对突发事件的反应犹豫而迟钝。①

在格鲁吉亚，欧盟和美国（至少最初）都认为，"玫瑰革命"将是一个不可逆转的向民主化的转变进程。然而，正如我们在资料中所看到的那样，格鲁吉亚在国内治理方面有所改善，但是未能建立具有代表性的机构，也未能确保大众参与社会政策对话。②"玫瑰革命"后发展起来的广泛的改革进程实际上使权力集中在了总统的手中。外部的民主促进者继续支持他们在 2004 年以前支持的那些个人和组织，因此没有充分考虑到该国国内的发展。③ 在萨卡什维利的领导下，欧盟对民主化进程遭遇的挫折直言不讳，并比美国更强调制衡的必要性。尽管民主化进程存在缺陷，但是美国出于地缘政治目的无条件地支持格鲁吉亚总统。美国对格鲁吉亚的大部分援助都集中在经济和军事上，而非促进民主化进程。目前美国国际开发署对格鲁吉亚的国家战略也显示了在促进萨卡什维利时期民主化进程中只使用援助手段的缺点。④

---

① Stewart, Susan, "Power Relations Meet Domestic Structures: Russia and Ukraine," In the Substance of *EU Democracy Promotion Concepts and Cases*, edited by Anne Wetzel and Jan Orbie, London: Palgrave Macmillan, 2015.

② Muskhelishvili, Marina, Jorjoliani, Gia, "Georgia's Ongoing Struggle for a Better Future Continued: Democracy Promotion through Civil Society Development," *Democratization*, Vol. 16, No. 4, 2009, 682 – 708.

③ Stewart, Susan, "Democracy Promotion before and after the 'Colour Revolutions'," *Democratization*, Vol. 16, No. 4, 2009, pp. 645 – 660.

④ The EU Provided Support to Those Nstitutions which May Counterbalance the Executive Branch of Power, for example, The Parliament and the Judiciary.

格鲁吉亚的国内民主化进程突出显示了外部民主促进者面临的长期困境。在2012年10月的议会选举中，萨卡什维利总统的"联合国家民族运动"党输给了比齐娜·伊瓦尼什维利的"格鲁吉亚梦想"党，这一结果满足了欧盟和美国的要求，认为这是格鲁吉亚在自由公平选举中的第一次民主权力转移。欧盟和美国都对新总统和新总理施加了巨大的压力，以确保政权的顺利过渡。然而，政治领域的日益两极分化再次加剧了2013年总统选举前的紧张局势。此外，监禁萨卡什维利时期的关键政治人物（包括前总理梅拉比什维利），逮捕第比利斯前市长吉吉·乌古拉瓦，以及对前总统提出刑事指控，引起了西方对格鲁吉亚新政府使用司法系统作为政治工具的担忧。欧盟领导人曾多次警告格鲁吉亚不要这样做，然而，在2013年11月维尔纽斯峰会之前，欧盟转变为希望实行一个成功的计划。格鲁吉亚是签署全面自由贸易协定的三个国家之一，尽管对格鲁吉亚新政府将司法系统作为政治工具使用感到担忧，但是新当局在与欧盟的监管协调方面表现得相当良好。虽然这些建立在萨卡什维利时期取得的进展之上，但是也偏离了前届当局放松管制的自由主义议程，这是抵制一些欧盟法规的基础。① 因此，欧盟领导人（欧洲议会成员和一些欧盟成员国除外）没有过分批评格鲁吉亚国内政治事态的发展。

与格鲁吉亚形成鲜明对比的是，在乌克兰亚努科维奇总统（2010—2014）领导下，不断恶化的国内政治形势迫使欧盟在缔结新的法律关系框架的过程中诉诸增加民主条款。2011年底，欧盟采取了更激进的立场，以推迟签署联合协议向乌克兰当局施压，从而解决民主恶化的问题。由于对反对派人物的政治起诉，该协议的签署最初被搁置，其中以前总理尤利亚·季莫申科事件最为出名。此外，2012年至2013年，乌克兰政府对议会选举的干预，以及对政治反对派和独立媒体的骚扰，导致了欧盟对签署该协议的反对。然而，欧盟高估了自身的谈判实力，并错误判断了乌克兰的国内环境。例如，对季莫申科案的关注并没有引起乌克兰公众的广泛共鸣，因为许多人认为她是一个高度民粹主义的机会主义政客，并愿意为追求政治权力而牺牲民主化进程。

---

① Mitchell, Lincoln, *Uncertain Democracy*, *US Foreign Policy and Georgia's Rose Revolution*, Philadelphia: University of Pennsylvania Press, 2008.

2012年12月，欧盟制定了一份更全面的民主转型清单，包括采取反腐败措施、改革选举法律和司法制度，以及签署《联合协定》。在其措施的效果上，这份清单并没有激励统治精英，即促使亚努科维奇总统和地区党采取行动。反而使经济一体化以维护民主标准为基础，使乌克兰当局付出巨大的政治代价。这是因为满足欧盟条件影响了统治精英继续掌权的前景，统治精英试图通过无数国内社会运动来巩固他们的权力。因此，在明确的政治条件下，寻求与欧盟的联系，给时任总统和准备于2015年参与总统选举的地区执政党带来了直接的政治风险。这一点得到了欧盟的承认，在维尔纽斯峰会之前，民主条件变得更加灵活，因为欧盟开始担心"失去"乌克兰和遭遇"维尔纽斯的失败"。总的来说，在政治层面，欧盟和美国在心理上对乌克兰已经有一种明显的幻灭和疲劳感。[1]

亚努科维奇总统最初的希望是在上台后会给混乱的"橙色"政权带来稳定和改善。美国和欧盟都对乌克兰感到无奈，尽管欧盟高度的技术官僚方式更加专注于基于规则的功能合作，帮助其保持作为合作伙伴的信誉，但是它同时使乌克兰当局形成了一种独特的看法，即欧盟是一个无私和独立的民主推动者。[2] 在亚努科维奇执政期间，美国扮演了次要角色，对乌克兰国内发展几乎没有影响力。

因此，由于亚努科维奇拒绝签署联合协定，在2013年11月爆发抗议时，美国和欧盟这两位外部参与者不准备对乌克兰的政治危机做出任何反应。没有证据表明欧盟或美国以任何方式参与煽动大规模抗议活动或提供任何材料或组织支持。在抗议活动中，欧盟仅限于对乌克兰提供欧洲方向的支持，并呼吁和平解决危机，不时有欧盟机构和成员国官员定期访问乌克兰。虽然在关于独立广场的抗议活动中，欧盟表现得很被动，但是美国在外交言辞上更加强硬（并对欧盟的被动性感到愤怒）。

总的来说，无论是2013—2014年在乌克兰抗议活动发生之前还是活动进行之中，美国和欧盟都没有发挥过强大的作用。在格鲁吉亚，尽管

---

[1] Sasse, Gwendolyn, "Linkages and the Promotion of Democracy: The EU's Eastern Neighbourhood," *Democratization*, Vol. 20, No. 4, 2013, pp. 553-591.

[2] USAID, Country Development Strategy, Georgia, pp. 8-9.

欧盟对民主化进程的挫折直言不讳（无论是在萨卡什维利时期还是之后），但是欧盟和美国都没有利用政治条件有效地向现任当局施加压力。这很罕见，尤其是考虑到西方国家对"阿拉伯之春"的反应。欧盟最初明显具有被动性和缺乏战略眼光，而乌克兰的抗议活动则削弱了欧盟作为一个坚定的民主推动者的地位。因此，乌克兰的抗议者表示强烈支持欧洲的价值观——民主、人权和法治——而不是欧盟的政策。2014 年 3 月，俄罗斯吞并克里米亚也引发了欧盟和美国的强烈谴责，但是俄罗斯仅仅遭受了不温不火的制裁。在格鲁吉亚，美国的国家信誉在 2008 年俄格战争中受到了大幅削弱。[1]

因此，本文总的结论是，美国和欧盟都没有试图在乌克兰和格鲁吉亚大力促进民主。民主化（即使是不稳定和可逆的）也可以归因于两国的国内因素，特别是反对威权领导人的社会动员。然而，本文的推论是这两个国家的亲西方政策取向，反过来又引发了来自俄罗斯的强烈反弹。

四 俄罗斯在格鲁吉亚和乌克兰的对抗战略

怀特黑德认为，为了实现一个地区可持续的民主化，该地区不应该有反对民主的大国。俄罗斯敌视西方促进民主化的活动是后苏联空间这种对抗的一个生动例子。[2] 本文认为，亲西方取向的民主化是触发俄罗斯对西方政策做出反应的关键因素，也是它对伙伴国家、欧盟和北大西洋条约组织（北约）等西方组织一体化程度的看法。

本文突出了非民主大国可能对西方民主促进政策做出反应的两个条件：对本国政权生存的关切和对地缘战略利益构成威胁的看法。就俄罗斯而言，从历史的角度来看，俄罗斯是帝国（沙皇俄国和苏联）的继承者，在这些帝国中，政权和地缘政治扩张联系密切，因此这两种条件实

---

[1] Delcour, Laure, "Meandering Europeanisation. EU Policy Instruments and Patterns of Convergence in Georgia under the Eastern Partnership," *East European Politics*, Vol. 29, No. 3, 2013, pp. 344–357.

[2] Whitehead, Laurence, *The International Dimensions of Democratization: Europe and the Americas*, 2nd ed., Oxford: Oxford University Press, 2001.

质上交织在一起。① 有研究指出，对民主蔓延的恐惧导致了俄罗斯反对其重要邻国的民主化进程。事实上，在格鲁吉亚和乌克兰的三次革命之后，俄罗斯出于害怕"颜色革命"蔓延而加强了对选举的控制、限制了言论和集会自由，并限制了外国在支持公民社会活动方面的行为。

然而，虽然俄罗斯的行动机制和影响受到了广泛的研究，但是对其背后的驱动因素关注较少。假设俄罗斯的动力不是邻国民主化的威胁，而是它认为西方推动的民主化进程影响其地区霸权（并导致俄罗斯影响力降低）。如上所述，民主化主要是国内因素的结果，而不是外部民主促进的结果，在大规模抗议活动中获得权力的新政治精英们也强烈地支持西方。因此，除了对俄罗斯自身政权的稳定构成威胁外，乌克兰和格鲁吉亚的民主化还被认为破坏了俄罗斯在后苏联空间的霸权地位。②

对俄罗斯来说，促进民主化进程是西方势力扩大后苏联空间势力范围的幌子，因此在后苏联空间促进民主被俄罗斯视为西方在与俄罗斯竞争时使用的地缘政治工具。长期以来，俄罗斯邻国与北约的关系一直被俄罗斯所怀疑，而欧盟促进民主化的策略也越来越多。③ 这是因为该联合协定与俄罗斯的计划背道而驰，尽管欧亚经济联盟是俄罗斯主张区域霸权的关键工具之一。

因此，假设俄罗斯回应背后的主要驱动力是它反对促进后苏联国家与西方之间更紧密的关系，由此得出的一个推论是，制度一体化越稳固、越广泛和越有形，俄罗斯就越有威胁感，从而导致其更强的反民主化反应。比起西方国家，俄罗斯政府可以更容易、更快速地利用更广泛的工具（经济、政治或军事），并有强烈的意愿，即诉诸强硬的权力和强制手段来实现其反制西方影响力的目标。④

在"玫瑰革命"后，格鲁吉亚与俄罗斯的关系随即快速恶化。俄罗

---

① Ambrosio, Thomas, *Authoritarian Backlash: Russian Resistance to Democratization in the Former Soviet Union*, Farnham: Ashgate, 2009.

② Dragneva, Rilka, and Kataryna Wolczuk (eds.), *Eurasian Economic Integration: Law, Policy, and Politics*, Cheltenham: Edward Elgar, 2013.

③ Tolstrup, Jakob, "Studying a Negative External Actor: Russia's Management of Stability and Instability in the 'Near Abroad'," *Democratization*, Vol. 16, 2013, pp. 922 – 944.

④ Cornell, Svante, and Frederick Starr, *The Guns of August 2008. Russia's War in Georgia*, New York: M. E. Sharpe, 2009.

斯认为,格鲁吉亚总统谢瓦尔德纳泽下台是一场政变所造成的,时任总统萨卡什维利的亲西方取向只会加剧俄罗斯的愤怒。随着格鲁吉亚越来越接近加入北约,这引发了俄罗斯更加剧烈的反应。2004年至2008年,俄罗斯向格鲁吉亚当局施加压力,要求其停止与西方的一体化进程。例如,为了破坏格鲁吉亚的领土完整,它向阿布哈兹和南奥塞梯两个分离地区的公民提供了俄罗斯护照。2006年,格鲁吉亚与俄罗斯之间关系的突然恶化,贸易和移民流动中断。格鲁吉亚还受到俄罗斯的贸易禁运,格鲁吉亚的葡萄酒、水和蔬菜被俄罗斯禁止进口,莫斯科与第比利斯之间的运输通道被暂停。在2006年秋季的间谍活动争议之后,俄罗斯当局加强了对居住在俄罗斯的格鲁吉亚移民的行政控制,并将大量格鲁吉亚人驱逐出境。最终,在北约举办的布加勒斯特峰会上同意格鲁吉亚成为北约成员国的几个月后,俄罗斯进行了军事干预(尽管没有概述实现这一前景的实际机制)。俄罗斯最初声称,根据《达戈米协议》,利用其作为维和人员的特权干预南奥塞梯,但是俄罗斯军队越过分离地区,进入格鲁吉亚领土,这一事实表明它对格鲁吉亚加入北约前景的立场。① 2008年8月,阿布哈兹和南奥塞梯的独立为格鲁吉亚和俄罗斯关系创造了一个"无回报的缓冲区"。尽管贸易流动和交通运输自2006年以来已经停止,但是俄罗斯的举动结束了两国之间的外交关系,同时也引发了格鲁吉亚与北约友好关系的中断。② 因此,自2008年以来,俄罗斯主要试图通过支持格鲁吉亚境内的分离势力来间接影响格鲁吉亚。③

与格鲁吉亚一样,俄罗斯在乌克兰扮演的角色是多方面的,并且高度适应快速变化的环境。首先,该战略以短期目标为中心,即削弱欧盟的吸引力和对欧盟民主条件性地保持警惕。俄罗斯在行动的过程中利用了欧盟战略的弱点,即乌克兰政府日益有独裁倾向,并导致在亚努科维

---

① Jacoby, Wade, "Inspiration, Coalition, and Substitution. External Influences on Postcommunist Transformations," *World Politics*, Vol. 58, No. 4, 2006, pp. 623–651.

② In the Summer of 2013, Russia Started the So-called "Trade War" by Imposing an Embargo on Ukrainian Goods and Lengthy Customs Checks in Order to Persuade Ukraine to Join the Customs Union and Dissuade Ukraine From Concluding the Association Agreement.

③ Ambrosio, Thomas, *Authoritarian Backlash: Russian Resistance to Democratization in the Former Soviet Union*, Farnham: Ashgate, 2009.

奇担任总统期间乌克兰当局被西方孤立。欧盟的做法主要以功能整合到单一市场的长期利益为前提。然而，这种对长期利益的强调需要延长邻国政治精英的任职期限。这为该国政治精英的任职期限延长创建了一个有利的框架：加入欧盟的前景延长了对东欧国家雄心勃勃、全面和昂贵的改革做出决策的时间框架，但是欧盟的邻国政策缺乏类似的影响力。

在俄罗斯对该地区保持影响的背景下，民主化进程变得尤为乏力。2013 年底，经济危机和高能源价格被证明非常有利于在亚努科维奇领导下的乌克兰统治精英们缩短执政时间期限。面对俄罗斯的经济和政治压力，再加上重大的激励措施，亚努科维奇在 2013 年 11 月的维尔纽斯峰会上并没有签署《联合协定》。不久之后，在乌克兰日益严重的财政危机和即将到来的 2015 年总统选举的背景下，亚努科维奇接受了俄罗斯提出的 150 亿美元的财政救助计划。向被西方日益孤立的独裁领导人提供经济支持是俄罗斯的战略手段之一。俄罗斯通过立即向亚努科维奇提供大规模的经济支持，为亚努科维奇日益独裁的政权提供了一条生命保障线。

在政权更迭之后（由于暴力冲突和亚努科维奇的出逃）[①]，俄罗斯对乌克兰亲西方领导人的上台做出了惩罚性的、严厉的反应。除了与经济和能源相关的压力外，俄罗斯还试图破坏乌克兰的国家统一，这在 2014 年 3 月吞并克里米亚中得到了最明显的证明。然后，在第二阶段，俄罗斯在乌克兰东南部地区重复类似的情况，该地区与俄罗斯有历史联系（"新俄罗斯"），但是俄罗斯只在顿巴斯地区取得了成功。俄罗斯支持分离主义力量，将其描述为自下而上的民主自决的一部分，并否认它有任何参与。这场"混合战争"故意模糊了国家控制的正规武装部队与地方政权雇佣军之间的界限。由于顿巴斯地区和俄罗斯之间的边界争议地段（乌克兰与俄罗斯边界的划分一直遭到俄罗斯的反对）运输路线便利、乌克兰内外的志愿军使得俄罗斯的计划失败，致使冲突成为一场战争。随着 2014 年 5 月波罗申科当选总统，为乌克兰提供了新的动力，乌克兰武装部队对抗分裂分子武装的行动日益成功，促使俄罗斯向顿巴斯地区提供包括武器和人员在内的更明确的支持。与此同时，由于语言、历史、

[①] Hava, Oleh, "Istoria Novorosiyi ta Etnichnoho Skladu XIX Stolittia," *Ukrainska Pravda*, 2014.

文化和宗教关系，俄罗斯与乌克兰之间的历史争议一直存在，乌克兰被重新概念化为俄罗斯"不可分割的"部分，从而证明俄罗斯对乌克兰主权的侵略行动是正当的。①

本章的分析表明，俄罗斯对威胁的感知越强烈，它的反应就越激烈。俄罗斯往往不会明确抵制西方在促进民主转型方面的努力，而是尽可能促进和支持亲俄政权。然而，在格鲁吉亚和乌克兰，俄罗斯作为搅局者的角色在国内政治变革和两国与西方的一体化方面都处于不同的历史阶段。时间上的差异给民主化进程造成了不同的后果，也引发了来自西方的不同反应。

五 俄罗斯回应的影响：破坏还是无意中支持民主化

在本节中，我们将考量俄罗斯抵消政策的结果，并具体说明它们影响格鲁吉亚和乌克兰民主化进程的条件。在这样做的同时，确认了本文提出的假设，但是也产生了重要的细微差别。本文认为，外部行为体政策的结果取决于它们对自由和非自由精英与公民之间国内权力平衡的影响，而权力平衡又受到经济和安全，以及外部行动者对国内力量影响力的制约。

在这两个国家中，通过构成重大安全威胁和促进对领土完整的挑战，使俄罗斯可以被视为只是转移包括民主化改革在内的视线。由于俄罗斯未能通过和平手段影响这两个国家，使其直接挑战地区霸权，这也是俄罗斯阻止民主化与西方一体化相关进程的原因。国家的领土完整、对胁迫手段的控制和安全、稳定的边界是民主化基本的先决条件。这展示了俄罗斯如何通过利用经济杠杆或支持分裂主义实体来影响邻国的"有效统治权力"②。然而，通过展示俄罗斯破坏周边国家稳定的企图如何阻

---

① Wilk, Andrzej, and Wojciech Konon'czuk, "Ukrainian-Russian War under the Banner of Antiterrorist Operation," *Analyses, Centre for Eastern Studies*, 2014.

② Wolczuk, Kataryna, "How-Far-Were-Russia's-Little-Green-Men-Involved-in-the-Downing-Of-Malaysia-Airlines-Flight-Mh17," *The Conversation*, 2014.

碍了这些国家的民主化进程，既有研究只关注俄罗斯作为一个消极的（和有效的）行为体的角色。通过强调破坏的影响，这些研究忽略了俄罗斯行动在"有争议的共同体"中加强民主化的积极（尽管是意想不到的）影响。

本文认为，之所以产生这种影响是因为俄罗斯破坏两国国家地位的举措实际上削弱了俄罗斯与这两个国家的联系，减少了地区霸权对国内精英和社会的影响力。事实上，俄罗斯的行动已经团结了这些国家支持主权、民主和与西方一体化方面的政治精英和大众（在"分离"地区之外）。

以格鲁吉亚为例。2009—2012年俄罗斯几乎无法阻碍格鲁吉亚在欧盟一体化方面的进展，因为格鲁吉亚的分离地区事实上已被俄罗斯占领。由于2006年俄罗斯的禁运，格鲁吉亚的贸易反而变得多样化。2012年在格鲁吉亚举行选举后，新政府试图使两国关系正常化，并采取了非对抗性的立场，这种新策略为俄罗斯提供了新的地区影响力。

一方面，俄罗斯继续利用分离地区作为其主要的压力工具，例如，通过扩张"边界"（即沿南奥塞梯地区的行政边界修建路障，实际上扩大分离地区的领土），并强烈影响那里的领导人的策略选择（例如，驱逐事实上的总统安克瓦布，他曾多次抵制俄罗斯的政策，并采取更温和的立场）。[①]

然而，俄罗斯向阿布哈兹提出的"联盟与一体化"条约超越了自2008年以来使用的不稳定策略，并设想合并军事力量和协调警察力量，与俄罗斯领导的欧亚经济联盟结盟。这项提议是在格鲁吉亚加强与北约之间联系的背景下提出的。

另一方面，特别是贸易流通的重新开放在格鲁吉亚引发了对俄罗斯市场的新预期。这导致两国之间贸易额的增加，同时也增加了贸易方式。在欧盟—格鲁吉亚协定签署后，俄罗斯签署了一项法令暂停1994年2月签署的俄格自由贸易协定。[②]

[①] Menkiszak, Marek, "The Putin Doctrine: The Formation of a Conceptual Framework for Russian Dominance in the Post-Soviet Area," *Centre for Eastern Studies*, Vol. 28, No. 131, 2014.

[②] Tolstrup, Jakob, "Studying a Negative External Actor: Russia's Management of Stability and Instability in the 'Near Abroad'," *Democratization*, Vol. 16, 2013, pp. 922–944.

到目前为止，俄罗斯的行动已经产生了与这两种预期相反的效果，通过威胁格鲁吉亚和乌克兰的主权和领土，促使两国在民主化方面做出实质性努力，这反而符合西方特别是欧盟的建议和要求。

尽管格鲁吉亚国内政治存在两极分化现象，但是关于与西方一体化的广泛共识迄今仍然存在。俄罗斯很少能动员邻国的行动者使其远离欧盟和北约。例如，格鲁吉亚只有两个小政党反对欧盟一体化，同时主张与俄罗斯建立更紧密的联系。格鲁吉亚东正教会强烈反对欧盟作为签证自由化进程的一部分所要求的一些措施（例如，反歧视立法）——然而，这并不能阻止一体化。即使由于执政联盟内部急剧恶化的政治环境，2014年11月，负责国防、外交和欧洲大西洋一体化的关键部长被解雇或辞职，也可能会影响该国与欧盟和北约的实际一体化。

在乌克兰，俄罗斯通过阻止时任总统亚努科维奇签署《联合协定》，成功地向亲西方精英施加压力，但是随后发生了大规模的抗议活动。尽管很少有抗议者真正熟悉《联合协定》的内容，但是对他们来说，欧洲象征着民主、人权和法治——这正是亚努科维奇统治下的乌克兰严重缺乏的。[①] 对抗议者而言，亲俄意味着提供更多同样的东西：不断恶化的民主标准和治理，镇压反对派、媒体、公民社会和腐败。虽然俄罗斯和"顺从"、自私、目光短浅的精英们进行有效合作，但是它没有对乌克兰公众进行类似的宣传，正如独立广场的口号"我们不会出售天然气、自由"所表明的那样。[②]

俄罗斯的政策在无意中实际上促使这两个国家满足欧盟的要求。通过在乌克兰支持独裁领导人，然后在乌克兰和格鲁吉亚发动边界军事冲突，俄罗斯已经给予这两国社会亲西方政治精英强有力的压力。作为波兰前总统，2012—2013年担任欧洲议会特使的克瓦什涅夫斯基前往乌克兰，他于2014年7月表示：

---

① Levitsky, Steven, and Lucan A. Way, "Linkage versus Leverage. Rethinking the International Dimension of Regime Change," *Comparative Politics*, Vol. 38, No. 4, 2013, pp. 379–400.

② Gordadze, Thornike, "*Georgia*" *Geopolitics of Eurasian Integration. Special Report SR*019, London: London School of Economics, 2014, pp. 54–59.

普京可能会因为乌克兰国内社会大众的反俄态度而失败。乌克兰从未出现过如此高水平的反俄情绪。事实证明，即使面临经济灾难，乌克兰人民也会宣称，我们的尊严和主权比与普京的协议更重要。俄罗斯仍然认为，政权不稳定、战略压力、宣传和援助资金将把乌克兰带回莫斯科。①

同样可以假设，通过破坏这两个国家的国家主权和领土完整，俄罗斯也使民主化变得更加困难。自 2012 年底权力转移以来，俄罗斯间接推动了格鲁吉亚政治生活的两极分化。② 尽管对欧洲—大西洋一体化的优先事项达成了广泛共识，但是俄罗斯的角色在国内政治辩论中已成为一个两极分化的问题。时任总理伊瓦尼什维利曾多次批评前政府的战略，与莫斯科寻求的正常化也遭到了前总统盟友的强烈反对。自 2012 年以来，政策转向俄罗斯仍然是口惠而实不至，但是俄罗斯作为政治辩论的主题已经加剧了当局与反对派之间的紧张关系（例如，伊瓦尼什维利声明格鲁吉亚需要重新考虑欧亚的选择）。③ 2014 年 11 月，格鲁吉亚内部的政治联盟解体，不仅给急剧两极分化的国内政治环境增加了危险因素，也使欧洲—大西洋的一体化更加复杂（特别是《联合协定》和《深入全面的自由贸易协定》的实施），并为俄罗斯操纵国内政治提供了新的机会。

自 2014 年以来，俄罗斯对乌克兰的直接安全威胁，巩固了乌克兰内部的亲西方取向，其基础是国内社会和 2014 年上台的政治精英们对民主的坚定承诺。俄罗斯对乌克兰的不宣而战削弱了它通过语言、文化和宗教所能施加的影响，甚至在说俄语的乌克兰东南部也是如此。然而，乌克兰追求广泛民主化的能力，包括机制建设，迄今为止一直受到乌克兰东部的严重冲突和在经济危机中优先考虑安全问题的严重限制。与俄罗斯的话语相反，这个国家并不是一个"失败国

---

① "Russia to Pocket Abkhazia?" http：//www. eurasianet. org/node/7048.
② Kapanadze, Sergi, "Georgia's Vulnerability to Russia's Pressure Points," *ECFR Policy Memo*, 2014, pp. 43 – 58.
③ Wilson, Andrew, *Ukraine Crisis. What It Means for the West*, New Haven and London：Yale University Press, 2014.

家",如果说有什么不同的话,顿巴斯的冲突刺激了面对前所未有的外部威胁的社会和国家结构。然而,乌克兰内部的不安全感和脆弱感也加剧了对正式民主化进程的沮丧和不耐烦,并带来了日益增长的民粹主义和激进化的风险。

总之,俄罗斯一直努力通过破坏乌克兰和格鲁吉亚的领土完整来影响它们的政治稳定。然而,通过破坏它们的国家主权,俄罗斯的行动巩固了两国的政治和外交政策决策。到目前为止,这显然是俄罗斯政策中最直接和最意想不到的影响。与此同时,通过支持分离地区,俄罗斯也破坏了乌克兰和格鲁吉亚"有效的统治权力",从而间接影响了它们进行改革的能力,包括民主化的能力。①

六 结论

在格鲁吉亚和乌克兰,其国内政治发展都是非线性的,这在一定程度上代表后苏联空间中亲西方国家复杂的政治发展轨迹。对民主的推动主要来自国内政治参与者:"玫瑰革命""橙色革命"和独立广场不是欧盟和美国努力的结果,而是自下而上的推动和政治精英内部推翻现任政权二者结合产生的结果。然而,俄罗斯不顾这两国国内对民主的需求,认为其国内转型是"西方干预"的结果,旨在促生后苏联空间的亲西方地缘政治趋势。为了回应这种西方所谓的"阴谋",俄罗斯感到有必要同时惩罚这些国家,并阻止它们与西方的一体化。

对西方而言,在格鲁吉亚冲突结束近六年后,吞并克里米亚和乌克兰东部的混合战争致使西方国家对俄罗斯目的和手段的粗略觉醒。欧盟和美国忽视了俄罗斯对其动机的敏感性和解释性,更不用说俄罗斯可以利用多种手段威胁目标国家了。因此,欧盟和美国未能理解俄罗斯阻止邻国走向亲西方的坚定决心,它们无法(也不愿意)迅速采取适当的对策,以支持这些国家的民主化和主权。

然而到目前为止,俄罗斯还没有取得关键性进展,欧盟和美国的影

---

① Tolstrup, Jakob, "Studying a Negative External Actor: Russia's Management of Stability and Instability in the 'Near Abroad,'" *Democratization*, Vol. 16, 2009, pp. 922 – 944.

响力可以说是由于俄罗斯的行动而增加的。俄罗斯在该地区最大的优势——经济压力和军事实力已经被使用，并且与俄罗斯宣称的利益适得其反，同时使用武力并没有使乌克兰和格鲁吉亚重新加入这个阵营，反而使这两国更加关注俄罗斯带来的威胁，使其下定决心与西方进行一体化。因此，从俄罗斯的角度来看，其一系列行动造成的最大矛盾是，其政策在无意中帮助欧盟和美国增加了在该地区的影响力。

可以得出一个更广泛的结论，即大国行为背后的逻辑，地缘政治利益（而不是害怕民主蔓延）推动大国反对任何民主化的发展，反而削弱了其对"目标国家"的影响力。

因此可以得出四个更广泛的结论。

第一，地缘政治利益（而不是害怕民主蔓延）驱动地区霸权国反对发展任何被视为削弱其力量的"目标国家"。本文指出了格鲁吉亚和乌克兰与西方加强联系和一体化与俄罗斯反应之间的关系。

第二，正如在前文中所指出的那样，西方国家促进民主的议程并不符合对个别国家的实际政策。然而，即使当民主促进效果不理想或完全无效，地区霸权国也可以将目标国家的民主变革归咎于西方的民主促进战略。这意味着发生在民主促进目标国家的民主突破（即使不一定源于民主促进）也可以被地区霸权国解释为西方"干预"，并引起该国的反应，以消除这种"干预"对地缘政治的影响。

第三，地区霸权国使用强制性权力来对抗民主促进战略的机制。如前文所言，强制性的权力通过赋予邻国非国家行为体权力来反对民主促进。通过政治、经济和安全手段支持威权统治者是地区霸权国获得忠诚的最简单和最有效的方法。然而，当威权统治者被亲西方领导人所取代时，就像格鲁吉亚和乌克兰一样，地区霸权国将不再依赖邻国的国内政治行为体。然而，在邻国快速民主化的情况下，地区霸权国可以自由地激活一系列政策工具，从政治到经济乃至强制性武力，并且能够随时使用这些工具。这种应对邻国民主化进程的一系列措施对外部民主推动者来说是一个强有力的阻碍。

第四，地区霸权国行动对邻国国内民主化的影响值得进一步研究。通过破坏其国家主权和领土完整，却无意中将目标国家推向西方，增加了外部民主促进者的影响力，从而加强了该国未来民主化进程的前景。

然而，这种民主化的结果还不确定，特别是关于乌克兰的民主化进程。俄罗斯的行动可能会进一步提供案例，来证明它可以在多大程度上影响邻国的民主化改革，包括目标国家的民主化进程。

（兰州大学格鲁吉亚研究中心张彤彤译，曹佳鲁校）

日本的南高加索外交:日本对格鲁吉亚外交政策的发展*

马里亚姆·比比拉什维利(Mariam Bibilashvili)**

【摘要】 本文通过研究日本对格鲁吉亚外交政策这一案例,考察日本对南高加索地区的外交政策。该研究的目的是探讨日本对格鲁吉亚外交政策的形成,并强调影响这一外交政策进程的观念因素。关于时间范围的选择,本文重点关注1992—2016年这段时期。本文遵循国际关系中的建构主义理论,强调现实由行为者的观念塑造,本文进行了文本分析,试图全面理解日本制定的对南高加索地区的外交政策。本文反驳了占主导地位的实证主义主张,强调日本对南高加索地区的官方外交政策话语是依据日本对世界事务的看法、日本的国内环境、南高加索地区本身的局势、所设想的日本的角色(身份),以及被认为具有普遍重要性的准则和价值观等因素构建的。关于日本对格鲁吉亚外交政策的发展,作者将其分为三个阶段:(1)无战略(1992—1996年);(2)"欧亚外交"(1997—2005年);(3)"自由与繁荣之弧"(2006—2016年),而所谓的影响这些动态的因素是日本的思想、信仰和价值观。

【关键词】 日本;南高加索;格鲁吉亚;外交政策;规范;价值观和身份

---

* Bibilashvili, M., "Japan's South Caucasian Diplomacy: The Development of Japanese Foreign Policy towards Georgia," *Asia Europe Journal*, pp. 1 – 20.

** 日本筑波大学人文与社会科学学院。

引 言

1991年苏联的解体和15个加盟共和国的独立，挑战了为适应新兴环境而形成的国际体系。毫无例外，日本也有着僵化的官僚主义。在苏联解体的同时，日本经济开始停滞，尽管日本很快就承认了这些国家的独立，但是在确定外交政策的优先事项和确定具体的区域上还是花了一些时间的。然而，日本最终成为俄罗斯NIS贸易会①的发展助手之一。

日本对南高加索地区事务的参与被日本—中亚关系框架所掩盖，该框架引发了学术辩论，旨在讨论日本对新兴独立国家的外交政策是否过于简单化。尽管各方对苏联国家有共同的态度，但是一方面要理解中亚和南高加索地区不同的地缘政治基础设施和外交政策诉求，另一方面对中亚和南高加索地区需要形成进一步的聚焦性关注。

本文试图填补日本在南高加索地区定位概念化方面的空白。作者通过对日本与格鲁吉亚关系的个案研究，探讨日本地区性的外交话语。本文拟解决以下问题：日本在南高加索地区的外交话语模式是什么？日本对格鲁吉亚的外交政策是如何演变的？本文从建构主义理论的角度考察官方文件。

既有研究展示了日本对南高加索地区的外交话语结构，这一结构不仅通过地缘政治计算被塑造，而且受到涵盖国际和国内领域的日本思想、价值观和看法的影响。关于日本对格鲁吉亚外交政策的发展，作者针对某行政区域或不存在的具体战略方法带来的启发，将其区分为三个阶段，并认为基于日本对南高加索和格鲁吉亚事务的理解，日本的参与态度已逐渐加强。

研究这一问题的学术文献非常稀缺，且缺乏能够定义日本外交政策制定性质的国内因素，以及共同价值观和国际规范的考虑。理性主义的观点无法解释2006年之后为何日本在该地区的双边和多边参与方面更具

---

① 原文为"NIS"，根据《2011年日本外交蓝皮书》推测"NIS"为"俄罗斯NIS贸易会"。俄罗斯NIS贸易会是由进驻俄罗斯的约130家日本企业组成的经济团体。——译者

积极性，特别是格鲁吉亚与俄罗斯的关系开始变得越来越敌对，导致了2008年的战争。此外，也不能在涉及民主问题方面将日本描述为在政治上漠不关心，因为它积极参加了欧安组织的格鲁吉亚选举观察团，公开支持格鲁吉亚的主权和领土完整。因此，建构主义的关键优势在于，它能够解释为什么尽管地缘政治环境在恶化，但是日本与格鲁吉亚之间的关系却在不断强化。

一 地缘政治背景

高加索地区的地理位置与俄罗斯历史上的睦邻政策，以及高加索地区人民的民族、宗教和文化多样性，决定了该地区的地缘政治重要性。高加索位于东西和南北走廊的交叉点，连接欧洲与中亚及其他地区。苏联解体后，南高加索地区出现了阿布哈兹、南奥塞梯和纳戈尔诺—卡拉巴赫三个有争议的地区，成为地区一体化和安全的沉重负担。

在南高加索的三个国家中，格鲁吉亚因其国内和国际的政治基础设施而与众不同。2008年，格鲁吉亚与俄罗斯发生了"震撼世界的小战争"；自那以后，这两个受尊重的国家彼此中断了外交关系。[1] 有争议的领土占整个格鲁吉亚领土的20%，这极大地影响了格鲁吉亚的外交政策愿景。格鲁吉亚遵循官方宣布的亲西方外交政策战略，渴望融入欧洲与北大西洋一体化，并保持与美国和欧盟之间的牢固关系。[2]

作为古丝绸之路的一部分，格鲁吉亚是将中亚能源资源和贸易产品输送到欧洲市场的主要过境国；反之亦然。在这方面，巴库—苏普萨、巴库—第比利斯—杰伊汉输油管道，以及巴库—第比利斯—卡尔斯铁路都是过境格鲁吉亚运输天然气的重要手段。此外，通过铁路运输的哈萨克斯坦石油、俄罗斯向亚美尼亚输送的天然气也主要经过格鲁吉亚。

---

[1] Asmus, R., *A Little War That Shook the World: Georgia, Russia, and the Future of the West*, Palgrave Macmillan, New York, 2010.

[2] "Bush Hails Georgia as 'Beacon of Liberty'," 2005, https://www.theguardian.com/world/2005/may/10/georgia.usa.

自 2014 年以来，中国一直是格鲁吉亚外商直接投资的贡献国之一。由于 2017 年 5 月格鲁吉亚与中国签署的自由贸易协定，格鲁吉亚的葡萄酒、矿泉水、农产品出口到中国不需要缴纳关税。①

最后，格鲁吉亚与其他南高加索国家的不同之处在于，它更加注重民主、透明度、腐败程度相对较低、个人自由和经济自由。

二 理论框架

一些学者认为，防御性和结构现实主义是分析日本外交政策的最佳框架②，而另一些学者③则试图从新自由主义的视角理解日本的对外关系。单纯依赖现实主义或自由主义学派的观点，强调物质因素，如权力和贸易等因素影响决策制定过程，认为行为体是前社会性的，往往忽视非物质或观念因素的作用，这无法解释一个国家外交政策的变化。

相比之下，建构主义的国际关系理论采用了解释、历史和文本分析等方法，强调共识、信仰和塑造行为体利益的价值观。根据建构主义理论，行为体是社会性的，它们的利益是通过三种类型的社会互动机制——想象、沟通和约束内生形成的。"想象"指的是在实践和道德方面，行动者认为有必要和有可能共享的知识。"沟通"解释了当行动者创造特定的规范或规则来使它们的行为合法化的过程。规范结构和概念结构可以对行动者的行为施加重要的"约束"④。建构主义为国际关系研究提供了思想性和结构性两种方法，这是该理论框架的关键优势之一。此外，建构主义并不认为身份和利益是既定的，而是认为这些是在

---

① Council of the European Union, "Visas: Council Adopts Regulation on Visa Liberalisation for Georgians, 2017," http://www.consilium.europa.eu/en/press/press-releases/2017/02/27/visa-liberalisation-Georgia/.

② Green, M. J., Palgrave Macmillan, *Japan's Reluctant Realism: Foreign Policy Changes in An Era of Uncertain Power*, New York, 2003.

③ Vasilyan, S., "Japan's Policy towards the South Caucasus: Pragmatic Even If Enigmatic," *Asia Europe Journal* 15 (1), 2017, pp. 55 – 73, https://doi.org/10.1007/s10308 – 016 – 0462 – 1.

④ Reus-Smit, C., "Human Rights and the Social Construction of Sovereignty," *Review of International Studies*, 2001, pp. 519 – 538, http://www.jstor.org/stable/20097758.

与他人互动的过程中形成的。①

根据杰克逊和索伦森②的观点，新自由主义者或新现实主义者与建构主义者的不同之处在于他们对思想在国际政治中作用的看法。唯物主义观点认为，权力是一种军事能力，国家利益是追求权力、安全或财富。③建构主义认为，由于物质世界是不确定的，是在有意义的背景下被解释的，且思想定义了物质力量的意义。④

本文整体采取建构主义的研究方法，将国际与国内领域联系起来，探讨"日本为适应影响在高加索地区的身份和利益的各种因素"与高加索的双边关系。⑤ 本文分析了国际规范和价值观，以及国内因素在塑造日本关于该地区的话语中的作用。采用建构主义方法有助于回答所研究问题，并解决物质因素和观念因素在塑造日本外交政策中的作用。

三 研究方法

作者依靠直接和间接资料，采用了一种定性的探索性研究策略，将日本外务省的官方文件（《外交蓝皮书》（1992—2016 年）、日本外务大臣和首相的讲话内容、战略文件、新闻稿）用作主要数据。次要数据来自学术文献，即书籍、报纸文章、学术期刊、会议论文、政策报告和统计数据。将通过与日本驻格鲁吉亚大使进行半结构化访谈所收集的材料作为补充资料。

作者专门分析了日本《外交蓝皮书》（1992—2016 年），回答关于日本的南高加索话语模式的第一个研究问题。之所以选择这些文件，是因

---

① Sørensen, G., "The Case for Combining Material Forces and Ideas in the Study of IR," *Eur J Int Relat* 14 (1), 2008, pp. 5–32.

② Jackson, R., Sørensen, G., *Introduction to International Relations: Theories and Approaches*, Oxford University Press, UK, 2016.

③ Wendt, A., *Social Theory of International Politics*, Cambridge University Press, Cambridge, 1999.

④ Tannenwald, N., "Ideas and Explanation: Advancing the Theoretical Agenda," *J. Cold War Stud.* 7 (2), 2005, pp. 13–42.

⑤ Reus-Smit, C., "Human Rights and the Social Construction of Sovereignty," *Review of International Studies*, 2001, pp. 519–538, http://www.jstor.org/stable/20097758.

为它们代表了当年日本外务省对其年度外交政策和活动的官方立场。在查阅了从1992年到2016年期间的全部文件之后，作者对关键数据进行了编码，这些数据涉及国际环境、国际和地区事务、日本在国际社会的角色及其目标，以及日本的国内事务。最初的编码以研究问题和理论框架为指导。随后，根据观察到的文献特征，对数据进行识别、审查和命名，最后制成文本和表格。

关于第二个研究问题：本文以格鲁吉亚为案例，分析了日本对南高加索地区外交政策的发展。格鲁吉亚作为南高加索国家之一，具有该地区的共同特征，同时在关注民主、亲西方的外交政策和内部事务的复杂性方面又具有独特性。因此，它被认为是一个极端（或非正常）的案例。根据弗里克的研究①，采用这种类型的案例，通过比较极端的情况可以更好地进行研究。

四 日本官方外交政策话语

日本对南高加索地区的外交政策话语构建，基于日本对世界事务的看法、国内环境、南高加索地区的形象、日本的身份，指的是"'国家'对自己在国际关系中应该扮演什么角色和应该享有什么地位的看法"，②以及被认为对国际社会有贡献的准则和价值。

在研究了1992—2016年的《外交蓝皮书》后，涉及南高加索地区问题的解决和日本参与这一领域的事务可以被分为三个不同的阶段框架。第一阶段（1992—1993年），将所有"苏联"国家集中在一起。第二阶段（1994—2002年），讨论"俄罗斯联邦和新独立国家"。自2003年以来，该框架一直强调"俄罗斯联邦、中亚和高加索"问题。从年度文件可以看出，日本的外交政策有逐渐缩小的趋势，并逐渐发展出更具地区特色的外交政策。此外，根据前面提到的主题，本文还发现了其他趋势，

---

① Flick, U., *An Introduction to Qualitative Research*, SAGE Publications, Inc., Thousand Oaks, CA, 2014.

② Matsumura, M., "The Japanese State Identity as A Grand Strategic Imperative," *St. Andrew's University Law Review* (12), 2008, pp. 53 – 99.

以表格的形式进行了总结（见文后附表1）。

（一）模式 I

第一阶段（1992—1993 年），对所有"苏联国家"一视同仁。日本相信不仅在经济上，在政治上也可以确保世界和平与繁荣。① 为了确保世界经济的繁荣，日本认为，发展中国家之间的相互依存是至关重要的，比如苏联与工业化国家。同时指出，官方开发援助（ODA）是日本支持为有需要的国家实现经济和社会发展"自助"的一项重要政策工具。为了在苏联地区推行民主化和市场经济等普世价值，这一阶段报告强调了在金融、技术和人道主义领域提供援助的必要性。

值得一提的是，当时日本是世界上第二大经济体，并认为它具有发展援助的作用。官方开发援助的理论基础，是"通过支持发展中国家自助以实现其经济腾飞"、"人道主义考虑"的哲学（饥荒和贫穷）、"国际社会的相互依存"（稳定和发展），以及"环境考虑"（人类面临的挑战）。还应注意的是，官方开发援助宪章规定了在提供官方开发援助时需要考虑的两项核心原则：军事支出和发展应该朝着自由和市场经济等方向。关于苏联和中东欧国家，日本认为，这些国家的核心问题是缺乏知识、缺乏对市场经济原则的理解，以及缺乏基础设施。因此，对援助的理解是提供技术援助、稳定宏观经济援助和微观经济援助，以帮助其融入世界经济。

然而，日本官方开发援助目标中的后苏联国家只有俄罗斯和 5 个中亚国家，即乌兹别克斯坦、哈萨克斯坦、吉尔吉斯斯坦、塔吉克斯坦、土库曼斯坦。由于南奥塞梯、阿布哈兹和纳戈尔诺—卡拉巴赫地区的权力斗争和冲突，南高加索地区被视为极度不稳定。日本认为，高加索地区不稳定，缺乏政治或经济发展战略，这可能是该地区当时没有成为日本官方开发援助对象的原因。

因此，1992—1993 年，日本认为，由于苏联的解体，世界正处于过渡时期。在国内层面，日本对其经济实力充满信心，并希望利用这一工

---

① Ministry of Foreign Affairs of Japan, "Japan's ODA Data by Country," 2015, http：//www.mofa.go.jp/policy/oda/data/.

具来推动新独立国家摆脱社会主义政治经济经验而实现自身发展。虽然日本对后苏联空间的不同地区没有任何单独的战略方针,并将"苏联"地区纳入一个广泛的政治框架,主要集中在中亚,这是在过渡时期挑战性背景下的定义。反军国主义、和平、自由、民主、繁荣和市场经济,塑造了日本外交政策目标、利益核心准则和价值观。

(二) 模式 II

1994—2002 年报告的特点是更加细化,将俄罗斯联邦与其他新独立的国家区分开来。但是,根据世界形象、日本内政、南高加索形象、日本身份、指导日本外交的规范和价值观等因素,这一阶段又可进一步分为两个时期:1994—1996 年和 1997—2002 年。如果说前一时期侧重于关注民主和市场经济,没有任何针对南高加索地区的具体战略,那么后一时期则受到桥本龙太郎"欧亚外交"(Eurasian Diplomacy)的启发,开始关注国际安全、稳定和发展所面临的挑战。

1994—1996 年,日本认为,世界有了新的国际秩序和经济领域。在国内,日本在不同领域经历了一系列改革,并强调其作为联合国安全理事会非常任理事国的作用,承认有责任成为支持民主和市场经济价值的全球参与者。从这一时期开始,日本官方开发援助已经瞄准了南高加索国家,政治框架也从"苏联"缩小到"俄罗斯联邦和新独立国家"。然而,由于财政、政治和族群问题,以及缺乏基础设施,南高加索地区的局势仍然很脆弱。

1998 年《外交蓝皮书》介绍了桥本龙太郎首相的"欧亚外交"。委员会明确表明,国家繁荣与国际社会的繁荣是相互联系的,并希望在促进全球安全方面发挥重要作用。[①] 从这个意义上说,日本外交政策中引入了一个新概念,试图更积极地加强与中国、韩国、俄罗斯和丝绸之路沿线国家的关系,因为这些国家具有地缘政治重要性和能源供应的潜力。这与相类似的欧盟政策之间的联系也很明显,欧盟的战略被称为"一个大西洋角度的欧亚外交"(Eurasian Diplomacy from An Atlantic Perspec-

---

① Ministry of Foreign Affairs of Japan, "Official Development Assistance (ODA)," 1999, http://www.mofa.go.jp/policy/oda/summary/1999/ap_ca01.html.

tive），而桥本的倡议被称为"太平洋角度的欧亚外交"（Eurasian Diplomacy from Pacific Perspective）。

1997年开启了"欧亚外交"时代，关于南高加索地区的话语，是由日本对全球安全、国际稳定与发展的价值观所界定的。1997—2002年被认为是全球化快速发展的时期，"9·11"事件也影响了日本的世界观。此外，日本对国内经济不再有信心，开始发展更有效的、针对个别国家的援助方式。关于南高加索的话语仍然遵循"俄罗斯联邦和新独立国家"的框架，该地区和中亚地区被视为处于宗教极端主义的边缘，同时在经济和政治上面临困难。在这种背景下，发生了暗杀格鲁吉亚总统谢瓦尔德纳泽（Shevardnadze）未遂事件，辞职的亚美尼亚总统彼得罗相（Petrosyan）被强硬派总统科恰良（Kocharyan）所接替，阿塞拜疆总统选举结果使"现任"总统阿利耶夫（Aliyev）掌权，这些都塑造了日本对南高加索地区的印象。然而，日本承认该地区日益增长的地缘政治重要性，并通过发展桥本龙太郎的"欧亚外交"来探讨合作的潜力。值得注意的是，日本和南高加索领导人之间的正式访问也从这一时期开始。

（三）模式Ⅲ

2003—2016年，日本对俄罗斯、中亚和高加索地区关注的模式进一步细化。然而，考虑到其他因素，本文将其分为四个阶段：2003—2005年、2006—2010年、2011—2012年和2013—2016年。

2003—2005年，日本认为世界正走向区域一体化。尽管日本经济困难，但是仍然争取成为联合国安理会常任理事国。因此，日本选择发挥公众和文化外交的作用以支持国际社会福祉，同时日本还关注人类安全问题。从2003年始，日本将中亚国家和南高加索国家区分开来，并分别制定具体的政策。这一时期对于南高加索国家来说是一个关键期，特别是格鲁吉亚和阿塞拜疆正在经历政府的变化。

2006—2010年，日本认为世界是一个相互依存且日益加深的多极世界。科索沃独立、俄格战争以及欧洲的金融危机对塑造日本的外交政策产生了影响。此外，麻生太郎提出的以自由、人权、民主、法治、市场经济等价值观为基础的"自由与繁荣之弧"（Arc of Freedom and Prosperity）战略被引入日本外交政策。在国内层面，增强日本国际协力机构

（JICA）的权能是影响日本政府政策制定的一个重要因素。这一地区的领土冲突，也使当时日本产生了对南高加索地区政治不稳定的印象。

受地震频发的影响，2011—2012 年是日本的艰难时期。在国际事务方面，日本在经济上对外依赖更加明显。这一时期，日本希望自己在全球事务中扮演的角色，是一个支持稳定、维护国家利益和地区间合作的有实力的经济外交官。

2013—2016 年是权力平衡发生变化和威胁多样化的时期，日本遵循的规范和价值观仍然是自由和民主。在国内层面，日本面临着来自朝鲜的威胁，同时希望在世界上发挥"积极促进和平"①（Proactive Contributor to Peace）的作用。领土冲突被视为南高加索地区的一个不稳定因素，但格鲁吉亚对普遍价值的支持及其在欧洲一体化方面取得的成就，正在构建该区域总体的积极形象。

最后，1992—2016 年，日本关于南高加索的外交政策话语是在其对国际事务、国内事务、自身身份，以及基于国际社会规范和价值观的南高加索地区形象的看法上形成的。国际和国内领域共同塑造了日本的利益、目标和身份，从而构建了日本的外交政策话语。日本对南高加索地区的主要外交话语模式逐渐细化到具体国家。区域框架从"苏联国家"到"俄罗斯联邦和新独立国家"，再到"俄罗斯联邦、中亚和高加索"。南高加索地区的形象，是建立在该地区的经济、政治、社会和族群问题基础上的，这"限制"了日本进一步加强与该地区国家关系的意愿。然而，考虑到亚美尼亚、阿塞拜疆和格鲁吉亚的地缘政治重要性，日本也感知到它们基于自身资源和支持普世价值的国际声誉。

五 日本在格鲁吉亚的参与

（一）双边层面

1992 年 8 月 3 日，日本与格鲁吉亚正式建立外交关系，日本承认格鲁吉亚主权独立，同时格鲁吉亚驻东京大使馆于 2007 年 2 月开馆，日本

---

① 安倍晋三在表达"积极和平主义"时，日语与英语的语境不同，有学者认为，"Proactive Contributor to Peace"违反了"积极和平主义"的原意。——译者

驻第比利斯大使馆于2009年1月1日开馆。① 在此之前，直到2001年，格鲁吉亚一直由日本驻俄罗斯大使馆负责，后来又由日本驻阿塞拜疆大使馆负责。

根据日本的信念和共同价值观，日本与格鲁吉亚之间的外交关系可以划分为三个阶段。第一阶段，1992—1996年，没有具体战略方针的弱接触。第二阶段，1997—2005年，两国外交关系相对活跃，桥本龙太郎针对外交政策话语提出"欧亚外交"，这一阶段侧重于关注经济和社会发展的"自助"。日本认为，格鲁吉亚在经济和政治上遭受困难且基础设施落后，是一个缺乏基础设施的过渡导向型地区。第三阶段处于"自由与繁荣之弧"（2006—2016年）的框架之下，以自由、民主、人权、法治和市场经济为特点。

（二）第一阶段

日本与格鲁吉亚关系的第一阶段（1992—1996年）有些被动。在此期间，格鲁吉亚由日本驻俄罗斯大使馆负责。此外，在1997年以前，没有一个日本官员访问过格鲁吉亚。格鲁吉亚方面对日本仅有的一次高级别访问，是格鲁吉亚外交部长出席协助苏维埃社会主义共和国联盟会议的东京会议（见文后附表2）。

从1994年开始在格鲁吉亚执行全面的官方开发援助（ODA）项目，同时向该国流离失所者提供人道主义援助并重建基础设施，如学校、博物馆、歌剧院和市政建筑等。应当指出的是，格鲁吉亚在1996年之前没有收到任何赠款援助，直到1997年才得到一些贷款援助。

作者认为，截至1997年，日本缺乏对格鲁吉亚实施积极外交政策的兴趣，主要原因是日本认为格鲁吉亚是一个不稳定的、以政治和族群冲突为主要特征的脆弱国家，且缺乏走向民主和市场经济的未来发展战略。当时，日本认为，格鲁吉亚是一个不可靠的合作伙伴，其原因可能是第二轮肯尼迪（2KR，Second Kennedy Round）项目事件——1996年旨在促进格鲁吉亚农业领域发展的倡议。为了项目的成功实施，日本设立了金

---

① Ministry of Foreign Affairs of Japan, "Japan-Georgia Relations（Basic Data），" 2015, http://www.mofa.go.jp/region/europe/georgia/data.html.

额为 2.56 亿日元的特别合作基金，用于购买机器和适当设备。① 不幸的是，该项目在实施过程中出现了一些困难，如缺少机械（拖拉机），此外，格鲁吉亚方面也没有满足金融债务要求。因此，该项目没有继续进行下去，这一事件严重影响了双边关系。②

如今日格关系中的一个重要参与者是日本国际协力机构（JICA）。日本国际协力机构与格鲁吉亚的合作始于 1995 年。二十多年来，日本国际协力机构在"能源、健康、人力资源开发、经济基础设施和环境"等领域做出了贡献。日本国际协力机构在格鲁吉亚参与的项目主要集中于格鲁吉亚政府十分关注的四个领域：农业、基础设施改善、保健和医疗服务、权力下放和区域发展。③ 然而，1997 年之前，日本国际协力机构在格鲁吉亚的参与是微不足道的。

因此，在日格关系的第一阶段，日本外交政策中并没有针对包括格鲁吉亚在内的南高加索国家的战略框架。日本对格鲁吉亚的接触没有系统的外交战略，可以被视为因缺乏兴趣或动机而合作不足的弱接触。当时，解决格鲁吉亚迫切需求的决定，受日本为提高其国际信誉和可靠性利益的影响。然而，政治经济不稳定、族群冲突和格鲁吉亚方面缺少谋求发展的"自助努力"，极大地削弱了日本加强两国关系的意愿。

（三）第二阶段

1997 年自民党领导人桥本龙太郎提出的"欧亚外交"影响了日本对格鲁吉亚外交政策构建的第二阶段。同年，继美国、德国和荷兰之后，日本成为向格鲁吉亚提供援助的第四大经合组织发展助理委员会成员国（见附表 3）。

日本在第二阶段仍然保持其外交政策，日本官员对格鲁吉亚只进行了两次高层访问（见附表 2），格鲁吉亚官员对日本进行了四次高层访问（见

---

① Goginashvili, D., "Japan's Foreign Policy towards the South Caucasus States Policy of Low Profile and High Purpose in the Region of Multilayered Interests," Dissertation, Keio University, 2016.

② Goginashvili, D., "Japan's Foreign Policy towards the South Caucasus States Policy of Low Profile and High Purpose in the Region of Multilayered Interests," Dissertation, Keio University, 2016.

③ Japan International Cooperation Agency (n. d.), Georgia, "Countries and Regions," http://www.jica.go.jp/georgia/english/index.

附表4)。

1999年,格鲁吉亚总统谢瓦尔德纳泽正式访问日本之后,发表了两份联合声明,这是双方第一次就未来的伙伴关系和合作前景达成的协议。双方宣布建立"相互尊重、相互信任和平等的伙伴关系",支持彼此的独立、主权和领土完整。尽管这些文件声称双方是平等的,但是日本强调其战后经济发展经验的重要性,显然把自己描绘成格鲁吉亚向市场经济过渡的向导。此外,日本将格鲁吉亚作为"丝绸之路"的一部分,并打算进一步开发其作为"外高加索走廊"的潜力。然而,这些文件也有体现格鲁吉亚族群冲突,各方声明欢迎联合国和欧安组织参与冲突的解决。因此,联合国安理会改革的必要性是相互理解的重要基础之一。格鲁吉亚发表的支持日本努力成为联合国安理会常任理事国的声明,在日本进一步加强对格援助方面发挥了重要作用。

1996—2002年,随着两国官员互访和获得信托基金,日本对格鲁吉亚的官方发展援助也逐年稳步增长。但是,2002—2005年援助出现下降趋势。部分原因是日本严峻的经济环境和格鲁吉亚当时的动荡局势。①

2003年11月,格鲁吉亚发生了所谓的"玫瑰革命",这是一场和平事件,推翻了苏联时代的领导人,原因是格鲁吉亚国内腐败和其他社会经济问题导致格鲁吉亚民众的日益不满。继欧盟和美国之后,日本派遣日本驻波兰和阿塞拜疆大使馆工作人员和外交部官员作为欧安组织观察员小组的成员,监督格鲁吉亚总统选举。2004年1月15日,萨卡什维利(Saakashvili)当选格鲁吉亚总统,日本认为,这次选举是自由和公正的,并认为这是格鲁吉亚国家的一个显著进步。然而,在新领导人执政的最初阶段,日本仍然保持谨慎态度。当时,阿布哈兹和其他边界局势脆弱,导致俄格关系紧张。

直到2006年,日本援助方案的重点仍是格鲁吉亚的紧急需求,如粮食生产、医疗领域、基础设施和人力资源开发。② 1997年,日本国际合作

---

① Ministry of Foreign Affairs of Japan, Official Development Assistance (ODA), 2002, http://www.mofa.go.jp/policy/oda/white/2002/03ap_ca01.

② Ministry of Foreign Affairs of Japan, Assistance through the World Food Programme (WFP) for Protracted Relief and Recovery Operation in Georgia, 2007, http://www.mofa.go.jp/announce/announce/2007/4/1173034_824.html.

机构实施了电力恢复项目,修复了水力发电厂,增加了对格鲁吉亚的电力供应。

与此同时,1998年,作为官方发展援助一部分的"基层赠款项目",旨在为当地社区发起的发展项目提供财政援助。自1998年启动该项目以来,日本政府资助的项目总数有145个①,总资金达到14028893美元。②

因此,日格关系第二阶段受到桥本龙太郎的影响,双边伙伴关系进一步发展。日本在格鲁吉亚的"自助努力"中充当了发展助手的角色,并在各个领域做出了重大贡献。从这一时期开始,日本开始将南高加索地区,尤其是将格鲁吉亚视为欧洲和亚洲的桥梁,并侧重于加强国家战略重要性和人类安全。由于格鲁吉亚的族群冲突和边界问题限制了日本使用政治工具的意愿,这一阶段的日本与格鲁吉亚的政治伙伴关系相当薄弱。然而,通过日本在不同时期对格鲁吉亚国家历史上划时代选举过程的积极观察可以看出,日本对格鲁吉亚成为一个稳定的民主国家的期望和兴趣是显而易见的。

(四)第三阶段

受到麻生太郎的"自由与繁荣之弧"战略的影响,2006—2016年是日格关系最紧张的时期。当时,麻生太郎担任外交部长,是一名受过西方教育的日本政治家,他因其丰富的政治生涯而闻名,曾担任包括日本首相、财政部长和副首相在内的多个高级职位。

在引入"自由与繁荣之弧"战略后,格鲁吉亚作为"自由灯塔"(布什2005年称赞格鲁吉亚为"自由灯塔")和"在全球自然资源供应方面具有极端重要性"的国家,成为日本外交政策的重要目标。在引入"自由与繁荣之弧"战略之后不久,格鲁吉亚就被亚洲开发银行(Asian Development Bank)接纳为成员。亚洲开发银行是由日本领导的组织,格鲁吉亚可以从亚洲开发基金和日本减贫基金中获得财政支持。

---

① http://www.ge.emb-japan.go.jp/files/ggp/list_fy_2010 - fy_2016_english.pdf.

② Embassy of Japan in Georgia (n.d.) Annex to Country Assistance Policy for Georgia: Rolling Plan for Georgia, http://www.ge.embjapan.go.jp/files/oda/rolling_plan_eng_2017.pdf.

2006—2016年底，日本高层7次访问格鲁吉亚，格鲁吉亚高层14次访问日本。

这一时期，日本认为，格鲁吉亚是一个连接欧洲、亚洲、俄罗斯和中东的物流和能源运输走廊国家。因此，格鲁吉亚的地缘政治重要性是双方合作的基础之一。此外，格鲁吉亚对民主和市场经济的承诺被视为高加索地区稳定与和平的保证。与此同时，日本也承认格鲁吉亚发展所面临的困难，尤其是俄格战争和世界金融危机造成的经济停滞。在这方面，日本认为，改善废弃的道路和发电厂等基础设施，对国家的经济发展至关重要。

为满足格鲁吉亚的需求，2009年12月16日，双方签署了官方开发援助（ODA）贷款协议，日本为东西公路改善项目提供了1.7722亿日元。这是继12年前实施的金额为53.32亿日元的电力恢复项目之后，日本官方开发援助贷款资助的第二个项目。随后，2015年，另一笔金额为4410万日元的捐款被用于东西公路改善计划，该项目是连接欧洲和亚洲的关键交通路线。东西公路是连接中亚和欧洲的最短国际公路，加强了格鲁吉亚作为洲际走廊的形象。日本国际协力机构还实施了"太阳能发电系统清洁能源"项目，并定期组织格鲁吉亚专业人员进行交流，分享日本的专业知识。2017年5月1日，日本国际协力机构在格鲁吉亚设立了办事处。

值得注意的是，2012—2014年，日本对格鲁吉亚的官方发展援助急剧增加；日本在2013年和2014年成为仅次于美国的对格援助第二大贡献国。从建构主义的角度来看，这一事实可以解释为格鲁吉亚通过与欧盟签署联合协议，在民主、法治、自由和市场经济等共同价值方面取得了重大进展（见文后附表5）。

在第三阶段，日本在支持格鲁吉亚主权方面的政治立场更加强硬。日本立场明确，坚持"一贯立场"支持格鲁吉亚及其国际公认边界的主权和领土完整原则。2008年俄格战争之后，日本通过联合国难民署向格鲁吉亚国内的流离失所者提供了100万美元的紧急人道主义赠款援助。此外，日本还为格鲁吉亚提供了2亿美元用于恢复和发展活动。

2008年8月27日，日本与加拿大、法国、德国、意大利、美国、英国共同谴责俄罗斯侵犯格鲁吉亚领土完整和主权。2014年10月24日，日本与格鲁吉亚签署《和平与民主团结协议》(Solidarity for Peace and Democracy)。该协议强调,格鲁吉亚和日本都坚持民主、自由、人权和作为双边关系基础的法治等基本价值观。该协议的第二部分强调,日本支持格鲁吉亚融入欧洲市场,并认为格鲁吉亚是有吸引力的日本投资对象。第三部分阐述了促进日本和格鲁吉亚这两个国家之间相互理解的必要性,两国都有着"丰富的历史、传统、独特的文化"。最后,强调日本的立场是,应该根据格鲁吉亚在国际承认的边界内的主权和领土完整,和平解决阿布哈兹和南奥塞梯的冲突。此外,各方反对任何改变格鲁吉亚国际公认边界的企图,并根据联合国大会决议,承认阿布哈兹和南奥塞梯境内流离失所者有权返回家园。

随后,阿布哈兹与俄罗斯联邦于2014年签署《联盟与战略伙伴关系条约》(Treaty on Alliance and A Strategic Partnership),茨欣瓦利、南奥塞梯与俄罗斯联邦于2015年签署《联盟与一体化条约》(Treaty on Alliance and Integration),日本驻格鲁吉亚大使馆反对任何改变格鲁吉亚国际公认边界完整性的企图,并发表声明重申支持格鲁吉亚的领土完整。日本驻格鲁吉亚大使馆对在巴库—苏普萨管道附近设置"国家边界"的标志做出了同样的回应。

值得一提的是,2014年,日本对格鲁吉亚的称呼从"格鲁兹亚"(Gruziya)改为"格鲁吉亚"(Georgia)。2008年格俄战争后,格鲁吉亚方面就已经提出了这样的要求,但是日本政府没有同意格鲁吉亚的要求。时隔6年,日本才正式同意更换名称。日本之所以这样做,有可能是因为日本认为这是与俄罗斯相关的政治敏感问题,也有可能是因为日本僵化的官僚体制。

在2012年格鲁吉亚议会选举和2013年总统选举期间,日本派遣其工作人员作为欧洲安全与合作组织(OSCE/ODIHR)观察团的一部分。这两次选举都被评价为是一个和平与公平的过程。然而,日本显示出的加入观察团的意愿表明,它有兴趣和动机将格鲁吉亚视为一个具有重要战略意义且稳定、和平的国家。

综上所述,基于对格鲁吉亚的不同看法,可以将日本对格鲁吉亚的外交政策发展分为三个阶段。1992—1996年被称为"无战略"的第一阶段,日本对格鲁吉亚的社会、政治、经济混乱、民族矛盾、政治领导人之间的冲突等采取保留态度。第二阶段以桥本龙太郎的"欧亚外交"为指导，1997—2005 年，日本首次尝试针对格鲁吉亚和"丝绸之路"的其他国家制定相应的战略方针。这一时期的标志是，日本高层首次访问格鲁吉亚，并制定了基建项目和"恢复电力项目"，这些项目表明日本加强双方关系和关注人类安全问题的兴趣不断增加。第二阶段，格鲁吉亚的形象是新旧权力交替的"过渡国家"。受麻生太郎的"自由与繁荣之弧"战略的影响，第三阶段是双方高层互访增加的时期，重大项目和政治支持的基础是日本和格鲁吉亚之间自由、法治、民主和市场经济等共同的价值观。

（五）多边层面

在提出"自由与繁荣之弧"战略后，东京与黑海经济合作组织（BSEC）和"古阿姆"集团（GUAM，即格鲁吉亚、乌克兰、阿塞拜疆和摩尔多瓦）这两个国际组织形成了共同合作模式，为与格鲁吉亚与其他地区国家的多边合作创造了空间，并宣布支持民主选择共同体（CDC，Community of Democratic Choice）。

虽然民主选择共同体被认为是符合日本"自由与繁荣之弧"战略的组织，但是日本选择了双边层面上的合作，并没有直接与民主选择共同体建立任何框架。

"古阿姆"集团是一个民主和经济发展组织，成员国有格鲁吉亚、乌克兰、阿塞拜疆和摩尔多瓦（有一段时间还有乌兹别克斯坦）等国。日本基于'价值观外交'（value-based diplomacy）与它们建立关系。2007—2016 年，共举办四次"'古阿姆'集团—日本部长级会议"和四次"'古阿姆'集团—日本外务大臣理事会会议"。"古阿姆"集团—日本合作项目成立于 2015 年。[①]

至于黑海经济合作组织（BSEC），日本在提出"自由与繁荣之弧"战略这一外交政策之后，于 2007 年成为黑海经济合作组织的对话伙伴。

---

① Ministry of Foreign Affairs of Japan, "Evaluation of Assistance for the South Caucasus. Foundation for Advanced Studies on International Development," 2016, https：//www.mofa.go.jp/policy/oda/evaluation/FY2015/pdfs/south-caucasus.pdf.

然而，日本与黑海经济合作组织之间的关系主要局限于分享日本在防灾和紧急援助等不同领域的专业知识。从 2005 年到 2016 年，日本东京举办了四次"日本—更广泛的黑海地区对话"（Japan-Wider Black Sea Area Dialogues）。

在多边层面，北约、欧洲安全与合作委员会和联合国等也参与其中。日本通过北约和平伙伴关系信托基金（The NATO Partnership for Peace Trust Fund）为区域和平与稳定做出了贡献。此外，日本和格鲁吉亚都支持联合国安理会改革，格鲁吉亚积极支持日本成为联合国安理会常任理事国的候选国。至于欧洲安全与合作委员会，日本利用这一平台派遣其工作人员成为格鲁吉亚选举观察团的一部分。

因此，麻生太郎的"自由与繁荣之弧"战略，推动了日本外交的进一步多元化，并延伸到与南高加索等国家之间的多边合作层面。由于亚美尼亚和阿塞拜疆之间存在敌意，使得日本无法制定覆盖所有南高加索国家的区域框架，但是日本确实设法创造了一个合作解决亚美尼亚、阿塞拜疆和格鲁吉亚问题的多边合作空间。在对反映多边层面伙伴关系的现有数据进行分析审查后，作者认为，日本并没有将这些平台作为政治工具加以积极利用，而是专注于分享其经验和专业知识。然而，为这些伙伴关系提供法律基础的文件，也为将这些关系转变为以价值为导向的合作奠定了坚实的基础。

六　结论

本文的意义在于，尝试超越关于日本冷战后外交政策的主流观点，提出在该学术研究中被掩盖的问题。作者认为，地缘政治的重要性、南高加索地区国家内外政策基础设施，为国际关系研究提供了一个独特的案例，因此值得单独考虑，以检验苏联解体后日本的外交政策性质。

本文探讨了日本对南高加索地区外交话语的核心模式，日本对格鲁吉亚外交政策的演变方式，以及在这一特殊情况下影响日本外交决策制定过程动态的关键理念因素。作者的解释遵循了建构主义理论框架，主张国际关系行动体的利益和身份是由社会构建的，并强调在塑造外交政策的过程中共享思想、信仰和价值观的重要性。

通过对外务省《外交蓝皮书》和日本官员发言的考察，作者认为，日本关于南高加索问题的官方外交政策话语是根据日本对国际事务的认识、国内环境、南高加索形象、日本的身份，以及被认为对国际社会有贡献的规范和价值观构建的。本文发现一种倾向，即缩小研究范围，在不同时期以两项核心战略为指导，制定更具体的国家外交政策。

附录

附表1　　日本官方外交政策话语（1992—2016）

	世界形象	国内事务	南高加索的框架	南高加索的形象	日本的形象（身份）	标准/价值
1992—1993	过渡期挑战	第二大经济体	苏联	国内不稳定和经济困难	发展有助于经济和政治权力	反军国主义；和平、自由、繁荣；民主与市场经济
1994—1996	国际新秩序与经济领域；深化相互依存	政府改革	俄罗斯联邦和新独立国家	金融崩溃；政治不稳定，民族问题，软弱的政府；缺乏基础设施	全球业务	民主；市场经济
1997—2002	威胁多样化和全球化；技术革命	经济危机	俄罗斯联邦，中亚和高加索地区	经济困难和政治不稳定；宗教极端主义	领先的官方开发援助（ODA）	全球安全、国际稳定与发展
2003—2005	区域一体化	经济危机；争取进入联合国安理会		新一代领导人；过渡；经济差距扩大	公共文化外交官	国际社会和平与发展；安全与繁荣；人类安全

续表

	世界形象	国内事务	南高加索的框架	南高加索的形象	日本的形象（身份）	标准/价值
2006—2010	多极化	授权日本国际协力机构（JICA）		领土争端	双边及多边合作伙伴	自由、民主、人权、法治、市场经济
2011—2012	经济相互依存	大地震		地缘政治重要性上升	实质性的外交官；经济外交家	稳定；国家利益；区际合作
2013—2016	权力平衡的变化；新兴国家经济的快速增长	安全威胁		领土冲突；欧洲一体化的成就	积极的和平贡献者	自由；民主

附表2　　　　　　　　访问格鲁吉亚的日本政要

时间	姓名
1997年8月	众议院议员中山太郎
1999年10月	高加索友好使命（众议院议员团长中山太郎）
2006年7月	日本外务大臣山中烨子女士
2006年8月	众议院议员逢泽一郎
2007年5月	政务官关口昌一先生
2009年5月	国会外交副大臣西村康俊稔
2013年11月	国会外交事务副大臣牧野京夫
2014年7月	众议院议员逢泽一郎
2015年5月	议会外交事务副部长薗浦健太郎
2015年5月	日本财务大臣菅原一秀
2017年1月	日本国土交通副大臣田中良生
2017年6月	外务大臣政务官浣泽求外

资料来源：日本外务省《日本与格鲁吉亚关系（基础数据）》，2018年6月8日，http://www.mofa.go.jp/region/europe/georgia/data.html。

附表3　发展援助委员会国家（DAC）官方发展援助（ODA）网　（百万美元）

年份	1		2		3		4		5		日本	总计
1995	美国	52.0	德国	10.2	荷兰	9.4	英国	2.6	挪威	2.5	0.1	81.6
1996	美国	55.0	德国	33.6	荷兰	9.0	意大利	3.7	英国	2.8	0.2	112.2
1997	美国	32.0	德国	15.4	荷兰	5.3	日本	4.4	瑞士	3.5	4.4	69.7

资料来源：日本外务省（n.d）《官方发展援助，统计附录——中亚和高加索》，http://www.mofa.go.jp/policy/oda/summary/1999/ap_ca01.html。访问时间：2018年5月19日。

附表4　访问日本的格鲁吉亚政要

时间	姓名
1992年10月	外交部长奇克瓦伊泽（Chigvaidze）（出席协助苏维埃社会主义共和国联盟东京会议）
1997年12月	国务部长莱基什维利（Lekishvili）（应私营部门邀请）
1999年3月	总统谢瓦尔德纳泽（Shevardnadze）
2001年1月	外交部长梅纳加里什维利（Menagarishvili）（出席三高加索国家展览）
2005年9月	经济发展大臣乔戈瓦泽（Chogovadze）（2005年日本爱知世博会嘉宾）
2007年3月	总统萨卡什维利（Saakashvili）
2009年3月	外交部长瓦沙泽（Vashadze）
2010年3月	外交部长瓦沙泽（Vashadze）
2010年9月	经济和可持续发展部长科巴拉（Kobalia）
2012年6月	总理吉劳里（Gilauri）
2012年7月	外交部长瓦沙泽（Vachadze）
2013年5月	外交部长潘吉基泽（Panjikidze）
2014年10月	格鲁吉亚宪法法院院长帕普阿什维利（Papuashvili）
2014年10月	总统马尔格韦拉什维利（Margvelashvili）
2015年11月	国防部长凯达什力（Khidasheli）
2016年2月	议会议长乌苏帕什维利（Uspashvili）
2016年5月	教育和科学部长萨尼基泽（Sanikidze）
2016年6月	财政部长卡杜里（Khaduri）
2016年11月	能源部长埃洛什维利（Eloshvili）
2017年5月	第一副总理兼财政部长库姆西什维利（Kumsishvili）
2017年6月	外交部长贾内利泽（Janelidze）
2017年9月	惩教部长卡基什维利（Kakhishvili）

附表5　　向格鲁吉亚提供官方赠款援助和贷款援助

	无偿援助（亿日元）	项目	贷款援助（亿日元）	项目
1994	—		—	
1995	—		—	
1996	10.00	增加粮食生产的援助；非项目援助	—	
1997	3.80	增加粮食生产的赠款援助	53.52	电力改造项目
1998	14.30	非项目援助；医疗设备改进项目；紧急救援；紧急救济（通过红十字委员会）；增加粮食生产的赠款援助；基层项目	—	
1999	4.36	增加粮食生产的赠款援助；第比利斯国家音乐厅音响设备供应；基层项目	—	
2000	8.33	主干线修复项目；粮食增产赠款援助项目；基层项目	—	
2001	8.97	国家转诊医院医疗设备改进项目；基层项目	—	
2002	3.50	增加粮食生产的赠款援助	—	
2003	3.47	通过世界粮食计划署提供粮食援助；改善妇幼保健领域初级保健设施的医疗设备项目	—	
2004	5.00	非项目援助；增加粮食生产的赠款援助	—	
2005	8.00	部门计划赠款援助	—	
2006	—		—	
2007	—		—	
2008	12.00	非项目援助	—	
2009	—		177.22	东西公路改善工程
2010	4.80	太阳能发电系统引进清洁能源项目	—	

续表

	无偿援助（亿日元）	项目	贷款援助（亿日元）	项目
2011	—		—	
2012	—		—	
2013	2.00	日本的非项目赠款援助，以提供日本中小企业的技术支持	—	
2014	11.00	提供日本新一代环保汽车的非项目赠款援助；提供日本中小企业产品的非项目援助；引进日本先进产品及其体系（医疗设备和福利器械包）的非项目援助	—	
2015	—		44.10	东西公路改善计划（Ⅱ）

资料来源：根据日本外务省提供的资料编制（n.d.），http://www.mofa.go.jp/policy/oda/note/index.html。

（兰州大学格鲁吉亚研究中心欧阳煜岱译，祁梦丹校）

第二编
格鲁吉亚与地区问题

格鲁吉亚与黑海安全*

亚历山德拉·库伊莫娃(Alexandea Kuimova)
西蒙·T. 维兹曼(Siemon T. Wezeman)**

【摘要】 黑海地区正在经历不断变化的军事平衡。2014年，俄罗斯接管克里米亚和乌克兰东部国际化内战开始后，六个沿岸国（保加利亚、格鲁吉亚、罗马尼亚、俄罗斯、土耳其和乌克兰）加大了军事力量的建设力度。2008年8月，格鲁吉亚和俄罗斯在南奥塞梯爆发战争，格鲁吉亚大幅改变了国防政策。从那时起，格鲁吉亚开始认为俄罗斯的外交政策具有侵略性，是对其安全的重大威胁。格鲁吉亚将加入北约和欧盟视为战略重点，并积极支持和参与北约在黑海地区的活动，将其视为确保该地区稳定的有效措施。

【关键词】 格鲁吉亚；黑海安全；俄罗斯

广义的黑海地区——汇集了六个沿海国家（保加利亚、格鲁吉亚、罗马尼亚、俄罗斯、土耳其和乌克兰），以及包括南高加索和摩尔多瓦在内的腹地——的安全环境正在迅速变化。它将旷日持久的冲突与2014年事件后愈演愈烈的大规模常规军事集结相结合（2014年事件是指俄罗斯

---

* 斯德哥尔摩国际和平研究所，2018，http：//www.jstor.com/stable/resrep24422。
** 作者要感谢瑞典外交部提供的资金资助，使本背景文件得以顺利编写。作者还要感谢所有同意在斯德哥尔摩国际和平研究所"黑海地区安全动态变化"研讨会上分享他们的专业知识的人。2017年12月7—8日。

开始接管克里米亚和乌克兰东部的国际化内战)。① 该区域各地的冲突，以及黑海地区与中东地区的跨国联系进一步增强了该地区的不安全因素。其结果是，该区域的和平、危机和冲突状况模糊不清，这导致了一个不可预测且具有潜在危险的高风险环境。在这种环境中，拥有先进武器的武装部队，包括具有核能力的军事力量，在彼此靠近的情况下越来越活跃。

在此背景下，迫切需要对更广泛的黑海地区的安全动态和面临的挑战有清晰的认识，而且需要探讨区域安全关键行动者之间对话的机会。这份关于格鲁吉亚的背景文件是"黑海地区安全倡议"的一部分，该倡议是由斯德哥尔摩国际和平研究所于2017年发起，旨在提供有关该地区安全发展的独立数据和分析，并不断提高各种军事问题之间的透明度。② 本文件第一节描述了格鲁吉亚在黑海地区的局势；第二节概述了格鲁吉亚国防政策的最新趋势，包括关于格鲁吉亚国家文件的概述；第三节简述了北约与格鲁吉亚的关系；第四节介绍了格鲁吉亚武装力量结构；第五节概述了格鲁吉亚武装部队部署；第六节介绍了格鲁吉亚武装部队的军费开支；第七节介绍了格鲁吉亚武器的持有和采购，内容的主要关注点将放在与其他国家的关系和黑海地区的安全上。

一 背景

从地理上看，格鲁吉亚位于南高加索地区西部，南部与亚美尼亚、阿塞拜疆和土耳其接壤，北部与俄罗斯相邻（见图1）。西面大约有132公里的黑海海岸线（见表1）。格鲁吉亚声称拥有标准的12海里领海和

---

① 2014年3月，克里米亚举行全民公投脱离乌克兰加入俄罗斯，随后俄罗斯获得了克里米亚的控制权。俄罗斯和部分国家声称这是合法的。然而，乌克兰和大多数国家称克里米亚公投和加入俄罗斯是对乌克兰领土的非法吞并。本文使用"接管"一词来表示对克里米亚控制权的实际改变。

② 除了绘制6个黑海沿岸国家发展情况的背景文件外，该项目还将发表一份关于该地区各种冲突的论文：Klimenko, E., "Protracted Armed Conflicts in the Post-Soviet Space and Their Impact on Black Sea Security," SIPRI Insights on Peace and Security, No. 2018/8, Dec., 以及一篇关于该地区挑战的长篇论文：Melvin, N. J., Rebuilding Collective Security in the Black Sea Region, SIPRI Policy Paper No. 50, SIPRI：Stockholm, Dec. 2018. 瑞典外交部为该项目提供了资金资助。

200 海里的专属经济区（EEZ）。① 但格鲁吉亚专属经济区边界的划定尚未得到一些邻国的承认，其对海洋权利的诉求因阿布哈兹的地位而变得更加复杂。

阿布哈兹和南奥塞梯是苏联解体之前格鲁吉亚的自治区。但是，阿布哈兹和南奥塞梯很快宣布了自己的独立地位，在俄罗斯的干预下，如今它们是事实上的实体，拥有自己的政府机构、司法系统、武装部队和其他的国家特征。自2008年以来，阿布哈兹和南奥塞梯的独立问题得到了包括俄罗斯在内的其他几个国家的承认。但是，格鲁吉亚坚持认为，这两个实体是格鲁吉亚的一部分，且国际社会绝大多数国家并不承认它们的独立地位，因此阿布哈兹和南奥塞梯的法律地位仍然不明确。②

自苏联解体以来，格鲁吉亚与俄罗斯之间的关系一直非常紧张，主要是关涉阿布哈兹和南奥塞梯的地位问题。2008年8月，格鲁吉亚与俄罗斯在南奥塞梯爆发战争，两国关系处于最低点。尽管此后俄格关系有所改善，但由于历史和现实原因，对俄罗斯侵略性威胁的认知一直在格鲁吉亚的安全思维中发挥着重要作用。在承认阿布哈兹和南奥塞梯为独立国家之后，俄罗斯在这两个地区都驻扎了军队。截至2018年，这两个分离地区的武装力量大部分已经融入俄罗斯军事力量当中。③

自2003年以来，加强与西欧和中欧的合作伙伴关系，以及加强与美国的联系，一直是格鲁吉亚外交政策的优先事项。为实现加入北大西洋公约组织这一目标，格鲁吉亚一直致力于提高与北约标准的兼容性，并实施国防部门改革政策。格鲁吉亚是北约在黑海地区活动的积极参与者，并为北约和北约伙伴国家举办大规模的军事演习提供支持。

---

① Saunders, S. (ed.), *IHS Jane's Fighting Ships*, 2016 – 2017, p. 289.
② Klimenko, E., "Protracted Armed Conflicts in the Post-Soviet Space and Their Impact on Black Sea Security," SIPRI Insights on Peace and Security, No. 2018/8, Dec.
③ Kuimova, A. and Wezeman, S. T., "Russia and Black Sea Security," SIPRI Background Paper, 2018.

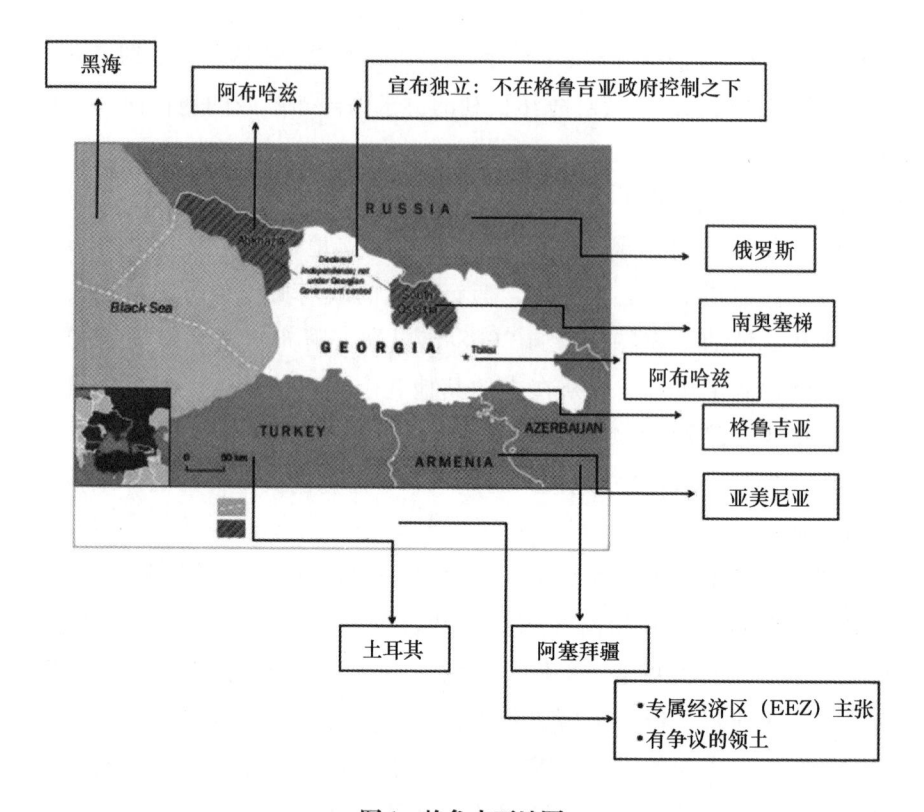

图1 格鲁吉亚地图

资料来源：Ahlenius, H., Nordpil, 2018.

二 国防政策

2008年8月，格鲁吉亚与俄罗斯在南奥塞梯的战争从根本上挑战并改变了黑海地区的安全环境。这场战争导致格鲁吉亚重新评估其国防政策，包括管理武装部队行为的条例，而且格鲁吉亚认为有必要推动国防系统的现代化进程。

2011年12月，格鲁吉亚议会批准了一个新的国家安全概念。[1] 该文件是在考虑到2008年八月战争的情况下起草的，重新定义了国家价值观

---

[1] Machaidze, R., "Georgia's New National Security Concept," *Democracy and Freedom Watch*, 2011.

和利益。俄罗斯对格鲁吉亚"侵略性"的外交政策，包括"占领格鲁吉亚领土"、与高加索其他地区的冲突、国际恐怖主义和网络威胁（俄罗斯在 2008 年八月战争期间的网络攻击突出了网络威胁这一点）①，这些威胁都被列为格鲁吉亚国家安全的主要风险之一。然而，新的安全概念指出在"尊重格鲁吉亚主权和领土完整"的条件下与俄罗斯建立睦邻友好关系和确保俄罗斯军队撤出格鲁吉亚领土的可能性。② 这一概念还强调美国、乌克兰、土耳其和阿塞拜疆与格鲁吉亚战略伙伴关系的进一步发展。③

表1　　　　　　　　格鲁吉亚和黑海的基本概况

面积	57640 平方千米
黑海海岸线ᵃ	132 千米
对黑海提出权利主张的水域ᵇ 面积	57640 平方千米
领海	12 海里（22 千米）
专属经济区	22 公里（370 千米）
邻国ᶜ	
陆地边界国家	亚美尼亚、阿塞拜疆、俄罗斯、土耳其
黑海海上边界国家	俄罗斯、土耳其
人口（2018）ᵃ	370 万人
GDP（2017）	
总和（现值美元）	151 亿美元
人均	4099 美元
会员资格	
北约	非会员；自 2011 年起成为"理想会员"
欧盟	非会员；2014 年签署联合协议，于 2016 年 7 月 1 日生效

---

① Georgian Ministry of Defence (MOD), *National Security Concept of Georgia* (MOD: Tbilisi, 2011).
② Georgian Ministry of Defence (Note 8), p. 12.
③ Civil Georgia, "Georgia's New National Security Conceptd," *Democracy and Freedom Watch*, 2011.

续表

军事开支（2017）	
总和（现价美元）	3.327 亿美元
占 GDP 的份额	2.2%

a. 这些数字不包括事实上独立地区阿布哈兹和南奥塞梯。这两个地区的总面积为 12060 平方千米，人口约为 30 万人。阿布哈兹拥有 190 千米长的黑海海岸线。

b. 目前还没有对这些海事索赔做出最后的决定。

c. 格鲁吉亚与阿布哈兹有陆地和海上边界，与南奥塞梯也有陆地边界。

资料来源：International Monetary Fund, World Economic Outlook Database, 2018; SIPRI Military Expenditure Database, 2018; Stanchev, H. et al., "Determination of the Black Sea Area and Coastline Length Using GIS Methods and Landsat 7 Satellite Images," Geo-Eco-Marina, No.17, 2011; And Oral, N., "Summary of EEZ Zones in the Black Sea," Commission on the Protection of the Black Sea Against Pollution, [n. d.].

2014 年 6 月，格鲁吉亚政府批准了一项新的国家军事战略，更新了 2005 年国家军事战略的版本，并以 2011 年的国家安全战略和 2013 年的威胁评估文件为基础。① 这份国家安全战略强调了所有对格鲁吉亚国家安全构成的主要挑战和风险。与其他的战略文件一样，该战略文件指出俄罗斯对格鲁吉亚领土的占领和格鲁吉亚地区安全的不稳定性。② 该战略文件还概述了格鲁吉亚武装部队的军事任务，主要是提高国防能力和部队的备战状态，旨在阻止俄罗斯对格鲁吉亚的潜在侵略。

为实现 2014 年国家军事战略所确定的主要目标，《国防白皮书》和《2017—2020 年国防战略评估》制定了格鲁吉亚国防部和武装部队指导方针。③ 该文件规定：实施"全面防卫"，在建立民防体系的同时，还要建设一支训练有素的军队、发展新的征兵理念和预备役动员制度。④

---

① Gruziya Online, *The New Military Strategy of Georgia*, 2014.

② Georgian Ministry of Defence (MOD), *National Military Strategy*, 2014, pp.3 – 4.

③ Georgian Ministry of Defence (MOD), Strategic Defence Review 2017 – 2020 (MOD: Tbilisi, 2017); and Georgian Ministry of Defence (MOD), *White Paper* 2017 – 2020, MOD: Tbilisi, 2017.

④ "Georgian Ministry of Defence Strategic Defence Review 2017 – 2020 (note 13)," p.48; And Civil Georgia, "Georgian MoD Adopts Strategic Defence Review for 2017 – 2020," 2017.

值得注意的是,《2017—2020 年国防战略评估》正式承认俄罗斯运用"软实力"施加的影响是格鲁吉亚国家安全面临的重大挑战。① 这也是格鲁吉亚在 2017 年发布的涉及俄罗斯"软实力"影响的第二份文件。2017 年 4 月 13 日,格鲁吉亚政府通过了《2017—2020 年沟通战略》,该战略涉及格鲁吉亚国防部和武装部队,并重点关注格鲁吉亚融入欧盟和北约的计划。除其他事项外,《2017—2020 年沟通战略》还指出,俄罗斯加强"软实力"的行动旨在削弱格鲁吉亚的国家机构,诋毁欧洲—大西洋一体化的融合进程,以及加强亲俄罗斯和反西方的势力。②

三 北约与格鲁吉亚的关系

融入北约和欧盟仍然是格鲁吉亚国防和外交政策的主要优先事项。所有的战略文件都强调这种一体化进程对于确保黑海地区和高加索地区和平与稳定的重要性。

2008 年 4 月,在罗马尼亚布加勒斯特举行的北约峰会上,北约同意格鲁吉亚成为其成员国的条件是满足所有的要求。2008 年 9 月,在格鲁吉亚与俄罗斯之间的战争结束后不久,北约和格鲁吉亚成立了北约—格鲁吉亚委员会,该委员会成立的目的是,设立一个政治协商和务实合作的机制,支持格鲁吉亚加入北约的筹备进程。③

加强北约与格鲁吉亚合作的一个重要步骤是,2014 年 9 月在威尔士纽波特举行的北约峰会上通过了《北约—格鲁吉亚实质性一揽子计划》(SNGP)。④《北约—格鲁吉亚实质性一揽子计划》旨在提高格鲁吉亚的国防能力和与北约的兼容性。⑤ 北约盟国将在包括战略和行动规划、物资采

---

① "Georgian Ministry of Defence Strategic Defence Review 2017 – 2020," pp. 53 – 54; And Goguadze, G., "Georgia Officially Recognizes Russia's Soft Power as A Major Threat," Jam News, 2017.

② Georgian Ministry of Defence (MOD), "Communication Strategy 2017 – 2020 (MOD: Tbilisi, 2017)"; And Agenda, Ge, "Georgia Adopts Communication Strategy for EU, NATO Membership," 2017.

③ Melvin, N. J., Rebuilding Collective Security in the Black Sea Region, SIPRI Policy Paper No. 50, SIPRI: Stockholm, Dec. 2018, Note 2; And NATO, "NATO-Georgia Commision," 2012.

④ NATO, "Substantial NATO-Georgia Package (SNGP)," Fact Sheet, 2016.

⑤ Georgian Ministry of Defence (MOD), "Substantial NATO-Georgia Package," [n. d.].

购、航空、空中防卫和海上安全等14个领域对其提供支持。

表2　　1992—1997年格鲁吉亚武装部队

	1992[a]	2002	2007	2013	2014	2015	2016	2017
人员								
活动角色[b]	20000	17500	21150	20650	20650	20650	20650	20650
陆军[c]	..	8620	19345	19350	19350	19350	19350	19350
空军[d]	..	1250	1310	1300	1300	1300	1300	1300
海军	..	1830	495	—	—	—	—	—
预备役部队	500000	250000	…	…	…	…	…	…
准军事部队[e]	3000	11700	11700	11700	11700	11700	11700	11700
装备								
坦克	..	90	28	123	123	123	123	123
其他装甲	..	185	135	275	275	275	275	275
大于100毫米的火炮	..	109	109	240	240	240	240	240
战斗机	..	7	9	12	12	12	12	9
直升机	..	17	35	35	35	35	35	35
大型舰艇[f]	—	—	—	—	—	—	—	—
小型舰艇[f]	—	—	—	—	—	—	—	—

说明：定义和可用信息并非所有年份都一致——变化的部分原因可能是定义或可用信息的差异。储存的武装设备也包括在内，但不是所有的武装设备都可以使用。

.. 表示没有可用的数据；— 表示数据为零。

a. 不含1992年的个体兵役和装备。

b. 现役人员总数包括陆军、空军和海军人员，以及2002年其他国防部工作人员。

c. 陆军数量包括国民警卫队的现役人员。

d. 自2010年始，包括航空和防空司令部。

e. 准军事部队是指边防警卫队、海岸警卫队和其他内务部的部队。

f. 大型舰艇是指1250吨或更多标准位量的战舰；小型舰艇是指标准位量小于1250吨的战舰。

资料来源：International Institute for Strategic Studies, The Military Balance, Various Editions; Georgian Ministry of Defence; And Media Sources.

2015年8月,作为《北约—格鲁吉亚实质性—揽子计划》合作的一部分,北约—格鲁吉亚联合训练和评估中心(JTEC)在第比利斯附近的克尔扎尼西军事基地(Krtsanisi)成立。① 该联合训练和评估中心由来自格鲁吉亚和北约不同成员国的军官共同领导,其目的是为格鲁吉亚军队和北约部队提供培训计划,加强格鲁吉亚武装部队与北约部队之间的互动。② 2016年7月,在波兰华沙举行的北约峰会上,北约成员国和格鲁吉亚决定采取新的合作举措。北约成员国做出的承诺之一是支持格鲁吉亚的空中防卫和空中监视能力,以及进行军事演习。③ 北约成员国还讨论了在格鲁吉亚的参与下加强其在黑海地区存在的措施。2017年5月,在第比利斯举行的北约会议上,北约重申其对格鲁吉亚的欧洲—大西洋一体化的广泛支持。④ 对此,格鲁吉亚则表示愿意支持北约在黑海地区增加其军事存在。⑤ 2017年10月,在布加勒斯特举行的北约会议上确定,黑海地区的安全及其与俄罗斯的关系是下一届会议的主要议题。在会议期间通过的一项决议,呼吁格鲁吉亚更多地参与北约的活动和关于黑海地区安全政策讨论。⑥ 2018年7月,格鲁吉亚积极参与黑海战略讨论的重要性在布鲁塞尔北约峰会上得到重申。⑦

格鲁吉亚人对国防问题的兴趣似乎一直十分高涨。2015年的一项调查显示,76%的格鲁吉亚受访者表示,他们很愿意为自己的国家而战斗。这使得格鲁吉亚跻身于64个被调查国家的前10名,并且成为得分最高的欧洲国家。⑧ 在过去的几年里,格鲁吉亚人对北约的看法似乎发生了重大变化。2016年,在24个中欧国家和东欧国家的调查中发现,只有37%的

---

① Agenda, Ge, "NATO Secretary General Opens Joint Training and Evaluation Centre in Georgia," 2015.
② NATO, "NATO-Georgian Joint Training and Evaluation Center (JTEC)," Fact Sheet, 2015.
③ NATO, Joint Statement of the NATO-Georgia Commission at the Level of Foreign Ministers, Warsaw, 8 July 2016; And NATO, "NATO-Georgia Relations," Media Backgrounder, 2017.
④ Gruziya Online, "NATO PA Adopted A Resolution in Support of Georgia," 2017.
⑤ Civil Georgia, "Georgian Leaders Address NATO Parliamentary Assembly," 2017.
⑥ NATO Parliamentary Assembly, Resolution 437 on Stability and Security in the Black Sea Region, 219 CDS 17 E rev. 2 Fin., Bucharest, 2017.
⑦ NATO, "NATO-Georgia Commission Declaration at the Brussels Summit," 2018.
⑧ Gallup International Association, "WIN/Gallup International's Global Survey Shows Three in Five Willing to Fight for Their Country," Press Release, 2015.

格鲁吉亚受访者认为北约给格鲁吉亚提供了保护。虽然这是低于几乎所有的中欧北约成员国对于北约的看法,但是比任何其他的前苏联非北约国家的看法要积极得多。① 事实上,只有8%的人认为北约是一种威胁,这比大多数中欧北约成员国的比例都低,也大大低于任何其他前苏联非北约国家。2018年6月的一项最新民意调查显示,格鲁吉亚人对加入北约的支持率是非常高的:75%的格鲁吉亚受访者赞同格鲁吉亚政府所声明的融入北约的目标。②

四 武装力量结构

格鲁吉亚的武装部队是在1991年宣布从苏联独立后不久建立起来的。③ 截至1992年,格鲁吉亚还只有一小批从苏联继承过来的重型装备,但其海军力量几乎不存在(见表2)。在1992—1993年与阿布哈兹的冲突中,有很大一部分武器装备遭受损失。④ 截至2007年,格鲁吉亚武装部队有2115名现役人员,还有11700名准军事部队成员。2008年7月,因格鲁吉亚积极参加国际维和行动,格鲁吉亚政府批准将部队人数增加至50000人。⑤ 俄罗斯"侵略"风险的增加也被视作格鲁吉亚政府增加其兵力的理由。⑥ 然而,格鲁吉亚政府批准的增加部队人数的目标从未实现。

表3　　　　　　　　格鲁吉亚2007—2017年的军费开支

	2007	2008	2009	2010	2011	2012	2013	2014	2015	2016	2017[a]
以国家货币计算(当前为格鲁吉亚拉里)	1556	1625	1008	810	791	812	735	734	756	829	832

---

① Smith, M., "Most NATO Members in Eastern Europe See It as Protection," Gallup, 2017.
② Caucasus Research Resource Center-Georgia, Caucasus Barometer, "NDI: Public Attitudes in Georgia," 2018.
③ Agenda, Ge, "Officials, Troops and Citizens Mark Georgian Armed Forces Day," 2017.
④ Khramchikhin, A., "Army of Georgia: Before and after The War," Russian: Russkaya Planeta, 2013.
⑤ Civil Georgia, "Personnel of the Armed Forces Will Be Increased by 5000 People," 2008.
⑥ Vesti, Ru, "Georgia Increases the Strength of the Army," 2008.

续表

	2007	2008	2009	2010	2011	2012	2013	2014	2015	2016	2017[a]
年度变化（%）	116.1	4.4	-38.0	-19.6	-2.3	2.7	-9.5	-0.1	3.0	9.7	0.4
以美元计算（持续使用2016年美元）	923	876	534	401	360	374	340	329	326	350	332
年度实际情况变化（%）	98.1	-5.1	-39.0	-24.9	-10.2	3.9	-9.1	-3.2	-0.9	7.4	-5.1
占GDP的比重（%）	9.2	8.5	5.6	3.9	3.2	3.1	2.7	2.5	2.4	2.4	2.2
人均收入（现价美元）	212	251	141	107	112	120	109	104	84	90	85
占政府总支出的比重（%）	32.2	26.1	15.7	11.8	11.2	10.5	9.5	8.4	8.1	8.2	7.5

说明：a. 2017年的数据是预算支出；其他年份的数据都是实际支出。

资料来源：SIPRI Military Expenditure Database，2018.

2008年8月，南奥塞梯爆发的战争极大地损害了格鲁吉亚的武装部队，格鲁吉亚的小型海军舰队和空军部队也损失了一大部分。① 由于遭受重创，格鲁吉亚政府决定重新组建新的武装力量。2009年，海岸警卫队和海军被整合成一支隶属于格鲁吉亚内务部的海上部队，这支部队更像是一支警察部队而非海军部队。② 2010年，格鲁吉亚空军被并入格鲁吉亚陆军，并重新在陆军中建立两个司令部——东部司令部和西部司令部，随后又成立了航空和防空司令部（将航空和防空司令部两个部分进行合并）。③

---

① RIA Novosti, "Russia Lost 3 Tanks, 6 Aircraft and up to 20 Armoured Vehicles in South Ossetia in 2008," 2010.

② Routledge, Abingdon, "The Military Balance 2011," *International Institute for Strategic Studies*, 2012, p. 110.

③ Georgian Ministry of Defence, "Staff-structure," [N. D.]; Vetrov, A., [Armed Forces of Georgia], Sovremennaya Armiya, 2012; Georgian Ministry of Defence, "National Security Council Discussed New Structure of Armed Forces," 2016; And Georgian Ministry of Defence, "Reform of Aviation and Air Defence," 2016.

目前统一的格鲁吉亚武装部队包括陆军东部司令部和西部司令部、训练和军事教育司令部、部队后勤支援司令部、航空和防空指挥部和特种作战司令部和国民警卫队。① 截至2018年，格鲁吉亚武装部队的现役人员总数约为20650人。

格鲁吉亚武装部队主要由职业军人和义务兵组成，其中90%是合同制兵役。② 2016年6月，国防部长蒂娜·基达舍丽宣布结束格鲁吉亚的征兵制。③ 然而，这一决定在格鲁吉亚遭到严厉批评，新任国防部长列万·伊佐里亚恢复了格鲁吉亚征兵制这一做法，但他对这项制度进行了改革。④ 在新的征兵制度体系下，所有的新兵都要接受军事训练以支持职业军队，并且都有机会参加军事演习。⑤ 2018年3月，格鲁吉亚议会批准了一项关于军事后备役的新法律。根据新的预备役制度，预备役部队将由自愿现役预备役和强制动员预备役两个部分组成。现役预备队将包括三个子部分，分别是武装部队预备队、领土预备队和专家预备队。2018年10月启动了一个现役预备役试点项目。⑥

五 武装部队部署

作为致力于加入北约和欧盟的成员国，格鲁吉亚积极参加北约和欧盟领导的各种行动。格鲁吉亚几乎一直在向北大西洋公约组织领导的科索沃部队、美国领导的伊拉克多国部队、北大西洋公约组织在阿富汗的国际安全援助部队和在地中海的反恐行动部署部队提供服务。格鲁吉亚

---

① Georgia Ministry of Defence, "Awarding Military Servicemen," 2017; And Georgian Ministry of Defence, "Staff-Structure (Note 36)".

② Menabde, G., "Does Georgia Have Sufficient Resources to Create A New Military Reserve System?," Eurasia Daily Monitor, 2017.

③ Fuller, L., "Georgian Defense Minister under Fire over Conscription Decree," Radio Free Europe/Radio Liberty, 2016.

④ Menabde, G., "Georgian Authorities Reinstate Military Conscription," Eurasia Daily Monitor, 2017.

⑤ Fuller, L., "An Update on Georgia's Military Reform," Radio Free Europe/Radio Liberty, 2017.

⑥ Novosti-Gruziya, "Georgian Parliament Approves Draft of New Military Reserve System," 2018; Georgian Ministry of Defence, "Active Reserve Pilot Program Started," 2018; And Sputnik, "Reserve Service in A New Way: A New Project of the Ministry of Defence of Georgia Has Started," 2018.

还参加了北大西洋公约组织的快速反应部队和黑海海军合作任务组。

在2014年行动结束之前，格鲁吉亚是国际安全援助部队重要的派遣国之一，美国海军陆战队在阿富汗训练了14个格鲁吉亚营。① 格鲁吉亚以训练和支持阿富汗政府部队的方式积极支持北约的行动，并向阿富汗投放了869名士兵。②

截至2018年，格鲁吉亚在阿富汗、中非共和国、马里、塞尔维亚和乌克兰的维和行动中部署了近900名军人。③

（一）行动和主要演习

自表示希望加入北约以来，格鲁吉亚就定期主办和参加北约的军事演习。近年来，格鲁吉亚多次主办了多国间的军事演习。

2011年以来，格鲁吉亚每年都举办"敏捷精神"军事演习。该军事演习最初只有格鲁吉亚和美国参与，但自2015年以来更多的北约和非北约国家也加入了这一军事演习。④ 2018年9月，"敏捷精神"军事演习在格鲁吉亚举行，10个北约成员国和北约伙伴国参加了这次演习，而在前一年则只有7个国家参加。除格鲁吉亚外，2018年还有保加利亚、罗马尼亚、土耳其和乌克兰四个黑海地区国家参加。⑤ 另一项多国军事演习"高贵伙伴"于2018年在格鲁吉亚瓦加尼举行，来自13个北约成员国和北约伙伴国的3000多名士兵参加了军事基地的训练。2018年的"高贵伙伴"军事演习在参与的部队人数和参与的重型武器数量上较以往的军事演习要多得多。⑥ 又如2017年，投入这次军事演习的装备包括美国坦克

---

① Quire, G., "MCSCG Deploys to the Republic of Georgia," US Marine Corps, 2015.

② SIPRI Multilateral Peace Operations Database, June 2018; International Institute for Strategic Studies, The Military Balance 2017, Routledge: Abingdon, 2017, p.187; And NATO, Supreme Headquarters Allied Powers Europe (SHAPE), "DSACEUR Visits Georgian Troops Preparing for Resolute Support Cites 20 Year Partnership," 2015.

③ SIPRI Multilateral Peace Operations Database (Note 44).

④ Agenda, Ge, "Agile Spirit 2017: Multinational Drills Kick off in Georgia," 2017.

⑤ Agenda, Ge, "Agile Spirit: Defence Drills in Georgia to Involve More Partner Nations," 2018.

⑥ Georgian Ministry of Defence, "Multinational Exercise "Noble Partner 2018," Starts on August 1st, 7 June 2018.

和运输机以及德国装甲车。①

2014年以来，阿塞拜疆、格鲁吉亚和土耳其一直在发展防务合作。② 2017年6月，这三个国家在格鲁吉亚举行了一场联合军事演习，即2017年"高加索之鹰"军事演习，参与演习的还有三国的特种部队。③ 2017年9月，格鲁吉亚主办了"永恒2017"军事演习，这是阿塞拜疆、格鲁吉亚和土耳其一起参加的一次计算机辅助联合军事演习，这次演习的最终目的是加强石油管道保护的战略合作。④

（二）格鲁吉亚部署的外国军队

自2007年以来，除其中的两年外，格鲁吉亚的实际军事支出费用都有所下降。

目前，没有正式的外国军队驻扎在格鲁吉亚。⑤ 然而，正如上面所说的，外国军队已经在格鲁吉亚进行了短期部署，用于对格鲁吉亚部队进行训练并举行演习。特别是自2009年以来，一小部分美国海军陆战队被定期部署到格鲁吉亚，训练格鲁吉亚部队，作为格鲁吉亚部署计划——国际安全援助部队和格鲁吉亚部署计划——坚决支持的一部分。⑥ 截至2015年，有超过2000名美国军事人员被部署在格鲁吉亚。⑦ 在美国资助的格鲁吉亚国防准备计划（GDRP）框架下，2018—2020年，格鲁吉亚部队由40—50名美国陆军军官在格鲁吉亚瓦加尼的培训中心进行培训。⑧

---

① Agenda, Ge, "Military Hardware for Noble Partner Drills Arrives in Georgia," 2017; And National Review, "Noble Partner 18" [n. d.].

② Mehdiyev, M., "Turkey, Azerbaijan, Georgia Broaden Military Cooperation Spectrum," Azernews, 2015.

③ Civil Georgia, "Georgia Hosts Joint Military Exercises with Azerbaijan And Turkey," 2017.

④ Vesti, Az, "Azerbaijani Military Participate in Military Exercise in Georgia," 2017; And Shirinov, R., "Azerbaijani, Georgian and Turkish Servicemen Hold Joint Military Exercises," Azernews, 2017.

⑤ 然而，俄罗斯军队驻扎在阿布哈兹和南奥塞梯。Kuimova, A. and Wezeman, S. T., "Russia and Black Sea Security," SIPRI Background Paper, 2018.

⑥ Quire, G., "MCSCG Deploys to the Republic of Georgia," US Marine Corps, 2015.

⑦ Quire, G., "MCSCG Deploys to the Republic of Georgia," US Marine Corps, 2015.

⑧ Kucera, J., "Georgia: Trump Administration Boosting Military Aid," Eurasianet, 2017.

六 军费开支

在南奥塞梯爆发战争之前的几年里,格鲁吉亚的军事开支增长迅速。截至 2007 年,军费开支已经达到了 1996 年以来的最高水平。这一增长为一些格鲁吉亚的重型武器的采购提供了经费,反映了格鲁吉亚为重新控制其对阿布哈兹和南奥塞梯所做的准备。在随后的几年里,格鲁吉亚的军费支出急剧下降,2007—2017 年,按实际价值计算的军费开支下降了 64%(见表 3)。自 2007 年以来,除大约两年外,其他年份的军事支出实际上都有减少。

由于渴望加入北约,格鲁吉亚的目标是将至少 2% 的国内生产总值用于国防。尽管绝对的军事支出在减少,但其在 2007—2017 年期间所有年份的军事支出都超过了这个水平。2017 年 5 月,格鲁吉亚国防部长伊佐利亚在北约国防和安全委员会会议上表示,由于正在进行的军队现代化改革,格鲁吉亚花费在军事上的开支可能会继续超过其国内生产总值的 2%。[1]

根据《2017—2020 年的国防白皮书》,分配给武器采购的国防预算份额将从 2017 年的 4.1% 增长到 2020 年的 8.5%,或从 2750 万拉里(1100 万美元)增长到 6120 万拉里(按 2017 年汇率计算为 2400 万美元)。[2] 然而,与许多国家相比,这一份额仍然是很小的,价值也很小,很多国家在军事采购上花费超过 15% 是很常见的。例如,格鲁吉亚在 2015 年向法国订购的有限的防空系统,仅此一项就花费了约 1.1 亿美元,超过了 2017—2020 年的国防采购预算总额。

除了军费支出外,格鲁吉亚还接受了来自美国的军事融资,主要形式是美国对外军事援助项目(FMF)。这通常用于支付从美国购买军事装备的费用。2009—2014 年,格鲁吉亚每年接受的美国对外军事融资为 1000—1600 万美元。[3] 这项美国对外军事融资在 2015—2016 年增加到每

---

[1] Interfax-Ukraine, "Georgia's Military Budget Should Be over 2% of GDP, It Will Bring Republic Closer to NATO Standards," 2017.

[2] Georgian Ministry of Defence, *White Paper* 2017 – 2020 (Note 13), p. 28.

[3] US Department of State, "Foreign Military Financing Account Summary," [n. d.]; And Security Assistance Monitor Database, Accessed 5 June 2018.

年3000万美元，格鲁吉亚在美国和欧洲"再保证"倡议下还可获得额外的资金，这项倡议旨在援助北约和北约伙伴国之间扩大合作。① 格鲁吉亚在2017年收到3000万美元的美国对外军事融资，并在2018年收到3500万美元的融资。②

七 武器的持有和采购

截至2003年，格鲁吉亚军队还只有从苏联时期继承过来的过时（而且往往是破旧的）装备。2004年1月，格鲁吉亚米哈伊尔·萨卡什维利总统执政，格鲁吉亚军队的现代化进程随即开始。萨卡什维利总统认识到，有必要通过格鲁吉亚军队和军备的现代化加强格鲁吉亚武装部队的作战能力。③ 在北约成员国中，保加利亚、捷克共和国、土耳其和美国是格鲁吉亚主要的武器供应国。④ 以色列和乌克兰也向格鲁吉亚提供了大量的武器和军事装备。⑤

（一）陆军和空军

格鲁吉亚与以色列合作，两国共同对格鲁吉亚继承过来的苏联时期的苏—25地面攻击飞行机进行现代化改造。⑥ 2007年，除了采购的步兵武器和山猫多管火箭发射器之外，格鲁吉亚还从以色列购买了一些无人机，包括赫尔墨斯450侦察机。格鲁吉亚总统米哈伊尔·萨卡什维利称，

---

① Goodman, C. and Khmolovska, N., "Pentagon Set to Increase Military Aid to Georgia, Moldova and Ukraine," Security Assistance Monitor, 2015; US Department of Defense (DOD), "European Reassurance Initiative: Department of Defense Budget Fiscal Year (FY) 2016," DOD: Washington, DC, 2015; And Security Assistance Monitor Database (Note 59).

② US Department of Defense (DOD), "European Reassurance Initiative: Department of Defense Budget Fiscal Year (FY) 2016," DOD: Washington, DC, 2015; And Security Assistance Monitor Database (Note 56).

③ Sozaev-Guryev, E., "The Georgian Army Turns to A New Enemy," Infox, 2010.

④ SIPRI Arms Transfers Database, 2018.

⑤ Kucera, J., "Georgian and Ukrainian Generals Meet, Discuss Russia," Eurasianet, 2015; and Agenda, ge, "Georgia and Israel—A Long History of Diplomatic Relations," 2017.

⑥ Perelman, M., "Israel's Military on Display in Georgia," Forward, 2008.

截至 2008 年,格鲁吉亚大约拥有 40 架无人机。① 从 20 世纪 90 年代末一直到 2008 年,以色列向格鲁吉亚提供了价值约 4 亿美元的军事装备。②

格鲁吉亚与俄罗斯在阿布哈兹和南奥塞梯问题上尚未解决的冲突,仍然是阻碍格鲁吉亚加入北约的一个主要障碍。

格鲁吉亚 2008 年 8 月在与俄罗斯的战争中损失了一大批重型武器装备。随后,格鲁吉亚将军队的防空、反装甲、工程、火炮和情报系统的现代化进程列为优先事项。但事实上格鲁吉亚真正签订的实现国防现代化的订单很少。自 2008 年以来,格鲁吉亚国防部最大的一次采购是在 2015 年,国防部从法国订购了一套防空系统,价值约 1 亿欧元(1.1 亿美元)。③ 2018 年,第一批地面部队武器(GM)200 和地面部队武器(GM)400 雷达系统已经交付格鲁吉亚。④ 作为 2017 年启动的美国资助格鲁吉亚国防筹备计划(GDR)的一部分,格鲁吉亚计划获得新的步兵武器,包括用美国的 M240 机枪取代苏联时期的 PK 机枪。⑤ 第一批 M240 机枪已于 2017 年 5 月交付格鲁吉亚。⑥ 新的反坦克系统正在计划中,2017 年 11 月,美国国务院批准了价值约 7500 万美元的 410 枚标枪反坦克导弹和 72 个发射器。⑦ 第一批价值 1 亿拉里(4000 万美元)的标枪导弹,已

---

① Maistrovoi, A. and Kotlyarskii, M., "Verification by Battle, or the Other Side of War," *Russkaya Planeta*, 2014 (In Russian); At Least 3 of the Unmanned Aerial Vehicles Were Reportedly Shot down over Abkhazia in 2008, *Civil Georgia*, "Elbit Systems Says Dispute Settled with Georgia," 2012.

② Shachtman, N., "How Israel Trained and Equipped Georgia's Army," Wired, 2008.

③ SIPRI Arms Transfers Database (Note 63).

④ Civil Georgia, "Georgia Says Signed Deal in France to Buy 'Air Defense System'," 2015; Agenda, Ge, "Georgia, France Ramp up Air Defence Deal with New Contract," 2017; And Georgian Ministry of Defence, "Military Air Defence Day Was Celebrated at Alekseevka Military Base," Facebook, 2018.

⑤ Segodnya, "Georgia Plans to Buy Machine Guns and Rifles in the USA," 11 July 2017 (In Russian).

⑥ Novosti-Gruziya, "The Georgian Army Will Gradually Replace The Soviet Kalashnikov Machine Guns with American M – 240s," 2017.

⑦ US Defense Security Cooperation Agency, "Georgia: Javelin Missiles and Command Launch Units," News Release No. 17 – 59, 20 Nov. 2017; Venkina, E., "US State Department Approved the Sale of Anti-Tank Missile Systems to Georgia," Deutsche Welle, 2017; And RIA Novosti, "State Department Approved the Delivery to Georgia of Javelin ATGM," 2017.

于 2018 年 1 月 23 日交付格鲁吉亚。① 这些来自法国和美国的武器采购进一步增强了格鲁吉亚与北约军队的兼容性。

(二) 海军

自从北约成员国同意加强格鲁吉亚在黑海地区的存在后，重新组建格鲁吉亚海军的问题就有了新的价值。然而，格鲁吉亚政府目前并不打算重新建设在 2008 年八月战争中几乎被摧毁的舰队。②

八　结论

自 2008 年以来，格鲁吉亚国防政策的主要方向一直没有改变。在寻求政治和财政支持方面，格鲁吉亚认为，加入国际组织是至关重要的。格鲁吉亚一直保持着与北约和北约伙伴国家发展合作的意愿和兴趣。然而，与俄罗斯在阿布哈兹和南奥塞梯问题上尚未解决的冲突仍然是格鲁吉亚加入北约的一个主要障碍。通过参与和主办重大的政治和经济活动，格鲁吉亚已经表示愿意参与战略讨论，包括关于黑海地区安全的讨论。根据国防文件和格鲁吉亚官员的声明，"俄罗斯的侵略"仍然是对格鲁吉亚国家安全造成威胁的主要挑战，因此黑海地区对格鲁吉亚具有战略意义。格鲁吉亚已经表示完全支持加强黑海地区安全方面的合作，以及支持北约和北约伙伴国家在该地区存在的扩大。

增强格鲁吉亚武装部队的防御能力是格鲁吉亚国防部为遏制潜在的侵略和保卫国家而设定的主要目标之一。由于格鲁吉亚既没有海军，也没有重要的空军，所以格鲁吉亚重点在于陆地边界的安全。格鲁吉亚最近采购的法国防空系统和美国反坦克系统对建立和加强格鲁吉亚的防御能力做出了重大贡献。这些武器不太可能会对黑海地区的力量平衡产生重大影响，但可能会导致俄格边界的动荡。

---

① Georgian Ministry of Defence, "The Javelin Systems Are Already in Georgia," 23 Jan. 2018 (In Georgian); And Charkviani, N., "Javelin ATGM Delivered to Georgia," Golos Ameriki (Voice of America), 2018.

② Caucasian Knot, "Georgia Gives up Restoration of Its Naval Forces," 2016.

附录

附表	缩略语
BLACKSEAFOR	黑海海军合作任务组
EEZ	专属经济区
EU	欧洲联盟
FMF	外国军事融资
GDP	国内生产总值
GDRP	格鲁吉亚国防筹备计划
GM	地面部队
ISAF	北约国际安全援助部队
JTEC	北约—格鲁吉亚联合训练和评估中心
KFOR	北约的科索沃部队
MOD	国防部
NATO	北大西洋公约组织
NRF	北约反应部队
SNGP	北约—格鲁吉亚实质性计划
UAV	无人机

最近的和相关的斯德哥尔摩国际和平研究所出版物：

西蒙·T. 维兹曼和亚历山德拉·库伊莫娃：《保加利亚与黑海安全》，斯德哥尔摩国际和平研究所背景文件，2018 年 12 月。

西蒙·T. 维兹曼和亚历山德拉·库伊莫娃：《罗马尼亚与黑海安全》，斯德哥尔摩国际和平研究所背景文件，2018 年 12 月。

亚历山德拉·库伊莫娃和西蒙·T. 维兹曼：《俄罗斯与黑海安全》，斯德哥尔摩国际和平研究所背景文件，2018 年 12 月。

西蒙·T. 维兹曼和亚历山德拉·库伊莫娃：《土耳其与黑海安全》，

斯德哥尔摩国际和平研究所背景文件，2018年12月。

西蒙·T. 维兹曼和亚历山德拉·库伊莫娃：《乌克兰与黑海安全》，斯德哥尔摩国际和平研究所背景文件，2018年12月。

叶卡捷琳娜·克里缅科：《后苏联地区持久的武装冲突及其对黑海安全的影响》，斯德哥尔摩国际和平研究所对和平与安全的见解，2018年12月。

尼尔·杰·梅尔文：《重建黑海地区的集体安全》，斯德哥尔摩国际和平研究所背景文件，2018年12月。

（兰州大学格鲁吉亚研究中心张立辉译，祁梦丹校）

俄格关系背景下的南高加索一体化问题[*]

米哈伊尔·达维多维奇·托克马齐什维利
（М. Д. Токмазишвили）

【摘要】 复杂的地区关系是南高加索各国政治、经济和制度发展的主要特征。南高加索各国在区域经济和政治发展方面没有相同的目标和价值观，在全球化方面缺少共同的经济战略，因此对于与俄罗斯及欧盟之间的相互关系，南高加索各国的观点并不一致。在此背景下，南高加索的确是一个"地区无政府主义社会"。阿塞拜疆、亚美尼亚和格鲁吉亚的问题大相径庭。主要由国家间层面的政治问题引起的诸多矛盾，使高加索地区成为世界上颇具冲突性的地区之一。

阿塞拜疆、格鲁吉亚和土耳其之间建立了运行良好的经济和政治联盟；格鲁吉亚与亚美尼亚之间也有着密切的经济联系。亚美尼亚——俄罗斯联盟通过欧亚经济联盟得以加强；对亚美尼亚而言，与俄罗斯保持政治联系具有非常重要的意义。格鲁吉亚与俄罗斯之间则因利益相悖，合作和经济增长的可能性受到限制。

因各国的发展战略南辕北辙，南高加索国家之间的区域一体化前景暗淡。格鲁吉亚与欧盟之间的联盟协定，以及亚美尼亚与俄罗斯之间的联盟（欧亚经济联盟），需要重新解决区域一体化之间的矛盾。此外，南高加索强大的邻国——俄罗斯、土耳其和伊朗——在

---

[*] Вестник Удмуртского Университета//Социология. Политология. Международные Отношения. 2017, No. 3, T. 1, cc. 309–317.

该地区的利益相互抵牾。高加索地区的近邻和相邻"大"国之间很难达成妥协，在区域合作方面也很难找到共同话题。

本文旨在描述格鲁吉亚与俄罗斯之间的地区和地缘政治矛盾特征，研究格鲁吉亚与欧盟之间的自由贸易协定（深入全面的自由贸易区），以及欧亚经济联盟对高加索区域一体化的影响，阐明区域合作的潜在前景。

【关键词】 俄罗斯；格鲁吉亚；高加索；区域主义；欧盟；欧亚联盟；外贸

一 引言

近期，尽管俄罗斯与格鲁吉亚在经贸领域的合作有所复苏，但是两国关系的发展仍然非常艰难。虽然俄罗斯与格鲁吉亚有几个世纪的紧密传统关系，有相同的经济传统、习俗、各种问题和消费文化，但是，两国关系因格鲁吉亚与欧盟的政治及制度接轨和一体化进程而日渐疏远。南高加索三国在战略路线和政治经济关系取向方面的差异已然十分明显：格鲁吉亚倾向西方，并注重与欧盟发展自由贸易；亚美尼亚趋向北方，与俄罗斯一道加入统一的欧亚联盟。阿塞拜疆和格鲁吉亚的关系一直在发展和扩大。因政治冲突不断，南高加索分裂成为若干独立的区域，这导致整个地区竞争力低下。[①]

碎片化的高加索正日益成为经济冲突之地，各类新玩家不断涌现，例如，逐渐在格鲁吉亚和阿塞拜疆市场上占据领先地位的土耳其。

关于格鲁吉亚与俄罗斯关系的研究成果很丰富。从理论上讲，主要问题包括：曾经的苏联各国与欧盟之间的经济联盟、承认西方价值观是否威胁俄罗斯的安全。这方面的例子有：乌克兰与欧盟因签署《联合协定》所产生的不利影响。2005—2012 年，因格鲁吉亚采取亲近西方的政

---

① Ismailov, E., Papava, V., *The Central Caucasus: Essays on Geopolitical Economy*, CA & CC Press, Stockholm, 2006, s. 10; Gamkrelidze, Thomas, V., "'Transcaucasia' or 'South Caucasus'? towards A More Exact Geopolitical Nomenclature," In: *Postcommunist Democratic Changes and Geopolitics in South Caucasus: International Research Center for East West Relations*, Tbilisi, 1998, s. 40 – 42. http://www.parliament.ge/files/327_2288_943216_coucasus.pdf.

策,导致格鲁吉亚与俄罗斯之间的关系严重恶化,双方外交关系一度中断。人们开始怀疑,与欧盟的联合以及与欧盟国家的自由贸易关系,对格鲁吉亚而言可能并没有多大好处,因为这阻碍了后苏联空间的进一步一体化。①

本文的目的在于,深入探讨格鲁吉亚与俄罗斯之间的地区和地缘政治矛盾、格鲁吉亚与欧盟的自由贸易协定(深入全面的自由贸易区),以及欧亚经济联盟对高加索区域一体化进程的影响,同时深刻阐明区域合作的前景。

二 方法

研究各国区域发展问题的基础是,各国在承认不同社会政治价值观问题方面的主导利益和政治行为,因此本文采用了比较分析的方法。通过比较的方法,分析各国执行不同对外经济政策的路径,对所提出的俄罗斯和南高加索国家特有的政策取向进行更准确的分类。本文采用的实证材料是,有关欧盟和欧亚经济联盟问题方面的文献。社会经济和政治发展之于欧盟和欧亚经济联盟取向的不同制度的形成,决定了本文需采用制度的研究方法。分析欧盟和欧亚经济联盟的模式,对其兼容性进行假设性讨论,并运用统计方法阐明近期在经济领域实施改革的原因和进程。

三 论述

近年来,格鲁吉亚与俄罗斯之间的关系充满了戏剧性。双方之间的合作,仅在少数几个领域开展得比较顺利,主要集中在贸易领域和部分投资领域。两国在科学、研究、教育、旅游、卫生和国家治理等其他领域的合作,发展缓慢,或者根本就没有合作。

20世纪90年代初,格鲁吉亚对外贸易总额有一半来自俄罗斯;截至

---

① Путин про Восстановление СССР, YouTube, Nov. 17, 2016, https://www.youtube.com/watch? v = 2FuYx_SBFwж.

20世纪90年代中叶已降至1/5。1996—2016年，俄罗斯在格鲁吉亚进口总额中所占份额从16.9%降至9.3%，出口份额从28.6%降至9.7%。尽管目前俄罗斯在格鲁吉亚的对外贸易额方面排名第二，但其额度远远落后于土耳其。相比之下，俄罗斯在阿塞拜疆和亚美尼亚的对外贸易中所占份额更高：在亚美尼亚的份额是格鲁吉亚的2.5倍（24.8%）。阿塞拜疆从俄罗斯进口占15.6%，对俄罗斯的出口很少，因为碳氢化合物资源主要出口欧盟。①

自2012年10月1日"格鲁吉亚梦想"联盟党在格鲁吉亚议会选举中获胜后，两国之间的经贸关系有了显著改善；这为扩大与俄罗斯之间的贸易创造了更为有利的条件。如果说昔日只能从俄罗斯进口货物和服务的话，那么如今某些格鲁吉亚产品（主要是酒类和矿泉水）也可以进入俄罗斯市场了，这极大地改善了格鲁吉亚与俄罗斯的合作氛围，对格鲁吉亚经济产生了积极影响。

在格鲁吉亚外贸份额中，后苏联空间各国（俄罗斯除外）都占有自己的份额。限制格鲁吉亚与欧盟贸易扩大的并非关税壁垒，要知道在外贸流通领域，这一市场份额已经超出了后苏联国家的份额。当然，后苏联国家市场与俄罗斯市场仍然是格鲁吉亚和其他南高加索国家的优先关注市场。

在过去的20年里，格鲁吉亚对欧盟的出口增长了30倍，进口增长了11.8倍；对俄罗斯的出口只增长了3.6倍，进口增长了13.6倍。在此期间，与欧盟的贸易总额增长了20.9倍，与俄罗斯的贸易总额增长了8.6倍。根据格鲁吉亚国家安全概念，融入欧盟是其政治和经济发展重要的方向之一。②

格鲁吉亚的地缘经济定位，不同于南高加索其他国家。格鲁吉亚是南高加索地区唯一一个力图实现自身经济与欧盟一体化的国家。亚美尼亚则走上了俄罗斯领导的欧亚联盟道路，与俄罗斯关系密切，从2013年

---

① "European Union, Trade in Goods with Azerbaijan," *European Commission, Directorate-General for Trade*, http://trade.ec.europa.eu/doclib/docs/2006/september/tradoc_113347.pdf.

② "National Security Concept of Georgia," Paragraph 5.2, http://www.mfa.gov.ge/MainNav/ForeignPolicy/NationalSecurityConcept.aspx.

起，亚美尼亚终止了与欧盟联合的谈判。阿塞拜疆则奉行在俄罗斯与西方之间平衡的外交政策，完全依赖能源出口赚取外汇。

2014年6月27日，格鲁吉亚与欧盟签署《联合协议》；该协议于2016年7月1日生效，其中，双方签署的《深入全面的自由贸易区协议》（УВЗСТ）是《联合协定》的一个组成部分，该协议的签署未像乌克兰那样引起俄罗斯的不安。究其原因，对俄罗斯而言，格鲁吉亚市场容量并不大（在俄罗斯对外贸易中，格鲁吉亚所占份额不到其对外贸易额的0.1%）。尽管如此，俄罗斯对这一问题还是非常敏感的：对于该协议如何进一步影响与格鲁吉亚和亚美尼亚的经济关系；与格鲁吉亚乃至整个南高加索建立经贸关系的前景、收益和风险如何，俄罗斯绝对不会觉得无所谓。格鲁吉亚与欧盟、亚美尼亚与欧亚经济联盟两种贸易取向之间的"贸易分离"加剧的可能性越来越明显。

四 结论

"深入全面的自由贸易区"和"欧亚经济联盟"并非政治不满的目标，但是经济上却能改变南高加索的相互关系。一方面，与欧盟签署《联合协定》的结果是，欧盟28国有可能就与格鲁吉亚的贸易制度和非关税壁垒做出一定的修订。另一方面，也存在格鲁吉亚在经济上进一步远离俄罗斯和欧亚经济共同体成员国（亚美尼亚、哈萨克斯坦、白俄罗斯）的风险。俄罗斯为欧亚经济联盟成员国创造了现实的福利和优惠。[①]欧亚经济联盟将对格鲁吉亚设置障碍，这可能导致其进一步疏远俄罗斯。对于亚美尼亚而言，尽管欧亚经济联盟给它带来了一定的利益，但是由于其唯一的贸易路线要经过格鲁吉亚，所以俄格关系的每一次恶化都会给它的经济带来负面影响。该地区市场面临着进一步碎片化的危险，这可能不利于紧张局势的缓和。

"深入全面的自由贸易区"有助于格鲁吉亚实现贸易多元化，并降低与俄罗斯开展贸易活动的风险。对格鲁吉亚生产商而言，俄罗斯市场已

---

① Ходасевич А. Таможенный Союз Добил Белорусскую Экономику//Независимая Газета, http：//www.ng.ru/cis/2013-08-26/1_belorussia.html.

经充满着风险。2006—2012年，俄罗斯卫生监察局以格鲁吉亚的水处理不达标、矿物和酒精产品中含有对人体健康不利的成分为由，对格鲁吉亚提出指控，随后禁止进口格鲁吉亚的蔬菜、水果及所有工业品。对格鲁吉亚企业而言，这一政策使俄罗斯显得更不可靠和更具风险。俄罗斯希望通过这些行动向格鲁吉亚施加压力，恢复其在该地区的影响力，同时阻止格鲁吉亚向北约靠拢。与此同时，格鲁吉亚从俄罗斯的进口仍在继续，即使是在2008年武装冲突期间，也是如此。自2012年始，俄罗斯的这一禁令在萨卡什维利政府下台后基本结束。

格鲁吉亚与俄罗斯的经济关系起初服从于政治利益（即使是在2013年与俄罗斯关系"升温"的情况下，在格鲁吉亚与欧盟达成协议之后，莫斯科还是发表了可能取消与格鲁吉亚的自由贸易制度的政治声明，这也对双方贸易关系产生了负面影响）。基于格鲁吉亚与俄罗斯昔日关系的经验教训，人们担心格鲁吉亚与欧盟的进一步一体化会引发俄罗斯的强烈反应，普遍认为莫斯科会做出"惩罚"行动，但是这种情况并没有发生。

格鲁吉亚与欧亚经济联盟的贸易模式和要求（标准）尚不明确，但明确的是，格鲁吉亚与非欧亚经济联盟国家将建立新的贸易制度。在很大程度上，俄罗斯市场变得难以预测，对格鲁吉亚企业家而言，具有很大风险。俄罗斯市场的不确定性和难以预测性，迫使格鲁吉亚寻找新的市场，以降低（缓解）风险，加强贸易多元化。2006年俄罗斯设置关税壁垒后，俄罗斯市场上的格鲁吉亚农产品完全被其他国家的产品所取代，而格鲁吉亚生产商却未能在其他国家找到足以代替俄罗斯市场容量的市场。这种情况也是格鲁吉亚与欧盟签署联合协议的主要推动因素之一。

"深入全面的自由贸易区"是吸引外国直接投资的条件。小国迫切需要投资来提高竞争力。与欧洲的联合可以成为吸引外国投资、新技术和创新的名片。格鲁吉亚与俄罗斯在投资领域的关系，还在依惯性发展。即使是在政治紧张局势达到巅峰之时，俄罗斯资本对格鲁吉亚的金融投资也不存在任何障碍。格鲁吉亚公众对俄罗斯投资是持有争议的，因为俄罗斯的投资主要出于战略目标，尤其是在能源领域。但是俄罗斯投资在格鲁吉亚外国直接投资中所占份额并不高，2011年为0.04%，2016年为1.6%。因此，对俄罗斯而言，格鲁吉亚的非战略项目没有投资吸引力，这在很大程度上是因为俄罗斯缺乏相关信息所致。

俄罗斯在格鲁吉亚投资中的份额，较贸易额低一个数量级。2006—2013年，俄罗斯向格鲁吉亚经济领域投资2.822亿美元（仅占外国在格鲁吉亚经济领域投资总额的3.1%）。此外，格鲁吉亚从俄罗斯进口和俄罗斯向格鲁吉亚直接投资份额的增长趋势完全相反：进口缓慢但开始正向增长，而投资从8.5%下降到2013年的负增长。对格鲁吉亚而言，寻找新的投资来源成为摆在其面前的一个问题。《联合协定》也就成为吸引欧盟成员国投资的一个制度条件。

"深入全面的自由贸易区"的可行性是一个问题。根据该协定，需要对体制和政治制度进行改革，还要更新生产设施，这需要一笔不小的费用。消除贸易非关税壁垒的条件，就是要在与欧洲的《联合协定》框架内对格鲁吉亚在经济、政治和体制环境方面改革的义务进行跟踪探察。但是，引入新的生产技术和确保产品安全需要高额开支。在改革增速放缓和生产彻底更新的情况下，该协议的预期效用将降为零。然而，格鲁吉亚领导人的政治意愿、独联体市场的局限和欧盟对格鲁吉亚的技术支持从长期来看将产生积极效果。

欧盟与格鲁吉亚的自由贸易协定不会对格鲁吉亚经济产生负面影响。在短期内，国家进口的预算将减少，或者当地企业家的利润将会下降。显然，"深入全面的自由贸易区"的经济利益不会很快实现；在短期内，它的实施将给格鲁吉亚带来更多的问题而非利好。国内生产者将面临额外压力，商品、服务，尤其是食品价格的上涨将成为主要问题。① 技能型和非技能型劳动力之间的收入差距加大，可能会失去更多的劳动工作岗位，等等。②

与物流和市场准入相关的一些其他问题。根据一项评估欧盟与格鲁

---

① Messerlin, P., Emerson, M., Jandieri, G., Le Vernoy, A., "An Appraisal of the EU's Trade Policy towards Its Eastern Neighbors: The Case of Georgia," *Gruope D'Économie Mondiale*, Sciences Po, Paris; Centre for European Policy Studies, Brussels, 2011, p. 5, https://www.ceps.eu/system/files/book/2011/03/EU%20Trade%20Policy%20toward%20Georgia%20e-version.pdf.

② Khuntsaria, T., "The EU's Agreement with Georgia: Assessing the Domestic Political and Economic Implications," *Caucasus Social Science Review*, 2015, Vol. 2, Iss. 1, p. 7, http://openjournals.gela.org.ge/index.php/CSSR/article/download/1654/939.

吉亚之间贸易关系的研究显示,格鲁吉亚这一转变的费用将比其他中欧国家高得多,因为独联体市场在格鲁吉亚贸易中占有很大比例,而且在独联体市场上通常使用欧盟不使用的技术规范。因此,格鲁吉亚出口商将会在格鲁吉亚和欧盟市场必须遵循的欧盟模式和其他非欧盟国家市场所需的不同技术法规之间左右为难。格鲁吉亚许多生产商不大可能负担得起具有不同规范(欧盟、独联体等)的商品的生产,这些生产商通常规模太小,无法经营具有不同标准的同一产品的独立生产线。这一困境需要格鲁吉亚出口商迅速决定其产品出口市场——欧盟市场、独联体和亚洲市场,或者留在格鲁吉亚市场。①

格鲁吉亚的失业率预计也不会下降。但是"深入全面的自由贸易区"刺激着体制的改革、竞争环境的改善,也有助于吸引外资和增加出口,这是改善生活质量的战略计划,预计经济将增长 4.3%。荷兰主流经济研究、咨询公司和波兰社会经济研究中心的统计数据显示,"深入全面的自由贸易区"对格鲁吉亚经济的影响较之对欧盟的影响要大得多。据初步估计,格鲁吉亚出口将增长 12.4%,进口将增长 7.5%。②

所有地区都可以从与欧盟的贸易中获益。与欧盟的自由贸易不会影响传统的贸易结构。这是一项长期的发展任务,而且很难改变在几十年的对外贸易传统中业已形成的商品和服务规则。因此,格鲁吉亚与俄罗斯的贸易结构不会发生实质性的改变。

如果产品(包括半成品和中间产品)在格鲁吉亚进行大量加工且具有很大的附加值的话,那么与欧盟贸易的好处就会显现出来。在这种情况下,贴有"格鲁吉亚制造"标签的产品就会进入市场。定义"欧盟制造"或"格鲁吉亚制造"的规则非常精确;如果有证据表明存在欺诈行为,即将格鲁吉亚出口标为欧洲出口,那么俄罗斯和亚美尼亚就可以选

---

① Messerlin, P., Emerson, M., Jandieri, G., Le Vernoy, A., "An Appraisal of the EU's Trade Policy towards Its Eastern Neighbors: The Case of Georgia," *Gruope D'Économie Mondiale*, Sciences Po, Paris; Centre for European Policy Studies, Brussels, 2011, p. 5, https://www.ceps.eu/system/files/book/2011/03/EU%20Trade%20Policy%20toward%20Georgia%20e-version.pdf.

② "Trade Sustainability Impact Assessment in Support of Negotiations of A DCFTA between the EU and Georgia and the Republic of Moldova," *Final Report*, *Ecorys*, *Case*, Rotterdam, http://trade.ec.europa.eu/doclib/docs/2012/november/tradoc_150105.pdf.

择退回格鲁吉亚出口的商品。反之,俄罗斯、亚美尼亚和阿塞拜疆也可以在欧洲市场出售格鲁吉亚加工的产品。

自由贸易不会使格鲁吉亚与俄罗斯的关系恶化,市场是不会相互孤立的。根据"深入全面的自由贸易区"的规定,格鲁吉亚将逐步采用欧盟产品技术标准作为国家标准。这并不意味着向俄罗斯和亚美尼亚从事出口的格鲁吉亚企业必须按照欧盟标准生产这些产品,这会对传统的贸易流通造成影响。俄罗斯和亚美尼亚作为欧亚经济联盟成员国,可以采用不同的标准,而格鲁吉亚企业只有在内部市场销售时才有权采用欧盟标准。因此,格鲁吉亚与俄罗斯和亚美尼亚的贸易是按照这些国家之间建立的规则进行的,这是世贸组织成员的惯常做法。问题很可能在于欧盟与欧亚经济联盟之间贸易规则的协调,但尚未有人对此表现出政治意愿。

实际上,"深入全面的自由贸易区"只要求格鲁吉亚确定17项标准(主要针对农产品)。所制定的落实进度表通常只包括3—5年的安排。欧盟有支持这些标准落实的资助和方案,以确保这些产品对消费者更安全、更有用。

格鲁吉亚贸易的多元化不会对与俄罗斯和亚美尼亚之间的经济关系产生负面影响。在与格鲁吉亚的贸易中,俄罗斯处于贸易顺差且支付平衡的地位。截至目前,俄罗斯对格鲁吉亚的出口量依然是从格鲁吉亚进口量的3倍。实际上"深入全面的自由贸易区"不会影响这一结构,因此,与俄罗斯之间的贸易平衡预计也不会发生根本性改变。

"深入全面的自由贸易区"并不意味着俄罗斯在格鲁吉亚的相对竞争力会被削弱。在格鲁吉亚削减关税过渡期之后,虽然欧盟可以自由进入这个以前没有进入过的市场,但是由于价格上的差异,主要的贸易伙伴将会保持不变。俄罗斯和欧盟在对格鲁吉亚的出口方面并不存在竞争,格鲁吉亚也不是俄罗斯的竞争对手。对俄罗斯而言,土耳其才是格鲁吉亚市场的主要地缘政治竞争对手,格鲁吉亚国内消费市场几乎完全被土耳其商品占领。在格鲁吉亚与俄罗斯经济联系减弱的背景下真正获益的是欧盟,它向格鲁吉亚"倾销"俄罗斯不提供的商品。

通过要求联盟所有成员国使用更高的对外关税和非关税壁垒外,俄罗斯为自己建立起优惠特权,为俄罗斯生产商创造优惠。

对欧亚经济联盟而言，对格鲁吉亚这样的非成员国设置高额对外关税或非关税壁垒，会造成巨大的贸易障碍。欧亚经济联盟旨在建立一个封闭的统一的高关税区以避免来自欧盟的竞争，并最终引入统一货币以削弱美元和欧元的影响，这将导致高加索市场更加碎片化。

这种给予欧亚经济联盟成员国排他性贸易特权的贸易区，对格鲁吉亚经济发展造成了不利影响，对阿塞拜疆来说也是痛苦的，因为关税壁垒的增加限制了其与俄罗斯的出口贸易，与格鲁吉亚的贸易也将局限于格鲁吉亚与欧亚经济联盟成员国——亚美尼亚的贸易上。高加索地区可能面临一种更孤立且市场更破碎的情景。欧亚市场将迫使格鲁吉亚寻找新的市场以使贸易多元化，从而起到降低与欧亚经济联盟成员贸易风险的目的。

欧亚经济联盟成员国面临的困难之一是俄罗斯的主导作用。毫无疑问，俄罗斯是最大的经济体，拥有丰富的能源资源。俄罗斯经济学家承认，欧亚经济联盟将致力于消除各种障碍。在未来三年里俄罗斯国家预算可能会因此损失约330亿美元的碳氢化合物资源收入；[①] 但作为回报，俄罗斯将获得一定的地缘和政治红利。欧亚经济联盟内部追求统一货币空间的想法是不现实的，因为所有成员国的美元化水平都很高，因此通过引入统一货币和普及新货币的方式与欧元和美元竞争是有问题的。

对亚美尼亚而言，格鲁吉亚与欧洲的自由贸易协议将会给一些商品，尤其是在食品出口方面带来障碍，但是并不会影响到其他产品。由于与阿塞拜疆的冲突，亚美尼亚的对外贸易具有一定的封闭性，这体现为对外贸易额占国内生产总值的比重较低（52.0%；相比之下，格鲁吉亚的这一指标为65%）。如果亚美尼亚采用使自己与格鲁吉亚的贸易更为复杂化的条件，那么亚美尼亚的贸易指数可能会进一步恶化。

"深入全面的自由贸易区"与独联体其他国家的自由贸易是可以并存的。格鲁吉亚与欧盟的自由贸易不会恶化其与俄罗斯和亚美尼亚的经济

[①] Кнобель А. Евразийский Экономический Союз：Перспективы Развития и Возможные Препятствия//Центр Исследований Международной Торговли РАНХиГС, http：//www.forecast.ru/_ARCHIVE/Presentations/CMASF_SM/feb2015/Knobbel_m.pdf；Минфин Ожидает, Что Лидеры ТС Согласуют Сохранение Нефтяных Изъятий//РИАНовости, https：//ria.ru/economy/20140424/1005311882.html#13983499335443&message=resize&relto=register&action=add Class&value=registration.

贸易条件，只有在食品和农产品方面才需要改变其与出口这些产品的国家的制度和技术环境。非原料部门的经济现代化，已经成为格鲁吉亚经济政策的战略问题。

"深入全面的自由贸易区"和欧亚经济联盟是南高加索地区的竞争对手。目前，这两个贸易区之间没有兼容性；格鲁吉亚可能是这场竞争的输家，但是也有一些积极的方面。根据"深入全面的自由贸易区"的规定，格鲁吉亚将逐步引入符合欧盟标准的货物技术标准，向其他国家（非欧盟成员国）从事出口业务的格鲁吉亚企业不一定非得按照欧盟标准生产其产品。如果欧亚经济联盟遵守的规则能顺利达成一致，那么格鲁吉亚与欧亚经济联盟（如与俄罗斯和亚美尼亚）的贸易还可能照旧进行。《欧洲自由贸易协定》在很大程度上允许其成员国单独解决其与其他非成员国之间的双边问题[1]，因为"深入全面的自由贸易区"允许签署国独立审查和管理与欧亚经济联盟成员国之间的贸易问题，这给格鲁吉亚提供了多种选择。

然而，总的来说，"深入全面的自由贸易区"和欧亚经济联盟的不兼容性，将加深高加索经济的孤立性，致使区域内国家只能发展双边贸易。

格鲁吉亚与俄罗斯和欧亚经济联盟的关系，前景并不明朗，但也存在机遇。在欧亚经济联盟成员国不具备赞同协调贸易制度的政治意愿的前提下，建立封闭的内部贸易区会给这些国家，尤其是亚美尼亚和格鲁吉亚的经济发展造成消极影响。这需要通过双边协议，分别在解决欧亚经济联盟和"深入全面的自由贸易区"国家的问题上，找到共同语言和交叉点。但是，如果"深入全面的自由贸易区"赋予签署国单独审议和协调与欧亚经济联盟成员国之间贸易问题的权利，那么，欧亚经济联盟是否也会赋予其成员国同样的权利则不得而知。

所有关系都应该在世贸组织框架内加以研究，并按照这些规则予以落实。达到平衡的贸易利益的政治意愿，在实现整个地区的长期经济利益方面发挥着重要作用。只有这样，才有可能在不恶化南高加索地区主

---

[1] "Free Trade Agreements between Efta and Third Countries: An Overview. Briefing," April 2016, *European Parliamentary Research Service*, http://www.europarl.europa.eu/RegData/etudes/BRIE/2016/580918/EPRS_BRI (2016) 580918_EN.pdf.

要政治经济实体现状的条件下发展贸易。

最近，尽管在贸易发展方面取得了一些进展，但是仍需要通过进一步谈判将欧亚经济联盟贸易体制化，以及与欧洲的自由贸易结合起来以消除市场的不确定性和不可预测性，降低商人的风险，并协调欧亚经济联盟贸易体制，以及与欧盟自由贸易之间的关系。从长远来看，无论是格鲁吉亚与俄罗斯的双边关系，还是在世贸组织内部，欧亚经济联盟与"深入全面的自由贸易区"国家的贸易体制的协调和统一都是必要的，这将在很大程度上有助于实现整个地区长期的经济和政治利益。

改善格鲁吉亚与俄罗斯双方的经济环境，是确保稳定和安全的必然之举。在此背景下，"俄罗斯—格鲁吉亚商业论坛"是具有现实意义的，合作将在很大程度上促进共同利益的达成。新的经济项目和经济合作可以增进相互信任，并为"通过一体化和合作改变格鲁吉亚落后地区和因民族政治冲突脱离其领土的地区之间的关系"创造机会，可以为实现该地区各个领域的利益奠定坚实的基础。

五 结语

强国往往会迫使小国接受政治游戏规则，通常会在没有后者参与的情况下做出决断；小国常常没有采取政治策略和选择的机会，格鲁吉亚就身处强国地缘政治和经济利益博弈的竞技中心。

对格鲁吉亚的经济发展而言，与欧洲和俄罗斯两者开展对外贸易，以及与地理上相邻的国家发展合作是必要的，与俄罗斯的友好关系符合格鲁吉亚的利益。俄罗斯可以是一个很好的市场、一个投资源，甚至是一个保护者，它将成为整个地区的稳定因素。[1]

政治关系紧张会对经济合作产生负面影响。毫不夸张地说，没有自由贸易和合作就没有地区和平，稳定和安全可以通过各个领域的经济合作予以保障。因此，考虑到当前的现实，还是存在着一些符合两国利益

---

[1] "It's Georgia's Interest to be Friendly with Russia," Interview with Dr. Alexander Rondeli, *Caucasian Review of International Affairs*，Vol. 4（3），2010，CRIA，2010，p. 307，http：//www.cria-online.org/Journal/12/Done_ Interview_with_Alexander_Rondelli.pdf.

的因素的。

从理论上讲，由于引力原则，与邻国的合作和贸易，在经济上是有利的；然而，这种可能性在高加索地区是有限的；领土的分散性、分离主义对整个地区的经济造成负面影响，高加索国家正在陷入未决的和"冻结的"政治冲突中。

一方面，如果不进一步融入欧盟，格鲁吉亚的经济繁荣就不可能实现；另一方面，与欧盟的《联合协定》固然重要，但是俄罗斯市场对格鲁吉亚也很重要。格鲁吉亚正在努力通过加强与欧盟之间的联系使其市场多元化，面向欧盟的战略方向仍然占据着主导地位；从长远来看，这应该为其进一步的经济发展提供更多的动力。总而言之，与西方、俄罗斯和南高加索其他地缘政治力量之间的关系平衡可以确保该地区的稳定和经济增长。

（兰州大学格鲁吉亚研究中心杨忞译，郑丽丽校）

过渡背景下南高加索地区的现代政治史*

弗朗索瓦兹·康班仁(Françoise Companjen)

【摘要】 本文以"过渡"概念为主导,反思南高加索各共和国的现代政治历史。本文首先总结"过渡"范式的五个假设,然后对南高加索各国的现代史进行概述,重点关注各国独立后的一些重大事件。通过梳理南高加索三国独立后的发展,指出"过渡"范式理论的不足,并对其进行完善。本文认为,过渡时期可以实现不同的体制转型,而地方文化背景则是一个重要的因素。

【关键词】 南高加索;过渡;民主;范式;文化

一 简介

自1991年南高加索三个共和国独立以来,一连串的事件激发了学者以不同的视角研究该地区。有些人专注于历史和国家建构①,以脱离俄罗

---

* Exploring the Caucasus in the 21st Century—Essays on Culture, History and Politics in a Dynamic Context, Amsterdam University Press, 2011, pp. 157 – 179.

① King, C., The Ghost of Freedom, Oxford: Oxford University Press, 2008; Nikolayenko, O., Comparative Politics, Volume 39, Number 2, 2007; Fawn, R., Ideology and National Identity in Post-Communist Foreign Policies, London: Frank Cass, 2003; Gellner, E., Nations and Nationalism, NY: Cornell University Press, 1983; Jones, S., "Georgia: A Failed Democratic Transition," In I. Bremmer and R. Taras (eds.), Nation and Politics in the Soviet Successor States, Cambridge: Cambridge University Press, 1993; Suny, R., The Making of a Georgian Nation, Bloomington: Indiana University Press, 1988; Suny, R., Looking toward Ararat. Armenia in Modern History, Bloomington: Indiana University Press, 1993.

斯帝国为中心主题。① 还有人关注民族主义②，或探寻"颜色革命"的来龙去脉。③ 探究地缘政治中的石油气息④是另一个受到广泛关注的话题，而关于2008年8月高加索地区战争的文献也开始出现。⑤ 在此情况下，我有兴趣以"过渡"为主导概念反思南高加索各共和国的现代政治历史。

经过近二十年向民主和自由市场经济的过渡，格鲁吉亚和亚美尼亚形成了混合民主制，被认为是相对脆弱的民主国家。阿塞拜疆是一个由独裁政权统治的更强大和更有经济活力的国家。当然，个人观点会影响对民主的解释。与欧盟的一些政治家相比，美国分析家对该地区国家民主质量的批评较少，对格鲁吉亚和阿塞拜疆面向西方的态度更有好感。他们倾向于对南高加索地区糟糕的人权状况和广泛的贫困现象提出更多批评。在欧洲，尤其是在2008年俄格战争之后，南高加索地区往往被认为是"俄罗斯的后院"，欧洲不愿意过多地介入这个俄欧共同的周边地区。就我个人而言，我更愿意将南高加索地区设定为"欧洲的前院"，并建议欧盟开发更多的战略手段来有效参与该地区事务。⑥

---

① Razoux, P., *Histoire de la Géorgie la clé du Caucase*, Perrin, 2009; Serrano, S., *Sortie d'Empire*, CNRS Editions, 2007.

② Jones, S., "Georgia from under the Rubble," In Barrington, L. (ed.), *Nationalism after Independence: The Post-Soviet States*, University of Michigan Press, 2002. Gellner, E., Gellner, E., *Nations and Nationalism*, NY: Cornell University Press, 1983; See the Georgian Journal Identity Studies, with Articles on Nationalism and Identity by Gigi Tevsadze, Oliver Reisner, Ghia Nodia, David Darchiashvili and Others, https://sites.google.com/a/isystemsinstitute.org/identity-studies/.

③ O'Beacháin, D. & A. Polese (eds.), *The Coloured Revolutions in Former Soviet Republics: Success and Failures*, Routledge, 2010. Khutsishvili, G. (ed.), *Civil Society and the Rose Revolution*, Tbilisi: Cordaid/ICCN, 2008.

④ Cohen, A., *The New "Great Game": Oil Politics in the Caucasus and Central Asia*, The Heritage Foundation, 1996. http://www.heritage.org/research/russiaandeurasia/bg.cfm. Publications by Svante Cornell Varying from Energy, Turkey, Islam, Security Issues and the August War 2008.

⑤ Cornell, S. & F. Starr, *The Guns of August 2008: Russia's War in Georgia*, New York: M. E. Sharpe, 1996.

⑥ 例如，欧盟可以在该地区派驻观察员，因为欧安组织不得不从南奥塞梯撤出其观察员。欧盟甚至可以更多地参与关于卡拉巴赫的严肃谈判。

尽管政治学和社会学中的"过渡"理论是一个较早的主题①，但是，随着托马斯·卡罗瑟斯（Carothers）在《民主杂志》上发表的一篇文章对"过渡范式"特点的总结②，关于"过渡范式"的辩论在2002—2004年重新兴起。③ 这篇文章对该范式做了一个简明扼要的总结。除此之外，它还有一个贡献，即当地学者对这篇文章进行的反思。④ 在某种程度上，它已经成为当地话语的一部分。

在此期间，我们已经进行了一些关于后共产主义国家过渡的比较研究。⑤ 在本文中，我们先总结过渡范式，然后对南高加索国家的共同现代史做一个概述。关注的重点是各国独立后的重大事件⑥，但也涵盖了1918—1921年俄罗斯帝国和苏联之间短暂的独立时期。在论证和结论部分，本文探讨"过渡范式"的哪些方面需要加以更多雕琢，以及朝哪个

---

① Rustow（1970），Schmitter 和许多其他写"过渡学"的人，对地中海和拉丁美洲国家进行了比较，提到民主的"道路"，或重新民主化，有时与革命的研究联系在一起（Goldstone, 1986），我只提到几个关注南高加索或讨论南高加索的作者。Thomas Carothers 是格鲁吉亚讨论这些问题的作者之一。Carothers, T.,"The End of the Transition Paradigm," *Journal of Democracy*, Volume 13, No. 1, July 2002.

② Carothers, T.,"The End of the Transition Paradigm," *Journal of Democracy*, Volume 13, 2002.

③ Fairbanks,"The 'Sequencing Fallacy'," *Journal of Democracy*, Vol. 18, No. 1, January, 2006, pp. 17 – 27. "Confronting the Weakest Link: Aiding Political Parties in New Democracies," Washington, D. C. Carnegie Endowment for International Peace, 2002. Nodia, G.,"The Democratic Path," *Journal of Democracy*, Volume 13, No. 3, July. Wollack, K.,"Retaining the Human Dimension," *Journal of Democracy*, Volume13, No. 3, July, 2002. Dauderstadt, M., A. Gerrits, G. Markus, *Troubled Transition: Social Democracy in East Central Europe*, Friedrich Ebert Stiftung Wiardi Beckman Stichting Alfred Mozer Stichting. Dryzek, J. & L. Holmes, 2002, *Post-Communist Democratization; Political Discourses across Thirteen Countries*, Cambridge: Cambridge University Press.

④ Nodia, G.,"The Democratic Path," *Journal of Democracy*, Volume 13, No. 3, July 2002.

⑤ McFaul, M. and K. Stoner Weiss, *After the Collapse of Communism: Comparative Lessons of Transitions*, Cambridge: Cambridge University Press, 2004. Stoner Weiss, K. & M. McFaul, *After the Collapse: The Comparative Lessons of Post-Communist Transitions*, Cambridge University Press, 2005. McFaul, M.,"Transitions from Post-communism," *Journal of Democracy*, Vol. 16, No. 3, July, 2005; Steffes, C.,"Understanding Post Soviet Transitions; Corruption, Collusion and Clientelism," *Euro-Asian Studies*, General Editor C. Bluth, 2006.

⑥ 鉴于要在一篇文章中总结三个国家的现代史，我把重点放在重大事件上，而没有深入研究过去20年里这三个国家政治中发生的"丑闻"和骚乱。

方向过渡。本文认为，过渡可以被理解为体制转型。① 当地的文化背景是否能被确定为一个重要的因素？或是从一开始"文化"就被高估了？②

二 卡罗瑟斯总结的"过渡范式"

学界普遍认为，过渡（transition）与成熟民主之间的联系是基于一组普适性的假设，这是它们被称为范式的原因。这些假设是：（1）任何摆脱独裁统治的国家都可以被认为是向民主过渡的国家；（2）民主化倾向于遵循一个固定的阶段序列；（3）选举具有决定性的意义；（4）经济水平、政治历史、制度遗产、民族构成和社会文化传统等结构性特征，在过渡时期的初始阶段和结果中都不是主要因素；（5）民主化涉及对已经运作的国家的修正。

三 南高加索地区的现代政治历史

南高加索地区的三个国家有着平行的发展史。这三个国家都是在域外帝国（波斯帝国、阿拉伯帝国、奥斯曼帝国和俄罗斯帝国）的征服中幸存下来的。值得注意的是，在1917年俄国十月革命之后的1918—1921年，即在并入苏联之前，这三个国家都享有一段独立时期。首先，它们作为苏维埃共和社会主义联邦（SFRSs）的一部分被纳入苏联；后来，在1936年之后，它们又成为社会主义苏维埃共和国（SSRs）。这三个国家都于1991年宣布从苏联独立，并开始从基于社会主义政治制度和计划经济的封闭社会向基于自由市场经济和（总统）民主体制的开放型社会过渡的艰难道路。这三个国家的宪法都是在1995年通过的。这三个国家

---

① Trenin, D., "Russia Reborn," *Foreign Affairs*, Volume 88, No. 6, November/December, 2009. Davis, D., "Non-State Armed Actors, New Imagined Communities, and Shifting Patterns of Sovereignty and Insecurity in the Modern World," *Contemporary Security Policy*, Volume 30, No. 2, August, 2009. And more Implicitly through Discussion of "Normative Power" in Averre, D., 2009, pp. 1689 – 1713. "Competing Rationalities: Russia, the EU and the 'Shared Neighbourhood,'" *Europe-Asia Studies*, Volume 61, No. 10, December.

② Shaffer, B., *The Limits of Culture. Islam and Foreign Policy*, Cambridge, Mass: The MIT Press, 2006.

之间的一个区别是亚美尼亚（使徒派，Apostolic）和格鲁吉亚（东正教，Orthodox）的基督教文化，两国贵族精英之间有许多联系，而阿塞拜疆属于什叶派穆斯林（85%）文化。另一个是阿塞拜疆的石油经济。自20世纪90年代以来，格鲁吉亚与俄罗斯关系的发展不尽如人意，而阿塞拜疆与亚美尼亚的关系也很紧张。亚美尼亚与土耳其和阿塞拜疆的关系不睦①，但现在与伊朗保持着友好关系。俄罗斯一直以来都是亚美尼亚的盟友。独立后，亚美尼亚随即成为俄罗斯领导的独联体（CIS）成员。

独联体是一个松散的国家联盟，是由大多数前苏联国家组成的，在俄罗斯领导下协调经济和安全问题。独联体参加联合国维和部队。对于加入独联体，格鲁吉亚和阿塞拜疆则迟迟不决，后来才勉强加入。首先是阿塞拜疆于1991年12月加入，然后是格鲁吉亚在1992年加入。独联体内部有一个同样由俄罗斯领导的集安组织（CSTO）。格鲁吉亚和亚美尼亚是古阿姆集团（GUAM）成员②，古阿姆集团是2001年由格鲁吉亚、乌克兰、亚美尼亚和摩尔多瓦正式成立的论坛，旨在发展民主制度和市场经济。当然，作为新独立国家，这三个国家都加入了国际机构，如联合国、世界银行、国际发展协会、欧安组织和欧洲委员会，而且这三个国家都被纳入欧盟的邻国政策计划，现在又被纳入欧盟的东部伙伴关系政策计划。

最后，这三个国家的另一个共同点是领土冲突：格鲁吉亚对南奥塞梯（South Ossetia）和阿布哈兹（Abkhazia）有主权声索；③ 它的第三个自治区阿贾拉（Adjara）在"玫瑰革命"后加入第比利斯的中央政府。俄罗斯从2006年起关闭与格鲁吉亚的边界，紧张局势升级为2008年8月的俄格战争。俄罗斯在2010年初谨慎地重新开放对格鲁吉亚的旅行和贸易。亚美尼亚和阿塞拜疆在纳戈尔诺—卡拉巴赫（Nagorno-Karabakh）问题上仍有严重的冲突需要解决，俄罗斯和明斯克小组（Minsk Group）（共

---

① 最近，为软化关系做出了认真的努力（足球外交和签署开放土耳其—亚美尼亚边境的议定书，但该议定书还没有得到批准）。

② 前身为GUUAM，但乌兹别克斯坦退出。

③ 由阿姆斯特丹大学出版社于2010年出版的 *Exploring the Caucasus in the 21st Century—Essays on Culture, History and Politics in a Dynamic Context* 一书第八章和第九章对战争进行了深入探讨。

同主席为法国和美国）是调解人。土耳其和阿塞拜疆在 1993 年关闭与亚美尼亚的边界，并在 1994 年签署停火协议。2008 年 11 月 2 日，冲突暂停，朝和平迈出微小的第一步：双方签署一项关于程序的协议（《国际法和马德里原则》）。在 2008—2009 年土耳其与亚美尼亚进行的足球外交之后，双边关系通过一项重新开放土耳其和亚美尼亚之间边界议定书的签署取得暂时的进展。然而，截至 2010 年春季，该议定书还未被任何一方批准。

（一）格鲁吉亚

在此，需要先简要追溯一下格鲁吉亚的现代历史。格鲁吉亚有时被称为南高加索地区的一把"钥匙"①。1917 年俄国革命后的 1918—1921 年，孟什维克格鲁吉亚是一个独立的共和国。布尔什维克奥尔忠尼启则（Bolshevik Ordzhonikidze）在 1921 年 2 月 15 日至 3 月 17 日，带领红军（第 11 营）进袭格鲁吉亚，结束了这种独立，最终成功地将整个南高加索地区并入苏联。1936 年，在斯大林权力的巅峰时期，政体从苏维埃共和国社会主义联邦（SFSR）改为社会主义苏维埃共和国（SSR）。阿布哈兹从社会主义苏维埃共和国变成苏维埃自治共和国（ASSR），从而失去作为加盟共和国的主权。苏联成为俄罗斯化进程的目标。

20 世纪 70 年代，爱德华·谢瓦尔德纳泽（Eduard Shevardnadze）是格鲁吉亚共产党的第一书记，之后他被召集到戈尔巴乔夫手下担任外交部长，直到苏联解体。在 20 世纪 80 年代后半期，"公开化"（Glasnost）和"改革"（Perestroika）允许更多的开放和人民参与，这为一些非政府组织创造了社会政治的活动空间，这些非政府组织原本是围绕环境项目（生态）而建立的，偶尔会涉及一些替代性的政治议程（如格鲁吉亚的鲁斯塔维利协会，Rustaveli Society）。在柏林墙倒塌后，在持不同政见者和人权活动家梅拉布·科斯塔瓦（Merab Kostava）和兹维亚德·加姆萨胡尔季阿（Zviad Gamsakhurdia）的领导下，形成一个支持独立的运动。他们举行各种和平的反苏示威②，如 1989 年 4 月 9 日在格鲁吉亚举行的示

---

① Razoux, P., *Histoire de la Géorgie la clé du Caucase*, Perrin, 2009.
② 在整个南高加索地区阿塞拜疆爆发的一场起义。

威游行，当时至少有20人被俄罗斯军队杀害，其中大多数是妇女。戈尔巴乔夫与这一事件保持距离，并让格鲁吉亚克格勃的负责人取代格鲁吉亚中央政治局第一书记詹伯·帕蒂亚什维利（Jumber Patiashvili）。这种人员的调换并没有遏制住独立运动。1991年3月31日，格鲁吉亚宣布独立。

1991年5月，加姆萨胡尔季阿当选为格鲁吉亚第一任总统。他拒绝加入俄罗斯领导的独联体。当南奥塞梯想要组织自己的选举时，加姆萨胡尔季阿取消南奥塞梯的自治地位，并派遣一支军队进驻南奥塞梯。格鲁吉亚中央政府在这场战斗中失败。民兵组织将处于困境中的加姆萨胡尔季阿赶下台，并邀请前格鲁吉亚共产党第一书记谢瓦尔德纳泽（当时是俄罗斯外交事务部退休部长）回到格鲁吉亚。谢瓦尔德纳泽利用他以前的权力网络，成功地巩固了自己的地位，但他失去了阿布哈兹并因此导致大约24万难民逃离阿布哈兹，至今仍未能返回。谢瓦尔德纳泽向俄罗斯求助以对抗加姆萨胡尔季阿，后者当时正从车臣和明格勒进行反击。俄罗斯准备提供帮助，以换取格鲁吉亚加入独联体并允许俄罗斯在格鲁吉亚领土上建立军事基地。加姆萨胡尔季阿在这场权力之争中败北，1993年格鲁吉亚组织选举，谢瓦尔德纳泽是唯一候选人。他继续执政，并在1995年和1999年的选举中获胜，但在2003年11月因操纵选举被赶下台。

根据法律规定，在2004年1月的正式总统选举之前，议会议长尼诺·布尔贾纳泽（Nino Burjanadze）成为临时总统。米哈伊尔·萨卡什维利（Mikheil Saakashvili）以巨大的优势赢得选举。新政府于2004—2006年期间进行诸多改革，但随着2006年后与俄罗斯关系的紧张，人民生活质量也随之下降，特别是对于那些依赖向俄罗斯出口葡萄酒的人来说。在格鲁吉亚，经济援助和发展成果主要由少数国内外投资者攫取。尽管当地非政府组织，如索科基金会（Soco Foundation）和其他人道主义组织作出巨大努力，但在450万人口中约有40%①的人口生活在贫困中。随着格鲁吉亚和乌克兰就加入北约的成员国行动计划（MAP）的谈判取得进展，与俄罗斯的紧张关系在一系列事件

---

① 数字从30%到50%不等，取决于所使用的标准。

中不断升级。① 然而，在2008年4月举行的北约布加勒斯特峰会上，两国的成员资格计划没有被通过。毫不奇怪，同年夏天，在发生了一系列不寻常事件②后，俄罗斯与格鲁吉亚在南奥塞梯发生战争，俄罗斯使用占绝对优势的武力，首先占领南奥塞梯和阿布哈兹周围的缓冲区；在法国总统萨科齐（当时的欧盟主席）的调解下，俄军从这些地区撤退，俄罗斯随后承认这些地区为独立国家。

尽管许多格鲁吉亚人最初的反应是支持其总统采取军事行动，但在战争结束后，因为失去两块领土并造成大量的人员伤亡，格鲁吉亚总统不得不面对失望的民众和反对派要求其辞职的压力。欧安组织最终承认，2008年1月的选举是被操纵的，应该进行"第二次"选举，欧洲也对这位总统失去好感。然而，与2007年10月不同的是，也许是由于他的许多得力顾问提出了正确的政策建议，这次人们没有走向街头抗议，甚至是那些曾在2009年4月和5月用帐篷封锁首都部分地区的人们也没有走向街头抗议。反对派力量没有结成一个可行的联盟并提出一个明确的替代性的方案和领导人。人们对反对派缺乏专业精神而感到失望，同时也造成深刻的社会裂痕和两极对立。2006年9月至2008年12月，担任驻联合国大使的伊拉克利·阿拉萨尼亚（Irakli Alasania）曾被认为是替代领导人。③ 他建立自己的政党"格鲁吉亚联盟"（Alliance for Georgia）。2010年，他可能会作为第比利斯市长候选人与现任市长吉维·乌古拉瓦（Givi Ugulava）竞争。这是一条可能的"路线"，该党可以通过未来与执政党或反对党联合的形式获得更大的影响力。

（二）亚美尼亚

亚美尼亚是苏联加盟共和国中人口最单一的国家。今天，世界上

---

① 格鲁吉亚被指控窝藏车臣战士，俄罗斯单方面对格鲁吉亚人实行签证制度，2006年俄罗斯外交官作为间谍被驱逐出格鲁吉亚，俄罗斯对格鲁吉亚产品（葡萄酒）关闭所有进口通道，并利用天然气供应作为政治工具。2007年8月7日，据称俄罗斯在格鲁吉亚的第特鲁巴尼（Tsitelubani）投下一枚炸弹，但没有爆炸。

② 紧张局势的升级，俄罗斯外交官被驱逐，俄罗斯边境对格鲁吉亚产品关闭，俄罗斯军事物资在边境聚集，萨卡什维利总统对此的警告，等等。

③ 他还曾是阿布哈兹亲格鲁吉亚流亡政府的主席和格鲁吉亚与阿布哈兹之间和平谈判的总统前特使，之后他被调到纽约担任格鲁吉亚驻联合国大使。

650 万亚美尼亚人中约有一半生活在亚美尼亚之外，在美国和欧洲形成一个庞大的散居族群。1915 年，在与奥斯曼帝国的战争中，约有 100 万亚美尼亚人丧生。亚美尼亚侨民，特别是活跃于华盛顿特区和欧洲各国的强大游说集团，希望国际社会承认这场屠杀是一宗种族灭绝罪行。①

1917 年 9 月，在第比利斯举行的一次会议上，选举产生了亚美尼亚民族国家委员会，该委员会于 1918 年 1 月 1 日签署《奥斯曼帝国—俄罗斯友好条约》。但这种友谊是短暂的，因为俄罗斯很快就与土耳其发生了两场战争。在第一场战争中，土耳其占领亚美尼亚最东部的土地（埃尔津詹、埃尔祖鲁姆、凡城）。1918 年 9 月，战争继续进行，造成更多的人员伤亡和更大的领土损失。在就战败条件进行谈判时，亚美尼亚成立一个亲布尔什维克的新政府。截至 1920 年 11 月 29 日，苏维埃军队成功地赶走土耳其人，然后与他们达成和平协议。1921 年，布尔什维克和土耳其人签署《卡尔斯条约》（Treaty of Kars）。阿扎尔（Adjara）（后来成为格鲁吉亚社会主义苏维埃共和国的一个自治区）被划给苏维埃格鲁吉亚，以换取卡尔斯（Kars），其中包括亚美尼亚人的圣地亚拉拉特山（Ararat）。此后不久，1922 年，亚美尼亚被纳入苏联，成为苏维埃共和国社会主义联邦（SFSR）的一部分，1936 年后，成为社会主义苏维埃共和国（SSR）。由于南高加索地区的这些战争、条约和领土互换，因此，在这三个国家中生活着其邻国的少数民族并不奇怪。在靠近亚美尼亚和土耳其边境的格鲁吉亚萨姆茨赫—扎瓦赫季州（首府阿哈尔齐赫市）②生活着亚美尼亚少数民族。但亚美尼亚少数民族也存在于阿塞拜疆，特别是在甘加（Ganja）（阿塞拜疆第二大城市，以前叫 Kirovabad）和自称独立的卡拉巴赫飞地（Karabakh），其首都为斯捷潘纳克特（阿塞拜疆称汉肯迪）。同样，在格鲁吉亚和伊朗西北部也有一个叫阿泽里（Azeri，阿塞拜疆人）的少

---

① 这样表述是因为我们需要将亚美尼亚政府的正式外交政策与亚美尼亚侨民的游说活动区分开来。在此期间，有 15—20 个国家承认种族灭绝的事实。

② 1944 年，穆斯林梅斯赫特人从这里被驱逐到中亚。

数民族①，这些地方曾经是阿塞拜疆的一部分。在苏联时期，民族迁移政策造成更多的少数民族聚居区。纳卡是阿塞拜疆土地上亚美尼亚人口占多数的一个地区（自治州）。除领土完整问题外，还有一个问题是50多万逃离纳卡地区的阿塞拜疆族难民。

20世纪80年代末，与格鲁吉亚和阿塞拜疆类似，亚美尼亚也有民族运动，它赢得第一次立法选举，使亚美尼亚获得主权（1990年8月23日）。1991年9月21日，亚美尼亚通过公民投票宣布独立，但与莫斯科保持着友好关系。1991年10月16日，由民族主义知识分子组成的卡拉巴赫委员会的成员列翁·特尔—彼得罗相（Levon Ter-Petrosyan）当选为亚美尼亚第一任总统。他一直执政到1998年2月，因为赞同关于纳卡的谈判计划，他被迫辞职。该计划包括亚美尼亚军队从阿塞拜疆的被占领土上撤出，以及维护阿塞拜疆的领土完整和卡拉巴赫的自治地位。1999年，当他的继任者罗伯特·科恰良（Robert Kocharyan）掌权时，亚美尼亚议会发生暗杀事件，总理和其他六名在场的领导人被杀，政界大为震动。暗杀者给出的理由是腐败（例如，关于科恰良上台的选举）。凶手被判处终身监禁。科恰良的总统职位最终由共和党的安德拉尼克·马尔加良（Andranik Margaria）接任。最终，在马尔加良于2007年3月去世后，2008年2月谢尔日·萨尔基相（Serzh Sarkisyan）接任总统。

（三）纳戈尔诺②—卡拉巴赫

纳戈尔诺—卡拉巴赫目前是一个自称独立的国家，但未得到联合国或国际社会的承认。卡拉巴赫问题可以追溯到南高加索地区被并入苏联的时候。1920年，由于双方对纳—卡都没有实际的控制权，该地区被一些人认为是亚美尼亚领土的一部分。但在1921年，当时在莫斯科"高加索局"工作的年轻人斯大林将卡拉巴赫划归阿塞拜疆。到1923年，纳—

---

① 据估计，伊朗的阿塞拜疆人有1000万—2000万人，占伊朗人口的16%—24%。据称，伊朗的阿塞拜疆人主要是什叶派穆斯林，是伊朗最大的少数民族，主要分布在伊朗的北部和西北部。作为什叶派，他们没有受到与其他少数群体相同的歧视，并且很好地融入经济中，但他们对文化和语言权利的要求越来越大，包括落实他们通过土耳其语媒介接受教育的宪法权利。

② 纳戈尔诺源于俄语 nagornyi，意思是"高地"，也可以说是"上部"；卡拉巴赫在土耳其语中是"黑暗或黑色花园"的意思。卡拉巴赫的亚美尼亚语名称是 Artsakh。

卡被宣布为阿塞拜疆的一个自治州,因此它在苏联时期一直由阿塞拜疆管辖,直到戈尔巴乔夫改革时期,其动乱加剧。1988年2月,纳—卡议会要求莫斯科当局和戈尔巴乔夫总统将其与亚美尼亚社会主义苏维埃共和国进行统一。这一请求没有被批准,因为苏联宪法不允许改变边界。然而,这一请求本身就足以引发亚美尼亚和阿塞拜疆之间的暴力冲突,阿塞拜疆人被驱逐出卡拉巴赫,居住在巴库(Baku)和苏姆盖特市(Sumgait)的亚美尼亚人遭到屠杀。苏联军队设法重建秩序,但苏联中央政府未能履行职能,致使动乱蔓延和加剧。

阿塞拜疆于1991年8月宣布脱离苏联而独立,亚美尼亚也在一个月后(1991年9月)宣布独立。1991年底前,卡拉巴赫举行公民投票,投票结果支持独立。1992年1月6日,这一独立被正式确定。亚美尼亚人和阿塞拜疆人之间再次爆发战争。亚美尼亚人在俄罗斯第336步兵团的协助下占据上风。连接纳—卡与亚美尼亚的拉钦走廊(Lachin Corridor)也被亚美尼亚占领。双方都进行了屠杀,重要地区舒沙(Shusha)和霍贾里(Khojaly)都沦陷了①,迫使成千上万的阿泽里人(阿塞拜疆人)逃离家园。

虽然在1994年达成停火协议,但此后进行的谈判并没有带来有意义的结果。随着阿塞拜疆在能源供应方面的地位越来越重要,并计划铺设石油管道,西方形成一个阿塞拜疆石油游说团体,在一定程度上抵消了亚美尼亚侨民的影响。美国和法国作为共同主席加入欧安组织(OSCE)明斯克小组,重申它们对该地区的承诺。1997年制订的计划得到领导人的同意,但并未被亚美尼亚的民族主义力量所接受,列翁·彼得罗相被迫下台。

在10年后的2008年11月2日,在俄罗斯和欧安组织明斯克小组共同主席国法国和美国的调解下,再次签署一项协议。双方基本上同意加强努力,在国际法的基础上找到一个政治解决方案。根据《赫尔辛基最后文件》《联合国宪章》《巴黎宪章》和欧安组织的规定,占领阿塞拜疆的领土和使用军事力量改变边界的行为是违反国际法的。联合国安全理

---

① 1992年2月26日的霍贾里大屠杀是迄今为止冲突中最大的屠杀,约200名阿塞拜疆村民、妇女和儿童在俄罗斯第366步兵团的帮助下被亚美尼亚人杀害。

事会的几项决议要求亚美尼亚占领军从阿塞拜疆被占领土上撤出。这些决议虽然并未完全获得通过，但也承认被驱逐出纳—卡地区和拉钦走廊的难民（境内流离失所者）有返回家园的整体权利。

无论联合国安理会的投票如何，亚美尼亚与阿塞拜疆和所有来自卡拉巴赫境内的流离失所者的紧张关系并没有结束，他们仍然希望返回自己的家园。在过去几年里，阿塞拜疆的经济状况良好，并建立一支庞大的军队；如果谈判不能取得成功，即使阿塞拜疆现在遵守国际法，也不难想象阿塞拜疆政府会使用武力来解决境内50多万难民的问题和15%—20%的领土损失问题。不幸的是，截至目前，国际法的方式还没有显示出任何具体的结果，愿意签署协议的领导人没有得到国内民族主义运动的支持，双方存在着悲剧性的紧张关系。因此，在1997年愿意认可协议的前亚美尼亚总统列翁·彼得罗相被迫辞职。

（四）阿塞拜疆

在与亚美尼亚和格鲁吉亚建立外高加索联邦共和国的尝试失败后，阿塞拜疆于1918年5月28日在甘贾市（Ganja）宣布为独立共和国。然而，在首都巴库（Baku），共产党人和伊斯兰教徒之间仍然存在着紧张关系。更确切地说，布尔什维克、孟什维克和达什纳克—亚美尼亚部队（Dashnak-Armenian forces）组成的联盟，与土耳其—伊斯兰军队（也称为巴库公社）进行斗争。这个联盟崩溃，并在1918年7月被英国控制的政府所取代，这就是所谓的里海中央独裁政权（Central Caspian Dictatorship）。尽管英国军队最终帮助达什纳克—亚美尼亚人保卫首都，但是他们在1918年9月15日面对阿泽里—奥斯曼帝国（Azeri-Ottoman）的军队时败下阵来，直到1918年10月30日奥斯曼帝国战败投降才收回被占领的首都。阿塞拜疆宣布为世俗共和国，其第一届议会在1918年12月成立。

在英国军队离开9个月后的1919年8月，阿塞拜疆人既要面对卡拉巴赫飞地的紧张局势，又要面对布尔什维克的挑战。虽然阿塞拜疆人确实进行了抵抗（1920年4月），并在此过程中损失2万人，但必须说明的是，布尔什维克在巴库当地的工业人口中确实得到了一些支持。就在同一天，即1920年4月28日，一个由纳里曼·纳里曼诺夫（Nariman Narimanov）领导的社会主义苏维埃共和国（SSR）成立。同年年底，亚美尼亚成立社会主义苏维埃共和国，第二年（1921 年）格鲁吉亚也成立社会主义苏维埃共和国。1922 年 3 月，阿塞拜疆、亚美尼亚和格鲁吉亚一起被纳入"外高加索苏维埃共和国社会主义联邦"（Transcaucasian SFSR）。直至 1936 年，在斯大林的领导下，外高加索苏维埃共和国社会主义联邦被解散，这三个地区被赋予社会主义苏维埃共和国（SSR）的地位。与北高加索地区类似，苏联当局试图消除阿拉伯语言和伊斯兰教的影响①，在阿塞拜疆，泛突厥主义的诉求、与伊朗或土耳其的革命运动的联系都受到严重压制。20 世纪 50 年代和 60 年代发生针对伊斯兰教的清洗事件，直至阿塞拜疆人海达尔·阿利耶夫（Heydar Aliyev）被任命为阿塞拜疆共产党的第一书记。他加强阿塞拜疆族人的统治地位。1982 年，阿利耶夫进入莫斯科的政治局，直到戈尔巴乔夫强迫他退休，因为他认为阿利耶夫反对改革和公开化（perestroika and glasnost）的政策。

如同格鲁吉亚和亚美尼亚一样，阿塞拜疆在 80 年代也出现隐匿于"生态"主题②之下带有隐性政治议程的非政府组织，这些组织进一步演变为民族主义运动，挑战苏维埃制度。阿塞拜疆人民阵线（PFA）在本国发挥了这种作用。1990 年 1 月 20 日，苏联军队在巴库杀害了 132 名民族主义示威者，动乱最终导致暴力冲突。③ 阿塞拜疆于 1991 年 8 月 30 日宣布从苏联独立，并于 1991 年 12 月加入独联体（CIS）。1991 年 9 月 8 日，阿亚兹·穆塔利博夫（Ayaz Mutalibov）赢得阿塞拜疆第一次总统选举（作为唯一的竞选人）。围绕纳—卡的战斗，在卡拉巴赫地区的舒沙镇（Shusha）沦陷后，总统穆塔利博夫被迫辞职。1992 年 6 月举行新的总统选举。

（五）阿布法兹·埃利奇别伊（Abulfaz Elchibey）

穆塔利博夫辞职后，阿塞拜疆于 1992 年 6 月举行总统选举。阿塞拜

---

① 参见由阿姆斯特丹大学出版社于 2010 年出版的 *Exploring the Caucasus in the 21st Century——Essays on Culture, History and Politics in a Dynamic Context* 一书第四章。

② 康班仁（Companjen）用一个章节介绍格鲁吉亚 80 年代和 90 年代上半期的非政府环境组织。

③ 在格鲁吉亚，1989 年 4 月 9 日发生了类似的事情，并于 1991 年 3 月宣布独立。

疆人民阵线（PFA）的领导人阿布法兹·埃利奇别伊（Abulfaz Elchibey）当选为总统，他和格鲁吉亚总统兹维亚德·加姆萨胡尔季阿一样，都是前持不同政见者和政治犯。与加姆萨胡尔季阿一样，他反对阿塞拜疆加入独联体，主张与土耳其建立更紧密的关系，并与伊朗西北部的阿塞拜疆人扩大联系。然而，由于卡拉巴赫周边局势未得到解决且进一步恶化（亚美尼亚人占据更多的土地，更多的阿塞拜疆人成为国内流离失所者），埃利奇别伊下台，阿塞拜疆人民转而支持海达尔·阿利耶夫（Heydar Aliyev），后者在军方支持下夺取政权。

（六）海达尔·阿利耶夫家族

谢瓦尔德纳泽是一名担任过党的第一书记的退休人员，并首次以非宪法方式上台。与谢瓦尔德纳泽类似，海达尔·阿利耶夫（Heydar Aliyev）也是一名曾担任阿塞拜疆共产党第一书记的退休人员，通过军事力量上台，直到大约5个月后，即1993年10月当选总统。阿利耶夫利用他的部落纳希切万（Nakhchivan）网络，巩固他的独裁者地位，并顺利通过1998年10月有争议但未受谴责的选举。两人在各自国家的权力都保持到2003年。谢瓦尔德纳泽在2003年11月因操纵选举而下台，阿利耶夫于2003年12月12日病逝。

2003年10月，海达尔·阿利耶夫病倒后，他下台前任命他的儿子伊尔哈姆·阿利耶夫（Ilham Aliyev）为该党唯一的总统候选人。随后，伊尔哈姆·阿利耶夫在2003年10月15日以76%的选票当选为总统，人们对这次选举表示怀疑。这一次，国际社会对选举的可信性提出批评。在《人类发展报告》（*Human Development Reports*）中，阿塞拜疆被系统地描述为缺乏民主的国家，尽管它非常亲西方。伊尔哈姆·阿利耶夫在继承其父职位之前，曾是一名商人和阿塞拜疆国家石油公司（SOCAR）的副主席。他作为关键人物之一参与阿塞拜疆政府与西方石油公司之间的谈判。

四 通过"过渡范式"网格的分析

（一）远离独裁统治

过渡范式的第一个假设是，任何摆脱独裁统治的国家都可以被视为向民主过渡的国家。这个假设的第一个问题是在选举之外有多样性的连续的起始点，这一点在格鲁吉亚和阿塞拜疆表现得尤为明显。在格鲁吉亚，第一任总统兹维亚德·加姆萨胡尔季阿于1992年1月6日被民兵驱逐。然后，谢瓦尔德纳泽未经选举程序就统治整个国家，然后又被作为唯一的候选人，赢得1995年和1999年的选举，直到2003年11月被"玫瑰革命"推翻。在阿塞拜疆，关于卡拉巴赫的战争给当选总统带来困难，前两任阿塞拜疆总统穆塔利博夫和埃利奇别伊都因此失去总统职位。亚美尼亚总统列翁·特尔·彼得罗相也是如此。海达尔·阿利耶夫在正式当选之前，通过一场军事政变迅速夺取权力。他在位10年之久，任命自己的儿子为总理，并在随后的选举中以唯一候选人的身份参选获胜。

亚美尼亚的总统执政时期分布较为平均。先是亚美尼亚民族主义运动的列翁·特尔·彼得罗相（1991—1998），紧随其后的是亚美尼亚共和党的罗伯特·科查尔万（Robert Kocharvan）（1998—2003），2008年2月，由同属共和党的谢尔日·萨尔基相（Serzh Sarkisyan）接替他。但是，该国曾于1999年发生过议会大厦暗杀事件。

这种假设的第二个问题是，在所有不同的案例中，领导风格都变成相当程度的专制。加姆萨胡尔季阿表现出自大狂和独裁的特征。谢瓦尔德纳泽及其政权虽然允许公民社会的发展，但却因腐败、缺乏法治和操纵选举而受到阻碍。① 宣扬民主的萨卡什维利在当选后随即将更多的权力包揽到总统手中，尽管他在政治改革和首都现代化方面成绩斐然，但是并没有鼓励公民社会的发展。还有一项举措是将政府的部分权力下放到格鲁吉亚第二大工业城市库塔伊西（Kutaisi）。他在2008年1月的连任并非毫无悬念。② 格鲁吉亚和亚美尼亚一样，如今被归类为初级的混合型体制。这两个国家都存在自由和公正选举，以及新闻自由的问题。阿塞拜疆的独裁主义则上升一个档次，尽管它比自己的南高加索邻国更稳定，但是它仍然被归类为独裁政权。

在所有这三个国家里，政党都是由精英驱动的。缺乏以党纲为基础

---

① 在格鲁吉亚的采访中，被俗称为"不受惩罚综合征"。Companjen, *Between Tradition and Modernity*, Ph. d. VU Amsterdam, 2004.

② 欧安组织最初认为选举是公平的，但6个月后承认选举被操纵。

的政治文化,议会中也缺乏以不同论点为基础的辩论。相反,截至目前,个人魅力占主导地位,宗族政治和宗族奖励是一种结构性的激励。① 过渡范式的第一个假设是,任何摆脱独裁统治的国家都可以被认为是一个向民主过渡的国家;在20年的时间跨度内,这一范式在南高加索地区还不太成立(尽管也有许多积极的发展),除非这里的民主属于灰色民主的范畴,包含选举程序不规范,部分或完全没有新闻自由,以及经常侵犯人权等做法。

(二) 一套固定的阶段序列

过渡范式的第二个假设,即民主倾向于按照既定的阶段序列展开,并没有被南高加索国家的经验政治现实所支持,但这一假设却适用于追溯非政府组织成立的时间序列。顺着"捐助者的钱"(following the donor-money)的流向,看看非政府组织的任务说明,我们就可以发现一个时间序列,即在泛欧和南高加索绿色运动(pan-European and South Caucasus Green Movement)的背景下,以环保为主旨的非政府组织在改革期间构建了一个时间顺序。然后,这些组织在内战期间和之后开始实施人道主义援助,特别是对国内流离失所者。接着,随着捐助组织(美国国际开发署、欧亚基金会和欧盟—独联体技术方案)来到南高加索地区,有关编订新宪法和司法改革的项目得到发展。然后,1994—1996年整个南高加索地区建立大量的非政府组织,目的是加强选举公正性、司法改革、人权保护和公民社会发展。

虽然开始实施司法部门的改革项目,但改革的阻力是很大的,直到今天改革也没有取得什么效果。一套固定的阶段序列意味着一种进化。在这种进化中,当一个阶段已经完成,一些东西就会被吸收内化进而带来行为变化,或者结构上的演变。而且一旦结构发生演变,再次改变这种结构是很困难的。然而,情况并非如此,甚至在"玫瑰革命"之后亦非如此。截至目前,过渡显示出一个十分参差不齐的轮

---

① 关于后苏联空间的宗族社会,"一个非正式的精英团体,其成员促进他们共同的政治、金融和战略利益",见 Kryshtanovskaya, O., "Illegal Structures in Russia," *Trends in Organized Crime*, Volume 3, No. 1, Fall, 1994, pp. 14–17.

廓，没有一个固定的阶段序列的展开。相反，这个过程的特点是充满战争（内战）和革命，在改革中取得部分进展，并有诸多倒退。问题是，这些是缺乏战略意志的表现①，是对抗性文化的表现，还是其他尚未命名的影响因素的表现？

（三）选举的决定性意义

这些政治事件使人们看到过渡范式的第三个假设：选举的决定性意义。在1991年的第一次总统选举中，三个共和国的人民都非常支持自己选择的总统，所以结果是毋庸置疑的。但是，这三个国家在随后的选举中出现的操纵行为，证明自由和公正的选举尚未实现制度化。一方面，当地和国际报告称②，南高加索国家的选举存在严重的违规行为。③ 另一方面，关于改革程序需要时间的看法，比即时实现民主的言论可能更多。

地方选举是对总体政治发展的一个重要刺激。尽管如此，政党仍然很薄弱，主要是由于组织、财政和文化方面的原因，如缺乏议会和国家辩论。

（四）结构特征的重要性

过渡范式的第四个假设是，结构特征和社会文化传统在过渡过程的开始和结果中，都不是主要因素。南高加索国家的所有证据都表明，情况并非如此。有三个相互关联的、可能减缓民主进程的社会文化现象和非正式结构因素应该被提到：政治宗族结构、腐败和影子司法系统［法律中的徇私枉法者（thieves）④］，它们"统治"着整个苏联。这些"徇私枉法者"在一个错综复杂的制衡系统中与格鲁吉亚共产党员联系在一起。在共产党失去执政权后，这些非正式团体就享有自由支配权。即使在独立后的10年里和经过几次司法改革之后，政法系统中的"徇私枉法

---

① "意志缺乏"也是 Re 工作室的马穆卡—库帕拉泽制作的关于格鲁吉亚和阿布哈兹的 DVD 的标题。
② 国际公平选举与民主协会、自由之家、欧洲安全与合作组织的选举报告。
③ 参见由阿姆斯特丹大学出版社于2010年出版的 *Exploring the Caucasus in the 21st Century—Essays on Culture, History and Politics in a Dynamic Context* 一书第六章。
④ Georgian：*Kanonieri Kurdebi*；Russian：Vory v Zakone.

者"作为一种替代性的司法系统仍在蓬勃发展。这是一个结构性因素,会减缓司法改革和后苏维埃空间各地区的民主化进程。

萨卡什维利总统最初作出的一番努力,旨在解决以上三个问题,并取得一定的成功,腐败现象减少(警察、海关等)。法律上的"徇私枉法者"受到限制,或者被转移到其他地方。在国家建设的过程中,税收改革、海关改革、军队建设、边境安全及劳资关系实现现代化和专业化,并推动政府官员和工作人员的年轻化。然而,在2007年11月抨击和平抗议者、2008年1月的欺诈性选举和2008年8月与俄罗斯的战争失利之后,紧张局势随即加剧,旧的宗族机制抬头,暂时在格鲁吉亚社会中形成一种反民主的[1]两极化的压力。

根据《人类发展报告》《自由之家》和《清廉指数》(Corruption Perceptions Index),2009年,格鲁吉亚、亚美尼亚和阿塞拜疆在180个国家中的排名分别为第67、第109和第158。在人类发展指数方面,2008年亚美尼亚在三个国家中得分最高(83/197),阿塞拜疆得分最低(97/197),格鲁吉亚得分(93/197)介于两者之间。在新闻自由方面,自由之家在2009年将格鲁吉亚定为"部分自由",亚美尼亚和阿塞拜疆被定为"不自由"。

这三个社会都是沿着宗族结构的脉络进行纵向组织的。这三国从政的激励结构大致相同:进入议会和政府高层是获得财政资源(外国赠款、公司和商业交易的利润等)的一种方式。结构性因素,如苏联的做法、腐败的习惯、政治激励结构和脆弱的公民社会,显然在减缓民主和稳定方面发挥了作用。简而言之,这些特征可以概括为"政治文化"[2],它要么需要被接受为具有自身优点和合理性的不同的政治制度,要么需要通过不同党派(联盟)之间更多的横向关系和通过更多的国民由其他渠道而非街头占领的方式来改变这种政治文化。[3]

---

[1] 在议会民主的意义上,政治行动被带到街头。

[2] Sumbadze, N. and G. Tarkan Mouravi, "Democratic Value Orientations & Political Culture in Georgia," *Institute for Policy Studies*, 2003, http://www.ips.ge.ibid.

[3] Nee, V. & R. Matthews, "Market Transition and Societal Transformation in Reforming State Socialism," *Annual Review Sociology*, 2006, p. 411. Tolz, V., "The Soviet State Did Not Encourage Horizontal Ties between Members of Society, thus Preventing Civil Society and thereby a Viable Civic Nation from Being Formed," "Forging the Nation: National Identity and Nation Building in Post-Communist Russia", *Europe-Asia Studies*, Vol. 50, No 6. 1998, pp. 993 – 1022.

(五) 第五个因素：一个正常运转的国家的转型

鉴于苏联的解体是由国家的破产（腐败、缺乏激励、计划经济的失灵）和巨大的官僚主义所致，前加盟共和国很难被看作运转正常的国家。如果苏维埃制度运转良好，它可能就不会像现在这样崩溃。摆脱一个帝国，一个运转不良的帝国，确实需要彻底地"重组"，重新建设民族国家。这是一个复杂的过程，需要来自国家机构、私人和公共组织的个体的关注。鉴于民主化持续存在的问题，人们不禁要问，哪些力量在起作用？是不太明显的文化力量阻碍向民主的过渡，还是一开始的期望值太高和文化上的偏见？

(六) 讨论：过渡和文化？

显然，在过去 20 年间，南高加索地区的过渡是一个反复无常的过程，有错误的开始、挫折和意外。从理论上讲，它与社会的多线性和差异性进化理论①，而非与明确的、单线性的和决定性的过渡范式，有更多的共同之处。结构性特征（经济发展、制度遗产、社会文化习惯）确实在过渡阶段的开始和结果中发挥着作用，否则经过 20 年的发展，包括加入欧洲委员会，希望加入北约（要求改革司法系统），格鲁吉亚、阿塞拜疆和亚美尼亚将成为比今天更民主、更有活力的国家。经济发展是否伴随着政治文化的变化？价值取向是否或多或少地影响着向民主和更高经济繁荣的发展？还是需要坚定的领导人来改变现状？

经济发展和社会政治演变的理论集中在这种结构特征上。有些人认为文化更重要，有些人认为经济更重要。结论是，经济发展在一定程度上是可以预测的，是朝着理性、宽容和信任的价值观发展的；但同时，文化也是有路径依赖的：价值体系是持久的。② 换句话说，如果经济发展

---

① Carneiro, R. L., "The Four Faces of Evolution," In: Honigman (ed.), *The Handbook of Social and Cultural Anthropology*, Chicago: Rand, 1973. McNally, "The Chiefdom," In: J. D. Jones R. R. Kautz (eds.), *Transition to Statehood in the New World*, New York: Cambridge University Press, 1981.

② Inglehart, R., "Culture and Democracy," In: L. E. Harrison & S. Huntington (eds.), *Culture Matters; How Values Shape Human Progress*, Basic Books, 2000.

与文化环境之间的力量同等强大,就很难预测将来的变化。考虑到南高加索地区的宗教多样性(基督教、伊斯兰教),我们能够发现全球关于宗教和民主之间比较研究的结论是有趣的。诺里斯(Norris)① 总结说,在宗教信仰和民主之间发现的唯一重要关系是伊斯兰教和性别平等之间呈负相关关系,以及基督教东正教和民主之间呈负相关关系。② 他对经济增长的类型做了区分,并得出结论:"石油和矿产开采的增长,阻碍妇女进入劳动力市场,并产生扩大性别不平等的倾向。"这使得产油国的父权文化和政治体制异常强大。③ 由于三个南高加索国家的经济模式不同,其中一个国家强烈地依赖天然气和石油收入(阿塞拜疆),这要求对南高加索三国的经济、文化和政治体制之间的关系进行更多的比较研究。

2010年,在格鲁吉亚经常可以听到的一句话是:"一切都在变化,但又没有变化。"也许体制改革之所以缓慢,是因为继承于苏联的不尊重法律的习惯。一些学者认为,根深蒂固的裙带关系和腐败的做法已经绑架了正式的机构,使得法治(以及更强大的民主国家)难以发展。如何打破这种恶性循环?一些人建议在学校开设"公民教育",另一些人则呼吁把建立"陪审团制度"作为促进法治的一种手段。无论怎样,为有效地进行理论研究,"过渡"的概念应该朝着"文化和制度变革"以及"国家如何参与到经济活动和公共辩论中"的方向前进。

借鉴莱斯利·怀特(Leslie White)④ 关于个体精力和文化演变的观点:只要许多人生活在贫困之中⑤,除生存之外没有多余的精力可以用于

---

① Norris, P. & R. Inglehart, "Islamic Culture and Democracy: Testing the Clash of Civilizations," In: *Comparative Sociology*, Volume 1, 3/4, 2002.

② Norris, P. & R. Inglehart, "Islamic Culture and Democracy: Testing the Clash of Civilizations", In: *Comparative Sociology*, Volume 1, 3/4, 2002.

③ Ross, M. "Oil, Islam and Women," In: *American Political Science Review*, Vol. 102, No. 1 February, 2008, p. 107.

④ White, L., *The Science of Culture. The Study of Man and Civilization*, New York: Grove Press, 1949.

⑤ 格鲁吉亚统计局(SDSG)的数据是:除极少数的例外,人们的收入已经急剧下降。到1997年底,有53.1%的格鲁吉亚人生活在贫困线以下。V. Melikidze, "Georgian Bread Industry during Economic Reform"(Tbilisi, *UNDP Discussion Paper Series* nr 7, 1998)。所有的统计数据都表明,在消除贫困方面没有什么进展,还有记录显示,平均预期寿命很低,肺结核和这类贫困疾病正在增加。

其他方面，个体付出的精力不增加，那么文化和社会自我表达就不会进一步发展。在 2009 年和 2010 年，人们可以在《外交政策》和《安全》杂志上看到的建议是，让整个国家，而不仅仅是精英，参与到"过渡"进程中（意味着更多地减贫）。因为当前强调的是"有效变革"（effective change），也许现在是聚焦于"过渡"的时候了。

最后，过渡范式以一个正常运转的国家为出发点，而南高加索地区三个国家在苏联解体后的"休克疗法"中几乎崩溃。国家十分孱弱，财政收入微薄。在谈到南高加索时，应该更多地考虑到国家性、民族性与民主之间的关系。诸如盖尔纳（Gellner）的研究使人们了解到，与西方的国家性相反，在南高加索地区，民族性与国家性并不一定是一致的。① 因此，遵循不同的发展战略并不是不合逻辑的。在一个与领土完整和强烈的非正式接触斗争的脆弱国家，要达到民主标准是相当困难的。② 在西方，公民社会和民主一般都是在抗衡国家的过程中发展起来的，因而人民对国家的制衡变得过于强大。南高加索地区国家的挑战在于建立一个更强大的国家，同时允许公民社会的发展，以刺激互惠关系。这将刺激集体规范层面的变化，因此将被称为转型（transformation）而不是过渡（transition）。

这需要个人和团体有意识地作出战略努力，以建立可行的国家基础设施，并使政治和司法环境朝着民主标准发展。如果没有这些坚定的个人，就不会有进展。然而，行动和互动既是一种文化建设，也是一种结构功能。显而易见，现有的社会秩序被嵌入合法化的意识形态中。可能的变革和干预需要在公认的意识形态和文化传统中得到解释、"伪装"或"推销"。因此，任何走向民主化的活动都是在文化和意识形态上的。此外，克莱森（Claessen）和范·德·维尔德（Van de Velde）在其复杂的比较研究中确认，意识形态对于社会政治的演变比战争等更为重要。③ 然

---

① 另见格鲁吉亚互联网杂志《身份》中吉—特夫萨泽和奥利弗—赖斯纳关于民族主义的文章。

② 根据 Estellie Smith 的说法，这些正是过渡期政体的特征：正式结构薄弱，非正式接触强，对技术发展的关注度中等。

③ Claessen, H. en P. van de Velde, M. Estellie Smith (eds.), *Development and Decline. The Evolution of Sociopolitical Organization*, Massachusetts: Bergin & Garvey, 1985.

而，鉴于有关石油经济与父权文化和政治机构之间关系的其他结论①，需要在南高加索地区就经济、文化与政治机构之间的关系进行更多的经验比较研究。

为进行清晰的分析和讨论，我们需要将文化作为一种全面渗透的社会和政治现象，与简单的实用主义政治区分开来。国际关系的实用主义政策，不应该被对于文化的单一的、本质主义的理解所阻碍。政治可以超越文化差异，在一定程度上证明了政治可以对文化进行限制的观念。然而，政治家们的沟通方式、他们选择的策略、所施加的忠诚模式、他们被不同选民所感知的方式及赋予他们行动的意义，仍然是文化的。

五 总结

苏联实行族群与领土挂钩的政策，各加盟共和国内的地区有不同程度的自治权，在脱离苏联后，这一政策的残余也是后来南高加索各国建国进程的具体特征。与西方国家不同，民族性和国家性在南高加索三国的国家建构过程中并未同步发展。社会的结构性特征，如强大的精英、影子司法系统、公众对根深蒂固的腐败的厌恶和政治部族的运作，对向民主和自由市场经济的过渡进程产生了影响。南高加索地区的过渡理论应该考虑到这种当地的文化和（石油）经济背景，使过渡的概念更有意义。过渡意味着规范性的变革，意味着整个国家的更多参与（消除贫困和提高参与度），实现路径是在议会和民间社会中发展政治和辩论，而不是通过将政治推向街头的手段。② 专制领导人与公众之间缺乏信任，这仍然是一个需要努力解决的问题。简而言之，成功国家的形成取决于政府和人民之间建立起互惠的联系。最后，该地区受到来自俄罗斯联邦、美国、欧盟、欧安组织（选举、谈

---

① Ross, M., "Oil, Islam and Women," In: *American Political Science Review*, Vol. 102, No. 1, February, 2008, p. 107.

② 见IPS格鲁吉亚晴雨表：比较2008年战争前后格鲁吉亚的公众舆论，集会被提到的对政府施加影响的方式有所增加。www.IPS.ge。

判）和北约的具体地缘政治的影响（有时是缺乏这种影响！），这些力量的存在和空缺可以让俄罗斯和西方的政策制定者反思他们对这个地区的贡献。

（兰州大学格鲁吉亚研究中心魏衍学译，祁治业校）

第三编
格鲁吉亚的对外政策

格鲁吉亚:小国的对外政策*

艾瓦江·安娜·斯捷潘诺夫娜(Айвазян Анна Степановна)

【摘要】 本文以格鲁吉亚为例,探讨小国的政治主观性问题,以及它们与世界大国的互动特点。作者强调,近十年来南高加索小国强化了民族国家认同,明确了政治优先事项。虽然这些国家利益仍然与俄罗斯有着很大的关联,但是双方关系的背景已经发生了改变,亟须建立新的互动机制。本文的研究对象是,在不同历史时期格鲁吉亚与俄罗斯、格鲁吉亚与西方关系中寻求平衡的现代对外政策。作者指出,现代格鲁吉亚政治精英的要求,已经完全超出了经济和政治合作的范围。本文最终的结论是,尽管向欧洲靠拢的发展方向占主导地位,但是格鲁吉亚外交政策中仍然有多边合作的趋势。作者认为,无论国内政治结构如何变化,格鲁吉亚与俄罗斯关系发展的主要方向,应该是建立长期的互动渠道。

【关键词】 小国;欧洲一体化;欧盟;俄罗斯;格鲁吉亚;后苏联空间;南高加索

近年来,第比利斯的反俄罗斯制裁、围绕阿布哈兹和南奥塞梯发生的冲突,以及俄罗斯与欧盟的紧张局势,使得俄格关系持续恶化。研究格鲁吉亚的外交战略,主要有以下几个目的:准确认识该国参与欧洲一体化的动机;预测未来俄罗斯与格鲁吉亚之间可能出现的危机;防止该

---

* Айвазян Анна Степановна, "Грузия: внешняя политика малого государства", Современная Европа, №1, 2020, с. 80 – 90.

地区局势进一步恶化。本文创新之处在于,在小国行为的总框架下,探究格鲁吉亚的外交政策。本文采用的理论框架,能够有效解释该国在不同时期,在全球不同行为体之间的平衡战略,并阐明影响该国选择特定合作战略的先决条件。

一 小国的政治主体性

存在一些理论和实践方面的先决条件,这些先决条件给那些经济弱小、政治体系不稳定的小国以寻求长期政治伙伴行为的期待。首先,这些潜在因素受到小国的脆弱性和该国局势的影响,小国不得不选择应该与哪个更强的行为体进行合作。

执行发展计划的国际制度将国家分为小型国家、中等国家和大型国家。根据世界银行的定义,小国人口在300万人左右,经济不发达。这些国家很脆弱,且易受到外部风险的影响。在地理上,这些国家远离有潜力的销售市场;通常,其特点是背负高额外债。[①] 格鲁吉亚人口约370万人,贫困率为20.1%,失业率为12%,人均国内生产总值为4070美元。[②] 近年来,该国经济发展在很大程度上依赖阿塞拜疆能源供应的稳定性。这一因素降低了俄格关系恶化所造成的风险。格鲁吉亚商品的主要销售市场是土耳其、俄罗斯和阿塞拜疆。在某种程度上,这些国家都追求地区的领导权。在这种情况下,第比利斯不得不经常调整策略以避免可能的政治压力。

从新现实主义的角度来看,小国可能的行为策略有两种:在不同的世界行为体中保持平衡,或者向权力中心靠拢。在这一概念框架内,国家越弱就越倾向于追随的战略。直接靠拢强国及其强力,会促使小国选择追随战略。[③] 格鲁吉亚的邻国有亚美尼亚、阿塞拜疆和土耳其,在某种程度上这些国家都与俄罗斯和欧盟保持着积极的经济和政治联系。它们

---

① "The World Bank in Small States," https://www.worldbank.org/en/country/smallstates/overview.
② National Statistics Office in Georgia, https://www.geostat.ge/en.
③ Walt, S., *The Origins of Alliances*, Cornell University Press, 1987.

实际上遵循的是平衡政策。格鲁吉亚是唯一一个不考虑该地区多元化趋势，与俄罗斯渐行渐远，并有计划地走向欧洲大西洋一体化道路的国家。在研究现代格鲁吉亚的优先任务时，格鲁吉亚的研究者尤其强调这样一个事实，即格鲁吉亚已经放弃了亲俄的发展道路。虽然对莫斯科经济和政治存在依赖，以及存在军事威胁的风险等因素，但是，这些作者都强调去苏联化进程和承认俄罗斯的威胁，这对格鲁吉亚外交决策起着决定性作用。① 就他们的学术观点来看，2008 年事件后格鲁吉亚的外交政策没有任何变化，尽管大多数专家特别期待，格鲁吉亚能够与俄罗斯进行更多的合作。此外，有观点认为，亲俄政策有助于格鲁吉亚前总统米哈伊尔·萨卡什维利巩固其政权。② 但是，相反，该国走上了西方国家设计的政治制度现代化的道路，并以此证明其外交选择的正确性。

格鲁吉亚外交政策的这种转变并不合理：与欧盟和北约协作的好处难以兑现。从理论上看，对格鲁吉亚而言，这些组织的正式成员资格是开放的，但是实际上却根本不可能被吸纳进去。格鲁吉亚只是西方政治模式胜利的一个例子，但是在阿布哈兹和南奥塞梯局势恶化的情况下，这并不能为格鲁吉亚提供同等意义上的安全保证。

在包括世界银行在内的国际机构的解释中，小国的主要特点是对外部资金的需求。因为资助国关注的是，受助国生活水平的长期增长和正在实施的改革的长远效果，寻求经济和政治发展模式成为协作的一个重要内容：在欧盟邻国政策、"东方伙伴"方案，以及格鲁吉亚与欧盟《联合协定》中都可以找到相关内容。尽管如此，为了和平、民主和经济福祉，布鲁塞尔与第比利斯之间的相互协作可以解释为，西方欲扩大在"邻邦争议区"的影响力。③ 首先，这种对欧盟与伙伴国的相互关系可以解释为此类项目方案覆盖地区的扩大：每个国家的加入都表明了欧盟和

---

① Kakachia, K., "Georgia: Identity, Foreign Policy and the Politics of A 'Euro-Atlantic Orientation'," https://www.files.ethz.ch/isn/162767/52b05938ffcd3ea8b9c6d499e1515b35.pdf.

② Nodia, G., "Divergent Interests: What Can and Cannot Be Achieved in Georgia-Russian Relations," in Kakachia, K., Cecire, M. (eds.), Georgian Foreign Policy: The Quest for Sustainable Security, 2013, pp. 97 – 110.

③ Sakwa, R., "The Ukraine Syndrome and Europe: Between Norms and Space," The Soviet and Post Soviet Review, 44 (1), 2017, pp. 9 – 31.

俄罗斯支持者阵营空间的变化及它们地缘政治影响力的增强。

按照后苏联一体化的逻辑，苏联曾经建立的政治、经济和社会共同体至今仍影响着这些国家的未来；当然，其政治精英对此是予以否认的，他们试图重新寻找定位。一方面，"后苏联"意味着与苏联前宗主国和法定继承者俄罗斯合作的必然性：只有这样才能确保从过去的苏联向现在的后苏联成功过渡。[1] 这一观点的问题在于，"后苏联一体化"没有明确规定相互协作的基本方向和模式，而这一时期原苏联国家沿着不同的轨迹各自发展。另一方面，在格鲁吉亚国家传统观念中有许多关于格鲁吉亚自主性、格鲁吉亚认同及其独特性的因素。现代格鲁吉亚政治精英试图割断与过去的联系，并确立自己在苏联解体后在该地区的独特地位，然而，该地区无论在政治还是社会方面，都已经变得碎片化。后苏联一体化的想法，并不符合这一要求。

除了国家间关系之外，本文探讨的内容还包括民族精英之间的关系：他们在构建民族国家的观念问题上的社会化和一致性、其他方面存在的分歧[2]、国家内部政治局势和各种政治力量的斗争对该国选择外部盟友的影响。从这个角度来看，对外政策的目的是，确立主权和以某种方式决定自己的内外政策的能力。

二 寻求相互协作的价值基础

南高加索各国对外政策的基本特征是，发展与俄罗斯和西方大国的战略伙伴关系。然而，俄罗斯与欧盟之间日益紧张的关系迫使各国做出选择：在这种情况下，并不是所有国家都能成功地保持非冲突的合作对话。一方面，这是对国家外交能力的挑战，迫使其制定协调各方利益的机制。另一方面，在政治不稳定和竞争日益激烈的背景下，南高加索各国的执政党不得不定期与反对派和选民进行对话，向其解释自己的选择。

俄罗斯邻国和欧盟国家政治精英的要求已经远远超出经济和政治互

---

[1] Маркедонов С. М, Постсоветское Пространство: Распад или Сохранение? //Вестник РГГУ, Серия: Политология. История. Международные Отношения № 8, 2017, с. 9 – 16.

[2] Рябов А. В, Постсоветское Пространство: Факторы И Циклы Развития//Россия и Новые Государства Евразии № 3, 2018, с. 67 – 82.

动的实际层面。民族国家认同和价值理念的构建问题已经变得十分迫切；想要塑造国家新形象的一批政治精英走向权力中心。在这种情况下，格鲁吉亚与西方伙伴关系的发展，是格鲁吉亚讨论国家基础、修订现有关系，以及通过欧洲制度进入国际社会的战略构建的动机。

与西方建立关系的过程伴随着对身份认同的探索。在共产主义意识形态崩塌后，格鲁吉亚经历了民族主义情绪的影响。探讨成为格鲁吉亚人意味着什么这一问题变得至关重要。而且这一辩论保持在较高的政治层面上。因此，在第二个总统任期结束时，萨卡什维利发表声明称，格鲁吉亚历史上与具有破坏性的共产主义的过往没有任何联系，格鲁吉亚民族属于欧洲大家庭。① 在与阿布哈兹和南奥塞梯的沟通中，认同问题受到批判。执政党"格鲁吉亚梦想"的代表发表声明称，阿布哈兹和奥塞梯人应该生活在欧洲的格鲁吉亚，在这里他们可以保留自己的语言、文化和独特性。② 对于认同的谈论，则不可避免地要涉及历史和格鲁吉亚人在俄罗斯帝国的地位。因此，必须构建一种积极的话语叙事，并在格鲁吉亚和俄罗斯人民共享的价值观基础上，塑造未来的前景。

包括格鲁吉亚在内的小国，迫使大国对世界秩序的合法性、有效性和正义性做出论证。③ 那些研究欧盟邻国政策方案中民主规范作用的外国研究者，倾向于把俄罗斯看作拒绝自由主义标准话语的文明价值观的行为体。④相反，在这些研究者看来，俄罗斯推广的以国家为中心、不干涉内政⑤，主权民主和"俄罗斯世界"⑥ 等标准与欧盟在伙伴国协议中的价

---

① Президент Грузии Михаил Саакашвили, Выступления И Объявления, http://www.saakashviliarchive.info/ru/PressOffice/News/SpeechesAndStatements? p = 8508&i = 1.

② Абхазия И Южная Осетия Отказываются от Предложенных Им Властями Грузии Автономий, https://www.kavkaz-uzel.eu/articles/251493/.

③ Кавешников Н. Ю, Малые И Вредные? //Международные Процессы т. 6, No 3 (18), 2008, c. 84 – 92.

④ Oskanian, K., "A Very Ambiguous Empire: Russia's Hybrid Exceptionalism," *Europe-Asia Studies*, 70 (1), 2018, pp. 26 – 52.

⑤ Kornilov, A., Makarychev, A., "Russia's Soft Power in the South Caucasus: Discourses, Communication, Hegemony," in: Agadjanian, A., Jödicke, A., Zweerde, E. (eds.), *Religion, Nation and Democracy in the South Caucasus*, 2014, pp. 238 – 254.

⑥ Nuriyev, E., "Russia, the EU and the South Caucasus: Forging An Efficient Over-Arching Cooperative Regional Security Scheme," *Connections* 14 (2), 2015, pp. 51 – 64.

值观相矛盾。当遵循政治规范成为提供财政资源的主要标准时，这些政治规范的形式化迫使邻国要以此证明自己的吸引力。当与俄罗斯的合作违背了欧洲政治模式时，俄方构建关于俄罗斯与其邻国合作的价值基础的重要性就提升了。

从形式上看，实用主义取向在欧盟全球外交战略和发展邻国关系中不断增长。这种情况为邻国发展与俄罗斯的关系提供了契机：当欧盟更加明确地表明自己的实用主义利益时，格鲁吉亚与俄罗斯和欧亚经济联盟的对话空间也在扩大。①

三 经济多元化

总的来说，第比利斯在包括经济在内的各个领域转向西方，早在"玫瑰革命"之前，这种情况就已经发生。1999年底，格鲁吉亚就加入通过该国及阿塞拜疆和土耳其境内的"巴库—第比利斯—杰伊汉"石油管道协议。② 该项目在欧盟能源供应多样化方面，发挥了重要作用。

2014年，格鲁吉亚与欧盟签署《联合协定》，该协定于2016年生效。③《联合协定》规定了内部民主改革、和平解决冲突，以及发展安全和区域合作领域对话的优先事项。格鲁吉亚希望与欧盟在这些领域开展合作。而欧盟不仅愿意提供咨询援助，还愿意提供资金来完成已制定的任务。④ 这一重要的举措也意味着，格鲁吉亚拒绝加入俄罗斯倡导的欧亚一体化项目。在这种条件下，格鲁吉亚加入欧亚经济联盟的机会，实际上只有在欧盟与欧亚经济联盟达成特别协议的情况下才可能实现，但是

---

① Gromyko, A., "Political Landscape of Europe. The Spectre of Geopolitical Solitude," *The EU And Russia: The Way out or the Way Down?*, 2018, pp. 7–14.

② British Petroleum Official Web-site, https://www.bp.com/content/dam/bp/countrysites/en_ge/georgia/home/legalagreements/btcagmt4.pdf.

③ "Association Agreement between the European Union and the European Atomic Energy Community and Their Member States, of the One Part, and Georgia, of the Other Part," https://eurlex.europa.eu/legal-content/en/TXT/PDF/?uri=CELEX:22014A0830(02).

④ Official Journal of the European Union, https://eeas.europa.eu/sites/eeas/files/association_agreement.pdf.

这种可能性微乎其微。

大额资金援助和贷款，是格鲁吉亚与欧洲关系的重要组成部分。在2017—2020年项目框架内，欧盟计划向格鲁吉亚提供4500万欧元，拨出1.34亿欧元用于国家财政管理领域改革，确保法律至上和继续实施《联合协定》的筹备工作。《联合协定》签订的结果是，自2017年3月起，取消对格鲁吉亚公民短期访欧的签证要求，调整贸易标准，消除技术性贸易壁垒。[①] 从长远来看，改革的影响显而易见，但是目前格鲁吉亚仍然处于民主管理制度和开放性市场体制的建设阶段。

如果格鲁吉亚能够加入欧亚经济联盟的话，这将有助于格鲁吉亚扩大销售市场和简化格鲁吉亚移民的就业条件。格鲁吉亚和俄罗斯有共同的边界，因此，来自欧亚经济联盟成员国亚美尼亚的货物，可以通过格鲁吉亚领土进入俄罗斯境内。虽然两国政治关系并不友好，但是两国经济关系近年来却在持续发展：格鲁吉亚的出口额从2016年的2.06亿美元增加到2017年的3.96亿美元和2018年的4.36亿美元。从俄罗斯进口额也有所增长：2016年为6.75亿美元，2017年为7.86亿美元，2018年为9.34亿美元。尽管在格鲁吉亚2019年1—6月进口数据中欧盟和独联体国家的份额差别不大，分别为25.9%和26.6%，但是目前格鲁吉亚的出口仍然集中在独联体市场；而同期欧盟国家在格鲁吉亚出口中所占份额为24%，独联体国家占51.6%。与此同时，土耳其仍然是格鲁吉亚占据领先地位的贸易伙伴。[②] 格鲁吉亚从俄罗斯进口的主要商品有小麦、石油和石油产品、石油天然气和气态碳氢化合物；向俄罗斯出口的产品有铁合金、矿泉水、饮用水、酒类和小汽车（格鲁吉亚不生产汽车，主要是复出口）。

尽管格鲁吉亚试图使自身的伙伴关系多样化，且其经济领域具有风险性，但是俄格经济关系仍然保持着积极发展的态势。从阿塞拜疆天然气的进口额不断增长，阿塞拜疆公司在其石油部门的参与度不断提高；

---

① "Association Implementation Report on Georgia," https：//eeas.europa.eu/sites/eeas/files/2019_association_implementation_report_georgia.pdf.

② Geostat, https：//www.geostat.ge/media/25048/saqonlit-sagareo-vachroba-saqartveloshi19.07.2019 - %28eng%29.pdf.

来自欧盟、美国和土耳其的外国直接投资也在增加。① 与此同时，俄罗斯公司仍然对格鲁吉亚的矿产开发和食品工业贸易发展充满兴趣，对格鲁吉亚的过境潜力，以及连接格鲁吉亚、亚美尼亚和伊朗的运输走廊保持高度关注。

除了与俄罗斯和欧盟的合作外，格鲁吉亚继续加强与土耳其、阿塞拜疆和中国的合作，建立自己的区域联盟。巴库、第比利斯和安卡拉的合作不局限于能源项目，双方在国防层面、经济、政治和人道主义领域也进行积极互动。"巴库—第比利斯—卡尔斯"铁路正在建设，"巴库—第比利斯—杰伊汉"石油管道，以及"巴库—第比利斯—埃尔祖鲁姆"天然气管道项目也正在实施。格鲁吉亚与中国签订了自由贸易协定，一些项目也正在推进中，包括在库塔伊西建设电动汽车生产厂在内的一些项目。

尽管格鲁吉亚内部矛盾重重，其重要伙伴俄罗斯与欧盟之间关系紧张，但是该国还是成功地在其周边构建起包括地区行为体在内的盟友圈。对格鲁吉亚而言，虽然莫斯科是重要的经济伙伴，但是与西方大国积极构建新型关系以推动自身利益的实现，这一趋势将长期存在。

四　地区安全视角

格鲁吉亚与西方的政治和解，始于谢瓦尔德纳泽政府时期。一方面，格鲁吉亚于1995年9月签署了一项协定，承诺俄罗斯可以在其境内部署军事基地。② 1999年，在欧安组织伊斯坦布尔峰会上，通过了有关削减俄

---

① Завьялова Е, Взаимодействие России И Грузии в Сфере Экономики//в кн.: Кизикурашвили Н. В., Елисеев А. М. (ред.) Россия-Грузия: Ключевые Направления Взаимоотношений, Российский Совет по Международным Делам, Москва, Россия, 2014, с. 55 – 67.

② Договор Между Российской Федерацией И Республикой Грузия о Российских Военных Базах на Территории Республики Грузия, https://www.mid.ru/foreign_policy/international_contracts/2_contract/-/storage-viewer/bilateral/page-1/47960?_storageviewer_WAR_storageviewerportlet_advancedSearch = false&_storageviewer_WAR_storageviewerportlet_keywords = %D0%B4%D0%BE%D0%B3%D0%BE%D0%B2%D0%BE%D1%80+%D0%BE+%D1%80%D0%BE%D1%81%D1%81%D0%B8%D0%B9%D1%81%D0%BA%D0%B8%D1%85+%D0%B2%D0%BE%D0%B5%D0%BD%D0%BD%D1%8B%D1%85+%D0%B1%D0%B0%D0%B7%D0%B0%D1%85&_storageviewer_WAR_storageviewerportlet_fromPage = search&_storageviewer_WAR_storageviewerportlet_andOperator = 1.

罗斯在格鲁吉亚的武器和装备的协议。① 在该协议中，俄罗斯被视为调节冲突的关键中间人。因此，1999年的伊斯坦布尔文件寄希望于俄罗斯与格鲁吉亚签署一项关于在格鲁吉亚—奥塞梯冲突区恢复经济合作的协议，而实际上该协议于2001年才得以签署。

另一方面，当时格鲁吉亚已经开始寻求与其他世界大国合作的机会。这种政策是由多个因素决定的：出现了与西方国家结盟和一体化的新机遇；俄罗斯对阿布哈兹和南奥塞梯的支持强化了对"俄罗斯威胁"的认知。

随着萨卡什维利上台和2008年阿布哈兹与南奥塞梯危机的爆发，在格鲁吉亚的政治言论中，俄罗斯日益成为威胁的根源。格鲁吉亚总统在发言中持明显的反俄立场：在他的演讲中，莫斯科被称作占领格鲁吉亚领土的敌人，指控俄罗斯帝国制造了高加索人民之间的不和。② 尽管加入欧盟和北约的前景并不明朗，但是这个趋势有所增强。

2014年，格鲁吉亚与欧盟签署了《联合协定》，这也意味着格鲁吉亚接受了欧盟在外交政策上的一些立场，但是这并不能表明格鲁吉亚在讨论欧盟内部外交政策问题上的参与度有所增加。因此，2018年《联合协定》的执行报告表明，格鲁吉亚已经协调了自己的立场，已经就58项欧盟宣言和欧洲理事会决议中的31项达成一致意见。③ 但是该执行报告并未指出，宣言具体涉及哪些问题。然而，欧盟的官方文件认为，阿布哈兹和南奥塞梯的局势，仍然是俄罗斯与格鲁吉亚之间冲突的根源。这与承认阿布哈兹和南奥塞梯为独立国家的俄方的看法背道而驰。这是格鲁吉亚与俄罗斯关系中的关键分歧，阻碍了双方进行互利合作和格鲁吉亚加入俄罗斯倡议的区域项目。

南高加索国家的地区安全形势充满变数，极不稳定。权力精英相互竞争，权力交替频繁。在格鲁吉亚，2019年是执政党"格鲁吉亚梦想—民主格鲁吉亚"面临政治危机的一年，该党没有在选举体制改革和议会

---

① OSCE, https://www.osce.org/ru/mc/39573?download=true.
② Президент Грузии Михаил Саакашвили, Выступления И Объявления, http://www.saakashviliarchive.info/ru/PressOffice/News/SpeechesAndStatements?p=8215&i=2.
③ Президент Грузии Михаил Саакашвили, Выступления И Объявления, http://www.saakashviliarchive.info/ru/PressOffice/News/SpeechesAndStatements?p=8215&i=2.

提前选举问题上达成共识，导致其失去了宪法多数派的支持，并使国家走向死胡同。鉴于当前形势，2020年可能会有新的政治力量上台，这将会影响到俄格关系的发展。无论谁执政，以及该国局势如何发展，稳定局势仍然是一项重要的任务。

俄格关系经常被各政治势力用作内部斗争的筹码。2019年夏天的危机就是一个例子，当时，反对派指责执政党允许俄罗斯族议员进入格鲁吉亚议会。随后的抗议活动又一次使"格鲁吉亚梦想"党声誉受损，那些不想断送自己政治前途的议员在秋季也离开了该党。反过来，俄罗斯认为，这种情况会威胁俄罗斯公民的安全，因此暂时封锁了两国之间的空中交通。

尽管格鲁吉亚的外交政策明显亲西方，但是民意调查却表明，与俄罗斯建立睦邻关系具有重要意义。2016年的一项民意调查显示，有52%的格鲁吉亚人支持在与俄罗斯保持关系的同时，实行亲西方的外交政策；有16%的受访者支持在与欧盟和北约保持友好关系的基础上，实行亲俄政策。① 考虑到莫斯科与第比利斯之间长期的历史联系、两国人民之间的接触，以及部分格鲁吉亚人掌握俄语等情况，因此，推动和发展该地区对俄罗斯产生更积极看法的文化、人道主义和教育倡议似乎更为重要。

在俄罗斯与西方国家对抗的背景下发展这一方面的关系尤为重要。2019年12月"欧盟东部伙伴关系"议会会议通过了有关"东部伙伴关系"未来方案和成立"2030三重奏战略"决议方案。该决议将"东部伙伴关系"界定为地缘政治项目，该项目旨在对抗"克里姆林宫对包括格鲁吉亚在内的第三国的侵略"②。尽管俄格双方在阿布哈兹和南奥塞梯地位问题上存在分歧，但俄罗斯必须有计划地营造和维护一切现有的沟通渠道。不仅在政治层面，而且要在人民、企业和社会组织之间维持双方沟通渠道的畅通。

* * *

---

① "Georgia between the EU and Russia: The Dynamic of Public Opinion," https://ibn.idsi.md/sites/default/files/imag_file/80-88.pdf.

② Парламентская Ассамблея 'Евронест', http://www.epgencms.europarl.europa.eu/cms-data/upload/4c3d9d11-87fe-4854-b288-8af67326b5d5/NEST_8th_urgency_resolution_RU.pdf.

与其他地区小国一样，格鲁吉亚积极构建多边关系。对该国而言，参与地区能源项目，加强与阿塞拜疆和土耳其的合作，发展与中国的关系是一个重要的方向。从长远来看，多边合作的趋势仍将是关键方向。然而，在格鲁吉亚掌权的政治力量，有可能会加强与俄罗斯的合作，也有可能减少与俄罗斯的合作。

在格鲁吉亚外贸额中，俄罗斯位居第二。双方对贸易发展保持着兴趣，并对俄罗斯在格鲁吉亚的企业给予支持。尽管政治背景不友好，但是民意调查表明，公众偏好平衡的外交政策。实际上，格鲁吉亚是欧亚经济共同体成员国亚美尼亚的主要运输走廊之一。因此，与格鲁吉亚保持稳定关系，对确保欧亚经济联盟内部货物运输的通畅至关重要。

欧盟是各项政治改革的资助方，其资助范围包括确保法制、选举制度透明、向议会制政府过渡和国家财政管理等方面。然而，当前的一揽子建议并不意味着，格鲁吉亚取得了加入欧盟的资格，切实的好处即将消失。俄格双方在阿布哈兹和南奥塞梯地位问题上的分歧，间接地促进了格鲁吉亚与欧盟政治联盟的形成。格鲁吉亚与俄罗斯缺乏相互理解，这导致该地区分裂和冲突的可能性不断增加。在这种情况下，维护和发展第比利斯与莫斯科之间现有的对话和互动渠道，意义重大。

（兰州大学格鲁吉亚研究中心郑丽丽译，杨恕校）

主权的复杂性：科索沃、格鲁吉亚和俄罗斯的外交政策[*]

查尔斯·E. 齐格勒（Charles E. Ziegler）

【摘要】 本文认为，对俄罗斯国际行为的概念化可以通过对20世纪末和21世纪初的诸多事件如何塑造该国的主权观点来理解。本文研究的主要问题是：在后共产主义时期，主权观念是如何塑造俄罗斯外交政策的？莫斯科是如何在强烈反对科索沃独立和支持阿布哈兹和南奥塞梯独立之间达成一致的？本文通过对后共产主义时期两个事件的分析，解析相互对立的主权观点如何塑造了俄罗斯的外交政策，即北约对科索沃的防卫支持和对南斯拉夫的轰炸、科索沃随后被承认为独立国家和2008年俄格战争后，莫斯科承认阿布哈兹和南奥塞梯独立。每一个案例都突出了俄罗斯和欧洲面临的基本安全问题，并且都为评估不同的主权概念和这些概念如何影响国际关系提供了丰富的材料。之所以选择这些案例，是因为它们构成了一个俄罗斯领导人无法解决的困境。莫斯科对分离主义省份的主权立场并不一致——俄罗斯强烈反对科索沃拥有独立主权，但却支持阿布哈兹和南奥塞梯的分离和主权诉求。本文首先探讨了俄罗斯主权概念化背后的国内因素，然后用科索沃和格鲁吉亚的案例来说明塑造俄罗斯主权观的国际维度。

---

[*] "Complexities of Sovereignty: Kosovo, Georgia, and Russian Foreign Policy,"本文是作者向2010年9月2日至5日在华盛顿特区召开的美国政治科学协会第106届年会提交的论文。

【关键词】 主权；科索沃；格鲁吉亚；俄罗斯；外交政策

一 主权的复杂概念

对大量关于主权文献的全面审查，超出了本文的范围；然而，一个简短的调查有助于将俄罗斯对主权的看法置于语境之中。主权定义的关键，是对一个地理上确定的领土行使最高权力。关于该议题有价值的研究之一是斯蒂芬·克拉斯纳的《主权：有组织的虚伪》。他在书中概述了四种类型的主权——国际法主权、威斯特伐利亚主权、国内主权和相互依赖主权。国际法主权指的是相互承认；威斯特伐利亚主权指对内部事务的排他性控制，并将任何外部权威机构排除在国家内部决策过程之外；国内主权是指在境内有效行使权力；相互依赖主权关系到管理跨国界流动的能力和全球化等因素的发展对主权控制的潜在侵蚀。克拉斯纳认为，很少有国家拥有主权的全部属性——实力较弱的国家国内权威经常受到实力较强国家的侵犯，国际上的彼此承认也不遵循明确确立的准则。本文稍后将会清楚地说明，在科索沃和格鲁吉亚的案例中，涉及这些主权形式的每一种争端都很明显。

主权可以被理解为国际法中定义国家权威的一个关键条款。国际法——正式体现在国际文件中的一套规范，如联合国宣言、各种条约和非正式地体现在习惯法和彼此谅解中——通过合法性和实践使国家承担义务，但不一定得到强制执行。[①] 事实上，克拉斯纳的主要论点是，主权与其说是一套有约束力的规范，不如说是一个被强大的国家经常违反且方便操纵的原则——它是有组织的虚伪。[②] 尽管主权非常重要，并得到各国高度重视，但是它却受到国家权力和国家利益的支配，而国家行为往往受这些关切而非国际准则的支配。[③]

[①] Philpott, Daniel, *Revolutions in Sovereignty: How Ideas Shaped Modern International Relations*, Princeton: Princeton University Press, 2001.

[②] Krasner, Stephen D., *Sovereignty: Organized Hypocrisy*, Princeton: Princeton University Press, 1999.

[③] Cooley and Spruyt, Alexander Cooley and Hendrik Spruyt make a strong case that states frequently divide and cede their sovereignty to other states.

在国际关系稳定期，规范为可预测的国家行为提供了最好的指导。重大冲击或历史事件（如共产主义的崩溃）挑战正统观念将产生新思想。例如，冷战的结束推动了主权准则的演变和对各国内政干涉的可接受性的新做法，同时发展了诸如保护责任等概念。主权革命至少导致了权威概念的重大变化——谁是合法的政体，谁能成为合法的政体，以及它的特权是什么。[①] 这就提出了一个问题：新兴国家（无论是后殖民国家还是后苏联国家）如何接受这些基于习俗或概念组建起来的新规范？

在过去的一个世纪里，俄罗斯与国际规范的关系遵循的是一条脱节的道路，而不是一条共同前进的道路。俄罗斯在20世纪两次以一个新国家的身份重生——1917年布尔什维克革命后新国家的建立和1991年对共产主义一党专政国家的抛弃。苏联解体后，新的俄罗斯国家面临着严重的民族认同危机。俄罗斯不再是共产主义世界的领导者，也不再是一个超级大国。它不再是专制的，也不是一个完全巩固的民主国家。这个国家最初寻求一种接近西欧和美国的外交政策认同（"共同的欧洲家园"概念），但是它很快就放弃了这种认同，并认为这是一种束缚和贬低。同时，在俄罗斯内部欧亚主义获得了一些追随者，但是欧亚主义这一概念在构建可行的外交政策认同方面却提供不了多少指导意义。直到普京取代叶利钦并开启了恢复俄罗斯实力的进程，基于广泛国内共识的外交政策才开始成形。然而，俄罗斯对国际法律规范的态度仍然飘忽不定，经常以矛盾和"双重标准"为特征。1999年和2008年事件对塑造俄罗斯之于国际准则的看法至关重要，而主权观点则是这两场危机的核心。

二 后共产主义时期俄罗斯主权的国内层面

在过去的一个世纪里，莫斯科对主权的看法经历了戏剧性的转变，从革命早期激进的共产主义乌托邦式的做法，到斯大林主义和勃列日涅夫主义的苏联帝国主义观点，再到苏联解体后帝国的丧失和民族国家身份的重建。苏联的解体给俄罗斯人带来了创伤，任何主权实体的关键组

---

① Philpott, Daniel, *Revolutions in Sovereignty*: *How Ideas Shaped Modern International Relations*, Princeton: Princeton University Press, 2001.

成部分之一是国家对一个明确界定的地理区域的最高权力。苏联的经历在现代史上几乎是独一无二的。世界上两个强大的国家之一的领导人自愿并以最少的流血牺牲放弃了对500万平方公里领土和14个领土单位的主权,这14个领土单位后来都成为独立的主权国家。此外,在叶利钦的敦促下,将近一半的俄罗斯联邦的次国家单位宣称拥有某种程度的主权,甚至有几个几近脱离俄罗斯,至少有一个(车臣)宣布完全独立。

后共产主义时代的俄罗斯的主权观念受到国内政治的强烈影响,特别是在国内政治中反映为联邦制的演变。苏联时代的宣传一贯声称,每个加盟共和国都可行使主权,直至包括脱离联邦的权利。但是在现实中,共产党的中央机构却证实这样的行为是不会被容忍的,因为从观念上来说,它违背了社会主义的利益。在改革后期,苏联总统戈尔巴乔夫与俄罗斯总统叶利钦之间斗争的结果是,后者支持和鼓励向非俄罗斯共和国(最终完全独立的其他苏联加盟共和国)、各民族和各非民族领土单位下放权力,包括俄罗斯联邦。1990年,叶利钦曾建议各共和国和地区"尽其所能接受主权",其结果就是所谓的"主权示威"①。

联邦制似乎给国家主权带来了一个特别棘手的问题。在关于美国宪法的讨论中,对关于主权不可分割的观点进行了长时间的辩论,直到一场漫长而血腥的内战使中央政府占据上风后才得以解决。② 绝对的主权观显然与联邦制原则不一致,尽管库利和斯普鲁伊特令人信服地指出,各州经常就主权让步进行讨价还价和签订契约。③ 普京的重新集权化计划表明,他和许多俄罗斯精英将俄罗斯新生的联邦制视为对莫斯科主权的危险侵蚀。普京通过任命地区超级执行官、暂停州长选举、废除叶利钦与各地区的条约,以及削弱联邦委员会等举措,试图恢复以莫斯科为中心的主权。

虽然可以预期波罗的海和高加索国家等具有民族主义意识的共和国

---

① Walker, Edward W., Dissolution: *Sovereignty and the Breakup of the Soviet Union*, Lanham, MD: Rowman & Littlefield, 2003.

② Rabkin, Jeremy, *Law without Nations? Why Constitutional Government Requires Sovereign States*, Princeton: Princeton University Press, 2005.

③ Cooley, Alexander and Hendrik Spruyt, *Contracting States: Sovereign Transfers in International Relations*, Princeton: Princeton University Press, 2009.

会在其政治话语中使用主权（suverenitet）一词，但是奇怪的是，俄罗斯联邦各单元采用的是主权，而不是自治的概念（avtonomiya）或自决（samostoyatel'nost'）的概念。在苏联后期的语境中，主权概念从未被清楚地阐明；爱德华·沃克梳理了戈尔巴乔夫时代出现的至少15种不同的主权含义。事实证明，这一概念的模糊性对反对派向中央政府提出各种各样的要求发挥了很大作用。① 同样，杰夫·卡恩的研究表明，主权观是叶利钦并非深思熟虑的政治战略，而是地区精英用来加强与中央谈判地位的砝码。② 事实上，与14个加盟共和国不同，俄罗斯的大部分领土单位似乎都希望从莫斯科获得更大的自治权利，而不是真正的主权；实现其自然资源利益的权利，少数民族的政治权利，以及保留更大预算和税收权利的权力。

叶利钦推动去中心化的战略旨在挑战戈尔巴乔夫的地位，并削弱分裂诉求，这一战略在很大程度上起到了作用（车臣是个例外，车臣于1991年宣布独立）。然而，其结果是形成了一个超联邦体系，莫斯科不得不与46个领土单元通过谈判签订条约；如果有权势的州长抵制莫斯科的权威，那么该州通常不会执行国家法律。此外，这是一种不对称的联邦制，在这种联邦制中，少数民族地区和较富裕的领土单元通过谈判达成的让步较贫穷地区和俄罗斯族地区要大。叶利钦领导下的俄罗斯为了领土利益的完整，实际上承认了国内领土各单元的主权，并且是通过助长不平等和激起怨恨的方式推进的。

与车臣合作的经验表明给予其地区自治权的做法是有问题的，第一次车臣战争（1994—1996年）凸显了莫斯科行使国内主权的能力有限。普京发动第二次车臣战争（1999年，伊斯兰激进分子入侵达吉斯坦，轰炸了几栋俄罗斯人公寓）恰逢其在更广泛层面开展内部集权计划，以及北约袭击塞尔维亚和支持科索沃。俄罗斯在每一种情况下的目标都与领导层不断演变的国内外主权概念有关。在国内，普京力图寻求对俄罗斯

---

① Walker, Edward W. , *Dissolution: Sovereignty and the Breakup of the Soviet Union*, Lanham, MD: Rowman & Littlefield, 2003.

② Kahn, Jeff, "The Parade of Sovereignties: Establishing the Vocabulary of the New Russian Federalism," *Post-Soviet Affairs*, 16 (1), 2000, pp. 58 – 89.

社会多元力量更大的控制，包括思想独立的地区官员、强大的寡头、非政府组织（特别是那些由外部捐助者资助的组织）和政党。在叶利钦的领导下，俄罗斯的政治一直是民主的，但是随着有组织犯罪、社会混乱以及外国公司、宗教团体以及非政府组织的迅速涌入，一个更加民主和多元的社会也在不断演变中。对于莫斯科的许多精英，特别是对安全和强力部门的领导人来说，这些分散和多元化的发展有可能使这个国家分裂。普京的威权方式旨在恢复国内主权（彻底的"垂直权力"）和威斯特伐利亚式主权。①

在后叶利钦时代的大部分时间里，人们怀念苏联的扩张实力，决心不惜一切代价维护俄罗斯的领土完整，以及前苏联加盟共和国在关键外交政策问题上应该听从莫斯科的新帝国主义的态度。正如勃列日涅夫主义在东欧所证明的那样，苏联主权模式并不意味着与西方模式具有相同程度的独立或平等。② 普京和梅德韦杰夫领导下的俄罗斯权力精英不再通过马克思列宁主义的意识形态棱镜来看待主权，而是通过大国政治的逻辑来看待主权。根据梅德韦杰夫总统的说法，由于俄罗斯已经恢复其大国地位，它有权在其周边地区，在那些现在是主权国家的前苏联加盟共和国中，维护一个"特权利益圈"。正如露丝·德耶蒙德所观察到的那样：后苏联国家间的关系，特别是独联体内部的关系，其特点是主权国家地位的平等与前联邦共和国中心关系遗留问题之间的紧张关系。

全球化对现代民族国家的国内主权构成根本性挑战，这使后叶利钦时代的俄罗斯领导人陷入了两难境地。普京和梅德韦杰夫在更大程度上认识到全球化对国家现代化的重要性。外国投资和尖端技术对俄罗斯的发展至关重要（这反过来又对维持俄罗斯宣称的大国地位至关重要）。然而，不受管制的人员、商品和技术的涌入威胁着莫斯科的主权控制。20世纪90年代，俄罗斯经历了外国消费品、陌生的宗教团体和非政府组织的涌入，以及国际货币基金组织和西方经济学家关于俄罗斯经济自由化的最佳途径的建议。全球化的力量在以前封闭的体系中传播自由的规范

---

① For an explication of these types of sovereignty, see Krasner 2001.
② Jones, Robert A, *The Soviet Concept of "Limited Sovereignty" from Lenin to Gorbachev: The Brezhnev Doctrine*, New York: St. Martin's Press, 1990.

和价值观,这些规范和价值观既不为人们所熟悉,又在很大程度上不受欢迎,这导致了20世纪90年代的混乱;从诸多深思熟虑的俄罗斯人的角度来看,所有这些都侵蚀了国家的主权。①

俄罗斯领导人(和俄罗斯民族主义者)较大的担忧之一是跨国公司可能会利用俄罗斯丰富的自然资源,在攫取巨额利润的同时把俄罗斯变成发达国家的原材料供应国。出于这个原因,普京政府利用对多数大型石油和天然气项目的控制权,增强了国家在经济制高点中的作用,并颁布法令指定一系列对俄罗斯国家安全至关重要的经济部门,并限制外国资本参与其中。相比之下,梅德韦杰夫总统强调了俄罗斯经济现代化的重要性,提议建立硅谷走廊(莫斯科附近的斯科尔科沃创新城),强调了现代法律基础对经济的重要性,并打击了俄罗斯无处不在的腐败。②

从克里姆林宫的角度来看,西方政府和非政府组织促进民主的努力也可能被视为全球化的一个不受欢迎的方面,或者至少是喜忧参半的方面。即使是温和的或崇尚自由的俄罗斯人也认为西方支持的民主化并不是一个贯彻普遍价值观的过程,而是促进民族主义国家(通常是美国的)意识形态的过程。相比之下,俄罗斯的立场是,民主应是国家特有的,应该根据每个国家的民族和法律传统建立。③ 因此,外国对俄罗斯及其邻国内部"民主力量"的支持被认为是一种旨在削弱俄罗斯的战略,同时也是北约东扩和对抗莫斯科在后苏联空间的一体化战略的一种尝试。

全球化对精英阶层的现代化目标至关重要,通过对特定领域的强化,也有助于他们抵制威权主义对地方政府自治、自由媒体和其他民主制度的侵犯,这也给中央政府带来了困境。全球化倾向于促进效率更高、地理优势更强的地区的发展,并扩大领先区域与落后地区之间的差异。以俄罗斯为例,西北地区、莫斯科和圣彼得堡——这些地区更接近欧盟的经济引力——比俄罗斯南部或东部地区的情况要好得多,而且这些地区倾向于从中央政府获得更多的自治权。俄罗斯领导人似乎还没有解决这

---

① Kokoshin, Andrei, Real'nyi suverenitet (Moscow: Izdatel'stvo 'Europa,' 2006).
② Matthews, Owen, "Russia, Home of the Next Silicon Valley?" *Newsweek* (May 17, 2010).
③ Andrei Kokoshin quotes scholar Alexei Bogaturov and Foreign Minister Sergei Lavrov to this effect.

一困境，但普京可能被视为俄罗斯政治中更反全球化趋势的代表，而梅德韦杰夫似乎准备接受全球化对主权的限制性后果，并认为这是推进现代化的必要条件。①

对俄罗斯来说全球化是一个挑战，因为它限制了中央政府的特殊权力，从而也限制了主权。从俄罗斯的角度来看，真正的主权与权力是分不开的。俄罗斯官员和学者指出，弱国和失败国家无法充分行使主权，因此受到更强大国家的剥削。20世纪90年代的俄罗斯就是这样。科科申指出，一些大国——中国、印度、巴西、日本和欧盟等正在积极捍卫和扩大自身主权，而不是默许全球化对主权的侵蚀，这往往与华盛顿的政策背道而驰。弱国也更容易遭受人道主义灾难、种族灭绝和难民问题的影响。因此，它们往往更需要国际保护。

根据科科申的说法，真正的主权涉及国家对能源、铁路、航空网络、公路和国防工业的控制，并确保主要电视网络从外国资本中独立出来。②俄罗斯的主权观念越来越依赖于一个强大的经济实体——一个多元化、现代化、在基础科学和教育方面领先的经济实体。用克里姆林宫理论家弗拉迪斯拉夫·苏尔科夫的话来说，主权是全球竞争力的政治同义词。③自由市场体系的灵活性对于确保俄罗斯的竞争力是必要的，但为了保护国家的自然财富和在国际经济中支持大型企业，国家也需要对经济进行重大干预。公私合作将有助于增强俄罗斯的竞争力，增强莫斯科的国际影响力。④

三　科索沃、格鲁吉亚和俄罗斯的主权概念

对于俄罗斯领导人来说，南斯拉夫在1990年代的经历对俄罗斯的主

---

① "Foreign Policy Concept of the Russian Federation," President of Russia website, July 12, 2008, http://archive.kremlin.ru/eng/text/docs/2008/07/204750.shtml.

② Kokoshin, Andrei, Real'nyi suverenitet (Moscow: Izdatel'stvo 'Europa,' 2006).

③ Surkov, Vladislav, "Suverenitet—eto politicheskii sinonim konkurentosposobnosti," presentation to United Russia, February 7, 2006, at http://www.kreml.org/media/111622794.

④ Kokoshin uses the term "patriotic free enterprise" (otechestvennoe predprinimatel'stvo) to describe private business acting in partnership with the state, and observes that many American businesses function in a comparable patriotic way. Kokoshin 2006: 58.

权观有着明显的影响,俄罗斯联邦的内部权威相对较弱且受到威胁。① 两国在侨民人数和国内少数族群方面也面临着类似的问题,尽管加强全球作用和维护领土完整对莫斯科来说似乎比保护近邻的俄罗斯人更重要。在外长叶夫根尼·普里马科夫(1996—1998 年)的影响下,俄罗斯外交政策思想从国际自由主义转向大国现实主义,这导致了俄罗斯更加强调多边主义,更加自信地捍卫自身利益,包括反对北约扩张,努力与新兴大国主要是中国和印度结盟。在 2004 年作为"联合国未来委员会"的成员发表的讲话中,普里马科夫肯定了不干涉他国内政的原则,并引用科索沃作为一个国家以牺牲联合国的一项关键原则为代价错误地推进其国家利益的案例。②

与西方谴责塞尔维亚对科索沃阿尔巴尼亚人的暴行相反,俄罗斯的立场是,科索沃冲突的爆发,南斯拉夫所面临的是一场内战,是内部事务,任何一方都不能判断其对错。③ 科索沃也被视为如同俄罗斯在车臣的存在那样的麻烦。俄罗斯对科索沃解放军(KLA)所采用的恐怖主义战术表示坚决反对,并将其与车臣恐怖分子等同起来。通过支持科索沃对抗塞尔维亚,华盛顿和西欧站在了违反国际法基本原则(领土完整)的一边,即违背了主权承担者的意愿。

继 2008 年 8 月短暂的俄格战争和美国总统竞选期间对俄罗斯的强烈谴责之后,俄罗斯学者和官员的言论越来越激烈。华盛顿在科索沃的行动,就像在伊拉克和其他地方一样,被视为无视国家主权基本原则行为模式的一部分。美国推动科索沃独立并强烈反对阿布哈兹和南奥塞梯独立证实美国试图将俄罗斯描绘成侵略者,一有机会就妖魔化它,并"阻止俄罗斯在瞬息万变的世界中重生为权力中心"④。换句话说,华盛顿正

---

① Headley, James, *Russia and the Balkans: Foreign Policy from Yeltsin to Putin*, New York: Columbia University Press, 2008.

② Primakov, Yevgeny M., "Rather the United Nations than US Unilateralism," *New Perspectives Quarterly*, Vol. 21, Issue 2 (April 2004), at http://onlinelibrary.wiley.com/doi/10.1111/j.1540-5842.2004.00664.x/pdf.

③ Headley, James, *Russia and the Balkans: Foreign Policy from Yeltsin to Putin*, New York: Columbia University Press, 2008.

④ Aksenyonok, Alexander, "Paradigm Change in Russian Foreign Policy," *Russia in Global Affairs*, No. 4 (October 2008), accessed at http://eng.globalaffairs.ru/numbers/25/1240.html.

在重新解释关于主权的国际法,以牺牲俄罗斯的利益来实现其政治利益。这些观点反映在官方文件中——《2008年俄罗斯对外政策构想》强调国际法的重要性和联合国的关键作用,拒绝"某些国家对国际法律基本规范和原则任意的和出于政治动机的解释,如使用武力或威胁使用武力、和平解决国际争端、尊重国家主权和领土完整、人民自决权利",并谴责国际法的"创造性"应用。① 俄罗斯外交部长拉夫罗夫将北约对南斯拉夫的空袭描述为"侵略行径",因为北约在未经联合国安理会授权的情况下袭击了一个主权国家,违反了《联合国宪章》。俄罗斯担心科索沃问题会产生更广泛的影响,特别是对人道主义干预的做法,因为这为北约介入近邻地区,甚至可能为介入俄罗斯开创先例(特别是车臣)。② 俄罗斯总统叶利钦担心,北约(NATO)对南斯拉夫的进攻会破坏俄罗斯走向民主的进程,激起反西方的情绪,制造一场人道主义灾难,激励俄罗斯境内的共产主义和民族主义极端分子,并可能导致欧洲爆发战争。根据他的回忆录,叶利钦似乎更关心人道主义层面和北约轰炸对俄罗斯国内政治的影响,而不是对南斯拉夫主权侵犯的问题。③

作为总理和总统,普京似乎更关心科索沃的安全和主权问题。科索沃问题对2000年发布的《俄罗斯国家安全构想》和《军事原则》,以及同年发布的《外交政策构想》的制定产生了重大影响。北约在巴尔干地区的行动表明,其成员国认为,即使没有联合国或欧安组织的授权,他们也有正当权利出于人道主义原因而采取行动,并在北约传统防御范围之外采取行动。④ 北约在科索沃的行动表明,强大的军事力量和武力的使用是国际事务的最终仲裁者。这对俄罗斯来说是一种羞辱,它在北约的火力面前展示了自己的无能。其教训是,如果一个国家想要维护自己的

---

① "Foreign Policy Concept of the Russian Federation," President of Russia website, July 12, 2008, http://archive.kremlin.ru/eng/text/docs/2008/07/204750.shtml.

② Headley, James, *Russia and the Balkans: Foreign Policy from Yeltsin to Putin*, New York: Columbia University Press, 2008.

③ Yeltsin, Boris, *Midnight Diaries*, trans. by Catherine A. Fitzpatrick, New York: Public Affairs, 2000.

④ Arbatov, Alexei G., The Transformation of Russian Military Doctrine: Lessons Learned from Kosovo and Chechnya (Garmisch-Partenkirchen: The Marshall Center Papers, No.2, July 20, 2000), at http://www.dtic.mil/cgi-.

主权，发展军事力量远比仰赖国际法更可靠。①

俄罗斯的立场是北约对塞尔维亚的攻击是对后者主权的明显侵犯，2008年2月，科索沃宣布独立是对塞尔维亚领土完整的侵犯。在科索沃问题上，华盛顿武断地解释了联合国关于民族自决和领土完整的原则以迎合其地缘政治利益。弗拉基米尔·奥夫钦斯基（2008）认为，联合国文件是模糊的，对自卫、自决和维和概念的片面"理解"可以被用来为针对主权国家的战争进行辩护。这种偏见的结果，导致对科索沃主权的非法承认。教训是，捍卫国家利益需要政治意愿。美国在"9·11"事件后表现出了这种政治意愿，俄罗斯在2008年8月8日之后也表现出了这种意愿。奥夫钦斯基将美国在"9·11"事件后的反应与俄罗斯在格鲁吉亚军事打击南奥塞梯后的反应进行了对比。俄罗斯拥有联合国的维和授权，并依赖《联合国宪章》（UN Charter），该宪章确认各国有权保护本国公民不受侵犯。因此，正如奥夫钦斯基所言："21世纪的国际法仍将是强者的法律。"

尽管几乎所有俄罗斯官员和大多数分析人士都接受了俄罗斯官方的解释，即科索沃的独立明显违反了国际法，而阿布哈兹人和南奥塞梯人拥有合法的自决权，但一些反对派人士认为莫斯科的立场并不一致。刊登在《俄罗斯日报》网站上的一份声明批评了俄罗斯政府的虚伪和对国际法的漠视。这些民主党人（加里·卡斯帕罗夫和鲍里斯·涅姆佐夫是10个署名者中的两个）指出，俄罗斯在格鲁吉亚的行动明显违反了安理会第1808号决议（2008年4月15日），该决议重申了对所有成员国主权的承认，包括格鲁吉亚在其国际承认的边界内的独立和领土完整。② 在敌对行动爆发的几个月前，俄罗斯签署了这项决议，但同时准备向高加索地区运送重型装甲部队。③

---

① Arbatov, Alexei G., The Transformation of Russian Military Doctrine: Lessons Learned from Kosovo and Chechnya (Garmisch-Partenkirchen: The Marshall Center Papers, No. 2, July 20, 2000), at http://www.dtic.mil/cgi-.

② "Russian Opposition Slams Recognition of Georgian Regions' Independence," BBC Monitoring Former Soviet Union—Political, September 4, 2008.

③ Russian military analyst Pavel Felgenhauer reported that in May 2008 Moscow began deploying railroad troops to repair track in Abkhazia. Given road conditions in the former Soviet Union, Russian armor can only be moved by rail (Felgenhauer 2008).

早在2008年8月战争之前，俄罗斯官员就受到来自民族主义政治家和阿布哈兹分离主义者越来越大的压力，要求他们承认分离领土的主权。甚至在科索沃于2008年2月17日宣布独立之前，阿布哈兹官员就一直在积极游说莫斯科（和普里什蒂纳）以寻求外交承认。2008年3月，俄罗斯国家杜马通过了一项声明，敦促总统梅德韦杰夫和政府考虑承认阿布哈兹、南奥塞梯和德涅斯特河左岸地区的独立。[1] 科索沃的行动鼓舞了阿布哈兹官员。阿布哈兹外交部长谢尔盖·香巴在2007年底指出，普京总统、俄罗斯外交部长谢尔盖·拉夫罗夫和杜马议长鲍里斯·格里兹洛夫都断言，科索沃的独立将开创先例，导致对其他分离主义领土的承认。[2] 德米特里·梅德韦杰夫的外交政策优先事项包括经济现代化、维护国际法、尊重主权和领土完整。[3] 2008年，梅德韦杰夫提出了一项关于欧洲新安全构想的重大提案，这反映了俄罗斯对欧洲国际秩序的不满，以及基于所谓的以北约和欧安组织架构为基础的扭曲的意识形态动机。梅德韦杰夫试图通过加强联合国的作用、重申莫斯科在近邻地区的霸权，以及在技术革命中加强与欧洲的合作来限制美国在欧洲大陆的影响力。俄罗斯总统敦促各方对以下问题保持克制，包括科索沃、北约的扩张和导弹防御系统的部署。从俄罗斯的角度来看，美国和一些西欧大国把重点放在欧安组织的人权条款上，利用该组织的选举监督职能干涉后苏联国家的内政，而忽视了军事方面的第一项和第二项条款，即政治和经济安全方面。梅德韦杰夫呼吁建立纯粹基于国家利益的彼此关系，而非基于意识形态。正如科索沃所证明的那样，欧洲和美国已经表明了无视欧安组织关于边界不可侵犯和不干涉主权内政的规定的意愿。[4]

梅德韦杰夫在埃维昂举行的世界政策会议上发表的讲话中，将高加索地区的危机作为无可辩驳的证据，以此证明需要一项新的欧洲安全条

---

[1] "Russian State Duma Adopts Statement on Georgia, Moldovan Breakaway Republics," Interfax (March 21, 2008).

[2] "Abkhazia Calls on Russia to be Consistent on Kosovo Status," Interfax, December 24,

[3] Likhachev, Vasily, "Priorities in Modernizing Russia's Diplomacy," *International Affairs* (Moscow), 2, 2010, pp. 157 – 164.

[4] Mezhuyev does recognize that 2008 witnessed double standards on the part of both Russia and the Western powers, with much of Europe and the US recognizing Kosovo's declaration of independence, and Russia recognizing those of Abkhazia and South Ossetia.

约。他谴责美国通过苏联学的旧视角（他称之为一种病症）理解"新"的俄罗斯联邦，暗示俄罗斯对国际关系（和主权）的观点不同于苏联。梅德韦杰夫提出了对国际安全至关重要的五项基本原则，其中第一项也是最关键的，即各国有义务尊重彼此的主权、领土完整和政治独立，以及尊重《联合国宪章》中的所有其他原则。①

梅德韦杰夫在柏林和埃维昂提出的欧洲新安全框架建议反映了俄罗斯的一种看法，即欧安组织是无效的，而且常常是无能的。苏联和南斯拉夫的解体导致了欧洲的国际法真空，美国公然无视俄罗斯的利益，在这一真空中坚持贯彻其政治意愿。俄罗斯官员指责美国和西欧将注意力集中在人权问题上（《赫尔辛基协议》第三项），忽略了领土不可侵犯和经济安全中的第一项和第二项。由于西方支持分离主义者的要求，而不是各方的共同协议，欧洲的边界一直在变化。科索沃是欧安组织软弱和政治无能的典型案例。北约对塞尔维亚的行动引发了一系列事件，俄罗斯和西方现在都在使用"双重标准"，对科索沃、南奥塞梯和阿布哈兹的承认就是证明。而梅德韦杰夫的目标是建立一个新的世界秩序，在这个秩序中民族国家的领土主权应保持在最重要的地位。②

虽然梅德韦杰夫呼吁建立一个新的欧洲安全架构，该安全架构是基于《联合国宪章》所体现的国际法的普遍原则，但是克里姆林宫的首席理论家弗拉迪斯拉夫·苏尔科夫认为，俄罗斯独特的政治文化赋予其独特的主权观。③ 苏尔科夫创造了著名的"主权民主"一词，该词在很大程度上被普京政府所采用，并被沿用到梅德韦杰夫政府时期。苏尔科夫强调，俄罗斯虽然与欧洲文明有关联，但它是那种文明的俄罗斯版本。④ 俄罗斯的政治文化比西方文化更全面、更集中、更情绪化，也更个性化。他认为个人可以被视为机构的代表，就像前总统普京或俄罗斯个人主义

---

① Mezhuyev, Boris, "Towards Legal Universalism," *Russia in Global Affairs*, 3, 2009.
② Mezhuyev, Boris, "Towards Legal Universalism," *Russia in Global Affairs*, 3, 2009.
③ Surkov was appointed Deputy Chief of Staff in the Russian Presidential Office in 1999, Aide to the Russian President in 2004, and First Deputy Chief of Staff in 2008. He is often referred to as the "gray cardinal" of Kremlin politics.
④ Surkov, Vladislav, "Russian Political Culture: The View from Utopia," *Russian Social Science Review*, 49 (6), 2008, pp. 81 – 97.

政党的领导人一样。俄罗斯也有混乱和分裂的倾向，如果不是由一个强有力的行政机构来维系的话，这种分裂会损害俄罗斯的内部主权。苏尔科夫指责西方在20世纪90年代以牺牲社会稳定为代价支持俄罗斯版本的"民主"，从而助长了俄罗斯的软弱和糊涂。俄罗斯的主权国家地位进一步被寡头犯罪、对原材料出口的过度依赖和技术落后所削弱。

苏尔科夫提出了俄罗斯的威权主义和集权主义案例："权力的巩固和集中对于维护主权国家并将其扭转，远离寡头政治并走向民主是必要的。"① 但奇怪的是，他认为俄罗斯人实际上并没有能力采取集体行动，因此需要一个强大的人格来确保国家的主权。而格鲁吉亚和吉尔吉斯斯坦等弱国无法对其国内事务行使主权控制，因此变得依赖于更强大的国家、跨国公司和其他强大的全球参与者。主权民主的前提是"国际关系的自由化和全球经济的非垄断化"。对于苏尔科夫来说，个人自由（民主）与国家自由是相互关联的，不能与国家自由相分离——国家自由就是主权。维护主权的基本资源不仅仅是军事实力，而且还有综合竞争力。② 对俄罗斯主权的威胁是真实存在的——觊觎该国自然资源或核武器的外来者。苏尔科夫建议俄罗斯应该将其教育、科学和艺术作为软实力的来源。他警告寡头或官僚"俄罗斯经济和政治资产不受限制的跨国化"将导致民族特性的丧失和国家在全球化中的解体，而不是参与到全球化之中。③

当然，在没有民主的情况下，国家也可能拥有完全的主权——主权的存在并不能告诉我们政府的形式。尽管俄罗斯主权民主的概念强调了该国的独特性，但是尚不清楚这与其他民主国家的主权有何不同。④ 对于许多西方（和一些俄罗斯）观察家来说，主权民主似乎只不过是普京专制治理形式的一个理由。俄罗斯重申其大国地位和捍卫主权损害了该国

---

① Surkov, Vladislav, "Russian Political Culture: The View from Utopia," *Russian Social Science Review*, 49 (6), 2008, pp. 81 – 97.

② Surkov 2009: 12. Actually, P. G. Shchedrovitskii of the School of Cultural Policy came up with the idea of sovereignty as competitiveness well before Surkov (Shchedrovitskii, 2003).

③ Surkov, V. Iu, "Nationalization of the Future: Paragraphs pro Sovereign Democracy," *Russian Studies in Philosophy*, 47 (4), pp. 8 – 21.

④ Mezhuev, V. M., "I Would Prefer to Speak of Democratic Sovereignty," *Russian Studies in Philosophy*, 47 (4), 2009, pp. 26 – 32.

融入全球经济的能力,并有可能使俄罗斯与世界其他大部分国家相对立。① 苏尔科夫对主权的解释凸显了俄罗斯做法的悖论——莫斯科要求遵守与科索沃相关的国际法,但俄罗斯尚未建立法治国家。法律是民主的核心(苏尔科夫掩盖了这一点),梅朱耶夫将其比作数学——法律的原则是普遍的,不能说是相对的。

梅德韦杰夫总统利用自决和普遍国际规则的论点,为其承认阿布哈兹和南奥塞梯独立的法令做辩护。梅德韦杰夫在英国《金融时报》在线发表的一篇文章中说:"我们一贯认为,在那之后(承认科索沃独立后),不可能告诉阿布哈兹人和奥塞梯人(以及全世界几十个其他团体)对科索沃阿族有利的事情会对他们不利。在国际关系中,你不能为某些人制定一条规则,而为其他一些人制定另一条规则。"然而,在国际关系中,权力和利益的巨大差异保证了承认一个国家是一个彻底的政治过程,而不是一个一致的法律过程,因此规则确实会根据情况而有所不同。②

俄罗斯支持南奥塞梯和阿布哈兹独立的理由在于,将后两者与科索沃局势等同起来。普京总理一再表示,从道德和政治角度来看,科索沃与南奥塞梯/阿布哈兹没有区别。在与南奥塞梯总统爱德华德·科科伊特(Eduard Kokoity)举行的新闻发布会上,普京在讲话中概述了莫斯科的观点:

> ……国际社会必须就我们将遵守的规则达成一致。要么我们将赋予各国国家主权原则以特权,并遵守这一规则——但科索沃需要继续成为塞尔维亚的一部分,要么我们将赋予人民自决权——然后我们需要为其他正在争取独立的少数群体确保这一权利,例如南奥塞梯和阿布哈兹的人民。③

---

① Mezhuev, V. M. , "I Would Prefer to Speak of Democratic Sovereignty," *Russian Studies in Philosophy*, 47 (4), 2009, pp. 26 - 32.

② Krasner, Stephen D. , "Who Gets a State, and Why? The Relative Rules of Sovereignty," *Foreign Affairs* (March 30, 2009), at http://www.foreignaffairs.com/articles/64872/stephen-d-krasner/who-gets-a-state-and-why.

③ Press conference of August 28, 2009, Russian Prime Minster website, http://premier.gov.ru/eng/events/news/4802/.

然而，普京总理未能解释俄罗斯如何证明其对格鲁吉亚分离地区独立的大力支持是合理的，同时继续不承认科索沃。答案是，这是一个强权政治和国家利益的问题。在同一次新闻发布会上，普京断言，根据国际法：一个国家的承认就足以使其成为国际法的实体。普京接着说道，"国际社会中没有多少成员真正使用主权"，所有国家都面临来自华盛顿的压力，要求其顺从该国的政治意愿。从普京的角度来看，教训是：与国际法相比，权力和政治更有可能影响国际事件。格鲁吉亚冲突对俄罗斯来说是一个伟大的胜利，不是因为军事结果，而是因为莫斯科表明：用经济术语来说就是，俄罗斯将不仅仅是价格接受者，而且越来越成为价格制定者，并能够制定全球"商业"的价格。然而，一些有不同看法的俄罗斯法律专家承认，自决权与领土完整原则是相互矛盾的，俄罗斯承认格鲁吉亚的分离地区，从而将自己置于国际法律约束之中。通过将阿布哈兹和南奥塞梯等同于科索沃，就像普京和梅德韦杰夫所做的那样，俄罗斯不能再主张领土完整的绝对权利。①

但是这并没有阻止梅德韦杰夫、普京和俄罗斯外交部谴责国际法院2010年7月的裁决。塞尔维亚于2008年10月向国际法院提出上诉，要求对科索沃单方面宣布独立的合法性作出裁决。俄罗斯、中国和西班牙向法院提交了书面声明，支持塞尔维亚的申请。② 国际法院以10票对4票的咨询意见裁定，科索沃宣布独立并不违反国际法，尽管该法院避免宣布科索沃的行为合法。国际法院在其精心解析的决定中指出，它没有被要求确定国际法是否赋予科索沃或任何其他实体单方面宣布独立和从其他领土分离的积极权利，而只是确定科索沃的具体行动是否违

---

① See the remarks by I. Volodin and Yu. Maleyev in the roundtable discussion "On the Recognition of States" (2010). Volodin is acting head of section, Legal Department, Russian Federation Ministry of Foreign Affairs; Maleyev is professor at the Moscow State Institute of International Relations.

② In its written brief to the Court, Russia cited the "safeguard clause" from the 1970 UN Declaration on Principles, holding that the right to self-determination should not be construed to authorize or encourage any action that might dismember or impair the territorial integrity of a sovereign state. Unilateral secession could only be justified under extreme conditions where violent acts of discrimination were being committed against the people in question, and all possibilities for resolving the problem had been exhausted. "Written Statement by the Russian Federation" (2010).

反了国际法。①

在裁决之后，俄罗斯外交部正式表示其立场将保持不变，并指出国际法院没有就科索沃单方面从塞尔维亚分离的更广泛权利发表意见。② 俄罗斯担心法院的裁决会鼓励其他前苏联地区的冲突事件（外德涅斯特/摩尔多瓦和纳戈尔诺—卡拉巴赫，可能还有车臣、图瓦和鞑靼斯坦）和世界各地（例如北塞浦路斯）的分裂势力。观察人士还预计，国际法院的裁决将引发一波承认科索沃的浪潮，而不仅仅是在已经与科索沃建立关系的69个国家当中。相比之下，阿布哈兹和南奥塞梯在2010年8月底之前没有获得任何其他国家的承认，并且似乎已甘心加强与北方支持者的经济和军事联系。③

四 观察性结论

科索沃和格鲁吉亚领土分裂的例子说明了俄罗斯主权构想中的悖论；具体而言，它试图调和自决原则与领土完整原则之间的矛盾。俄罗斯主张承认阿布哈兹和南奥塞梯拥有主权，却拒绝承认科索沃拥有主权，这似乎是不一致的。虽然塞尔维亚人对科索沃的暴行比格鲁吉亚人对阿布哈兹人和南奥塞梯人的暴行，其规模要小，但情况仍是可以对比的。以上每一个地区都有一种压倒性的自决愿望，或者至少是与前领土分离的愿望。这三个国家都是弱国，如果没有大量的外部支持，它们不太可能生存。每个主体都有一个强大的保护者。

然而，这两个前格鲁吉亚地区是不同的，这表明它们在国际地位方面将走上不同的道路。阿布哈兹足够大，有了（它已经从俄罗斯得到的）援助，可以成为一个独立的国家。相比之下，南奥塞梯极其贫穷，只有7

---

① International Court of Justice, "Accordance with International Law of the Unilateral Declaration of Independence in Respect of Kosovo: Summary of the Advisory Opinion," Summary 2010/2, July 22, 2010, at http://www.icj-cij.org/docket/files/141/16010.pdf.

② "After UN Court Ruling, Fears of Global Separatism," *The Moscow Times*, July 26, 2010.

③ In 2010 Russia signed agreements with both territories establishing military bases, and began deploying S–300 air defense systems in Abkhazia (RIA Novosti, August 13, 2010), at http://en.rian.ru/trend/s300_abkhazia_2010/.

万人。虽然两国在经济和政治上仍将与俄罗斯保持密切关系，但南奥塞梯很可能会与俄罗斯形成某种"关联地位"①，类似于美属萨摩亚或马绍尔群岛。② 鉴于北高加索地区普遍存在的贫困和不稳定的政治局势，把其中任何一个纳入俄罗斯联邦都将给莫斯科带来严重问题。③

截至2010年9月，另有三个国家承认阿布哈兹和南奥塞梯——尼加拉瓜、委内瑞拉和瑙鲁。普京在红星电视台对此发表评论时阐述了一个具有启发性的声明："阿布哈兹和南奥塞梯从被国际关系的一个主体承认的那一刻起就成为国际法实体。"并补充说："俄罗斯的承认就足够了。"④尽管国际法中没有明确定义什么是主权国家，但是在实践中主权通常涉及大量其他主权国家的承认。⑤ 按照这个标准，与阿布哈兹或南奥塞梯相比，科索沃更接近于作为一个主权国家获得的国际认可。但是，如果加上内政至上和对外独立的标准属性，三者都不能算是拥有完全的主权。

这项研究表明克拉斯纳曾指出的很少有国家拥有主权的所有属性，而且在实践中，领土完整、外部承认、内部自治和控制跨界流动的原则经常遭到破坏是正确的。在本书讨论的案例中，美国和俄罗斯这两个大国都根据国际法提出了支持和反对承认这三个领土独立的有说服力的论据，并随心所欲地解释主权原则。这种关于主权的国际论述是由各自大国的国内政治决定的。俄罗斯民族主义者和俄罗斯大国地位的拥护者一起设法将北约打击塞尔维亚的行动和科索沃宣布独立等同于真实或想象中的对俄罗斯主权的侵犯。莫斯科承认阿布哈兹和南奥塞梯的主权，巧妙地借鉴了美国和西欧对科索沃地位的辩护。反过来，美国对俄罗斯一

---

① Kazin, Filipp, "Russia's Relationships with South Ossetia and Abkhazia: A Comparative Outlook," *Social Sciences*, 40 (3), 2009, pp. 88 – 100.

② Mikhail Delyagin (2009) suggests that Abkhazia can build its tourism industry and serve as an offshore banking center, maintaining independence but with very close links to Russia. South Ossetia's poverty, lack of a viable state, and absence of natural resources make it likely the territory will be incorporated into the Russian Federation, probably merged with North Ossetia.

③ King, Charles and Rajan Menon, "Prisoners of the Caucasus: Russia's Invisible Civil War," *Foreign Affairs*, 89 (4), 2010, pp. 20 – 34.

④ "Russia not to tolerate any 'revenge, military adventurism' from Georgia—Putin," Zvezda TV, Moscow, BBC Monitoring Former Soviet Union—Political, August 26, 2009.

⑤ Fowler, Michael Ross and Julie Marie Bunck, "What Constitutes the Sovereign State?" *Review of International Studies*, 22, 1996, pp. 381 – 404.

格鲁吉亚冲突和领土分离的反应受到2008年总统竞选和对莫斯科的传统猜疑的严重影响，使双边关系的气氛变得日趋冷淡。双方在适用主权原则方面都表现出不一致，但是多年来，国际体系已经普遍接受了有关主权体制安排的替代方案。主权之所以能够维持，并不是因为它在一套僵化的规则中被制度化，而是因为它的原则可以根据主要角色的情况和利益加以塑造。

（兰州大学格鲁吉亚研究中心魏宸宇译，姚梅校）

在俄罗斯"混合"战略和西方模糊性之间：格鲁吉亚脆弱性评估*

尼克拉斯·尼尔森（Niklas Nilsson）

【摘要】 俄罗斯对邻国的"混合"战略强调全面理解俄罗斯影响力方法的重要性，以及这些方法如何针对目标国家的内部和外部脆弱性。本书从军事、经济、政治/颠覆和信息资源等方面考察俄罗斯对格鲁吉亚部署的各种资源，展示反西方叙事如何强化物质权力来源，并试图破坏格鲁吉亚融入北约和欧盟的信誉。本文的结论是，当前对俄罗斯外交政策研究中叙事宣传的关注有可能转移人们对解决战略脆弱性的注意力，在这种情况下西方对格鲁吉亚和欧盟东部邻国的模糊战略就是明证。

【关键词】 俄罗斯；格鲁吉亚；混合战略

序　言

近年来，学者和分析人士对俄罗斯战略及其所谓的"新"战争方式的关注，出于自然原因，广泛集中在其对乌克兰的行动上，其次是在其对叙利亚的行动上，以及西方社会促进战略利益的非动能手段上。尽管格鲁吉亚长期以来一直与俄罗斯对抗，并且受制于俄罗斯对乌克兰使用

---

* "Between Russia's 'Hybrid' Strategy and Western Ambiguity: Assessing Georgia's Vulnerabilities," Nilsson, Niklas (2021), *The Journal of Slavic Military Studies*, Vol. 34, No. 1, Taylor & Francis Ltd., Reprinted by Permission of the Publisher, 2021.

的许多同样的权力和影响手段,但是却在很大程度上被排除在这场讨论之外。此外,格鲁吉亚为俄罗斯与"近邻"国家关系中可支配的资源范围,以及如何部署这些资源以实现相辅相成的效果提供了重要的洞见。俄罗斯在格鲁吉亚实施的"混合"战略似乎是为了削弱公众对该国外交政策的信心,即单方面致力于与北约和欧盟的一体化,并应对国内民众对该国经济和安全形势的不满。然而,尽管俄罗斯对格鲁吉亚的战略肯定包括虚假信息和宣传,但是它也暴露了该国外交政策前景中的一个重大弱点,即西方对处于欧盟与俄罗斯之间国家的战略和政策模糊性。事实上,这些国家在多大程度上容易受到俄罗斯压力的影响,不仅与其国内的先决条件、政治状况和分歧有关,而且更重要的是与国际战略环境中的模糊性有关,特别是西方与这些国家模棱两可的接触。这当然适用于格鲁吉亚,也适用于欧盟东部的其他国家,尤其是乌克兰和摩尔多瓦。①

本文首先讨论近期为理解俄罗斯战略所做的努力,以全面和相互关联的方法论证理解俄罗斯战略和目标国脆弱性的重要性。本文随后评估了格鲁吉亚西方伙伴的模糊战略所造成的脆弱性。随后,研究俄罗斯对格鲁吉亚施加影响的主要资源,包括军事、经济、政治/颠覆和信息资源。最后,本文的结论是,对俄罗斯在格鲁吉亚施加影响的手段的全面分析显示,各种资源的复杂组合综合起来,似乎能够很好地针对国内的脆弱性,即公众的不满和政府不稳定的支持基础,以及外部的脆弱性和缺乏对格鲁吉亚与北约和欧盟一体化在安全和经济发展方面将带来的长期利益的明确性。

一 致力于理解俄罗斯的战略

自2014年初俄罗斯吞并克里米亚,并在随后越来越公开地介入乌克兰东部的战斗以来,西方学者和分析人士对俄罗斯在这场冲突中的行为给予了相当大的关注,认为俄罗斯在这场冲突中采取了一些人所说的新

---

① An Earlier Version of this Argument was Published in N. Nilsson, *Russian Hybrid Tactics in Georgia*, Washington, DC and Stockholm: Central Asia-Caucasus Institute & Silk Road Studies Program, 2018.

的战争方式，这对冷战结束后建立的欧洲安全秩序构成根本性的挑战。①其他人士指出，事实上，俄罗斯在这场冲突中使用的战术都不是新的，但是在整个人类冲突史上，使用代理部队、无徽章特种部队或使用宣传来支持常规军事行动一直是战争的显著特征。② 尽管这种观点有其可取之处，但是西方分析人士有正当理由特别关注俄罗斯对乌克兰及其周边国家的行动。最重要的是，乌克兰战争是一段漫长时期的终点，在这段时期里，欧洲的战争基本上被认为是不可想象的，西方的安全和军事机构已经习惯了来自更遥远的地方的威胁。事实上，自普京上台以来，一个在国际上更加自信的俄罗斯出现了，但是 2014 年发生的事情在很大程度上让西方国家感到意外，并要求重新发现国际政治中权力和影响力的动能和非动能来源，作为对来自欧洲而不是遥远的中国、伊朗或朝鲜的安全挑战的回应。事实上，问题不在于俄罗斯的战略行为是不是新的，或者找到一个合适的术语来描述它，而在于"当俄罗斯选择使用其全部国家力量时，如何对付一个像俄罗斯这样的大国"③。

试图理解俄罗斯对乌克兰所做的战略和战术的努力，借鉴了俄罗斯军事理论家的工作，其中最重要的是俄罗斯总参谋长瓦莱里·格拉西莫夫（Valery Gerasimov）将军备受争议的演讲，他认为，战争的未来将消除战争与和平之间的界限，战争将展现出动能和非动能手段的复杂结合，而非军事手段的效力将占据主导地位。④ 俄罗斯作家 S. G. 切基诺夫和 S. A. 博格达诺夫提出的"新一代战争"或"新型战争"的概念受到相当

---

① The Final Version of this Article was Submitted before Georgia's October 31, 2020, Parliamentary Elections and Hence does not Address These or Political Developments in the Country Since.

② N. Popescu, Hybrid Tactics, Neither New nor Only Russian, Paris: European Union Institute of Security Studies, 2015, https://www.iss.europa.eu/sites/default/files/EUISSFiles/Alert_4_hybrid_warfare.pdf; K. Giles, Russia's "New" Tools for Confronting the West: Continuity and Innovation in Moscow's Exercise of Power, London: Chatham House for the Royal Institute of Inernational Affairs, 2016. See also W. Murray & P. R. Mansoor, Hybrid Warfare: Fighting Complex Opponents from the Ancient World to the Present, Cambridge: Cambridge University Press, 2012.

③ M. Kofman and M. Rojansky, "A Closer Look at Russia's 'Hybrid War'," Wilson Center, Kennan Institute, Kennan Cable No. 7, April 2015.

④ V. Gerasimov, "The Value of Science in Prediction," Military-Industrial Kurier, 27 February 2013.

大的关注。① 必须强调的是，这些观点和其他著名俄罗斯军事理论家的观点，都受到他们对 21 世纪西方在伊拉克、阿富汗、利比亚和叙利亚战争的理解的启发。2018 年，格拉西莫夫声称，为了保持"全球领导地位"，美国将寻求"通过包括军事在内的任何手段维持单极世界"。据称，西方通过威胁或直接使用武力，强化了对不受欢迎国家的"经济、政治、外交和其他非军事措施"。格拉西莫夫预见到，在未来战争中"经济目标和敌人的国家控制系统将受到优先破坏""除了传统的武装斗争领域外，信息领域和空间将动态参与"②。事实上，俄罗斯在《2014 年军事战略》《2015 年国家安全战略》和《2016 年外交政策构想》中正式确定了主要的国家安全威胁，这些都是以"美国及其盟友反对"俄罗斯独立的外交和国内政策为出发点的。按照这种观点，西方寻求"保持其在世界事务中的主导地位"，通过让俄罗斯面临"政治、经济、军事和信息压力"，实施"遏制俄罗斯的政策"。此外，西方的目标是"反对欧亚地区的一体化进程和制造紧张局势"，并通过支持乌克兰的"反宪政政变"，从而导致"武装冲突的爆发"③。

这些战略文件对推翻合法政权、挑起国内不稳定和冲突④（特别是以落实"保护责任"的概念为借口）的做法提出了警告。⑤ 除了一系列常规军事威胁外，军事理论还将颠覆性信息活动、企图挑起民族间和社会紧张局势，以及企图破坏政治和社会局势稳定列为俄罗斯面临的内部风

---

① T. Thomas, "The Evolution of Russian Military Thought: Integrating Hybrid, New-Generation and New-Type Thinking," *The Journal of Slavic Military Studies*, 29 (4), 2016, pp. 554 – 75.

② V. Gerasimov, "Russian General Staff Chief Valery Gerasimov's 2018 Presentation to the General Staff Academy: Thoughts on Future Military Conflict—March 2018," Dr. Harold Orenstein, Trans., *Military Review*, January 2019, https://www.armyupress.army.mil/Journals/Military-Review/English-Edition-Archives/Jan-Feb-2019/Gerasimov-Future/.

③ "The Russian Federation's National Security Strategy," 31 December 2015, http://www.ieee.es/Galerias/fichero/OtrasPublicaciones/Internacional/2016/Russian-National-Security-Strategy-31Dec2015.pdf.

④ "The Russian Federation's National Security Strategy," 31 December 2015, http://www.ieee.es/Galerias/fichero/OtrasPublicaciones/Internacional/2016/Russian-National-Security-Strategy-31Dec2015.pdf.

⑤ "Foreign Policy Concept of the Russian Federation," 30 November 2016, https://www.mid.ru/en/foreign_policy/official_documents/ – /asset_publisher/CptICkB6BZ29/content/id/2542248.

险。① 可能参与此类活动的行为体，包括外国情报机构、使用民族主义和宗教极端主义意识形态的激进公共协会和团体、外国和国际非政府组织，以及专注于破坏俄罗斯联邦统一和领土完整的金融和经济机构，其行动包括通过煽动"颜色革命"，摧毁俄罗斯传统的宗教和道德价值观。② 另一个令人关切的问题是，"试图利用人权理论施加政治压力和干涉国家内政，包括破坏国家稳定和推翻合法政府"③。

因此，在俄罗斯政府看来，西方在经济关系、干涉俄罗斯国内政治和支持俄罗斯非政府组织等方面的对俄政策，都是打着民主化、人权和市场经济原则的幌子颠覆俄罗斯国内稳定的努力。同样，塞尔维亚、格鲁吉亚、乌克兰和吉尔吉斯斯坦发生的一系列"颜色革命"，以及2011年的"阿拉伯之春"和委内瑞拉危机，都被认为主要是美国秘密行动的结果，目的是将自己喜欢的政府强加给其他国家。事实上，俄罗斯官方和学术界对混合战争的理解，专门指的是西方通过广泛使用非动能资源来削弱俄罗斯的协同努力。④ 这为俄罗斯在格鲁吉亚和其他地方的行动提供了重要背景。

对俄罗斯政治和安全机构世界观的评估，使人们对俄罗斯与西方和邻国的互动产生了几种概念性的看法。琼森和西利提出"全方位冲突"这一术语，它承认动能暴力、信息作战、经济关系和政治影响行动的综合运用，而"冲突"这个术语强调了非实际战争措施的重要性。⑤ 这一术语和其他不断涌现的术语（如非线性战争、模糊的、非常规的或不对称的战争）都说明了界定俄罗斯外交政策各个方面之间的相互作用并创造一个合适的术语来进行匹配的困难。加莱奥蒂承认，给俄罗斯的行为打上烙印很困难，但是他强调，关键是俄罗斯军事思想家和政策制定者相

---

① "The Military Doctrine of the Russian Federation," 25 December 2014, https://rusemb.org.uk/press/2029.
② "The Russian Federation's National Security Strategy," 31 December 2015, http://www.ieee.es/Galerias/fichero/OtrasPublicaciones/Internacional/2016/Russian-National-Security-Strategy-31Dec2015.pdf.
③ "Foreign Policy Concept of the Russian Federation".
④ O. Fridman, Russian "Hybrid Warfare": Resurgence and Politicization, London: Hurst & Company, 2018, p.93.
⑤ O. Jonsson and R. Seely, "Russian Full-Spectrum Conflict: An Appraisal after Ukraine," The Journal of Slavic Military Studies, 28 (1), 2015, pp.1-22.

信,我们正在进入一个新的战争时代,在这个时代动能和非动能力量可以互换,军事力量很可能成为次要甚至是多余的力量。①

迄今为止,使用最频繁的概念是混合战争,2014年以后,它的使用范围比弗兰克·霍夫曼在引入这个词时所设想的要广泛得多。② 近年来,用这个概念来描述俄罗斯处理国际冲突的一种"新的"固有的成功做法受到了强烈的批评。一些批评家指出,俄罗斯使用的手段,没有一种是新的。此外,将各种非动能手段称为"战争"被认为"误用"了战争这个词,而混合战争的范围已经扩大到包括几乎所有俄罗斯的外交政策活动上,并夸大了俄罗斯战略和战术的效率。③

然而,无论为当代俄罗斯的战略、兵法和战术选择什么标签,关于混合战争和其他概念的辩论,都有利于人们关注俄罗斯如何创新性地结合各种外交政策工具来追求其安全利益,以及如何从整体上分析和理解俄罗斯国际行为所带来的安全挑战。事实上,试图抓住概念来描述和理解这一点的努力,更多地反映出西方对2014年事件的准备程度有限,而不是所谓的"新"俄罗斯战略和战术。相反,这应该邀请分析人士来研究俄罗斯可支配的各种资源以及俄罗斯如何使用这些资源和这些资源的潜在脆弱性。混合战争应被理解为一种战略,而不是一种新的战争形式,这种战争"有意将各种国家力量手段的使用结合起来,以便根据对手相信的目标和能力实现外交政策目标"④。

然而,迄今为止,对俄罗斯影响力方法的研究一直较多关注俄罗斯在做什么,相对较少关注目标国家的相关脆弱性,很少关注其战略设计的根本原因;特别是在许多情况下,俄罗斯的战略设计直接关系到西方战略和利益的不一致性和模糊性。

此外,近年来发表的大量关于俄罗斯"混合"战略或相关方法的研

---

① M. Galeotti, "Hybrid, Ambiguous, and Non-Linear? How New Is Russia's 'New Way of War'?," *Small Wars and Insurgencies*, 27 (2), 2016, pp. 287, 291.

② F. Hoffman, *Conflict in the 21st Century*, *The Rise of Hybrid Wars*, Arlington, VA: Potomac Institute, 2007.

③ B. Renz, "Russia and 'Hybrid Warfare'," *Contemporary Politics*, 22(3),2016, pp. 283 – 300; see also S. Charap, "The Ghost of Hybrid War," *Survival*, 57 (6), 2015, pp. 51 – 58.

④ A. Lanozska, "Russian Hybrid Warfare and Extended Deterrence in Eastern Europe," *International Affairs*, 92(1),2016, pp. 175 – 95, at 178.

究侧重于反映俄罗斯掌握的特定权力工具——如除了常规作战之外，俄罗斯军队的各种用途，包括秘密使用特种部队进行快速部署和为代理叛乱分子提供战斗支持，或利用突击演习和部队调动来呈现军事升级的可信威胁。① 在乌克兰危机爆发之前的很长一段时间里，经济和贸易，尤其是能源领域，一直是分析俄罗斯外交政策的一个反复出现的主题，原因是俄罗斯利用其作为邻国和欧洲大部分地区的主要天然气供应国角色这一政治杠杆。② 2014 年后，人们对俄罗斯在乌克兰和其他地方的信息行动产生了浓厚的兴趣，特别是在 2016 年美国总统选举和随后的法国选举期间俄罗斯情报机构的活动，以及巨魔工厂（俄罗斯互联网研究中心，网络水军）、虚假信息行动、假新闻，以及俄罗斯国家媒体的宣传活动。③ 政治影响力战略体现在俄罗斯支持欧洲左右两边的民粹主义政党，在俄罗斯人和讲俄语的人中间宣传"俄罗斯世界"（Russkii mir），支持各种非政府组织，促进欧亚主义和其他符合莫斯科世界观和利益的历史或战略叙事。④

尽管所有这些方法都详细说明了俄罗斯战略的重要方面，尤其是针对其近邻和西方的战略，但是其有效性不应取决于它们的个别应用，而应取决于它们的相互作用；事实上，正是俄罗斯整合其各种权力和影响力资源，并围绕其使用构建战略叙事的能力构成了俄罗斯对自由安全秩序挑战的"新奇"现象。这样一种对俄罗斯外交政策的整体看法，既可以评估俄罗斯战略的有效性，也可以评估目标国家的相关脆弱性。

---

① F. Westerlund and J. Norberg, "Military Means for Non-Military Measures: The Russian Approach to the Use of Armed Forces as Seen in Ukraine," *The Journal of Slavic Military Studies*, 29(4), 2016, pp. 576 – 601.

② A. N. Stulberg, "Out of Gas?, Russia, Ukraine, Europe, and the Changing Geopolitics of Natural Gas," *Problems of Post-Communism*, 62(2), 2015, pp. 112 – 30.

③ T. Thomas, "Russia's Information Warfare Strategy, Can the Nation Cope in Future Conflicts?," *The Journal of Slavic Military Studies*, 27(1), 2014, pp. 101 – 30; P. Pomerantsev and M. Weiss, *The Menace of Unreality: How the Kremlin Weaponizes Information, Culture and Money*, New York: The Institute of Modern Russia, 2014; J. Darczewska, *The Anatomy of Russian Information Warfare: The Crimean Operation, A Case Study*, Warsaw: Centre for Eastern Studies, 2014; N. Inkster, "Information Warfare and the US Presidential Election," *Survival*, 58(5), 2016, pp. 23 – 32.

④ O. Lutsevych, *Agents of the Russian World, Proxy Groups in the Contested Neighbourhood*, London: Chatham House, 2016.

二 战略模糊性和格鲁吉亚的外部脆弱性

2002年，谢瓦尔德纳泽总统正式请求让格鲁吉亚加入北约，这表明格鲁吉亚决心采取旨在融入西方、脱离俄罗斯轨道的单向外交政策。从那时起，格鲁吉亚向西方迈出了重要的一步，从20世纪90年代被视为一个失败的国家到2009年东方伙伴关系的到来，与欧盟签订了《联合协定》和《深入全面的自由贸易协议》，以及2014年制定北约—格鲁吉亚一揽子计划。

然而，2008年的格鲁吉亚和2014年的乌克兰被证明是对北约和欧盟身份的现实检验，并在无意中构成了对这些组织实施外部影响机制的现实考验。在小布什（George W. Bush）政府看来，北约在21世纪头十年中针对格鲁吉亚和乌克兰扩大议程的理由是，实施成为成员国的政治基准将促使这两个国家进行所需的改革；在军事上保护格鲁吉亚不受俄罗斯的威胁从未被视为一个现实的前景。① 然而，2008年俄罗斯对格鲁吉亚的军事干预在很大程度上是出于防止北约进一步扩大到前苏联空间的需要，这一事实突出表明北约和美国不能单独决定它们如何与俄罗斯邻国接触，而俄罗斯看到了一个传统上敌对的军事联盟正在侵犯其势力范围。② 2008年的战争实际上终止了北约对前苏联国家的扩张议程，自那以后，这一议程在西方政策圈中一直未能重新复苏。

如果格鲁吉亚战争消除了利用北约作为工具改变东部邻国的局限性，那么乌克兰战争对欧盟来说也是一次类似的经历。2008年战争之后，东方伙伴关系的实施得到了加强，该伙伴关系设想了欧盟在东方邻国中发挥更大的作用，并打算为这些国家提供一个不依赖北约的西方一体化机制，从而减少对俄罗斯的挑衅。③ 2008年之前，俄罗斯主要关注北约东扩

---

① N. Nilsson, *Beacon of Liberty, Role Conceptions, Crises and Stability in Georgia's Foreign Policy, 2004–2012*, Uppsala, Sweden: Acta Universitatis Upsaliensis, 2015.

② A. P. Tsygankov, "The Sources of Russia's Fear of NATO," *Communist and Post-Communist Studies*, 51, 2018, pp. 101–11.

③ P. D. Wisniewski, *The Eastern Partnership—It is High Time to Start a Real "Partnership"*, Moscow: Carnegie Endowment for International Peace/Carnegie Moscow Center, 2013.

的地缘政治问题,而现在欧盟成为一个挑战者。与此同时,俄罗斯也开始着手建立自己的后苏联时代一体化模式:俄罗斯、白俄罗斯和哈萨克斯坦之间的欧亚关税同盟,后来发展成为欧亚经济联盟。① 2013 年 11 月,东方伙伴关系维尔纽斯峰会筹备期间,俄罗斯迫使亚美尼亚和乌克兰政府放弃与欧盟签署联合协议。亚美尼亚转而加入了欧亚经济联盟。在乌克兰,这引发了基辅公众的抗议,乌克兰政府被推翻,俄罗斯吞并克里米亚。② 与 5 年前北约在格鲁吉亚的经历相类似,乌克兰危机向欧盟强调,与东部邻国的接触,即使伙伴国的最终成员资格永远不在考虑之列,也不可避免地会与普京政府定义的俄罗斯利益相竞争。

北约和欧盟提出的一体化议程上的这些失败,给伙伴国家(可能最重要的是格鲁吉亚)的政府带来了严峻的挑战,既涉及与一体化进程相关的安全风险,这种风险与俄罗斯的地区议程相冲突,也涉及向本国民众解释这些外交政策的优先事项。

在过去 10 年中,格鲁吉亚加入北约的进程有了相当大的进展。2014 年,在威尔士峰会上格鲁吉亚获得了与北约的"实质性一揽子计划",旨在"加强格鲁吉亚的自卫能力,并推进其加入北约的准备工作"③。北约在格鲁吉亚开设了一个训练中心,经常接待北约领导层的高层访问,格鲁吉亚每年都举办"高贵伙伴"和"敏捷精神"北约多边演习。2017 年,美国决定向格鲁吉亚出售"标枪"反坦克导弹,这标志着美国改变了此前不愿向格鲁吉亚提供致命军事装备的态度。④

格鲁吉亚与北约在训练、组织和装备,以及在伊拉克和阿富汗的作战经验交流等方面的合作明显提高了该国的防御能力。然而,问题仍然是格鲁吉亚与北约日益密切的合作,在多大程度上能够阻止俄罗斯对格鲁吉亚的新一轮侵略。格鲁吉亚政府的主要动机仍然是最终获得北约成

---

① S. F. Starr and S. E. Cornell, *Putin's Grand Strategy: The Eurasian Union and Its Discontents*, Washington, DC and Stockholm: Central Asia-Caucasus Institute & Silk Road Studies Program, 2014.

② A. Hug, *Trouble in the Neighbourhood? The Future of the EU's Eastern Partnership*, London: The Foreign Policy Centre, 2015.

③ North Atlantic Treaty Organization, "Relations with Georgia," 23 August 2017, http://www.nato.int/cps/en/natolive/topics_38988.htm.

④ J. Kucera, "US Approves Long-Sought Sale of Anti-Tank Missiles to Georgia," *Eurasianet*, 21 November 2017, https://eurasianet.org/us-approves-long-sought-sale-of-anti-tank-missiles-to-georgia.

员国资格，从而根据北约第5条款获得安全保障。然而，尽管2008年北约布加勒斯特首脑会议的宣言假定格鲁吉亚和乌克兰将在未来某个时候成为北约成员国，但是北约同时拒绝向格鲁吉亚提供构成接受格鲁吉亚为成员国意向声明的成员国行动计划（MAP）。格鲁吉亚领导人获得该行动计划的希望，在随后的北约峰会上破灭了。

事实上，在特朗普政府的领导下，美国与欧洲盟国之间的关系日益紧张，这使得第5条款的可信度受到质疑，即使是针对现有的北约成员国。在2017年黑山加入北约后，特朗普总统对美国是否会在必要时出面保卫该国表示怀疑。① 舆观调查网（You Gov）最近进行的民调显示，在关键的欧洲北约成员国即法国和德国之间，受访者对保卫罗马尼亚和土耳其等外围成员国越来越持怀疑态度，更不用说乌克兰等伙伴国家了。② 最近，法国总统马克龙在推动欧盟安全和防务合作（PESCO）时警告称，北约正在"走向脑死亡"③。

虽然肯定有理由让被占领的格鲁吉亚领土免受第5条款的保护，并且北约成员国资格必然会增加俄罗斯侵略格鲁吉亚的风险④，但是北约仍然需要明确一个可信的意图，即如果格鲁吉亚受到攻击，它将保护格鲁吉亚。这可能涉及要在该国部署前哨部队，类似于在波罗的海国家增强前沿力量。如果发生冲突，这支部队需要通过土耳其，穿过黑海，或者从空中进行防卫。这样的行动必须在俄罗斯部署了大量反进入/区域拒止（A2AD）能力的地理区域内进行，并且唯一的陆桥是横跨一个与其他成员国的分歧越来越大的北约成员国土耳其。因此，假想的格鲁吉亚防务

---

① J. A. Stacey, "A Russian Attack on Montenegro Could Mean the End of NATO," *Foreign Policy*, 27 July 2018, https://foreignpolicy.com/2018/07/27/a-russian-attack-on-montenegro-could-mean-the-end-of-nato-putin-trump-helsinki/.

② M. Smith, "Support for NATO Falls in Key European Nations," YouGov, 3 April 2019, https://yougov.co.uk/topics/international/articles-reports/2019/04/03/support-nato-falls-key-european-nations.

③ "Emmanuel Macron Warns Europe: NATO Is Becoming Brain-Dead," *The Economist*, 7 November 2019.

④ L. Coffey, "NATO Membership for Georgia: In US and European Interest," Heritage Foundation, 29 January 2018, https://www.heritage.org/defense/report/nato-membership-georgia-us-and-european-interest.

所涉及的军事后勤仍然是该国加入北约的另一个严重挑战，尤其是在需要时迅速加强波罗的海国家现有前沿力量。① 如果没有加入北约的前景，那么融入北约的代价（如格鲁吉亚在阿富汗向国际安全援助部队提供大量援助期间所造成的人员损失）可能会变得越来越难以为格鲁吉亚公众所接受。

关于融入欧盟，关键问题是格鲁吉亚和格鲁吉亚人能从这一进程中获得什么经济利益。《联合协定》和自贸协议的实施是一个技术性和复杂的过程。它们能为格鲁吉亚经济带来的好处是巨大的，但也是长期的，要实现这些好处，需要格鲁吉亚对几个经济部门进行现代化改造。②

因此，尽管格鲁吉亚适应欧盟标准和欧盟提供的援助有可能从根本上改善格鲁吉亚的经济，同时使格鲁吉亚在经济和政治上与欧洲挂钩，但是要求格鲁吉亚经济进行必要的结构调整是困难的，特别是考虑到该国最近正在经历的经济衰退。格鲁吉亚政府一贯要求从与北约和欧盟的融合中获得可交付成果，并向公众展示这些进程所带来的好处。2017年3月，格鲁吉亚与欧盟的签证自由化成为现实，这确实构成了这样一个可交付成果：允许格鲁吉亚人免签证进入申根地区。然而，2018年，大量来自格鲁吉亚的寻求庇护者，以及欧洲移民和格鲁吉亚有组织犯罪网络有关的犯罪活动的增加，导致几个重要的接收国增加了暂停签证自由化的可能性。③

因此，格鲁吉亚继续融入西方的回报既不迅速也不容易获得。此外，由于这些组织缺乏政治意愿，加上它们不能忽视的地缘政治现实，在可预见的将来格鲁吉亚无法实现加入北约和欧盟的最终目标。

正是这些不确定的前景，使得俄罗斯在格鲁吉亚的信息行动试图证

---

① A. Maisel and L. Keturakis, "Baltic Trainspotting: Railways and NATO's Logistics Problem in Northeastern Europe," *Modern War Institute*, 2 April 2018, https://mwi.usma.edu/baltic-trainspotting-railways-natos-logistics-problem-northeastern-europe/.

② A. Adarov and P. Havlik, "Benefits and Costs of DCFTA: Evaluation of the Impact on Georgia, Moldova and Ukraine," *Vienna Institute for International Economic Studies and Bertelsmann Stiftung*, 2017.

③ V. Rukhadze, "Georgia's Much Celebrated Visa Liberalization with European Union Comes under Threat," *Eurasia Daily Monitor*, 15(36), 2018, https://jamestown.org/program/georgias-much-celebrated-visa-liberalization-european-union-comes-threat/.

明，与西方一体化是乌托邦构想，并且会损害格鲁吉亚的经济和安全。在未来几年里，俄罗斯可能会在这一叙事背后投入更多的物质力量。俄罗斯之所以容忍格鲁吉亚的进步，特别是近年来与欧盟的合作，是因为俄罗斯一直忙于乌克兰和叙利亚的其他事务。① 俄罗斯拥有必要的军事和经济资源，并有政治和信息渠道来推动它。

三 俄罗斯在格鲁吉亚"混合"战略的组成部分

（一）军事资源

俄罗斯在有争议的格鲁吉亚领土及其周边地区的军事存在，使得对格鲁吉亚部署军事力量的威胁具有可信度。2008年8月，俄罗斯迅速确立了地面军事优势，向格鲁吉亚部署了2万名士兵，并在5天内控制了南奥塞梯和阿布哈兹，以及格鲁吉亚大片无可争议的领土。② 事实上，俄罗斯在八月战争之前、期间和之后的行动，与其在乌克兰的部队使用有几个相似之处，包括通过在南奥塞梯和阿布哈兹的代理组织，将常规军事力量与非正规作战结合起来，以及实施持续的外交和信息战略来支持这一努力。③

2008年夏天，格鲁吉亚因卷入了一场它不可能打赢的战争而受到指责。这场冲突升级的背景是，各方的协调一致迫使格鲁吉亚面临这样一个选择：要么接受俄罗斯对这两个地区的非正式吞并，要么尝试采取致命的军事行动，在当地造成新的现实。④ 事实上，在2008年1月科索沃宣布独立后，俄罗斯便决定与这两个地区建立外交关系，并开始在实践中把它们视为独立实体。在战争爆发前的几年里，相当数量的阿布哈兹人和奥塞梯人获得了俄罗斯护照，这使得俄罗斯在2008年以保护俄罗斯

---

① S. N. MacFarlane, *Two Years of the Dream: Georgian Foreign Policy During the Transition*, London: Chatham House, 2015.

② C. Vendil Pallin and F. Westerlund, "Russia's War in Georgia: Lessons and Consequences," *Small Wars and Insurgencies*, 20(2), 2009, pp. 400–24.

③ E. J. Iasellio, "Russia's Improved Information Operations: From Georgia to Crimea," *Parameters*, 47(2), 2017, pp. 51–63.

④ N. Nilsson, *Beacon of Liberty, Role Conceptions, Crises and Stability in Georgia's Foreign Policy, 2004–2012*, Uppsala, Sweden: Acta Universitatis Upsaliensis, 2015.

"公民"为由进行干预。① 俄罗斯在采取军事行动的同时,还对格鲁吉亚政府的新闻机构和媒体进行了网络攻击,雇佣军和"志愿者"涌入阿布哈兹和南奥塞梯,一场国际造谣运动声称格鲁吉亚最初的袭击造成2000名南奥塞梯平民死亡,这一指控为俄罗斯的"人道主义干预"提供了理由。②

目前,俄罗斯分别在阿布哈兹和南奥塞梯的基地部署装备齐全的旅级部队4500人,南部军区和黑海舰队可以迅速加强这些部队。在南面,俄罗斯在亚美尼亚的久姆里基地部署了一个机械化旅。俄罗斯在格鲁吉亚和亚美尼亚的部队加强S300、S400和Buk-M1防空,以及伊斯坎德尔-M弹道导弹系统,第比利斯在这些系统的射程之内。③ 此外,南奥塞梯和阿布哈兹军队正式隶属于俄罗斯武装部队和俄罗斯指挥部。④ 俄罗斯在阿布哈兹、南奥塞梯和格鲁吉亚边境附近的军事存在,清楚地表明了常规军事力量投射的潜力;一旦与格鲁吉亚再次发生激烈冲突,俄罗斯便可以在这些地区部署常规军事力量。

俄罗斯还多次对格鲁吉亚采取秘密军事行动,并企图否认,从而使这些行动的肇事者和动机存在各种解释。这些事件包括2007年8月靠近格鲁吉亚村庄第特鲁巴尼的一个雷达站被炸,俄罗斯官员强烈否认参与其中。⑤ 同年3月,格鲁吉亚官员声称,其政府在科多里峡谷(格鲁吉亚当时控制的阿布哈兹的唯一地区)设立的阿布哈兹流亡政府办公室遭到

---

① T. Nagashima, "Russia's Passportization Policy toward Unrecognized Republics," *Problems of Post-Communism*, 66(3), 2017, pp. 186–99. doi: 10.1080/10758216.2017.1388182.

② J. Nichol, *Russia-Georgia Conflict in August 2008: Context and Implications for US Interests*, Washington, DC: Congressional Research Service; T. Parfitt, "Armed Cossacks Pour in to Fight Georgians," *The Guardian*, 9 August, 2008.

③ D. Batashvili, "Russia Troop Deployments Menace Georgia," *Civil Georgia*, 4 April 2017, http://old.civil.ge/eng/article.php?id=29994.

④ G. Menabde, "Russian Military Absorbs 'Army of South Ossetia'," *Eurasia Daily Monitor*, 21 March 2017, https://jamestown.org/program/russian-military-absorbs-army-south-ossetia/; "Georgia, US Criticize New Russian-Abkhaz Military Force," *Radio Free Europe/Radio Liberty*, 23 November 2016.

⑤ M. Antidze, "Georgia Accuses Russia of Firing Missile at Village," *Reuters*, 7 August 2007; S. Cornell, S. F. Starr, and D. J. Smith, *The August 6 Bombing Incident in Georgia: Implications for the Euro-Atlantic Region*, Washington, DC and Stockholm: Central Asia-Caucasus Institute & Silk Road Studies Program, 2007.

三架 Mi-24 攻击直升机的袭击。俄罗斯方面再次否认有任何参与；尽管俄罗斯参与这两起事件的证据很多，但是联合国关于这一事件的报告并未直接提到俄罗斯。① 2009—2011 年，格鲁吉亚多个地点发生了爆炸事件，其中一起发生在美国驻第比利斯大使馆外围。格鲁吉亚当局和中央情报局后来追踪到，爆炸事件与一名在阿布哈兹的俄罗斯联邦对外情报局上校有关。②

近年来，南奥塞梯部队和俄罗斯联邦安全局边防军开始加固行政边界线，并将其进一步推进到格鲁吉亚境内。尽管"边界化"进程让一些格鲁吉亚居民在"错误"的一边，但是它也将英国石油公司经营的巴库—苏普萨输油管道的一部分（该管道将阿塞拜疆石油输送到格鲁吉亚的黑海海岸）置于俄罗斯控制之下，并使俄罗斯在格鲁吉亚东西高速公路附近建立了存在；该公路是连接第比利斯与格鲁吉亚西部的大动脉。除国际法律影响外，吞并格鲁吉亚大片无争议领土的做法对格鲁吉亚的安全有着明显的影响。然而，这些做法的象征意义更大，特别是因为它向格鲁吉亚决策者和公民表明，如果俄罗斯愿意，它就可以加强对格鲁吉亚领土的控制，而格鲁吉亚当局或其西方伙伴对此几乎无能为力。③

（二）经济资源

格鲁吉亚与俄罗斯的贸易对该国经济来说是一个可喜的提振，但是也可能成为针对格鲁吉亚的潜在重要力量。2012 年，格鲁吉亚梦想党政府上台执政，其议程是推进格鲁吉亚与俄罗斯的关系"正常化"，并在很

---

① P. Wornship, "U. N. Probe of Georgia Attack Does Not Assign Blame," *Reuters*, 13 July, 2007.

② E. Lake, "Classified Report: Russia Tied to Blast at U. S. Embassy," *Washington Times*, 26 July 2011; J. Popjanevski and S. E. Cornell, *The 2009 - 11 Bombing Campaign in Georgia*, Washington, DC and Stockholm: Central Asia-Caucasus Institute & Silk Road Studies Program, 2012.

③ Tbilisi Slams, "'Borderization' on the Eve of Ergneti IPRM," *Civil Georgia*, 7 February 2019, https://civil.ge/archives/275988; T. Sharashenidze, "Russian Soft Power in Action: South Ossetia's Wandering 'Border'," European Council on Foreign Relations, 28 July 2015; K. Kakachia, L. Kakhishvili, J. Larsen, and M. Grigalashvili, "Mitigating Russia's Borderization of Georgia: A Strategy to Contain and Engage," Tbilisi, Georgia: Georgian Institute of Politics, 2017.

大程度上专注于为格鲁吉亚农产品重新开放俄罗斯市场——自 2006 年以来俄罗斯一直对格鲁吉亚农产品实施禁运，以报复前格鲁吉亚政府以间谍罪名驱逐俄罗斯公民的行为。在某种程度上，这次努力是成功的。2013 年，俄罗斯逐渐重新对格鲁吉亚产品开放市场，现在它是格鲁吉亚重要的贸易伙伴之一，也是格鲁吉亚葡萄酒最大的出口目的地。[1]

虽然重新进入俄罗斯市场为格鲁吉亚生产商和整个国家经济带来了重大利益，但是也增强了俄罗斯对格鲁吉亚施加经济压力的能力，特别是考虑到该国在 2014—2017 年的经济衰退。尽管此后经济出现了复苏迹象，但是这种增长的分布极不均衡，大部分人口都在与失业和过度负债做斗争，特别是以美元计价的贷款。[2]

俄罗斯系统地表明，它准备以所谓进口食品存在卫生缺陷为借口实施贸易制裁，这一制裁适用于格鲁吉亚、乌克兰、摩尔多瓦、波兰和立陶宛的产品。[3] 事实上，在格鲁吉亚批准了与欧盟的自贸协议（DCFTA）后，俄罗斯取消了自 1994 年开始实施的与格鲁吉亚的独联体自由贸易制度，随后又重新对格鲁吉亚的某些产品实施禁令。[4] 俄罗斯消费者保护机构（Rozpotrebnadzor）经常因政治分歧而威胁要阻止格鲁吉亚葡萄酒的进口——如在格鲁吉亚加入欧盟而对克里米亚和塞瓦斯托波尔葡萄酒实施制裁，俄罗斯总理梅德韦杰夫威胁要采取"应对措施"[5]。因为公众抗议俄罗斯杜马代表在格鲁吉亚议会发表的挑衅性讲话，2019 年夏天，俄罗斯当局暂时禁止俄罗斯与格鲁吉亚之间的直飞航班，这影响

---

[1] S. Kapanadze, *Georgia's Vulnerability to Russian Pressure Points*, London: European Council on Foreign Relations, 2014.

[2] V. Papava, Why the Population of Georgia Does Not Perceive Economic Growth Positively, Tbilisi, Georgia: Georgian Foundation for Strategic and international Studies, 2018, http://papava.info/publications/Papava_Rondeli-Blog_Economic-Growth_ENG.pdf.

[3] "Russia Halts Lithuania Dairy Products in Trade Row," BBC, 7 October 2013.

[4] T. Baranec, "Trade, Economy and Pro-Russian Opinion in Georgia," *Central Asia-Caucasus Analyst*, 2 October 2015.

[5] G. Menabde, "Russia Threatens Georgia with Renewed Trade War," *Eurasia Daily Monitor*, 14 August 2015; "Russia's Chief Sanitary Agency Warns Georgia over Wine Quality," *Civil Georgia*, 20 July 2018, https://civil.ge/archives/246981.

了大量俄罗斯游客。①

在俄罗斯工作的大量格鲁吉亚劳工移民构成了另一个潜在的经济杠杆来源。② 2018年，大约有4.57亿美元从俄罗斯汇回格鲁吉亚。③ 作为对2006年格鲁吉亚驱逐俄罗斯公民的反应之一，俄罗斯驱逐了大量格鲁吉亚劳工移民，并可能再次威胁要这么做。

（三）政治/颠覆资源

人们普遍认为，俄罗斯非常重视宣传一种支持俄罗斯外交政策的战略叙事，其吸引力来自于它能够与海外目标受众中已经存在的、往往是社会保守的、民族主义的和反西方的话语相融合。格鲁吉亚也不例外。今天，该国的一些国内势力表达了支持俄罗斯在该地区目标的政治观点，但是不一定公开亲俄。这些行为体包括政党、非政府组织、另类媒体，特别是基于互联网的媒体，以及格鲁吉亚东正教内部的派别。④

在这方面，格鲁吉亚常提到的两个政党是尼诺·布尔扎纳泽的民主运动——统一格鲁吉亚党和伊尔玛·伊纳什维利的右翼民粹主义政党——爱国者联盟。双方都呼吁坚持格鲁吉亚的保守价值观，并认为格鲁吉亚应该在其外交关系中追求"中立"，重点是格鲁吉亚不太可能成为北约成员国。他们将与俄罗斯的冲突归咎于现任和前任政府对这一目标的追求，并认为放弃这一目标可以让阿布哈兹和南奥塞梯重新融入格鲁吉亚社会。⑤ 尤其是近年来爱国者联盟在格鲁吉亚政坛上的知名度越来越高，该政党是除了占据主导地位的格鲁吉亚梦想党和统一民族运动党之外，唯一在2016年10月议会选举中成功进入议会的政党。

此外，一些非政府组织和附属新闻机构在格鲁吉亚日益活跃，宣

---

① Radio Free Europe/Radio Liberty, "Putin's Ban on Direct Russia-Georgia Flights Comes into Force," 8 July 2019.

② S. Kapanadze, "Russia's Soft Power in Georgia: A Carnivorous Plant in Action," in T. Rostoks and A. Spruds (eds.), *The Different Faces of 'Soft Power'*: *The Baltic and Eastern Neighborhood between Russia and the EU*, Riga, Latvia: Latvian Institute of International Affairs, 2015, pp. 164 – 67.

③ National Bank of Georgia, "Money Transfers by Countries, 2012 – 2019," 15 February, 2019, https://www.nbg.gov.ge/index.php? m = 306.

④ S. Kapanadze, "Russia's Soft Power in Georgia," p. 175.

⑤ "Burjanadze's Party Calls for 'Non-Bloc Status' for Georgia," Civil Georgia, 30 June, 2016.

传反西方信息,同时宣传格鲁吉亚民族主义和保守的东正教价值观。尽管一些议程相似的非政府组织似乎在格鲁吉亚进进出出,但是它们在很大程度上都有相同的成员。他们的资金来源是不透明的;格鲁吉亚政界普遍认为,他们是用俄罗斯资金运作的。① 2015 年,位于第比利斯的信息自由发展研究所发布的一份报告显示,这些组织的数量和活动都明显增加,宣传欧亚意识形态,并为此安排研讨会、教育活动和集会。②

这些团体有一个共同的观点,即格鲁吉亚应在国际关系中保持中立。③ 在与本文作者的对话中,非政府组织"欧亚选择"(Eurasian Choice)的头号人物阿切尔·奇科伊兹(Archil Chkoidze)谴责与北约一体化,主张将格鲁吉亚变成东西方之间的缓冲区。如果俄罗斯将不再看到格鲁吉亚的军事威胁,那么这将会开启关于南奥塞梯和阿布哈兹的谈判。他还形容格鲁吉亚与欧盟对联合协议的承诺过于单向,并认为格鲁吉亚应该放弃加入欧盟的野心,转而发展与欧洲、俄罗斯和欧亚经济联盟的贸易。④ 此外,一些极右翼组织在格鲁吉亚越来越活跃;它们的活动围绕格鲁吉亚进行曲运动(Georgian March)平台进行组织,通过仇外和憎恨同性恋的信息,以及街头集会,聚焦于所谓的西方影响对格鲁吉亚传统和身份的威胁。⑤

(四)信息资源

上述行为体对支撑格鲁吉亚外交政策方向仍然占主导地位的政治叙事

---

① M. Cecire,"The Kremlin Pulls on Georgia," *Foreign Policy*, 9 March 2015, https://foreignpolicy.com/2015/03/09/the-kremlin-pulls-on-georgia.

② N. Dzvelishvili and T. Kupreishvili, *Russian Influence on Georgian Media and NGOs*, Tbilisi, Georgia: Intitute of Freedom of Information 2015.

③ G. Menabde, "Pro-Russian Forces in Georgia Demand Neutral Status for Country," *Eurasia Daily Monitor*, 8 October 2015.

④ Author's Interview, Archil Ckhoidze, Tbilisi, 28 October 2015.

⑤ N. Dzvelishvili, "From a Pro-Russian to a Pro-Georgian Narrative," The Foreign Policy Centre, 18 July 2018, https://fpc.org.uk/from-a-pro-russian-to-a-pro-georgian-narrative/; T. Baranec, "Georgia's Far Right and Mainstream Politics: Lessons from the EU," *Central Asia-Caucasus Analyst*, 28 August 2018, http://cacianalyst.org/publications/analytical-articles/item/13531-georgias-far-right-and-mainstream-politics-lessons-from-the-eu.html.

提出了挑战，强调融入北约和欧盟是该国唯一可行的选择。反叙事和反西方信息的其他重要来源是多个媒体渠道，包括基于互联网的平台，如格鲁吉亚和世界（geworld）、Sakinformi、Asaval-Dasavali 和 Obieqtivi，这是伊纳什维利爱国者联盟的主要新闻渠道。总部设在第比利斯的媒体发展基金会（MDF）发表的一份2018年媒体监测报告系统地列出了格鲁吉亚媒体经常重复的反西方信息。① 其主题包括亲俄信息，比如俄罗斯干预叙利亚的合法性，呼吁与俄罗斯建立战略伙伴关系，加入俄罗斯领导的欧亚经济联盟，或者推动东正教俄罗斯作为平衡自由西方的力量。然而，绝大多数信息避免提到俄罗斯，而是集中诋毁西方，特别是北约和欧盟，提到格鲁吉亚与这些组织的一体化进程会对格鲁吉亚的安全、经济，以及格鲁吉亚的传统和身份构成威胁。媒体发展基金会的结论是，近年来试图诋毁美国、北约和欧盟的信息数量稳步增加。②

关于北约，这些消息来源所宣扬的说法侧重于格鲁吉亚不可能成为北约成员，而且北约无论如何都不愿意或没有能力保卫格鲁吉亚。此外，与北约的合作被描述为对俄罗斯的挑衅，并与失去阿布哈兹和南奥塞梯直接相关。与俄罗斯的官方说法类似，美国被描绘为应该对乌克兰战争负责的侵略者，政变和"颜色革命"的煽动者，这种干涉政治决策的行为侵犯了格鲁吉亚的主权，并在实践中统治着格鲁吉亚。有关欧盟的信息指出，格鲁吉亚没有加入欧盟的前景，一体化进程会对格鲁吉亚经济造成损害。欧盟被指责将接收大量移民的义务强加给格鲁吉亚，而签证自由化协议被描述为由于向外移民造成的人口威胁。③

这些信息的一个显著特点是，它们专注于诋毁格鲁吉亚的西方伙伴以及与西方一体化的国内支持者。尽管呼吁与俄罗斯合作是其中的一部分，但是这些呼吁只是在与西方一体化所构成威胁的背景下提出的。在绝大多数格鲁吉亚民众中，俄罗斯，尤其是俄罗斯的外交政策仍然非常

---

① T. Kintsurashvili, Anti-Western Propaganda, Tbilisi, Georgia: Media Development Foundation, 2018.

② T. Kintsurashvili, Anti-Western Propaganda, Tbilisi, Georgia: Media Development Foundation, 2018.

③ T. Kintsurashvili, Anti-Western Propaganda, Tbilisi, Georgia: Media Development Foundation, 2018.

不受欢迎；相反，这些信息侧重于从负面角度描述西方，以及格鲁吉亚与西方的关系，并将其视为对格鲁吉亚安全、经济、价值观和传统的威胁。根据格鲁吉亚官员的说法，这是在格鲁吉亚宣传活动的一个特点，而不是像在乌克兰那样，类似的非政府组织和媒体更公开地支持俄罗斯。① 这说明了俄罗斯宣传活动的复杂性，以及为特定受众量身定制信息的能力。

结　论

这篇分析表明，俄罗斯对格鲁吉亚的政策需要被理解为一个整体，是由军事、经济、政治/颠覆和信息手段组成的"混合"战略。俄罗斯逐渐增强了影响格鲁吉亚政府和公众的能力，并且有系统地针对该国的外部和内部的脆弱性。

因此，在俄罗斯与格鲁吉亚关系可用资源的综合清单中，包括军事优势和经济依赖在内的物质权力来源通过政治和信息资源的宣传得到加强，目的是破坏格鲁吉亚与西方一体化的可信度和合法性。

格鲁吉亚在俄罗斯面前的脆弱性不应被夸大。实际上，大多数格鲁吉亚人如今已经习惯了阿布哈兹和南奥塞梯在可预见的未来仍将处于俄罗斯的占领之下，而格鲁吉亚已经设法忍受了俄罗斯的禁运，结果甚至实现了贸易多样化。这样，尽管俄罗斯在格鲁吉亚问题上的首要目标是西方默许将格鲁吉亚视为俄罗斯势力范围的一部分，并将其纳入后苏联国家的阵营，但是多年来俄罗斯为实现这一目标投入了大量努力和资源，所取得的效果却是微不足道的。尽管对格鲁吉亚的欧洲—大西洋取向持批评态度的部分民众的声音明显增强，导致格鲁吉亚自由派/亲西方派与保守派/民族主义观点日益两极分化，但是目前几乎没有迹象表明亲俄情绪在公众舆论中达到平衡。

这就是说，鉴于该国的经济困境和公众对政府表现出的认可度较低，俄罗斯在与格鲁吉亚的关系中使用的大部分物质手段都可能会严重损害政府在选民中的地位。格鲁吉亚的经济尤其如此——正如莫斯科多次证

---

① Author's Interview, Mariam Rakviashvili, Tbilisi, 29 October 2015.

明的那样，利用不对称的依赖关系达到政治目的，在双边关系中施加经济压力，这并不是什么新鲜事。总而言之，这里讨论的综合资源，可以用于对格鲁吉亚的外交决策施加压力和影响，如果克里姆林宫认为有必要，那么它就可以加大力度。自2014年以来，虽然格鲁吉亚没有一直站在俄罗斯与西方对抗的最前线，但是这种局面不一定会持续下去。

虽然这些资源在格鲁吉亚的应用肯定包含了大量的虚假信息，但是它们也针对格鲁吉亚与西方关系中根本的和非常真实的弱点。最重要的是，这些国家脆弱性的外部来源是西方对包括格鲁吉亚、乌克兰和摩尔多瓦在内的其他东部邻国缺乏长期战略。西方对这些国家利益的模糊态度，尤其是在安全和经济关系方面，仍然是俄罗斯可以利用的弱点，特别是因为它拥有军事和经济手段将欧盟和北约的一体化与实际的经济和安全威胁联系起来。

在这种情况下，当前围绕俄罗斯国际行为的政治和信息成分的炒作（尽管这些肯定是令人担忧的来源）有可能转移对西方所面临的根本战略问题的注意力，而俄罗斯的努力正是针对这些问题的。事实上，与俄罗斯"新"战争方式的争论相关的各种力量投射手段，需要被理解为一个连贯的整体。此外，对促进克里姆林宫世界政治叙事的积极措施、信息行动和其他手段的应有关注，不应该掩盖物质治国手段（军事和经济实力）的持久重要性，以及西方需要更明确地界定其对格鲁吉亚和东方邻国的战略利益。

（兰州大学格鲁吉亚研究中心周骁剑译，姚梅校）

第四编
格鲁吉亚的政治和经济发展

在俄罗斯的自负与不安全之间：
冲突后格鲁吉亚的政治挑战及前景[*]

科内利·卡卡奇亚（Kornely K. Kakachia）

【摘要】 格鲁吉亚自独立以来，一直是苏联解体后最具独立思想的国家之一。格鲁吉亚在同欧洲跨大西洋共同体关系日益密切的同时，与俄罗斯的关系开始恶化。在俄罗斯入侵和全球金融危机背景下，欧洲—大西洋一体化前景的矛盾加剧了格鲁吉亚面临的安全困境。本文探讨了格鲁吉亚当前面临的政治挑战，以及俄罗斯为赢得格鲁吉亚内部意识形态战争所采取的外交政策"新基调"。此外，本文还提及了"五日战争"后格鲁吉亚国家安全问题，以及俄罗斯和格鲁吉亚关系的前景。

【关键词】 格鲁吉亚；俄罗斯；冲突；感知

前　言

自独立以来，格鲁吉亚便成为具有独立性的后苏联国家之一。在独立初期，格鲁吉亚朝欧洲跨大西洋共同体靠拢的雄心越来越大，它与俄罗斯的关系也开始趋于恶化。"玫瑰革命"后，格鲁吉亚政府尽可能与以莫斯科为中心的经济与安全组织保持距离，并发起了以国际力量取代俄

---

[*] Uluslararası İlişkiler/ *International Relations*, Yaz/Summer 2010, Vol. 7, No. 26 (Yaz/summer, 2010), pp. 87–103.

罗斯维和部队的运动，这些举措均令莫斯科深感冒犯。此外，西方国家普遍认为俄罗斯越来越非民主和腐败时①，格鲁吉亚却因致力于民主和市场改革而备受西方赞誉。2006年"自由之家"报告显示，格鲁吉亚的八项政治权利和七项公民自由指标排名均高于俄罗斯②，而国际透明腐败感知指数也将格鲁吉亚列为比俄罗斯更清廉的国家③，以上种种均令莫斯科感到不满。另外，因俄罗斯在政治、经济和军事上持续支持阿布哈兹和南奥塞梯的分离主义运动，两国关系仍然存在问题。尽管有证据表明，俄罗斯各种政治和军事力量不支持格鲁吉亚的国家建设计划，他们认为，这与俄罗斯的国家利益相违背，但是格鲁吉亚仍尝试同俄罗斯保持良好关系。

  俄罗斯对高加索山脉南坡的兴趣源于其捍卫领土的愿望：苏联加盟共和国仍是其抵制西方竞争对手的堡垒（作为友好/卫星国）。综上所述，俄罗斯并没有区分北高加索和南高加索，因为它认为这是一个很好的缓冲地区。俄罗斯之所以认为格鲁吉亚是控制南高加索地区的关键，是因为那里有着许多苏联的军事基地。④ 此外，它还拥有将高加索地区连接在一起的中心地理优势，因此在克里姆林宫的战略思想中，如果能控制格鲁吉亚，俄罗斯将会有匹配的军事基础设施来控制整个南高加索。为了实现对该地区的完全控制，克里姆林宫实施了一项分而治之的政策：微型国家和不稳定地区的出现将确保俄罗斯能够继续在该地区占据主导

---

① The Georgian Government Has Cited A September 2006 World Bank and International Finance Corporation Report that Called Georgia the World's Fastest Reformer as Proof that Its Reform Policies Are Attracting Investors An Improving the Business Climate. The Report Ranked Georgia 37th out of 175 Countries Surveyed for Ease of Doing Business, A 75 – Place Improvement Compared with the Year Before. www. doingbusiness. org/documents/Press_Releases_07/DB Globalpressrelease. pdf.

② See, Freedom House, Special Report 2006, Table of Independent Countries-Freedom in the World 2006, p. 2, http：//www. freedomhouse. org/uploads/WoW/2006/TableofIndependent-Countries 2006. pdf.

③ See, Transparency International Georgia, Corruption Perception Index 2008, December 2008, p. 2, http：//www. transparency. ge/index. php? lang_id = ENGôcsec_id = 142ôcinfo_id = 504.

④ For More Detailed Information Related to Russian Military Bases in Georgia, See Kornely Kakachia, "The End of Russian Military Bases in Georgia：Social, Political and Security Implications of Withdrawal," Luís Rodrigues and Sergiy Glebov（eds.）, *Military Bases：Historical Perspectives, Contemporary Challenges*, Vol. 51, 2009, pp. 196 – 206.

地位。

俄罗斯不仅对格鲁吉亚的民主化和独立性感到不安，也对自己"合法"势力范围内有着与西方密切关系的存在而感到不安。莫斯科担心，如果格鲁吉亚成功融入欧洲—大西洋结构，这可能导致它失去高加索地区，甚至在整个后苏联地区的影响力和信誉。近年来，格鲁吉亚已经证明，高加索地区可以存在一个运转良好的现代民主国家，一个没有政府干预，但经济平稳发展并无腐败盛行的国家。从长远来看，经济和政治稳定的格鲁吉亚，可能会成为一个成功的东欧国家，并为其他后苏联国家和俄罗斯联邦内的高加索共和国提供仿效模式。然而，对克里姆林宫而言，这将是一个危险且代价高昂的零和游戏。

2008年，俄罗斯入侵格鲁吉亚并承认分裂地区，为其在格鲁吉亚设立军事基地奠定了两个立足点。很明显，这一行动是为了迫使北大西洋公约组织更加认真地考虑其未来扩张计划。此外，俄罗斯貌似对美国与格鲁吉亚两国关系的上升走向十分担忧，美格两国的安全和军事合作一直是《美格战略伙伴关系宪章》的重要内容，对两国的军事联合演习，人们也早已感到司空见惯。此外，美国还承诺向格鲁吉亚提供军事规划和训练援助。尽管双方声称，军事演习是格鲁吉亚人民参与北约在阿富汗军事行动的训练，但是俄罗斯对此的反应异常迅速和严厉，它对美国军队在格鲁吉亚扮演的角色深表怀疑。美国在格鲁吉亚的军事存在似乎变成了莫斯科最可怕的噩梦，这极大地挫败了俄罗斯现任领导人实现"特权利益区"的地缘战略抱负。①

俄罗斯想要重建昔日世界秩序，让莫斯科再次扮演重要角色。其战略是培养恐俄心理（这是俄罗斯的历史文化），迫使对手屈服。为此，俄罗斯对欧盟的东部伙伴关系计划②也甚感不安，该计划旨在通过改善人

---

① Giorgi Kvelashvili, "Russia Casts a Wary Eye on Deepening U. S. – Georgia Cooperation," 3 November 2009, http: //jamestownfoundation. blogspot. com/2009/ll/russia-casts-wary-eye-on-deepening-us. html, p. l.

② 东方伙伴关系旨在改善具有"战略重要性"的六个后苏联国家——乌克兰、白俄罗斯、摩尔多瓦、阿塞拜疆、亚美尼亚和格鲁吉亚与欧盟的政治经济贸易关系。欧盟的东部伙伴关系和欧洲睦邻政策旨在向该区域各国提供激励措施，使其更接近欧盟和西方规范。这些措施包括促进民主和善政，为减少社会经济失衡和增加稳定的项目提供资金，以及逐案促进在共同外交和安全政策领域与欧盟宣言保持一致。

权、放宽签证规定和确保能源安全吸引东欧六个后苏联国家，同时拉近同高加索之间的距离。此外，俄罗斯在与作为安全行为体的欧盟打交道时，将个别欧盟成员国看作合作伙伴，但是将其整体视为一个可能破坏自身影响力的对手。① 莫斯科的战略家们希望通过欧盟确立自己的势力范围，以促使西方做出适当顺从的反应，其中可能包括地区撤军。② 尽管俄罗斯入侵未能促成撤军，且这一行动在客观上对欧洲—大西洋安全有所挑战，但是这并不能为北约干预提供正当借口。

通常，格鲁吉亚的西方伙伴对格俄间的不平等对抗视而不见，用格鲁吉亚分析人士亚历山大·隆德里的话来说，这使得"石油和天然气味道弥漫，同情和理解不复存在"③。此外，欧盟无力协调针对俄罗斯的共识，这使得俄罗斯从中受益。2008年8月俄格战争后，欧洲政治家们用地狱似的诅咒威胁俄罗斯，但最后也未采取任何措施。对帝国主义记忆犹新的东欧和中欧国家，往往对格鲁吉亚与俄罗斯之间的关系更加敏感，并试图支持格鲁吉亚争取真正的独立，支持欧洲—大西洋一体化。然而，它们的声音在欧洲委员会中并无分量。格鲁吉亚在战后获得了极大的国际支持，人们至此认为，更多有力和有效的西方支持对格鲁吉亚的生存至关重要。

格鲁吉亚社会清楚，西方对俄罗斯在高加索地区的入侵无能为力。④ 公众也认识到这一局势的战略复杂性，不希望该局势被视为新的全球冲突。格鲁吉亚人深知，他们的国家遭受了军事失败，在冲突过后，他们须与被军事占领的痛苦经历做斗争。格鲁吉亚也清醒地认识到，因受两次战争和全球金融危机的影响，奥巴马政府对该国的重视程度将不抵前任，支持也

---

① Fedor Lukianov, "цена вопроса", *KoMMepcanmb*, 19 November 2009, p. 9, http：//www. kom-mersant. ru/doc-rss. aspx? DocsID = 900421.

② John Vinocur, "Georgia is Focal Point in U. S. – Nato-Russian Tension," *New York Times*, 5 May 2009, p. 2.

③ Alexander Rondeli, "Georgias Search for Itself：Open Democracy," 8 August 2008, http：// www. open-democracy. net/article/georgia-s-search-for-coexistence, p.

④ 公众对西方关于格鲁吉亚政策的怀疑始于西方未能在2002年7月对俄罗斯退出欧洲常规力量条约做出充分回应。2008年4月，北约继续拒绝格鲁吉亚和乌克兰加入成员行动计划；并在2008年6月至7月，最终导致欧洲无视俄罗斯一再入侵格鲁吉亚领空及其无视格鲁吉亚对阿布哈兹的主权。

会随之减少,尽管如此,奥巴马政府仍然不希望,格鲁吉亚或乌克兰的利益在其与俄罗斯"调整"关系的过程中遭受损害。① 因此,整个俄罗斯政坛对美国未来在格鲁吉亚安全问题上可能采取何种动作并不清楚。

与此同时,华盛顿正积极与俄罗斯接触,以缓和与前冷战对手的关系。然而,俄罗斯近来采取的一系列行动让人们对华盛顿接触莫斯科的能力心存怀疑。2009年8月,克里姆林宫违反欧盟斡旋的停火协议,在格鲁吉亚亲莫斯科的分离地区增设军事存在。此后不久,克里姆林宫起草了一项法案,使俄罗斯更易于向外派遣军队"保护俄罗斯公民"和"防止他国侵略"②。此外,俄格边界越来越多的南部通道被俄罗斯控制,因为不存在明确的、商定的界线,使边界线朝格鲁吉亚的推进成为可能。以上事态的发展必须被认定是高度危险的,一旦国际社会默许,俄罗斯很有可能将此作为削弱格鲁吉亚国家能力的砝码,换句话说,使格鲁吉亚完全受其影响。

近二十年来,格鲁吉亚致力于发展国家民主政治制度。其民主选举进程、多党制和法治领域取得了重大进展,但仍存在民主缺失、公民社会脆弱、行政效率低下和议会文化尚不成熟的特点。正如格鲁吉亚政治学家吉亚·诺迪亚所言,尽管绝大多数格鲁吉亚人认同西方制度和价值观,但是他们也清楚这些价值观尚未在格鲁吉亚充分扎根。格鲁吉亚是一个有抱负的民主国家,但并非一个巩固的民主国家。③ 格鲁吉亚舆论在关于战争对国家民主发展的影响方面,萨卡什维利政府试图让格鲁吉亚精英相信,他公开否认俄罗斯影响并支持西方的做法有利于本国长期利益,以一场可怕的战争作为国家民主发展的代价是值当的,他的抱负能否成功在很大程度上取决于西方的行动,尤其是如何解决格鲁吉亚的安全问题。④ 以上现状使得俄罗斯有信心逆转格鲁吉亚想要成为西方民主国

---

① E. Wayne Merry, "Needy Nations," 24 July 2009, p. 3, http://nationalinterest.org/Article.aspx? id = 21896.

② Gregory Feifer, "How Obama's Russia Reset Is Playing," *RFE/RL*, 8 September 2009, http://www.rferl.org/content/How_Obamas_Russia_Reset_Is_Playing/1817684.html, p. 1.

③ Ghia Nodia, "Russian War and Georgian Democracy," 22 August 2008, http://www.opendemocracy.net/article/russian-war-and-georgian-democracy p. 1.

④ Julie George and Christophe Stefes, "The Fate of Georgian Democracy," *Current History*, October, 2008, pp. 344 – 347. http://www.harrimaninstitute.org/MEDIA/01263.pdf.

家的雄心，即使不通过武力，也可以通过其他说服手段，也就是所谓的"软实力"手段。

尽管格鲁吉亚政体和制度已经通过了战争的考验，但是俄罗斯不太可能再通过其他方式实现战略目标，它只需继续扮演军事占领者的角色，并试图影响格鲁吉亚外交政策的制定即可。尽管格鲁吉亚得到了国际社会的大力支持，但是人们仍然认为，积极有效的西方支持对当下格鲁吉亚的国家生存至关重要。也许是因为《里斯本条约》的批准，欧盟将更有动员能力，在邻国实施更加雄心勃勃的政策。此时，欧盟应该明白，在国外推广欧盟价值观不能简单依靠某种魔力，这是一项艰苦的工作。除非欧盟在摩尔多瓦、格鲁吉亚或乌克兰提供一个成功的案例，否则，在苏联解体的几十年后，相信欧洲理念的人将会更少。

一 俄罗斯入侵后格鲁吉亚的国家安全

格鲁吉亚20%的领土已被占领，俄罗斯的挑衅仍在继续，敌对行动恢复的风险很高。俄罗斯问题分析人士费尔根豪尔认为，格鲁吉亚与俄罗斯的二次战争将不可避免，深究其因，一方面是为了解决2008年的战争事务，另一方面则是因为莫斯科在战略上需要为其亚美尼亚的部队修建一座陆桥。[①] 与此同时，尽管全球经济危机重创了俄罗斯经济，但是这仍为俄罗斯利用后苏联空间小国的弱点提供了机会，这些小国往往短缺俄罗斯所拥有的原材料资源。

俄罗斯领导层有一个主要目标，将格鲁吉亚描绘成一个不可靠且不可预测的国家，即格鲁吉亚仍未做好准备加入国际俱乐部——北约和欧盟的任何意向。它还希望其他国家，即乌克兰，不应充分发挥其主权的潜力，应同北约和美国保持距离。[②] 尤其令人担忧的是，俄罗斯继续试图将格鲁吉亚描绘成一个对抗性和"侵略性的国家"，劝诫所有国家都应该

---

① Pavel Felgenhauer, "Russia's Coming War with Georgia," *Eurasia Daily Monitor*, Vol. 6, Issue 29, http://www.jamestown.org/single/?no_cache=1ôctx_ttnews%5Btt_news%5D=34493.

② Sergei Konoplyov, "Caucasus Is Real Citadel of Russian Power," *Moscow Times*, 18 September 2009, http://www.themoscowtimes.com/opinion/article/383525.html.

更加谨慎地与之互动。俄罗斯政治家和专家偶尔也会发表鼓励破坏格鲁吉亚国家地位的声明。在此情况下，西方对格鲁吉亚的政治和道义支持就显得至关重要。

格鲁吉亚对北约—格鲁吉亚委员会的成立深表满意，该委员会旨在帮助格鲁吉亚恢复战后重建，为格鲁吉亚未来加入北约做准备。该委员会与1997年成立的监督北约与乌克兰关系的机构类似，可支持格鲁吉亚实现2008年4月在布加勒斯特峰会上做出的承诺，即格鲁吉亚最终将成为北约成员国。

2009年4月，在斯特拉斯堡和凯尔举行的庆祝北约成立60周年峰会上，北大西洋联盟成员国的国家元首和政府首脑表示，他们正努力为格鲁吉亚和乌克兰的改革提供建议、援助和支持。北约成员国首脑在斯特拉斯堡和凯尔峰会后，发表联合声明称，这项援助将由北约—乌克兰和北约—格鲁吉亚两个委员会执行，它们在监督布加勒斯特峰会的进程方面发挥着核心作用。① 该声明重申了2008年4月布加勒斯特峰会的决定，即两国将在未来某个时候成为北约成员国，然而它也指出，两者需先通过《成员行动计划》。该文件称，年度国家计划的审查将使联盟能够继续"密切监测"两国的改革进程。据格鲁吉亚官员称，目前年度国家计划正在制定过程中。

北约领导人在联合声明中重申："继续支持格鲁吉亚在国际承认边界内的领土完整和主权"。他们呼吁日内瓦会谈各方发挥建设性作用，并"迅速实施"最新一轮会谈中商定的事件预防和反应机制。声明称，俄罗斯并未完全履行其在8月12日和9月8日停火协议中做出的承诺。俄罗斯在未经格鲁吉亚政府同意的情况下，在格鲁吉亚阿布哈兹和南奥塞梯地区加强军事存在，这尤其令人担忧。北约领导人还呼吁俄罗斯"撤销"对阿布哈兹和南奥塞梯的主权承认。他们表示，国际观察员理应进入格鲁吉亚全境，包括南奥塞梯和阿布哈兹地区。然而，联合声明还写道："尽管目前我们存在分歧，但是俄罗斯作为伙伴和邻国，对我们而言依然

---

① "Strasbourg/Kehl Summit Declaration," Issued by the Heads of State and Government Participating in the Meeting of the North Atlantic Council in Strasbourg/Kehl on 4 April 2009, http://www.nato.int/cps/en/natolive/news_52837.htm? mode = pressrelease.

特别重要。"

目前，尚不清楚俄罗斯的入侵对格鲁吉亚申请加入北约有何影响。两年前，格鲁吉亚貌似即将成为北约成员国，但是因俄罗斯入侵行动和经济危机的爆发，其加入北约的可能性越来越小。经济危机促使许多成员国重新考虑自己愿意做什么，能够做什么。如果北约在相对较短的时间内不准备接纳乌克兰或格鲁吉亚成为成员国，其后果可能是戏剧性的，并会使该地区感到不安。至少在很长一段时间里，基辅和第比利斯都会认为自己被误导了，它们的邻国也会认为北约的扩张已经结束。莫斯科会利用该局面，趁机将自己定义为西方的替代者，或许，这一举措是可行且有效的。

认识到这一点，格鲁吉亚的合作伙伴会迅速应对战后的挑战。美国承诺提供10多亿美元领导国际援助工作，欧盟委员会已经承诺提供5亿欧元，并要求成员国提供同等数额的资金。国际货币基金组织将以备用安排的形式向格鲁吉亚中央银行提供7.5亿美元。甚至深受中国影响的亚洲开发银行也将出资4000万美元。格鲁吉亚与北约、欧盟和其他国家的一系列外交会议正在进行中。所有这些努力和援助均使格鲁吉亚获得广泛关注，有助于恢复投资者在格鲁吉亚投资的信心。[1]

八月战争后，格鲁吉亚安全伙伴通过评估格鲁吉亚武装部队，对格鲁吉亚军事训练的优先次序及国土防卫所需的装备种类进行了调整和安排。依据美国官员早先的声明，美国愿意训练格鲁吉亚武装部队，主要是为了保卫格鲁吉亚。[2] 然而，之后的声明称，美国更关注增强格鲁吉亚武装部队（在阿富汗）的远征能力，而不是格鲁吉亚的内部防御训练。这一声明透露出美国将如何协助格鲁吉亚进行战后军事改革的具体迹象。然而，目前尚不清楚的是，一个面临如此严重安全困境的国家将如何从这些所谓的"帮助"中受益。

至于欧洲国家，它们在鼓励格鲁吉亚与西方融合的程度上存在分歧，

---

[1] David Philips, "Post Conflict Georgia," *Policy Paper*, September 2008, p. 8, http://www.acus.org/publication/post-conflict-georgia.

[2] Etuna Tsotniashvili, "US Pledges to Retrain the Georgian Army," 1 April 2009, http://www.mes-senger.com.ge/issues/1826_april_1_2009/1 826_misha.html.

尤其是在八月战争后，第比利斯和莫斯科之间的关系变得越来越敌对，一些与俄罗斯有着广泛商业和能源往来的国家，尤其是德国和法国，不愿与莫斯科对抗，而英国、瑞典和几个新加入的东欧成员国则对格鲁吉亚的欧洲—大西洋愿景给予强有力的公开支持。其他国家，尤其是西班牙和意大利，仍对萨卡什维利政府的亲美基调和关系持怀疑态度。在整个布鲁塞尔走廊，"扩张疲劳"抑制了欧盟与第比利斯进行接触的欲望，因为这些接触并不包含在《东部伙伴关系倡议》项目中。[①]

总的来说，跨大西洋共同体似乎别无选择。格鲁吉亚是国际关注的紧迫问题，跨大西洋需要持续的参与和团结。西方在布加勒斯特峰会上承认科索沃独立，并拒绝格鲁吉亚加入成员国行动计划，这间接加剧了格鲁吉亚危机。因此，此时西方大国启动建设性国际进程，可能为解决俄罗斯与格鲁吉亚冲突提供一个持久的方案。较为积极的走向是，欧洲观察员现已抵达格鲁吉亚，尽管他们是因战争到此的，提醒人们该地区很危险这一事实令人生悲。但是，我们希望，他们能够成为接触该地区的先驱者，而不是向欧洲人证实，这个美丽的山区永远是一个无法治愈且令人头疼的问题。[②]

二 格俄关系中的个人因素是否重要

有政治分析人士称，个人关系是格鲁吉亚与俄罗斯关系冲突的根源。两国领导人对两国关系的影响，反映出个人性格在前苏联加盟共和国政府中发挥了重要作用，前苏联国家的结构通常并不牢固，而民主价值观更是脆弱。当然，个体因素在国家关系中也发挥着一定的作用，个体的同情或反感、利益等因素也可能影响两国之间的关系，但是在俄罗斯与格鲁吉亚关系中，个体性格似乎并不是主要问题。人们普遍认为，国家领导人应根据国家利益行事，特别是在当下的格俄关系处境下，然而俄

[①] Alexander Cooley, "How the West Failed Georgia, Current History," *A Journal of Contemporary World Affairs*, Vol. 107, No. 711, October 2008, p. 343.

[②] Thomas De Waal, "The Caucasus: A Region in Pieces," 8 January 2009, http://www.opendemoc-racy.net/article/the-caucasus-a-region-in-pieces.

罗斯领导人并不喜欢独立后格鲁吉亚的每一任总统。他们不喜欢格鲁吉亚的第一任总统加姆萨胡尔季阿，因为他过去是持不同政见者，不断攻击苏联，并试图将格鲁吉亚从苏联分离出去，忽视与克里姆林宫政治交易相关的安全风险，逃离苏联是他的首要目标。他的政治理念中存在一种浪漫主义想法，即统一的、自由的俄罗斯"高加索家园"，这一想法在莫斯科引起轩然大波。

莫斯科也不喜欢格鲁吉亚的另一位领导人，谢瓦尔德纳泽，他被指控促成苏联解体，并使苏联军队撤出阿富汗和欧洲，柏林墙倒塌的部分原因也归咎于他，因此克里姆林宫对他深恶痛绝。此外，他还首倡修建一个过境走廊，这将打破俄罗斯对从亚洲到欧洲的能源运输上的垄断，并成为第一个敲开北约大门的格鲁吉亚领导人。以上问题至今仍影响着两国关系。

更具讽刺意味的是，当时谢瓦尔德纳泽周围的大部分政治精英认为，格鲁吉亚的未来取决于与俄罗斯的密切合作时，谢瓦尔德纳泽认同了这一说法，并宣布要将俄罗斯作为主要战略伙伴，决定让格鲁吉亚加入独联体，并期望以向俄罗斯靠拢这一行为来解决可能发生的领土冲突，以实现经济繁荣。然而，在其任职期间，谢瓦尔德纳泽未能安抚好俄罗斯精英中的强硬派，使他的计划落空，谢瓦尔德纳泽政府就此开始逐渐向西方靠拢。格鲁吉亚"玫瑰革命"后，谢瓦尔德纳泽下台，人们认为谢瓦尔德纳泽的个人因素将不再影响格俄关系。

事实上，当萨卡什维利上台时，俄罗斯政治精英并未对他表现出任何不满。相反，他被认定为是把不受欢迎的谢瓦尔德纳泽踢出办公室的角色，此外，在就职典礼上，萨卡什维利主动向俄罗斯示好，并建议重启双边关系。5年过去了，萨卡什维利试图改善两国关系的努力并未取得任何成效。相反，俄罗斯一直都没有让格鲁吉亚人民的日子好过，并继续采取拖延策略同格鲁吉亚谈判，格俄关系逐渐由口头对抗转为军事对抗，俄罗斯占领了格鲁吉亚约五分之一的领土。与此同时，格鲁吉亚、俄罗斯两国领导人之间出现了明显的个人仇恨，他们瞧不上彼此的部分原因在于两人（普京和萨卡什维利）似乎都想成为后苏联时代最具影响力的人物，都想把自己的国家变成榜样，为各国指明前进方向，显然，普京在这场竞争中更占优势，但在总统任期的后期，萨卡什维利通过拥护美国取得了一些成功,因此使得普京感到恼怒。① 总的来说,即使个人关系并非影响两国关系的主要因素,认为两者之间完全没有关系也是不合理的。

俄罗斯领导人和政治精英声称,他们对格鲁吉亚的文化、社会和饮食仍有深厚的感情,但同时莫斯科并不尊重格鲁吉亚的独立国家地位及执政领导人。对过去18年里格俄关系的分析表明,没有一个格鲁吉亚总统能被俄罗斯所接受,且这一现状在短期内不太可能改变。

三 莫斯科能否赢得格鲁吉亚的意识形态之战

俄罗斯入侵格鲁吉亚,企图分裂主权国家,导致格鲁吉亚人民与莫斯科的关系日趋疏远,这将需要几代人的巨大努力去修复。此外,俄罗斯入侵后,格鲁吉亚从独联体中分离出来,要知道这是它与俄罗斯有联系的最后一个后苏联组织。因俄罗斯已将格鲁吉亚驱逐出独联体,它便丧失了控制格鲁吉亚合法性的影响力,而外交关系的中断更是恶化了这一情势。

莫斯科承认,俄格战争受到其他后苏联国家的极大关注,故而莫斯科开始转求一种新的意识形态或形象定位,以便在包括格鲁吉亚在内的邻国间推广,增进各国对它的同情,并逐步构建一个围绕自身的单一或统一的文化经济空间。俄罗斯战略家仍需对俄罗斯的意识形态加以具体定位,但所谓的"欧亚主义"貌似可以成为未来俄罗斯的构建方向,"欧亚主义"意识形态分别由东方东正教和所谓的"共同的历史遗产"两部分组成。

近来,俄罗斯当局注意到,旨在改变格鲁吉亚亲西方的"硬实力"政策已经失败,故又开始在两国关系中使用所谓的"软实力"政策。俄罗斯深知,格鲁吉亚不会牺牲其领土完整,也不会改变其在北约和欧盟问题上的政治立场,关于两国外交政策和安全问题的对话也毫无意义,因此俄罗斯开始致力于追求一种新的外交政策,即在"求同存异"原则

---

① Cliford Levy, "The Georgian and Putin: A Hate Story," *The New York Times*, 18 April 2009. http://www.nytimes.com/2009/04/19/weekinreview/191evy.html.

的基础上展开对话交流。这一想法的支持者认为，俄罗斯应该采取一种新的对格政策，即削减莫斯科对第比利斯政权更迭的关注热情，转而直接对话格鲁吉亚人民。俄罗斯政治分析人士为此特别引用了奥巴马总统在纳吾肉孜节祝贺伊朗人民的视频信息，以及放宽对古巴旅游和汇款限制的事例以为俄罗斯采取"直面人民"的对格鲁吉亚新政策提供案例支撑。①

这项新政策旨在避免格鲁吉亚政治精英进一步疏远俄罗斯，有利于亲俄罗斯（或至少是中立的）势力在下一个选举周期掌权。② 正如一些亲克里姆林宫分析人士所称，这种政策较之全力防御政策更占优势。③ 这一政策最直接的体现便是普京总统最近发表的非官方声明，他经常将苏联解体描述为 20 世纪的"最大悲剧"，并表示格鲁吉亚的"统一"已有了定论。但他的一些听众认为，这个建议是为了呼吁莫斯科恢复对格鲁吉亚乃至整个苏联地区的控制。此外，他个人鼓励并在莫斯科会见了格鲁吉亚现任反对派政治家、格鲁吉亚前总理诺盖德利，这一举动旨在暗示，格鲁吉亚民众仍有必要与莫斯科就未来在俄罗斯的指导下如何实现国家统一进行讨论。

以上方法是否可行？在实施完全不同的格鲁吉亚战略前，克里姆林宫官员应该认识到，实际上承认阿布哈兹和南奥塞梯独立的这一做法，已经使得任何一个格鲁吉亚人不再可能建立一个面向莫斯科，并获得广泛选举支持的政治集团，格鲁吉亚政党选民对俄罗斯的同情已不复存在。这不仅仅因为俄罗斯入侵格鲁吉亚领土（尽管俄罗斯坦克、军用飞机和炸弹均对格鲁吉亚造成了巨大影响），而且因为两国有着不可磨合的政治分歧，两国精英们均习惯将对方视为对手，而不是合作伙伴。

此外，俄罗斯领导人应该意识到，在过去 15 年里，格鲁吉亚人民的代际思想已发生了转变。此前，苏联流行电影塑造的格鲁吉亚人均是刻

---

① 一些俄罗斯政客对世界上"奥巴马狂热"的扩散怀有一定的嫉妒，他们错失了奥巴马政府在艰难的选举斗争中获胜后掌舵美国，而不是别人竞选总统成功的可能性。

② "Sakartvelo Revisited: Russia Must Adopt A New Georgia Policy," 22 April, 2009, http://theivanovosti.typepad.com/the_ivanov_report/2009/04/sakartvelo-revisited-russia-must-adopt-a-new-georgia-policy-.html.

③ Sergey Markedonov, "В ПОИСКАХ ДИАЛОГА," http://www.politcom.ru/9049.html.

板形象，而今这种形象已被取代。与其他许多后苏联国家不同，格鲁吉亚社会并不会被带有亲俄倾向的权贵所主导，这部分人早在很久以前就被边缘化了，他们对格鲁吉亚的政治生活并没有影响力，将来也不太可能发挥大的作用。

格鲁吉亚的现代精英大多是受过西方教育的人，他们因俄罗斯对格鲁吉亚实施侵略性政策而疏远俄罗斯，并将其视为主要对手。他们中的大多数人在反俄情绪中长大，并将俄罗斯与格鲁吉亚的意识形态对抗视为俄罗斯威权主义、帝国主义同亲西方民主格鲁吉亚之间的冲突。① 目前，这一冲突导致格鲁吉亚的政治对话。② 此外，从格鲁吉亚的精英阶层内部来看，莫斯科克里姆林宫与特种部队的颠覆行动有着密切联系，或至少与特种部队有影响力的代理人有着紧密联系。

此外，尽管俄罗斯官方宣传机构强调，后苏联国家有必要给予俄语"第二语言地位"，并声称俄语需要走出国门，但是，格鲁吉亚的教育和文化领域正在逐步剔除俄语。从文化意义上看，格鲁吉亚逐步偏离俄罗斯，并转向西方国家。克里姆林宫的新帝国主义政策，特别是签证制度、经济禁运和在俄罗斯媒体上进行反格鲁吉亚宣传的举措，从总体上助长了这一倾向。格鲁吉亚的儿童和年轻人对俄语的了解越来越少，甚至能读懂最基本的俄语文本的人越来越少。在语言方面，西方倾向也很明显。在一项以欧盟为焦点的调查中，75%的格鲁吉亚人认为，如果格鲁吉亚学生要想接受高质量教育，他们就需要掌握一门欧洲语言，掌握欧洲语言这一技能已越来越成为格鲁吉亚人民的共识。其中，英语占优势，其次是德语，再次是法语。这样，格鲁吉亚便不再隶属于前苏联地区。在前苏联地区，族际交流语言，即通用语仍然是俄语。

在这种情况下，克里姆林宫企图干涉格鲁吉亚政权、安插亲莫斯科的领导人上台的野心也必将适得其反。格鲁吉亚的主要政治力量都不会支持格鲁吉亚的地缘政治转向俄罗斯，否则，这将被视为对重大国家利益的背叛。莫斯科的一些人希望，如果能让与俄罗斯进行务实对话的格

---

① "Путин Сказал, Что Нам Все Вернут！，" www. gazeta. ru/column/rynska/3287611. shtml.

② "Ex-PM Nogaideli Meets Putin in Moscow," *Civil Georgia*, Tbilisi, 23 December, 2009, http：//www. civil. ge/eng/article. php？id＝21825&search＝nogaideli%20putin.

鲁吉亚反对派领导人上台，该局势可能会有所改变。然而，即使格鲁吉亚反对派领导人掌权，格鲁吉亚外交政策的战略变化也不会如俄罗斯所愿。简单来说，没有负责任的格鲁吉亚政治力量（即使是克里姆林宫支持的）会同意格鲁吉亚的"巴尔干化"。

俄罗斯政治精英不时会忘记，在外交政策方面格鲁吉亚反对派与萨卡什维利没有什么不同，他们几乎是全面亲欧和亲西方的。萨卡什维利和格鲁吉亚反对派领导人很少意见一致，但是，他们对格鲁吉亚欧洲—大西洋一体化有着同样的热情。此外，在格鲁吉亚的政治辩论中，反对党批评政府对西方制度的立场不够一致，对俄罗斯让步的情况太常见了。总的来说，格鲁吉亚所有政党都能够在重要外交政策问题上达成共识，是影响国家稳定的主要因素。①

四 结语

战后的格鲁吉亚面临着极大挑战。战后，莫斯科破坏格鲁吉亚稳定的企图并未消失，也没有减弱，很明显，格鲁吉亚的内部稳定不再满足俄罗斯的利益追求。在这场冲突中，俄罗斯在很大程度上得到了自己想要的。它觊觎可供俄罗斯海军使用的阿布哈兹海岸线已久；控制了度假胜地索契以南的地区，索契将在2014年主办冬季奥运会，该赛事对保持俄罗斯全球声望至关重要；即使是贫穷、人烟稀少的内陆地区——南奥塞梯，也可以为俄罗斯提供一个靠近里海，向西输送石油和天然气的军事基地。

俄罗斯为此次战争的胜利付出了巨大代价。克里姆林宫在后苏联地区的声誉遭受了毁灭性的打击。格俄战争证实，俄罗斯已成为该地区的修正主义大国。独联体组织的任何盟友均未效仿莫斯科承认格鲁吉亚的分离地区。原因是，几个共和国均有着大量的俄罗斯族人，并拥有苏联领土，一旦承认，这可能会开创一个危险的先例，并最终威胁到独联体国家的主权。俄罗斯承认阿布哈兹和南奥塞梯的主权，违反了其在《欧

---

① Ghia Nodia and Alvaro Pinto Scholtbach, "The Political Landscape of Georgia: Political Parties, Achievements, Challenges and Prospects," *The Nederlands*, *Eburon Delf*, 2006, p. 41.

洲安全与合作组织公约》《独联体公约》和独联体国家签署的多项双边友好条约中所规定的尊重国家主权和领土完整的长期原则。① 因此，克里姆林宫需表现出对邻国领土完整的尊重，以期改善这些国家与俄罗斯的关系。

此外，莫斯科不断试图让第比利斯返归其地缘政治轨道，但现在的格鲁吉亚比以往任何时候都疏远俄罗斯。2008 年 8 月的格俄战争，也未能使俄罗斯如愿看到格鲁吉亚政权更迭，亲俄领导人上台，或政府不稳定的结果。相反，在战争期间，俄罗斯将其"特权利益"扩大至独联体，以致格鲁吉亚突然退出莫斯科主导的独联体组织，切断了同莫斯科的外交关系，更令人惊讶的是，几个月后，也就是 2009 年 1 月，格鲁吉亚与美国签署了《战略伙伴关系宪章》。

俄罗斯领导人在格鲁吉亚依然有很多未完成的事情。尽管格鲁吉亚被削弱了，但并没有被摧毁，它的经济没有崩溃，政治多元化依然存在。在格俄战争和全球危机后，格鲁吉亚逐渐恢复元气，萨卡什维利政府依旧掌权并坚持政治自由、同西方建立无条件友好关系、以俄罗斯能源备选国角色确定欧洲角色的原则，为此萨卡什维利的前盟友也对他的总统任期感到不满，他们认为格鲁吉亚政治的开化是肯定和争议并存的。

在格鲁吉亚加入北约问题上，俄罗斯未能取得预期结果，显然莫斯科想要通过入侵格鲁吉亚来削弱其加入北约的成员资格。目前，格鲁吉亚加入北约的前景较俄罗斯军事侵略之前更显渺茫，但这一表象并未体现在北约东扩的议程中。格鲁吉亚继续寻求加入北约，并控制了里海石油和天然气运输路线的出口。西方也未曾放弃格鲁吉亚，其原因是，尽管美国对格鲁吉亚政府的威权倾向深表失望，尽管美国在其他地方有着许多紧迫的优先事项，但是，美国对格鲁吉亚的核心承诺并未改变。美国和欧洲出于捍卫格鲁吉亚主权原则和能源政治战略的考量，依旧保持对格鲁吉亚政治和经济发展的热情。

俄罗斯清楚，在可预见的未来，想要获得国际社会对阿布哈兹和南奥塞梯的承认不太现实。俄罗斯外交正试图创造一种"新现实"，在"新

---

① Anders Aslund, "The Leader of the CIS Is Lonely and Weak," *Moscow Times*, 28 October, 2009, p. 3.

现实"中阿布哈兹和南奥塞梯将成为独立的国家，格鲁吉亚对此应采取包容态度，并重建同俄罗斯的关系。人们认为，格鲁吉亚人民对八月战争的不满情绪会随时间而消减，但却并非如此，这种感觉只会变得越来越强烈，要知道这是出于心理原因而非政治原因。对格鲁吉亚的政治精英而言，与莫斯科的对抗已经成为国家内部团结的纽带。此外，没有哪个格鲁吉亚政府会考虑割让阿布哈兹或南奥塞梯，也没有哪个政府会认为，欧盟或土耳其会与俄罗斯串通一气，企图为肢解格鲁吉亚制造合法性。相反，如果欧盟、土耳其与俄罗斯合作，就可能迫使格鲁吉亚退出欧盟东部伙伴关系，并破坏格鲁吉亚与土耳其的友好关系。

在过去20年里，对俄罗斯和格鲁吉亚关系的批判性分析表明，俄罗斯未曾认可任何一个独立的格鲁吉亚政府，且在短期内也不会出现可被接受的格鲁吉亚政府。格鲁吉亚人民和任何一位格鲁吉亚领导人都不会承认阿布哈兹和南奥塞梯的独立，也不会参加涉及国家分裂的谈判。事实上，格鲁吉亚领土被占领，国内对此滋生的怨恨是推动其政治团结的根本原因。此外，格鲁吉亚坚持成为自由民主国家，这在很大程度上受身份认同的驱动，换言之，格鲁吉亚希望成为一个自由民主的国家以证明自己是一个西方国家，是一个可以不依赖俄罗斯的现代民族国家。在缺失亲莫斯科当权者支持的情况下，俄罗斯不会赢得格鲁吉亚人民在思想和灵魂上的认可，也没有希望赢得格鲁吉亚"意识形态之战"。

目前，格鲁吉亚人民和俄罗斯人民之间存在明显的国家利益冲突，双方就如何看待格鲁吉亚前景，以及双方在地区安全规划的角色方面存在分歧，考虑到俄罗斯占领了国际承认的格鲁吉亚领土的20%，双方关系不太可能再有任何重大改善，双方分歧太过于悬殊，两国的精英们都太习惯于将对方视为对手而非合作伙伴。因此，无论是从短期还是长期来看，双边关系几乎不可能有所缓和。在可预见的未来，两国无法就格鲁吉亚地区安全规划的发展和扮演的角色达成一致。

新格鲁吉亚及领导人面临着一系列客观障碍，这些障碍表明俄罗斯从格鲁吉亚撤军本身就很困难，尤其是从阿布哈兹和南奥塞梯等冲突地区撤军。这两个地区的领土冲突是苏联解体的遗留问题，并成为今天格鲁吉亚面临的最严峻的挑战。在一段时间内，格鲁吉亚最重要的优先事项是，通过与当地居民、领导人直接对话，利用国际社会公正调解等方式和平解决冲突,并恢复格鲁吉亚在其境内的宪法统治。正如许多格鲁吉亚朋友所言,格鲁吉亚须将注意力从格俄冲突中转移,将阿布哈兹和南奥塞梯的未来处境搁置一边,重燃国内民主和改革的热情。

  舆论普遍认为,格鲁吉亚须采取有效措施解决现存问题,推进民主变革。从目前来看,这是格鲁吉亚重拾政治和道德高地、吸引国外资本和说服西方坚定接受自己,以及有朝一日说服阿布哈兹和南奥塞梯和平回归、实现统一的有效途径。从长远来看,格鲁吉亚发展成为一个稳定和繁荣的民主国家是实现其长治久安的最佳保障。

(兰州大学格鲁吉亚研究中心汪奰译,汪恩羽校)

"欧洲正在觉醒"：东部伙伴民族国家民粹主义的扩散

——以"格鲁吉亚进行曲"运动为例*

尼诺·戈扎利什维利（Nino Gozalishvili）

【摘要】 本文基于跨国研究，遵循扩散理论的解释框架，旨在为日益相互依存的不同社会政治和国家历史背景下的民族国家的民粹主义行为者的崛起提供新视角。因此，它侧重于在相互影响而不是彼此分离的体系中，重新构建民族国家的民粹主义单元。为证明在欧洲背景下传播思想和跨国借鉴模式的理论主张，本文通过社会运动的出现和"格鲁吉亚进行曲"的案例，讨论后共产主义时期格鲁吉亚民族国家的民粹主义话语演变。在扩散模型中研究该案例，分析话语策略，并将"西方"一词纳入该运动构建集体身份话语的体系中。因此，本文重点讨论了为运动中的行为提供模型的媒介经验，社交媒体作为直接政治平台和传播渠道的新作用和用途，相互参照因素作为自我合法化和相互认同的工具，以及民族国家的民粹主义行为者之间的借鉴和效仿的相关性。

【关键词】 格鲁吉亚；民族国家的民粹主义；扩散理论；"格鲁吉亚进行曲"；欧洲；话语分析

---

* Gozalishvili, N. "'Europe is Awakening': Diffusion of National-Populism in an Eastern Partnership Country-The Case of 'Georgian March' in Georgia," *Nationalities Papers*, 50 (3), 471-497.

一 引言

莫菲特①在其著作《全球民粹主义的崛起》中写道，民粹主义在整个民主社会内外引起学术界和公众的极大关注。与此同时，越来越多的研究指出，在整个欧洲取得相对成功的右翼政党"不具有右翼极端主义的经典属性"②。虽然民粹主义被称为"政治上有争议的概念"③，但是民粹主义已成为研究二战后自由秩序危机政治问题的重点。大约50年前，先驱文学认为"民粹主义的幽灵"正在困扰欧洲④，今天，"民粹主义的幽灵"已成为一个代名词，用来描述植根于各自独特国家背景下的不同运动。尽管民粹主义者狂热地反对全球化进程，但是民粹主义本身已经演变为一种日益全球化的现象。除了两者之间的相似处以外，勒庞⑤还将特朗普在美国的胜利称为"全球革命"和"人民意志战胜精英"。一些著名学者，如扬斯·瑞德格伦⑥甚至想知道为什么民粹主义政党尚未在某些国家扎根，从而进一步表明民粹主义在民主国家的传播速度。

本文基于跨国研究，遵循扩散理论的解释框架，旨在为日益相互依存的不同社会政治和国家历史背景下的民族民粹主义行为者的崛起提供研究新视角。在这一过程中，利用新模式可以更好地理解非制度化的跨国主义。迄今为止，涉及这一领域的大量学术研究忽视了全球化不可逆

---

① Moffitt, Benjamin, *The Global Rise of Populism: Performance, Political Style, and Representation*, Stanford: Stanford University Press, 2016.

② Bulli, Giorgia, and Filippo Tronconi, "Regionalism, Right-Wing Extremism, Populism: The Elusive Nature of the Lega Nord," In *Mapping the Extreme Right in Contemporary Europe: From Local to Transnational*, Editeds by Andrea Mammone, Emmanuel Godin, Brian Jenkins, 2012, 1st Edition, pp. 78 – 94. Routledge.

③ Müller, Jan-Werner, *What Is Populism?* London: Penguin UK, 2017.

④ Ionescu, Ghiţa, and Ernest Gellner, *Populism: Its Meaning and National Characteristics*, London: Weidenfeld and Nicolson, 1969.

⑤ Finchelstein, Federico, *From Fascism to Populism in History*, Oakland: University of California Press, 2017.

⑥ Rydgren, Jens, "Sweden: The Scandinavian Exception," In *Twenty-First Century Populism*, Editeds by Daniele Albertazzi and Duncan McDonnell, pp. 135 – 150, Basingstoke: Palgrave Macmillan, 2008.

过程中的相互联系，在全球化的世界中非制度化的跨国主义遭受着其他地方事态发展的影响。本文假设，在这种情况下不仅应考虑到国内结构和机会因素，而且应考虑到民粹主义思想和行为的跨国传播。因此，围绕意识形态观点聚集在一起的民粹主义行为者应该在相互联系的观点下加以审视。在这个问题上，欧洲一体化，加上新媒体传播平台的作用日益增强，使得跨国传播具有分析的特殊性和重要性。本文认为，在这种背景下，即使直接合作和制度合作的形式并不多见，但是新的借鉴模式有助于跨国形式的民族国家的民粹主义话语形成。此外，本文还强调媒体的政治和话语同形成跨国联系之间的相关性。

为了论证关于传播思想和跨国借鉴模式的理论主张，本文打算研究后共产主义格鲁吉亚民族国家的民粹主义话语的演变。"十字路口"（在西方和东方之间；基督教和伊斯兰教之间）理念已经深深地植根于该国对自身在全球和地区版图中地位的理解。自苏联解体以来，格鲁吉亚这个独立的小国尤其容易受到国际政治的影响，特别是因为它一方面试图制衡俄罗斯的"近邻"政治，另一方面又试图融入欧洲和欧洲—大西洋结构。因此，该案例处在苏联解体后和参与欧洲化两个背景下。从更广泛的意义上说，这个案例一方面说明转型中的民主国家对民族国家的民粹主义的脆弱性，另一方面也说明民主和亲西方思想对该国意图的曲解和排斥。

本文通过研究民族国家的民粹主义社会运动的案例"格鲁吉亚进行曲"[1]，着重理解民族国家的民粹主义在不同社会经济、地理和文化环境中的传播和自适应。为此，本文采用社会运动研究和传播理论的方法和逻辑框架，并将其与话语—历史分析的工具相结合。理论论证和案例揭示了民族国家的民粹主义的另一个悖论：虽然其话语中心建立在反全球化的基础上，但是它本身正在悄然演变为一种日渐全球化的现象。

格鲁吉亚案例是在"西方自由民主国家"中排他性民粹主义意识形态兴起之后，民族国家的民粹主义出现的例子。"格鲁吉亚进行曲"的案例嵌入格鲁吉亚特定的国家背景中，第一，该案例涉及一个边缘化的东

---

[1] 在撰写本文时，"格鲁吉亚进行曲"仍然代表一场社会运动。到2020年5月，该运动宣布其转变为政党。

欧国家加入欧盟的政治抱负，以及那里不断上升的民族国家的民粹主义话语。第二，该案例探索并提出了一个苏联解体后东欧国家发展模式。第三，该案例发生在一个重要的历史和政治进程中。第四，也是最重要的一点，该案例为排他性政治的研究提供了一个新的维度，在这个维度中亲欧洲（和亲西方）的论点可以在特定的背景下成为特定语境下话语的一个组成部分。第五，这个案例为民族国家的民粹主义中出现外部合法化因素提供了理论价值。

二 概念：民粹主义、民族主义和民族国家的民粹主义

在后社会主义背景下的东欧和中欧案例被归类为共产主义统治遗留下来的民族主义。[1] 与此同时，民粹主义成为研究欧洲当代右翼思潮的不可避免的视角。[2] 出于这些原因，本文将把民族国家的民粹主义的概念作为指导性的"分析范畴"[3]。然而，在分析民族国家的民粹主义时，不能将这种分析范畴视为理所当然，因为这个概念相当有争议。在最近的研究中，科林和莫登[4]令人信服地提出，在考虑"民粹主义政治架构"时需要谨慎。此外，确定政治修辞中话语元素的中心地位被认为是识别和评估"民粹主义"话语的一个重要步骤。与此同时，瑞德格伦[5]指出，民粹主义并非来自其他核心意识形态根源（民族主义、社会民主主义等），而是有条件的限定词。

---

[1] Minkenberg, Michael, "Leninist Beneficiaries? Pre-1989 Legacies and the Radical Right in Post-1989 Central and Eastern Europe. Some Introductory Observations," *Communist and Post-Communist Studies*, 42 (4), 2009, pp. 445 – 58.

[2] Tarchi, Marco, "Italy: A Country of Many Populisms," In *Twenty-First Century Populism*, Edited by Daniele Albertazzi and Duncan McDonnell, 2009, pp. 84 – 99.

[3] Brubaker, Rogers, and Frederick Cooper, "Beyond 'Identity,'" *Theory and Society*, 29 (1), 2000, pp. 1 – 47, https://www.jstor.org/stable/3108478.

[4] De Cleen, Benjamin, Jason Glynos, and Aurelien Mondon, "Critical Research on Populism: Nine Rules of Engagement," *Organization*, 25 (5), 2018, pp. 649 – 61.

[5] Rydgren, Jens, "Radical Right-Wing Parties in Europe: What's Populism Got to Do with It?" *Journal of Language and Politics*, 16 (4), 2017, pp. 485 – 96.

从建构主义的角度来看，民族主义具有工具性，它使用"民族国家成员"来构建国家。① 民族国家主义文化和种族歧视在表面上受到新右翼思想的熏陶，经常出现在民族国家的民粹主义话语的中心。② 至于民粹主义的"最小概念"，它被定义为狭隘的意识形态，其认为社会最终会被分成两个同质和敌对的阵营，即"纯粹的人民"与"腐败的精英"，并认为"政治应该是人民一般意志的表达"③。民族国家的民粹主义范畴有助于在民粹主义行为者的意识形态核心中，特别是在欧洲（中欧和东欧）背景下分析民族国家主义和民粹主义的结合。

民族国家的民粹主义的概念已经被应用在几个语境中，从日耳曼尼④关于南美洲民粹主义的研究开始，到塔吉耶夫⑤提出排他性"新民粹主义"概念，民族国家的民粹主义的定义是面对"我们"与"他们"之间的两极分化。在纵向范围内，民族国家的民粹主义者将"普通人"与"精英"分化，这两个类别都是经过话语构建的；在横向范围内，民族国家的民粹主义者认为，"像我们这样的人"与"局外人"之间正在发生的冲突不仅在"国界之外"，而且可能在生活于我们中间的人之中，并对我们的文化、习俗和生活方式构成威胁。因此，"权力还给人民"传达了一种不断变化的内在因素："只有一些人是真正的人民。"一部分人被视为对社会的威胁和负担而被污名化，并被排除在"人民"之外。⑥

---

① De Cleen, Benjamin, and Yannis Stavrakakis, "Distinctions and Articulations: A Discourse Theoretical Framework for the Study of Populism and Nationalism," *Javnost-the Public*, 24 (4), 2017, pp. 301 – 319.

② Leerssen, Joep, "Nationalism and the Cultivation of Culture," *Nations and Nationalism*, 12 (4), 2006, pp. 559 – 578.

③ Mudde, Cas, "The Populist Zeitgeist," *Government and Opposition*, 39 (4), 2004, pp. 541 – 563.

④ Germani, Gino, *Authoritarianism, Fascism, and National Populism*, New Brunswick, N. J: Transaction Books, 1978.

⑤ Taguieff, Pierre-André, "Political Science Confronts Populism: From a Conceptual Mirage to A Real Problem," 1995, pp. 9 – 43.

⑥ Jagers, Jan, and Stefaan Walgrave, "Populism as Political Communication Style: An Empirical Study of Political Parties' Discourse in Belgium," *European Journal of Political Research*, 46 (3), 2007, pp. 319 – 345.

三 民族国家的民粹主义与扩散理论的交叉

在过去 10 年中，民粹主义（及其各种表现形式）引起学术界和新闻界的极大关注，但是民粹主义行为者相互强化和合法化的过程，以及通过非制度和非正式渠道相互学习的做法，大多被新闻界加以临时猜测，而不是得到系统分析。从这个意义上说，民族国家主义则表现出深厚的学术基础，其跨国传播得到相当系统的关注。尽管如此，学者们一直在根据话语策略强调民粹主义与民族国家主义的相似性，将民粹主义的交流与意识形态观点或地理空间相联系。在这些话语中，罗杰斯·布鲁贝克[1]使用"家族相似性"方法分析欧洲和美国的民族国家的民粹主义者的类别。

这种聚焦于空间和时间的民粹主义案例的研究，确实被证明对于理解民粹主义的历史模式至关重要。但是在涉及右翼民族国家的民粹主义案例时，则呈现出学术空白。[2] 回顾本案例，尽管格鲁吉亚最近出现的民族国家的民粹主义话语在很大程度上与"其他欧洲案例"有关，但是通过深刻的国内背景审视，这些进程被认为是同时发展的。本文试图通过重新思考欧洲地区民族国家的民粹主义的演变，为该领域的研究做出贡献。其他学者，如明肯贝格和佩里诺[3]对"国际民族国家主义组织"的合理性持怀疑态度。在过去 20 年中，解释欧盟层面激进右翼行为者之间手段和合作模式的学术研究得出两种结论：一种是指合作最初的短暂的策略目的，并强调"民族主义（在这些政党内）的首要地位破坏了任何意识形态联盟的潜力"；另一种强调共同的意识形态信念的结合。[4] 上述两种解释都遵循并分析了正式关系的时间线。虽然该方法为理解右翼国际

---

[1] Brubaker, Rogers, "Why Populism?" *Theory and Society*, 46 (5), 2007, pp. 357–85.

[2] Caiani, Manuela, "Radical Right Cross-National Links and International Cooperation," In *The Oxford Handbook of the Radical Right*, Edited by Jens Rydgren, Vol. 1. Oxford University Press, 2018.

[3] Vasilopoulou, Sofia, "The Radical RIght and Euroskepticism," In *The Oxford Handbook of the Radical Right*, edited by Jens Rydgren, pp. 189–212, Oxford University Press, 2018.

[4] Brack, Nathalie, and Nicholas Startin, "To Cooperate or Not to Cooperate? The European Radical Right and Pan-European Cooperation," In *Euroscepticism as a Transnational and Pan-European Phenomenon*, 2016, pp. 42–59. Routledge.

化的局限性和潜力提供了一个有价值的框架，但本文认为，这种观点为新出现的关于话语趋同和相互参照的问题留下了空间，即使正式合作的形式很少或根本不存在。

关于整合跨国方法的逻辑，本文建议关注：为某些行为提供模型的媒介经验；社交媒体作为直接政治平台和传播渠道的新作用和用途；相互参照因素作为自我合法化和相互认同的工具，以及民族国家的民粹主义行为者之间的借鉴和效仿的相关性。综上所述，到目前为止，思想的非制度性转移和思想或实践的传播机制，以及在民粹主义运动中相互借鉴的理由，很少受到学术界的关注。

四 扩散理论和方法工具

在麦卡丹和鲁赫特①的研究，以及韦杰纳特和安布罗西奥②的概念框架的基础上，本文采用创新、权威体制和社会运动来解释现代背景下的扩散理论。关于扩散的广义的定义为："在群体中预先采用某种做法，改变其他人采用概率的过程。"德拉波塔、克里希和苏莱③等人展示了社会运动的主题、框架和策略是如何跨国传播的。这些框架解释了该社会运动表述问题和解决问题的方式，以及如何对其他人进行政治动员的方式。从概念上讲，创新的传播与"抽象思想和概念、技术信息和社会系统内的实践"的传播有关，其中传播表示从来源到采用者的流动或移动，通常是通过沟通和影响实现的。因此，扩散是一个过程而不是结果，它描绘了政策选择中的相互依存关系。扩散一直是社会科学、通信和经济学等不同领域的广泛研究对象。本文将扩散研究和社会运动的理论框架整合到研究非制度化合作背景下右翼民族国家的民粹主义话语的复兴中。

---

① McAdam, Doug, and Dieter Rucht, "The Cross-National Diffusion of Movement Ideas," *The Annals of the American Academy of Political and Social Science*, 528 (1), 1993, pp. 56–74.

② Wejnert, Barbara, "Integrating Models of Diffusion of Innovations: A Conceptual Framework," *Annual Review of Sociology*, 28 (1), 2002, pp. 297–326.

③ Della Porta, Donatella, and Hanspeter Kriesi, "Social Movements in a Globalizing World: An Introduction," In *Social Movements in a Globalizing World*, edited by Donatella della Porta, Hanspeter Kriesi, and Dieter Rucht, pp. 3–22, Basingstoke: Macmillan, 1999.

这些不同领域的扩散研究主要关注与其实际相关的问题,这一方面与全球化趋势相关;另一方面麦卡丹和鲁赫特①等人描述了可能发生扩散的条件,并定义三个维度用于标记扩散过程。本文采用这些维度来审查案例。对某些理念、规范甚至制度的合法性和适当性的认知变化会影响扩散的过程和性质。此外,与更"先进"案例的相似性有助于为政治主张和抗议策略创造合法性。有效性是另一个更广泛的传播机制,它考虑了行为者对外部经验的判断,与要制定的规范或政策有关。正如福特姆和阿萨尔②所述,行为者的国际声望可能在建立模式、引导传播以及合法化过程中发挥着决定性作用。除了适当性、有效性和国际声望外,还概述了诸如空间和文化近邻、经济联系或组织联系等因素对扩散理论的影响。地理近邻使参与者更容易接触到周边案例的经验,这是一种增强其他机制的加速因素,而不是独立的触发因素。正如赛达斯和巴特菲尔德③以苏联社会运动为例所观察到的那样,政治局势在采纳思想变革理念的过程中至关重要。同样,以前与同一来源相互作用和借鉴的经验对适应过程产生了积极影响。这里提到的几乎所有作者都概述了扩散机制之间直接和间接的影响。规范性("模仿")和功能性("竞争/吸取教训")仿真是间接扩散机制的中心。

对于这个案例的研究,传播也不是一个被动的过程;相反,"格鲁吉亚进行曲"案例的扩散机制体现了话语主题、政治和话语策略、语言等的适当性和有效性。就方法论工具而言,该理论用三个维度标记扩散过程:

1. 时间序列:意味着行动的时间过程是一致的。本文系统地分析了在"格鲁吉亚进行曲"运动中右翼民粹主义者在话语发展的背景下话语主题的出现、借用和采纳的成功。

---

① McAdam, Doug, and Dieter Rucht, "The Cross-National Diffusion of Movement Ideas," *The Annals of the American Academy of Political and Social Science*, 528 (1), 1993, pp. 56 – 74.

② Fordham, Benjamin O., and Victor Asal, "Billiard Balls or Snowflakes? Major Power Prestige and the International Diffusion of Institutions and Practices," *International Studies Quarterly*, 51 (1), 2007, pp. 31 – 52.

③ Sedaitis, Judith B., and Jim Butterfield, eds., *Perestroika from Below: Social Movements in the Soviet Union*, Boulder: Westview, 1991.

2. 核心元素的明显借用：身份和问题定义的相似性。对前者而言，与同行的认同符合群体身份的构建。类似地，问题定义涉及对定义问题框架的调整。借用和修改的项目可能包括抗议形式、标语和指令，以及对民族国家的民粹主义来说重要的对民主的诉求。在这种间接传播的情况下，任何真正的或有组织的合作，以及规划既不需要也不一定有用。为证明和解释适应的原因，话语—历史分析是适用的，它为观察和解释话语的新语境提供了基础。

至于这个维度上的具体分析工具，本文使用话语—历史方法中的批判话语分析方法。① 本文认为，这种根据国内文化和历史背景进行调整的适应方式发生在涉及合法化策略的自我（和"他人"）的建构语境中。该方法与本研究相关，因为它有助于系统地分析上述学者提出的论证方案。

3. 扩散方式和渠道：识别扩散的方式同样重要。在这里，技术现代化的作用脱颖而出，甚至超越了空间邻近的因素，进一步发挥着新媒体在传播方面的多维作用。媒体作为一个平台，可以相互参考和构建问题，并构建与国内外发展相关的话语。对于这种情况，间接学习和对其他地方发生的问题的战略框架是分析的核心。本文建议媒体也应该提供一个在全国范围内传播视觉元素和其他非语言形式的表达平台。根据莫菲特②的说法，媒体为民粹主义领导人的表演提供了舞台。除了大众媒体和新的传播平台，或如马佐莱尼和布雷西亚尔③所称的"新媒体逻辑"外，网络媒体在塑造和阐述欧洲民粹主义成功的作用方面也值得注意。

正如在社会运动研究领域④中普遍观察到的那样，网络媒体基础设施

---

① Wodak, Ruth, and Martin Reisigl, *The Semiotics of Racism*: *Approaches in Critical Discourse Analysis*, Vienna: Passagen Verlag, 2001.

② Moffitt, Benjamin, "How to Perform Crisis: A Model for Understanding the Key Role of Crisis in Contemporary Populism," *Government and Opposition*, 50 (2), 2015, pp. 189–217.

③ Mazzoleni, Gianpietro, and Roberta Bracciale, "*Socially Mediated Populism*: *The Communicative Strategies of Political Leaders on Facebook*," Palgrave Communications, 4 (1), 2018, p. 50.

④ Dolata, Ulrich, "Social Movements and the Internet: The Sociotechnical Constitution of Collective Action," 2017. Research Contributions to Organizational Sociology and Innovation Studies, SOI Discussion Papers, University of Stuttgart, Institute for Social Sciences, Department of Organizational Sociology and Innovation Studies, 2017, https://ideas.repec.org/p/zbw/stusoi/201702.html.

对于本文所研究的运动的早期和最活跃时期的作用至关重要：它一直利用社交媒体平台来构建其集体身份和排他性话语，向大众社会传播使其合法化。因此，"脸书"获得一个新功能，成为"格鲁吉亚进行曲"的动员"舞台"。与此同时，社交媒体作为传播话语和实践的渠道，发挥了巨大的作用。因此，该运动的官方"脸书"页面上的帖子及其领导人的帖子被用作分析材料。由于"脸书"的数据不时受到科技公司内容的相关限制，可能对进一步的可复制性构成挑战，因此本文用自己与运动领导人和几位活跃成员的访谈来补充"脸书"的数据。并使用 ATLAS.ti 对采访进行编码和分析，作为批判话语分析的输入。社交媒体数据（952 个帖子）和次要材料，包括在线发布的对"格鲁吉亚进行曲"领导人的采访，根据两个标准进行过滤：（1）在"格鲁吉亚进行曲"成立的第一年中与抗议活动密切相关的数据；（2）主题性：明确或隐含地与某一事件有关，并同时提及"欧洲/美国/西方"。

因此，本文将格鲁吉亚民族国家的民粹主义的出现置于"民粹主义的全球崛起"中，并阐释"格鲁吉亚进行曲"对"西方"类似时间的话语和行为的模仿。在分析相互冲突的话语时，论证和说服都有助于使政治声明和决定相对于社会利益和公共意志合法化。虽然合法化通常是一般政治话语中不可分割的一部分，但是它对民族国家的民粹主义行为者具有特殊的重要性，因为它对于他们的安全至关重要。因此，从分析角度来看，对"西方"的引用应该在合法化策略的框架内进行。根据伊特沃①的说法，就欧洲激进右翼的持久性和选举而言，最重要的就是合法化，这对于激进分子克服历史妖魔化尤为重要，该方法论框架为民族国家的民粹主义话语传播提供了分析渠道。

五 格鲁吉亚案例分析

自 2016 年格鲁吉亚议会选举以来，右翼保守党爱国者联盟（Alliance of Patriots）成功赢得 6 个议会席位，"民粹主义时代精神"以民族国家民

---

① Eatwell, Roger, "Community Cohesion and Cumulative Extremism in Contemporary Britain," *The Political Quarterly*, 77（2），2006, pp. 204-216.

粹主义的形式在格鲁吉亚的社会政治舞台上显现出来。① 在此背景下，2017 年 7 月"格鲁吉亚进行曲"社会运动爆发，示威者高呼反移民和民族国家的民粹主义口号。从那时起，该运动主要围绕移民、精英腐败、反外国影响、民族国家认同和家庭价值观等领域展开，并伴随着反多元文化主义和反自由主义。尽管他们尚未成功赢得选举，但是该运动仍然活跃在政治舞台上，并已转变成为一个政党。此外，这一运动的出现无疑影响了格鲁吉亚民族国家民粹主义的兴起，反映出当代民族国家在这种政治话语面前的脆弱性。正如沃达克②所指出的那样，主流政党通常会接受这些团体的政策建议以防止它们发动政变，她称这一过程为右翼民粹主义政策的正常化。

自 2017 年出现以来，"格鲁吉亚进行曲"不仅影响到该国的一些政治决策，而且更重要的是塑造了"民族国家主义"的权力格局，并就规范性问题提出公开讨论，大多时候，这些规范性问题会导致公众两极分化。"格鲁吉亚进行曲"运动将在政治或公共领域没有代表性的不同极右翼和保守派联合起来。它还包括由桑德罗·布雷加泽③领导的国民组织，他是"格鲁吉亚进行曲"运动的发起者和领导者。布雷加泽及其团队以"格鲁吉亚人民"的名义提出宪法修正案，并收集公民的签名以对政治决策产生影响。2017 年 5 月 3 日，他们在宪法决定对"婚姻权利"第 30 条的修正案中显示出其政治影响力，该宪法决定将婚姻指定为男女的结合（1995 年《格鲁吉亚宪法》第 30 章）。值得注意的是，著名的民族国家的民粹主义领导人维克多·欧尔班政府颁布的匈牙利宪法，也通过了类似的修正案。对"格鲁吉亚进行曲"运动提出的关于禁止向外国公民出售格鲁吉亚土地的另一项拟议提案，议会也没有完全禁止，只是具体规定出售土地必须具有"特殊地位"（《格鲁吉亚宪法》第 19 章）。这符合沃达克描述的情况，即"几乎整个政治光谱都在向右倾斜"。

---

① Our Vision & Program | Alliance of Patriots of Georgia, Alliance of Patriots, 2018, http：//patriots. ge/our-vision-program/.

② Wodak, Ruth, *The Politics of Fear: What Right-Wing Populist Discourses Mean*, London：Sage.

③ Sandro Bregadze, Status update at 00：46, Facebook. June 18, 2017. https：//www. facebook. com/100000466166811/posts/1983715028320683/? d = n.

"格鲁吉亚进行曲"案例中民族国家的民粹主义话语与该国传统的右翼言论不同,因为它符合将西方与进步联系在一起的主导政治话语,但是从这些角度来看"真正的"西方是通过欧尔班(匈牙利总理)、勒庞(法国极右翼民粹主义政治家)、特朗普(美国前总统)或斯特拉赫(奥地利前副总理)创造和呈现的。在摩尼教运动的修辞中,他们被描绘成"好的"和"模范的"。通过考察这种双重结构来解释扩散过程是本文的目的之一。本文认为,对于"格鲁吉亚进行曲"运动来说,进步的西方"保护其文化和民族身份免受自由主义、多元文化主义和外国影响",成为地方一级排外民粹主义言论合法化的工具。用术语来说,民族国家的民粹主义的传播和借鉴是关于一个共同的"他者"。该运动的名称及其一些政治要求(如禁止由国外资助的非政府组织、"外国代理人"),也类似于俄罗斯近年来的言论,但是"格鲁吉亚进行曲"避免提及该国北部邻国的做法,可以解释为俄罗斯在格鲁吉亚的公共讨论中伴随着负面情绪。虽然"格鲁吉亚进行曲"运动的领导人宣布该运动是"亲格鲁吉亚的",但与"亲俄罗斯"或"亲欧洲"相反,对"西方"的矛盾性提及一直是他们话语的一部分。

在"格鲁吉亚进行曲"案例的论述中,围绕"格鲁吉亚民族国家"构建了边界,并将腐败的统治精英排除在外,根据该运动的说法,这些精英正在与外国自由主义影响者合作,精英(政治、文化和非政府组织)是通过该运动的民族国家的民粹主义话语维度来构建的。值得注意的是,与20世纪90年代一些著名的格鲁吉亚民族主义者相比,"格鲁吉亚民族"包括少数族群,至少在"格鲁吉亚进行曲"的演讲中是这样的。在运动的演讲中,传统和现代偏见导致以下人群被排除在外:"非法移民"(主要是阿拉伯人和印度人)、自由主义者(在格鲁吉亚语中是对"同性恋男性"和自由主义者的蔑称,以及诸如"叛徒"之类的模糊标签)。

(一) 一般社会历史背景下的西方概念

在进行实证分析之前,重要的是概述具有西方内涵的背景,以便更好地理解西方双重建构背后的逻辑。在整个研究过程中,西方、欧洲或西方可以互换使用，因为继诺迪亚①之后，格鲁吉亚公众对欧洲和美国的看法在历史上具有象征意义，没有在"西方"中准确区分"欧洲"或"美国"。然而，在欧盟一体化进程的背景下，自2003年"玫瑰革命"以来格鲁吉亚的精英政治话语促使新的"欧洲"话语的产生。这与公众对欧盟的高概率支持有关，欧洲也成为格鲁吉亚民众心目中的西方中心。欧盟一体化被视为该国的政治共识，而欧洲化问题则是通过与"局外人"划清界限来构建身份认同的政治战场的。

与此同时，从历史上看，格鲁吉亚民族国家意识的"西方取向"一直受到对俄罗斯不确定态度的影响，甚至在19世纪后期，首位格鲁吉亚民族国家主义运动的创始人也认为，只有格鲁吉亚人才能通过俄罗斯进入西方文明。随着时间和地缘政治的变化，这种信念转变为将西方与俄罗斯视为对立的两极。正如媒体发展基金会②关于反西方态度的研究报告所显示的那样，与19世纪末相比，俄罗斯不再是"欧洲文明"的途径。如今，政治精英则建议"回归历史根源——欧洲"，这可以从总理在独立日庆祝活动上发表的讲话中看出："格鲁吉亚已经回到欧洲的根源，这是我们打算留下来的地方。"这次演讲类似于几年前前总统萨卡什维利的演讲："这当然不是格鲁吉亚的新道路，我们的历史使命是回到我们的欧洲家园，这深深地铭刻在我们的民族国家认同和历史中。"

开放社会基金会（OSF）的上述研究表明，媒体中的反西方态度（占比为32.7%）主要关注身份、人权和价值观问题。在过去几年里，这些媒体的主流观点是，西方试图将"同性恋、恋童癖、乱伦和性虐待，以及与民族国家认同、传统、东正教和基督教的斗争"强加于人。反西方话语被与身份相关的问题和恐惧所主导，其中包括对不可接受的价值观的恐惧，对传统和基督教的威胁，以及对同性恋和不道德的恐惧是普遍存在的。媒体披露的其他反西方倾向类似于"格鲁吉亚进行曲"试图提升安全性的问题。最明显的例子如下：禁止向非政府组织（它们在格

---

① Nodia, Ghia, "The Georgian Perception of the West," In *Commonwealth and Independence in Post-Soviet Eurasia*, Edited by Bruno Coppieters, Alexei Zverev, and Dmitri Trenin, 1998, pp. 12–43.

② Kintsurashvili, Tamar, "Anti-Western Propaganda, 2016," Media Monitoring Report. Tbilisi: Media Development Foundation, 2017, http://mdfgeorgia.ge/uploads/library/65/file/eng/Antidasavluri-ENG-web_(2).pdf.

鲁吉亚为"外国利益"服务）提供资金；怀疑欧盟和免签证制度与接收移民义务有关联（可能会"增加恐怖主义威胁"）；对欧盟/北约—格鲁吉亚关系持怀疑态度。

然而，"格鲁吉亚进行曲"的话语与传统的反全球化和反西方情绪不同，它坚持参考西方的例子。与此同时，它构建了自己的西方视角，从而保持并巧妙地认可了传统的反西方话语。因此，这显示出一个悖论，即格鲁吉亚民族国家的民粹主义者通过重新解释欧洲本身，有选择地借鉴欧洲极右翼思想，同时支持反对该国奉行的传统亲欧洲政治。它还表明，与跨国化和扩散路径相反，外来思想的本地化是如何通过当地的习语和该国占主导地位的政治情绪发生的。本文的结论是，"进步的西方"成为使偏见和歧视性语言合法化的工具，在他们的论述中欧洲是保守的："欧洲当然是一个保守的传统价值观的大陆，只有在每个人的传统、身份和发展方式都能够得到维护的情况下，一体化才是可接受的。"

（二）绘制"格鲁吉亚进行曲"的话语场

根据"格鲁吉亚进行曲"运动开始的第一年内组织活动的时间表和访谈分析，本文定位了三个主要的话语领域和各自的运动主题。

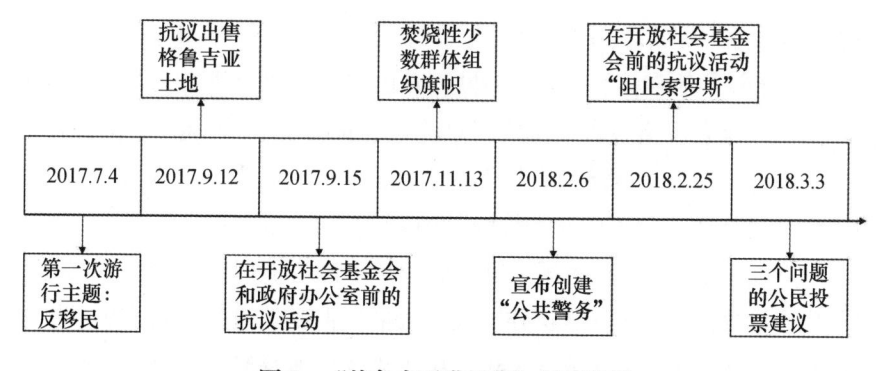

图1　"格鲁吉亚进行曲"行动时间

除了反移民言论外，该运动还构建了与基督教和家庭价值观相关的言论，同时谴责"外国自由主义影响"，这也是"格鲁吉亚进行曲"的首要动员问题，这种形式的反移民言论在格鲁吉亚民族国家主义中是一件新鲜事。在这些话语领域中，在自我合法化和动员言论的背景下，该运动的领导人及其官方"脸书"页面不断提及欧洲和北美民族国家的民粹主义者的"西方榜样"和"成功故事"。

为了证明这一过程中的扩散与借鉴，本文首先梳理了该运动兴起阶段的行动（抗议、游行和公告），时间从 2017 年 7 月的第一次有组织游行开始一直到 2018 年 3 月。这一阶段被证明是该运动建立和合法化的最重要的时期，而相互认同和外部参照是集体身份建构的核心。其次，对话语场域和话语策略进行深入分析，重点分析"西方"在话语场域中的融入。图 1 描述了"格鲁吉亚进行曲"的活动。

"格鲁吉亚进行曲"的首次公开露面与移民问题有关，但移民问题从来都不属于格鲁吉亚民族国家主义言论。然而，有相当数量的人聚集在以建造者大卫（12 世纪格鲁吉亚"黄金时代"著名的君主）命名的大街上，证明围绕安全问题动员反移民的策略是成功的。这条街上有很多土耳其人或阿拉伯人开设的酒吧和餐馆，但随着"格鲁吉亚进行曲"运动的出现及其有组织的抗议运动，移民问题成为公众更广泛讨论的问题。

反移民话语不仅对于分析反移民合法化策略非常重要，而且对于理解有关该运动出现的话语也非常重要。在抗议活动举行的前两周，该运动的领导人在"脸书"上将其组织与法国国民阵线（French Front National）进行比较，他声称，这是反对欧洲自由主义者和全球主义者的必要条件。他说，建立"格鲁吉亚民族国家阵线"的必要性在今天的格鲁吉亚至关重要。布雷加泽试图使新权力合法化，承诺它将取代"臭制度"，并为一个"民族的、公正的和平等的"国家奠定基础。

以下事件涉及禁止向外国人出售格鲁吉亚土地的呼吁。"格鲁吉亚进行曲"代表指责执政联盟，维护外国人购买格鲁吉亚土地的权利背叛了格鲁吉亚人民。这一问题是在反移民论述中提出的，涉及诸如人口变化和领土完整等议题。值得注意的是，在这些论述中，这位领导人强调了俄罗斯的占领在这两个问题中的重要性，避免与俄罗斯政府建立联系（自"格鲁吉亚进行曲"运动出现以来，俄罗斯政府一直是公众讨论的一部分）。布雷加泽谈到了欧洲的做法，并用这样的措辞使抗议合法化："……同样基于欧洲的经验，许多欧洲国家禁止向外国人出售农业用地。"①

该运动的下一个阶段，与第比利斯开放社会基金会分支机构的抗议活动有关。同一天，抗议者前往附近的市长候选人政府代表办公室举行抗议，反对他们欺骗格鲁吉亚人民。同时，这两次抗议的逻辑在他们的演讲和互联网帖子中被揭示出来，将执政精英贴上"索罗斯奴隶"的标签，因为他们支持外国利益。索罗斯被指控干涉内政，并导致 2003 年的"玫瑰革命"，据该运动称，索罗斯"宣传同性恋、鼓励亵渎和各种卑鄙行径"②。从更广泛的意义上讲，文章论述了格鲁吉亚公众对非正规治理的不满。③

与反移民情绪类似，"欧洲正在觉醒"一词在反索罗斯和反第比利斯开放社会基金会抗议活动（见图3）之前被积极使用。这些论述还包括与中欧大学的"关闭"相关的故事。其中一个帖子显示出支持其抗议，但该事件在报道中被扭曲了（见图2，帖子上描绘的是俄罗斯电视频道）。因此，除了对所发生的事件进行报道外，通过"脸书"分享未经证实且客观上不准确的信息也是该运动话语策略的一个组成部分。

恐同情绪以前是反索罗斯和反"外国势力"的一部分，但由于国家足球队长古拉姆·卡希亚决定佩戴五颜六色的臂章支持同性恋、双性恋和变性人权，这一言论得到了加强。④

在该运动的官方"脸书"页面和布雷加泽对不同在线媒体的个人采访中，人们对家庭价值观受到威胁和"同性恋宣传"的怨恨加剧。除了使用诸如"自由集权"和"对基督教价值观的威胁"之类的词语外，这

---

① Bregadze, Sandro, Leader of Georgian March. Interviewed by The Author, November. Tbilisi, Georgia, 2019.

② Bregadze, Sandro, 2017a, "Georgian March against George Soros—Interview with Sandro Bregadze," [In Georgian.] Interview by Sh. Karchava, Dalma News, October 2. http：//dlmn.info/ge/kartuli-marshi-jorj-sorosis-cinaagmdeg-interviu-sandrobregazestan/.

③ Vacharadze, Kristina, "Analysis ｜ Opposition to Foreign Ownership of Land Is on the Rise in Georgia," OC Media (blog), November 2017, https：//oc-media.org/features/analysis-opposition-to-foreign-ownership-of-land-is-on-the-rise-in-georgia/.

④ Cole, Michael, "Marching on, But Not Together：The Georgian Far Right versus Guram Kashia-Centre for Analysis of the Radical Right," 2108, https：//www.radicalrightanalysis.com/2020/06/18/10330/.

图2　截图:"欧洲已经觉醒,我们也应该觉醒!!!"

文本:"匈牙利和马其顿对乔治·索罗斯的公开抗议运动!!!!"

图3　截图:"欧洲对抗索罗斯"

文本:"注意!! 欧洲以索取主权的方式驱逐索罗斯基金会。"

位领导人还将这一问题与人口问题、"强制规定"和"索罗斯代理人"混为一谈。在这些词语中,"同性恋宣传"的口号被归因于格鲁吉亚媒体报道这项运动是由索罗斯授权的(见图4,图片下方的文字:"影响大众意识形态的最佳工具是电视")。

"格鲁吉亚进行曲"的另一项民粹主义行动是宣布建立所谓的"公共警务",其宣称是为了控制"非法移民的犯罪行为"。在宣布这一消息的前两周,该运动的"脸书"页面加强了反移民情绪和提及欧洲的帖子的制作。其中包括一张欧尔班的照片,照片上有一段他引用的格鲁吉亚语:"我们不认为穆斯林移民是难民,我们认为他们是征服者"(见图5)。

图 4　截图:索罗斯和格鲁吉亚媒体

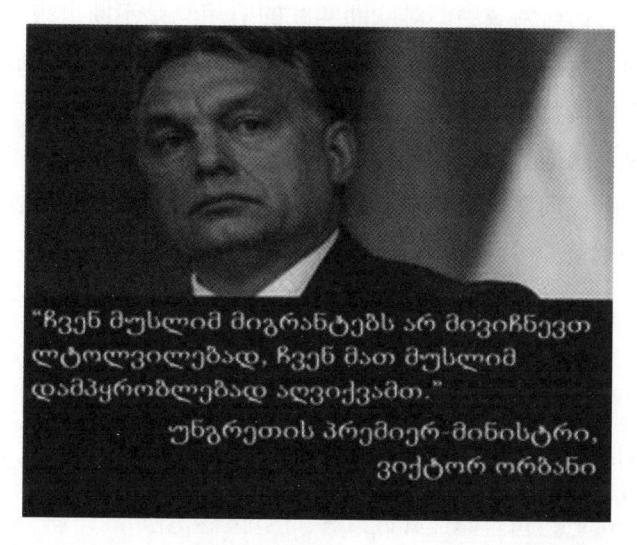

图 5　截图:"我们不认为穆斯林移民是难民,我们认为他们是征服者"

欧尔班被认为是一个权威，一个"成功的榜样"，他的话被认为是反移民情绪的合法化。在随后的采访中，布雷加泽试图通过提及"欧洲"来使"公共警务"合法化，似乎这种做法在许多欧洲国家已经存在。① 通过使用框架策略，该运动试图将其"公共警务"计划合法化。表1总结了上述论述领域和主题。

表1　话语场与话题

移民	
法律与秩序	欧洲价值观
"不可靠的政府"	"另一种职业"
人口问题	"欧洲已经觉醒"
外国影响	
民主与人民	"阻止索罗斯"
"不可靠的政府"	"欧洲已经觉醒"
家庭和文化价值观	
性别政治	人口问题
欧盟怀疑论	"欧洲基督教"
同性恋宣传	"欧洲已经觉醒"

在每一个话语领域中，对欧洲实践的引用总是不断出现。在这种形式下，它们为运动的拟议政策提供了合法化功能。此外，在成员的叙述中，这三个领域整合在一起，同时代表该运动及其身份。"……在任何一个欧洲国家，土地都没有被如此无情地出售，没有一个欧洲国家有如此不受控制的移民问题，顺便说一句，没有多少欧洲国家对同性婚姻权利有决定性的政策……"②

---

① Bregadze, Sandro, 2018, "How Will 'Georgian March' Control 'Illegal Migrants'?" [In Georgian.] Interview by Salome Chaduneli. Primetime.ge, February 12, 2018, https：//primetime.ge/news/1518429050%E1%83%A0%E1%83%9D%E1%83%92%E1%83%9%E1%83%A0%E1%83%9C%E1%83%9D%E1%83%94%E1%83%9B%E1%83%98%E1%83%92%E1%83%A0%E1%83%90%E1%83%9C%E1%83%A2%E1%83%94%E1%83%91%E1%83%A1.

② Nemsadze, Ermile, Founding Member of Georgian March. Interviewed by Author, October. Tbilisi, Georgia, 2019.

(三) 移民

欧洲，或者更确切地说是"西方"，一直是这一论述领域的核心。布雷加泽经常在采访中提到移民问题，他声称"欧洲国家也在发生同样的事情"和"欧洲正在觉醒"。这一表达经常被用作该运动官方"脸书"上帖子的标题。在第一个例子中特别提到了欧尔班、波兰政府（法律和正义党）、民族（国家）阵线、奈杰尔·法拉奇和德国佩吉达（德国右翼组织）和德国选择党。佛兰芒联盟青年组织在其"表达极右翼、欧洲怀疑论者情绪并撕毁欧盟国旗"的视频中采用了同样的标题："欧洲正在觉醒"；2017年11月11日，波兰民族国家主义运动的海报上方使用了另一个标题："健全（健康）的欧洲"；在匈牙利政治运动中的表述则是："为了增加人口，我们需要改善对家庭友好的政治，而不是大规模移民。"

该运动构建了欧洲的"进步"和模范形象。这样就将一个空洞的"欧洲价值观"融入参与欧盟一体化进程的框架内，使得其在格鲁吉亚的公共和政治话语中具有了活跃的内涵，可以进一步将其与民族国家主义政府、排他性政治相关联，以便提出遵循"人民的意愿"的反移民提案和捍卫基督教。然而，并非整个欧洲都是"进步"的，只有经过选择的才能得到认同，在这一问题上匈牙利总理欧尔班是最常被提及的人物。

通过官方外交政策的宣传，欧洲的进步形象也在被重新定义。反西方情绪通过运动的话语被激发，这一过程主要通过"欧洲"选择了多元文化主义和自由主义，并发现其处于"致命的境地"，因此多元文化的欧洲对其土地上的"犯罪和破坏"负有责任。在这种有效性的构建中，"好"的欧洲不允许为了安全而移民，但其由于没有采取适当的措施，犯罪率有所上升。因此，一种微妙的欧洲怀疑主义伴随着对欧洲价值观的重新定义，这场运动试图通过这种方式让格鲁吉亚融入"真正的欧洲"的新结构中。首先，在意识形态社区中实现自身的社会化；其次，通过战略性地模仿一些修辞、话题，甚至事件来构建和合法化自身。正如弗里奥和加内什①所总结的那样，西欧极右翼的两个主要的统一解释框架之一是"文明的冲突"，这也反映在反移民情绪中："我们的问题是双重的：这些来来往往的人们信仰完全不同，也不可能完全被同化，也就是说，不可能同化格鲁吉亚人和阿拉伯人，二者甚至不能接近。"②

"格鲁吉亚进行曲"运动的"脸书"页面偶尔会分享一些视频，据称这些视频描述了"欧洲"皮肤黝黑或留长胡子的人的混乱或犯罪行为。在大多数情况下，这些论述的框架使移民与犯罪的联系合法化。例如，2018年1月6日的一篇报道文章称："根据德国政府心理研究，暴力犯罪数量的增加与大规模移民有关。"尽管从逻辑上看，移民与犯罪并没有相关性，但是将高百分比的研究结合在一起有助于加强二者之间的相关性。这有助于构建一个新的框架，也是该运动领导人交流中经常使用的策略。另一篇关于意大利的帖子展出了一张类似的照片，照片中一名白人女性的脸上覆盖着一只黑皮肤的手，配文："一名移民潜入医院，试图强奸意大利的一名孕妇。"总之，发帖的时机和类似言论的连贯性有助于否定"西方"的自由主义和多元文化主义，强化传统的反西方态度（否定多元文化和自由价值观）。

同时，该运动还参照欧盟规范构建了反移民歧视话语。另一组帖子通过认可欧盟将迫使格鲁吉亚接收移民以换取欧盟签证豁免的信念来构建反欧盟话语。这些情绪可以通过奥拉夫·斯科尔茨的照片体现出来，照片中有这样一句话："如果波兰和匈牙利拒绝接收移民，德国将减少对欧盟预算的财政转移。"同时，该运动并没有明确忽视格鲁吉亚加入欧盟或北约的愿望。

"格鲁吉亚进行曲"运动在抗议期间提出的要求，即"加剧移民政治和驱逐所有非法移民"，通过将其与欧洲价值观联系起来进而使其合法化（在抗议期间，该运动的代表多次宣布"我们应该遵守欧洲价值观"）。布雷加泽在采访中进一步表示："美国几乎不允许东欧和亚洲公民进入美国

---

① Froio, Caterina, and Bharath Ganesh, "The Transnationalisation of Far Right Discourse on Twitter: Issues and Actors That Cross Borders in Western European Democracies," *European Societies*, 21 (4), 2019, pp. 513–39.

② Youth Wing of Georgian March, Interviewed by Author, November, Tbilisi, Georgia.

并不意味着他们的政府是仇外的,他们只是在保护他们的公民。看看欧洲发生了什么:接收叙利亚难民增加了那里的犯罪率。"① 因此,他提及"西方"试图使其反移民上诉的内容合理化。② 同时,他试图否认该运动中的仇外心理,将其定性为安全问题。此外,在反移民抗议期间宣读的请愿书的第四点反映了他们的要求,即"将移民政策调整到欧洲标准","欧洲价值观"只是该运动的一种策略。

除了借鉴作为"成功标志"的反移民话语领域之外③,在过去 30 年中右翼民粹主义政党也采取了话语策略(将"非法"移民与犯罪行为联系起来)、话题(非法/不可靠的政府)和语言("外国罪犯")。此外,在借鉴语言方面,该运动的"公共语言"不仅通过引用"欧洲类似倡议"将"公共警务"合法化,还通过借用反移民语言使其合法化。围绕拟议倡议的论述同时将外国人归类为外围群体,并将"外国非法移民""罪犯"和"恐怖分子"等词汇同时使用来贬低他们,强调政府无法保护人民和控制"恐怖分子及罪犯"。因此,该运动试图通过构建"欧洲榜样"和模仿反移民言论,使民族国家的民粹主义言论合法化,而这在格鲁吉亚以前的右翼言论中基本是不存在的。

简而言之,在提出"公共警务"理念后,强化的反移民言论有助于构建和强化对外部群体的偏见,并通过西方的言论和框架使其合法化。桑德罗·布雷加泽继续借鉴"欧洲的实践",为了使他的倡议合法化,他在采访中称:"我们已经与我们的欧洲朋友一起制定了策略,我们希望为我们的人民创造这一世界。我们正在为纯粹的、道德的格鲁吉亚而战,我相信上帝会站在我们一边。"④ "欧洲人"与现代和文明的概念联系在

---

① Liberali, ge, "'Our Criminals Are Enough for Us': Sandro Bregadze on the Demands of 'Georgian March',"[In Georgian.] Newsportal Liberali, ge, July 5, 2017, http://liberali.ge/news/view/30249/chven-chveni-kriminalebits-gveyofa-sandro-bregadze-qartvelta-marshis-motkhovnebze.

② Wodak, Ruth, and Michael Meyer, *Methods for Critical Discourse Analysis*, London: Sage, 2009.

③ Mammone, Andrea, Emmanuel Godin, and Brian Jenkins, *Mapping the Extreme Right in Contemporary Europe: From Local to Transnational*, London: Routledge, 2012.

④ Liberali, ge, "'Georgian March' Is Going to Create 'Public Police' in Order to Control 'Illegal Immigrants',"[In Georgian.] Newsportal, Liberali, ge, February 6, 2018. http://liberali.ge/news/view/34135/qartuli-marshi-gegmavs-ukanono-emigrantebis-gasakontroleblad-sakhalkho-patruli-sheqmnas.

一起，旨在使民粹主义思想合法化。"文明的西方"的例子除了消除对该运动有"黑幕"的指控以外，布雷加泽正在塑造一种"由人民组成"和"为人民工作"的形象。他含糊不清、看似积极的言辞被认为掩盖了该倡议的歧视性内容，该倡议针对的是构建"外国人"群体，并增长了对他们作为罪犯的偏见。除了提到"西方的例子"以外，这场运动还利用了当地的环境来解释动员仇恨情绪。正如瓦格纳①所说，特定事件的发展极大地影响了反移民偏见的触发。一方面，一名伊朗男子被指控在格鲁吉亚一个地区强奸未成年男孩，该案件在第一次游行期间和他们的"脸书"页面上不断出现，并配以文字："我们将清除街上的外国罪犯。"就这样，该运动的领导人将这名伊朗男子扩大为整个外围群体。另一方面，2006年，奥地利未来联盟以类似的口号（将邪恶从城市中扫除）开始其竞选活动（2007年奥地利未来联盟的竞选活动）。这些相似性表明新型媒体在话语传播中的重要作用，也表明了民粹主义和反移民话语的间接跨国传播。

因此，"格鲁吉亚进行曲"中的民族国家民粹主义、反移民话语，以前在格鲁吉亚的民族主义情绪中是不存在的，这是一种战略适应的结果，是一种话语场和口号的间接跨国扩散。在这一论述中，新的国家边界并不排斥少数族群，而是转向排斥"不可靠的政府"和横向排斥移民（主要是穆斯林）。

（四）外来影响

当被问及"格鲁吉亚进行曲"为什么反对乔治·索罗斯时，布雷加泽转向对立"民族主义者"和"敌人"的民粹主义，将索罗斯列为"格鲁吉亚人民和格鲁吉亚"的最大敌人。② 在移民问题上，他提到匈牙利领导人"禁止该活动并宣布索罗斯在该国不受欢迎"。为了使反对移民问题提议合法化，布雷加泽称"欧尔班总理是一位著名的领导人"。这一战略

---

① Wagner, Ulrich, Oliver Christ, and Wilhelm Heitmeyer, "Anti-Immigration Bias," In the Sage Handbook of Prejudice, *Stereotyping and Discrimination*, Edited by John F. Dovidio, Miles Hewstone, Peter Glick, and Victoria M. Esses, 2010, pp. 361 - 376.

② Bregadze, Sandro, Leader of Georgian March, Interviewed by the Author, November, Tbilisi, Georgia, 2019.

符合"新进步欧洲"的话语结构。从这些方面来说，匈牙利是欧洲的一个典型案例。

在这一话语领域内，"格鲁吉亚进行曲"运动战略性地避免了与任何反犹太主义相关的话语体系。与格鲁吉亚和其他欧洲国家的极右翼运动相比，"格鲁吉亚进行曲"在其话语体系中完全回避了"犹太人阴谋论"的概念。他们的"脸书"页面一直积极地在"东欧反对乔治·索罗斯"和"欧洲已经觉醒"等标题下发表乔治·索罗斯的漫画，并试图使他们关闭开放社会基金会（OSF）驻格鲁吉亚办事处的呼吁合法化。① 此外，当地精英（"他们在这个贫穷的国家里生活得很好"）作为格鲁吉亚外国利益的调停者（在这里指欧洲和美国）拥有政府授予的特权。关闭开放社会基金会驻格鲁吉亚办事处的要求被视为"人民的意愿"，该组织建议通过全民公投来决定此事。该运动试图通过以下方式使这一呼吁合法化："如果政府不考虑人民的意愿，也不像匈牙利、奥地利和以色列那样禁止索罗斯在格鲁吉亚的活动，那么'格鲁吉亚进行曲'的抗议将更加有力！……'格鲁吉亚进行曲'将提议举行全民公决，禁止索罗斯和其他非政府组织的活动在追求国家内部的外国利益时，干预国家的主权。"

通过全民公投决定这一问题的倡议附属于"格鲁吉亚的民主发展"。值得注意的是，该提案并未提及俄罗斯，尽管该提案使用了"外国代理人"干预国内问题的相同论点，可以通过俄罗斯宪法修正案在政治话语中援引"西方"来解释。换言之，"格鲁吉亚进行曲"运动避免与俄罗斯有任何关联，同时积极将其政治决策与西方联系起来，并重新定义欧洲的"进步"。

在言论传播方面，"格鲁吉亚进行曲"采用了匈牙利的例子，并将其作为其民族国家民粹主义言论的合法化工具。在2017年2月25日第二次抗议活动期间，反索罗斯帖子的用词尤其激烈，抗议活动的标题甚至包括从匈牙利议会竞选期间竖立的广告牌上抄袭的"阻止索罗斯"。该运动的"脸书"页面发布了几条帖子，在被指控该组织正在破坏国家主权和干涉内部事务的情况下，"格鲁吉亚进行曲"运动公开宣布了它们的公投

---

① Porchkhidze, Anzori, Youth Wing of Georgian March, Interviewed by author, November. Tbilisi, Georgia, 2019.

提案，"格鲁吉亚人民"将通过公投迫使政府采取"欧洲公民"的行动。可以看出，话语的传播是以时间顺序为标志的，同时运动明显借用了其他运动中的话语元素。

（五）传统的家庭价值观

"格鲁吉亚进行曲"涉及的另一个讨论领域是害怕失去传统的价值观。不仅国家其他人或外国人被排除在"人民"之外，生活在格鲁吉亚社会中的人也可以被视为局外人，他们被贴上"索罗斯主义者"和"叛徒"的标签："格鲁吉亚媒体正在向民众隐瞒真相。无论格鲁吉亚媒体如何阻止特朗普和欧洲民族主义者的胜利，这些胜利会像海啸一样，最终都会抵达格鲁吉亚并淹没格鲁吉亚！！！"

布雷加泽所称的"民族国家、诚实和忠诚的宗教力量"在整个运动的论述中都被称为"成就"。此外，"民族国家主义者"的复兴在"格鲁吉亚进行曲"之间有助于这场运动的合法化。然而，"格鲁吉亚进行曲"运动明确主张在格鲁吉亚重新诠释欧洲的含义："人们了解真正的欧洲很重要，正如所描述的那样，它不是由少数性群体（LGBT）组成的。"

与此同时，该运动暗中支持反西方情绪。在这种背景下，其引发了传统的反西方思想，并指出欧盟免签证的"代价"是什么。在该运动的"官方"页面上发布了一段视频，标题为："震惊！格鲁吉亚和摩尔多瓦以承诺同性恋合法化为代价获得了签证豁免……"同样，几天后的另一篇帖子称："格鲁吉亚正在成为外国同性恋者的庇护所……这就是渴望融入欧洲的代价吗？"通过这种方式，"格鲁吉亚进行曲"讽刺地将敏感的（身份）问题与该国的政治进程联系起来，同时以微妙的方式加以谴责。帖子内容如下：

> 匈牙利总理：对大多数人来说，传统的家庭价值观对他们来说很重要。根据欧尔班的说法，在意识形态冲突中，有一些人"为家庭而战，热爱祖国，捍卫自己认同的基督教"。这个时代的精神表明，沉默、反全球化的大多数人将在这场冲突中获益。

图 6 中的这段文字与欧尔班的照片一起反映了布雷加泽关于欧洲范

围内民族国家意识崛起的说法，这是对流行的"自由主义"的回应。根据布雷加泽的说法，他们在该国服务于外国利益。在语言方面，布雷加泽构建了国家意识形态与"自由主义者索罗斯"权力之间的"冲突"，这很像欧尔班的言辞。

图6　截图：欧尔班的传统家庭价值观

他在自己的"脸书"帖子中写道："国家意识形态的胜利是不可避免的。无论大国多么努力，无论它们花了多少钱，它们的失败都是历史的必然。"

这是一种借鉴，但同时通过道德谴责和对未来的叙述使之合法化。欧尔班和布雷加泽演讲的时间顺序及其内容的相似性，再次证明了通过媒体平台进行传播的事实。即使在基督教价值观的背景下，仇视同性恋话语的运动也没有将俄罗斯定位为传统的反西方国家，就连"同性恋宣传"一词也模仿了2012年俄罗斯"回归传统价值观"政治中的言论，这些言论使"外国特工"和"同性恋宣传"在宪法层面上被禁止。[①] 然而，尽管内容和表达方式相似，但是俄罗斯案例并未成为"格鲁吉亚进行曲"运动的参考点。相反，该运动一直试图回归基督教欧洲的理念。

六　结论

本文使用传播理论讨论了格鲁吉亚民族国家的民粹主义运动"格鲁

---

① Persson, Emil, "Banning 'Homosexual Propaganda': Belonging and Visibility in Contemporary Russian Media," *Sexuality & Culture*, 19 (2), 2015, pp. 256 – 274.

吉亚进行曲"的出现和进程。该案例被视为当代欧洲排他性民粹主义话语传播的典型，因此本文试图通过反思传播和相关性来为这一领域做出贡献。为此，本文系统地分析了民族国家的民粹主义口号和话语领域的例子，这些例子与匈牙利、奥地利、法国、波兰和美国的代表性例子相似。其中有关话语领域和政治主张的分析，类似于格鲁吉亚反西方右翼思想和保守派的话语，均已在学术和新闻研究中被识别和分类。然而，在这场运动的话语中，"西方"的用法也是有争议的。换句话说，西方传统的"进步"形象与欧洲的两面派形象背道而驰。这符合格鲁吉亚公众在欧洲一体化背景下对"进步的西方"的固有含义，也符合格鲁吉亚的保守诉求。

尽管"格鲁吉亚进行曲"在其台前演讲中使用了西方的积极内涵，但是它也进行了有关自由主义、多元文化主义、欧盟怀疑主义和外国文化影响的传统反西方演讲。在这些术语中，它还重新诠释了对"欧洲价值观"的理解。将欧洲和美国的民族国家主义，同时与国民阵线、欧尔班、海德和斯特拉奇、特朗普，以及法律与正义党进行类比，该运动的领导人试图将"格鲁吉亚进行曲"的目标表述为学习进步的、"真正的欧洲"和民主。关于移民的论述，作为该运动的重要主题，主要是通过其余地区运动的话语来构建的，这标志着格鲁吉亚民族国家主义在历史上产生了新问题。"反外国影响"和"反索罗斯"抗议活动还辅之以标语和视觉元素，这些标语和视觉元素主要来自匈牙利，这主要由扩散的层次模型来解释，网络媒体在传播话语框架和集体身份建构方面发挥着重要作用。

在这种情况下，战略适应是扩散过程的核心。尽管一些已确定的话语主题不仅类似于欧洲，而且（有时甚至更接近）俄罗斯，但是由于俄罗斯在公众中不受欢迎，该运动在其合法化战略中避免提及俄罗斯案例。所以，一些民族国家的民粹主义案例背景的相似性需要得到更多的关注，并需要进一步完善邻近扩散模型。

（兰州大学格鲁吉亚研究中心汪恩羽译，汪婴校）

外国直接投资对经济发展的影响：以格鲁吉亚为例*

瓦赫唐·查里亚（Vakhtang Charaia）　阿奇尔·乔奇亚（Archil Chochia）　马里亚姆·拉什基（Mariam Lashkhi）

【摘要】 从战略角度来看，并非所有的外国直接投资都会对东道国的经济产生积极影响，也就是说，跨国公司不一定都会促进东道国的经济发展。同时，外国直接投资对同一经济体中的不同经济产业也会产生不同的影响。事实上，外国直接投资以不同的方式影响着不同的经济产业，其影响不仅基于外国直接投资的金额，也基于投资国家的动机及东道国的经济特点，因此这种影响可能是因国而异的。换言之，每年只依赖外国直接投资的数据汇总并不能真正全面体现实际情况，这有可能会导致政治决策者做出错误的战略决定，例如包括格鲁吉亚在内的许多国家所发生的现实情况。

【关键词】 外国直接投资；格鲁吉亚；投资；格鲁吉亚东北地区；斯科特—肯尼尔（Scott-Kennel）模型

一　引言

外国直接投资意味着对一家企业的直接或持久的兴趣和控制。[①] 它通

---

* Charaia, Vakhtang, A. Chochia and M. Lashkhi, "The Impact of FDI on Economic Development: The Case of Georgia," *Baltic Journal of European Studies*, No. 10, 2020.

① Loungani, P. and Razin, A., "How Beneficial Is Foreign Direct Investment for Developing Countries?," *Finance & Development*, Vol. 38, No. 2, 2001, pp. 6–9.

常由包括资本、技术、人力资源和知识在内的一系列要素所组成。① 然而，跨国公司的动机和驱动力在不同国家和不同经济产业的情况可能会有所不同。总体而言，中欧和东欧国家正在吸引具有高经济附加值的产业（如电子产品和信息工程），其特点是地理集中、接近客户和高质量的需求控制。② 这些领域吸引了效率导向型的外国直接投资，而东南欧和土耳其则吸引了纺织、食品加工和其他技术相对较低的服务市场导向型的外国直接投资。③

表1　　　　　　2007—2018年格鲁吉亚的外国直接投资　　　　　　（%）

欧盟	其他	独联体	亚洲	国际组织
42	23	20	13	2

资料来源：格鲁吉亚国家统计局。

需要强调的是，欧盟是格鲁吉亚最大的投资者，其比重占到了过去10年总投资的40%以上（见表1）。与此同时，阿塞拜疆是同一时期对格鲁吉亚投资的主要国家（见表2）。阿塞拜疆主要感兴趣的是基础设施项目，以使其油气资源可以途经格鲁吉亚实现能源运输多样化。还有一个新兴参与者是中国，它对于格鲁吉亚已经有了相当大额的投资（在近10年里约有7亿美元）。在"一带一路"倡议和中国与格鲁吉亚签署的自由贸易制度背景下，中国在格鲁吉亚的所有经济行业中都具有巨大的潜力，也迎来了众多机遇。④

---

① Dunning, J. H. and Lundan, S. M., *Multinational Enterprises and the Global Economy*, Wokingham: Addison-Wesley Publishing Company, 1993.

② Cieślik, E., Biegańska, J. and Środa-Murawska, S., "Central and Eastern European States from An International Perspective: Economic Potential and Paths of Participation in Global Value Chains," *Emerging Markets Finance and Trade*, 2019, pp. 1 – 17, https://doi.org/10.1080/1540496X.2019.1602539; Dobrin, S. and Chochia, A., "The Concepts of Trademark Exhaustion and Parallel Imports: A Comparative Analysis between the EU and the USA," *Baltic Journal of European Studies*, Vol. 6, No. 2, 2016, pp. 28 – 57, https://doi.org/10.1515/bjes – 2016 – 0011.

③ OECD, *OECD Environmental Performance Reviews: Turkey*, Paris: OECD Publishing, 2008, https://doi.org/10.1787/9789264049161 – en.

④ Charaia, V., Chochia, A. and Lashkhi, M., "The Caucasus 3 plus the Baltic 3 and Economic Cooperation with China," *Baltic Journal of European Studies*, Vol. 8, No. 2, 2018, pp. 44 – 64, https://doi.org/10.1515/bjes – 2018 – 0015.

表2 2007—2018年不同国家对格鲁吉亚的直接投资 （%）

其他国家	阿塞拜疆	荷兰	英国	土耳其	美国	卢森堡	俄罗斯	阿联酋	中国	巴拿马
29	14	12	11	8	7	4	4	6	3	2

资料来源：格鲁吉亚国家统计局。

从原始产业到高科技产业，从获取资源到地缘战略，不同国家在格鲁吉亚的利益不同。同时，获得外国直接投资的格鲁吉亚经济行业也是高度多样化的，如能源、交通、金融、房地产及其他行业（见表3），甚至连大麻也是投资者考虑获益的行业。但在当地民众抗议之后，投资大麻的提议被否决。① 此外，值得注意的是，尽管格鲁吉亚拥有欧洲最大的太阳能电池板工厂，而且它是2020年就已经开始生产电动汽车的少数国家之一，还有一些小微创新企业，但是实际上格鲁吉亚的高科技产业在所有产业中所占的份额仍然相对较小。②

表3 2007—2018年按行业划分的外国直接投资 （%）

其他行业	能源行业	制造业	运输业	金融行业	基础设施	房地产	酒店行业
27	13	12	11	11	10	9	7

资料来源：格鲁吉亚国家统计局。

最后一个同样重要的问题是，格鲁吉亚大多数（81%）的外国直接投资都流向了首都第比利斯。格鲁吉亚较大的两个地区占据了所有外国直接投资的90%（见表4）。从区域角度来看，这对国家的不平衡发展造成了影响，导致了其他地区的投资不足，推动了农村人口向首都的转移。

---

① Papava, V., Charaia, V. and Tsopurashvili, G., "What Will the Marijuana Economy Give to Georgia?," *GFSIS Expert Opinion*, No. 114, 2019, https://www.gfsis.org/files/library/opinion-papers/114-expert-opinion-eng.pdf.

② Pirveli, E., Shugliashvili, T. and Machavariani, N., "Rethinking Economic Policy of Georgia in the Times of COVID-19," *International Journal of Economic Policy in Emerging Economies*, 2020.

表4　　　　　2007—2018年按地区划分的外国直接投资　　　　　（%）

第比利斯	阿扎尔	其他
81	9	10

资料来源：格鲁吉亚国家统计局。

包括格鲁吉亚在内的后苏联国家，外国直接投资在过去20年中对于东道国的经济转型发挥了巨大的作用。① 然而，在这一过程当中仍然存在很多问题，这些问题非常简单但必须回答，例如跨国公司的动机及其对格鲁吉亚经济的影响？它在多大程度上促进了不同经济行业的发展和现代化？跨国公司与格鲁吉亚各经济行业之间的一体化程度有多大？作者在本文中试图回答这些具体问题。

二　外国直接投资的折衷范式

基于约翰·邓宁提出的折衷范式，外国直接投资的动机分为资源导向、市场导向、效率导向和战略资产导向。② 每一种导向的投资对东道国经济的影响是不同的，每一种导向又象征着不同的经济发展水平和融入全球市场的程度。

东道国的经济目标是从跨国公司投资的资产中获得尽可能多的收益。③ 然而，这在很大程度上取决于当地政府的政策和跨国公司的动机。东道国经济与跨国公司之间的联系越少，东道国从外国直接投资中受益的程度就越不明显。事实上，外国直接投资仍然有机会提高东道国经济

---

① Gürsoy, P. and Kurşun, O., "Investment Climate of Georgia," *IBSU Scientific Journal* (*IBSUSJ*), Vol. 2, No. 1, 2008, pp. 71–79; Chochia, A. and Popjanevski, J., "Change of Power and Its Influence on Country's Europeanization Process. Case Study: Georgia," in T. Kerikmäe and A. Chochia (eds.), *Political and Legal Perspectives of the EU Eastern Partnership Policy*, Cham: Springer International Publishing, 2016, pp. 197–210, https://doi.org/10.1007/978-3-319-27383-9_13.

② Dunning, J. H., *Theories and Paradigms of International Business Activity*, Vol. 1, Cheltenham: Edward Elgar Publishing Ltd., 2002, https://doi.org/10.4337/9781843767053.

③ Crespo, N. and Fontoura, M. P., "Determinant Factors of FDI Spillovers—What Do We Really Know?," *World Development*, Vol. 35, No. 3, 2007, pp. 410–425, https://doi.org/10.1016/j.worlddev.2006.04.001.

的竞争力①，但其影响不同：

1. 在具有不良特征的东道国经济中（如人均国内生产总值较低或受教育水平较低），较高的外国直接投资存量往往与较低的后续增长率有关。一般来说，吸引外国直接投资似乎比从外国直接投资中获得宏观经济收益要容易得多。②

2. 拥有高素质人力资源的国家从跨国公司以及与商业相关的现代技术传播中所获收益更多。

3. 经济的开放性至关重要，因为跨国公司遵循复杂的、完整的战略，即在生产周期的各个阶段取消对中间产品的限制。

4. 技术转让在很大程度上取决于东道国经济体制的发展。

上述因素都与外国直接投资的动机密切相关，并对东道国经济增长有不同的影响。例如，市场导向型外国直接投资会为东道国经济提供技术援助和人员培训。此外，现代技术和中间产品的进口也为当地经济带来了额外的好处。最后，竞争力的上升正在推动当地公司的创新。③ 由于国际公司具有很强的竞争能力，挤出效应④是可以被预测到的。⑤ 以占领当地市场为目标的市场导向型外国直接投资较少参与出口导向型活动。⑥ 从长远来看，这可能导致一国的国际收支平衡出现危机，因为这类外国直接投资不会提供出口导向型金融资本的流入。

---

① Hunya, G., *International Competitiveness Impacts of FDI in CEECs*, wiiw Research Report, No. 268, 2000, The Vienna Institute for International Economic Studies.

② Stephen, D. and Cohen, S. D., *Multinational Corporations and Foreign Direct Investment: Avoiding Simplicity, Embracing Complexity*, Oxford: Oxford University Press, 2007.

③ Charaia, V., "Local Investment Climate and the Role of (Sustainable) FDI: The Case of Georgia," *International Journal of Social, Behavioral, Educational, Economic, Business and Industrial Engineering*, Vol. 8, No. 2, 2014, pp. 425 – 428, http://waset.org/publications/9997562/local-investmentclimate-and-the-role-of-sustainable-fdi-the-case-of-georgia.

④ 挤出效应指增加政府投资对私人投资产生的挤占效应，从而导致增加政府投资所产生的国民收入可能因为私人投资减少而被全部或部分地抵消。——译者注

⑤ Sikharulidze, D. and Charaia, V., "Oli Paradigm and Investment Position of Georgia," *Globalization & Business*, 2018, pp. 71 – 78.

⑥ Aggarwal, A., "The Influence of Labour Markets on FDI: Some Empirical Explorations in Export Oriented and Domestic Market Seeking FDI Across Indian States," in *Competitive Section of the Global Conference on Business and Economics*, Held at the Oxford University, London, 2005, pp. 25 – 27.

斯科特—肯尼尔①认为，联系的质量与当地行业的关联度（DOL）呈正相关。换句话说，如果联系的质量越高，则跨国机构与当地经济的一体化程度和关联度就越高。

具有不良特征的国家很难在服务业领域吸引以市场为导向的外国直接投资，而服务业的区位吸引力是由人均国内生产总值参数决定的。② 然而，如果我们考虑格鲁吉亚的行业分布情况，很明显，服务业是吸引外国直接投资的主导行业之一，金融和能源行业、贸易和旅游业、运输和通信业也是如此。在过去几十年里，由于私有化的进程和结果，格鲁吉亚在各个行业都发生了这种情况。然而，在格鲁吉亚的服务业中，市场导向型投资在经济增长和出口方面效率较低，且能力有限。

资源导向型外国直接投资带来了大量的资本流入，并促进了当地的技术升级和技术转让③，也为经济提供了稳定的货币流入。这些投资通常集中在飞地，与当地商品和劳动力市场的联系较弱。此外，这带来的负面影响之一可能是在宏观层面助长了地方精英的腐败。④ 尽管资源导向型外国直接投资有利于促进对外贸易，但是这种外国直接投资可能导致"荷兰病"⑤ 的"传染"。

尽管格鲁吉亚的人均国内生产总值似乎不是很有吸引力（根据地理统计数据，2019年为4763.5美元），但是它仍吸引着市场导向型（资源导向型）投资。根据一位学者在宏观层面的研究，2007—2015年的投资

---

① Scott-Kennel, J. E., *The Impact of Foreign Direct Investment on New Zealand Industry*, Unpublished PhD Thesis, New Zealand, 2001.

② Liao, T. J., "Clusters, Technological Knowledge Spillovers, and Performance: The Moderating Roles of Local Ownership Ties and A Local Market Orientation," *Management Decision*, Vol. 53, No. 2, 2015, pp. 469–490, https://doi.org/10.1108/MD-09-2014-0560.

③ Wadhwa, K. and Reddy, S. S., "Foreign Direct Investment into Developing Asian Countries: the Role of Market Seeking, Resource Seeking and Efficiency Seeking Factors," *International Journal of Business and Management*, Vol. 6, No. 11, 2011, pp. 219–226, https://doi.org/10.5539/ijbm.v6n11.

④ Brouthers, L. E., Gao, Y. and McNicol, J. P., "Corruption and Market Attractiveness Influences on Different Types of FDI," *Strategic Management Journal*, Vol. 29, No. 6, 2008, pp. 673–680, https://doi.org/10.1002/smj.669.

⑤ 荷兰病是指一国（特别是指中小国家）经济的某一初级产品部门异常繁荣而导致其他部门衰落的现象。——译者注

主要是市场导向型投资，约占60%；效率导向型投资占36%；资源导向型投资占4%，排名第三。① 这些结果对于在宏观层面上理解跨国公司的动机至关重要，但是它们不足以深入分析微观层面的动机，并分析这些投资对当地经济的影响。

关于外国直接投资的研究存在的主要问题是，大多数研究只针对投资总额，似乎对不同经济体的异质性不太关注。基于上述问题，本文侧重于考虑东道国经济的具体情况来分析跨国公司的动机及其对不同行业的影响。

三 理论背景

为了满足研究目的的需要，本文采用了著名的斯科特—肯尼尔本地产业升级模型。② 该模型以格鲁吉亚为例，在微观层面应用了个人发展计划（IDP）框架。这个模型描述了一个典型的本地资产扩张过程，以及外国直接投资对工业发展的贡献，并成为一个从投资飞地到完全一体化的连续统一体的过程。该模型主要关注跨国公司与当地公司建立的直接和间接联系，以及使当地公司和整个行业现代化的可能。③

定性研究方法被定义为，通过研究社会环境中的一种现象而不是研究一种现象发生的频率来理解其含义的方法。④ 定性方法特别适用于新的研究领域⑤，即当需要建立新的理论、综合现有理论⑥或开发理论框架时，

---

① Charaia, V., "The Role of Multinational Enterprises' Investments in Emerging Country's Economic Development, Case of Georgia," *World Academy of Science, Engineering and Technology, International Journal of Social, Behavioral, Educational, Economic, Business and Industrial Engineering*, 2017, pp. 697 – 700, http://www.waset.org/publications/10006953.

② Scott-Kennel, J. E., *The Impact of Foreign Direct Investment on New Zealand Industry*, Unpublished PhD Thesis, New Zealand, 2001.

③ Scott-Kennel, J. E., *Foreign Direct Investment and Inter-Firm Linkages: Exploring the Black Box of the Investment Development Path*, UNCTAD/ITE/IIT, No. 14, 2005, pp. 105 – 137.

④ Van Maanen, J., "Reclaiming Qualitative Methods for Organizational Research: A Preface," *Qualitative Methodology*, Vol. 24, No. 4, 1983, pp. 9 – 18, https://doi.org/10.2307/2392358.

⑤ Eisenhardt, K., "Building Theories from Case Study Research," *Academy of Management Review*, Vol. 11, No. 4, 1989, pp. 533 – 550, https://doi.org/10.5465/amr.1989.4308385.

⑥ Ragin, C., *The Comparative Method: Moving beyond Quantitative and Qualitative Strategies*, London: University of California Press, 1989.

定性方法是适合的,然后再进行假设检验和定量分析。

高里认为,案例研究方法对于深入了解问题是切实可行的,它涉及从几个来源获得的数据。① 这种方法依赖于研究的综合能力、多角度分析问题的能力、将所有因素结合在一起形成一个强力解释的能力。②

案例研究方法被选择作为一种研究工具来分析跨国公司与当地公司/行业的直接和间接联系,通过这些联系可以实现其(当地公司/行业)现代化。③ 分析可能产生影响的最终现代化的因素也很重要。因此,应同时对跨国公司的投资活动及其与当地公司/行业的合作进行研究。

拉今认为,对于大量案例难以保持对复杂性的关注而言,案例研究方法是不够的。他认为,8个案例是"一般数量",20个案例才是"充足数量"④。因此,应从过去几十年中对外国直接投资最具吸引力的行业——金融和能源行业、贸易和旅游行业、运输和通信行业中选出20个案例。由于这些案例来自不同行业,在分析过程中需要特别注意它们之间的正确联系。

数据主要根据斯科特—肯尼尔模型于2018—2019年自行编制的问卷收集。根据受访者的偏好,问卷以格鲁吉亚语、英语或俄语进行,每次持续约60分钟。问卷包括不同部分,要求受访者评估商业环境、竞争力问题、联系的形成、创新实施和格鲁吉亚经济的其他重要方面,以及跨国公司对它的影响。这项研究是在位列格鲁吉亚前200家外国投资者公司名单中进行的。

四 研究结果

如表5所示,接受调查的投资者公司最多的是离岸公司,而其他重

---

① Ghauri, P., "Designing and Conducting Case Studies in International Business Research," *Handbook of Qualitative Research Methods for International Business*, Cheltenham: Edward Elgar Publishing Ltd., 2004, pp. 109 – 124, https://doi.org/10.4337/9781781954331.00019.

② Selltiz, C. W., Wrightsman, L. S. and Cook, S. W., *Research Methods in Social Relations*, New York: Holt, Rinehart & Winston of Canada Ltd., 1976.

③ Voss, C., "Case Research in Operations Management," in C. Karlsson (ed.), *Researching Operations Management*, New York: Routledge, 2010, pp. 176 – 209.

④ Ragin, C., *The Comparative Method: Moving Beyond Quantitative and Qualitative Strategies*, London: University of California Press, 1989.

要的投资来源国家是阿塞拜疆、德国和中国。

表5　　　　　外国直接投资的来源国（根据受访者的背景）　　　　（%）

德国	其他	阿塞拜疆	中国	离岸
15	10	15	10	50

必须强调的是，绝大多数跨国公司对其在格鲁吉亚的投资和存在感到满意。只有5%的受访者认为它们的投资决策是错误的，原因不同（见表6）。

表6　　　　　　　　　　投资满意度　　　　　　　　　　（%）

非常满意	满意	一般满意	不太满意	不满意
10	35	35	15	5

有40%的公司雇用40人或更少的人，而有60%的公司雇用了超过40人，而不超过20人的小公司没有出现在调查中（见表7）。

表7　　　　　　　　　专职聘用的员工人数　　　　　　　　（%）

1—20名雇员	21—30名雇员	31—40名雇员	41—50名雇员	51名以上雇员
0	5	35	35	25

在这些公司中，有75%的公司在国外培训员工，主要原因是东道国缺乏适当的基础设施（课程种类和质量、特定设备和基础设施的可用性、教育水平低等）（见表8）。同时，值得一提的是，100%的公司都实施了劳动安全管理，这对于本地公司来说是一个新鲜事物，但是对于跨国公司来说却是一个企业运营的重要方面。

表8　　　　　　　　　　员工培训指标　　　　　　　　　（%）

是	否
75	25

受访者被要求列出在格鲁吉亚开展业务的最大的机遇或挑战。每个问题的评分从 0 分到 5 分不等。平均得分最高的即为最大的机遇或挑战。

表9　　在格鲁吉亚开展业务的障碍

	最小值	最大值	均值	误差值
宏观经济不稳定（通货膨胀、汇率等）	3	5	4.4	0.73
现有工人的技能和教育能力	2	5	4.2	0.89
财务成本（利率）	2	5	4.1	0.87
政治不稳定	1	4	3.5	0.82
司法效率低下	1	4	3.4	0.78
创新和复杂度	0	5	3.2	1.26
基础设施	2	5	2.5	0.85
土地获得	0	2	1.8	0.39
劳动法规	0	5	1.8	1.45
犯罪、偷窃和混乱	0	1	0.4	0.21

宏观经济不稳定被列为最大的挑战（见表9），特别是对格鲁吉亚经济和投资者来说。不幸的是，汇率不稳定已成为格鲁吉亚外国投资者面临的重大问题之一，因为这导致了预算、价格、工资和物流等规划变得困难。自2014年底货币开始贬值以来，格鲁吉亚国家货币拉里已贬值约60%（每美元兑2.6拉里），但更大的问题来自于其主要贸易伙伴（土耳其、俄罗斯、乌克兰和阿塞拜疆等）将本国货币贬值两倍、三倍甚至更多。

现有工人的技能和教育被列为第二大问题。尽管这一问题多年来一直为人所知，但是迄今为止这方面还没有得到明显的改善。根据不同的国际机构和国际排名，这一问题是在格鲁吉亚开展业务的重大障碍之一。这个问题的根源隐藏在格鲁吉亚人的教育体系和思维方式当中。老一代科学家在格鲁吉亚仍然很有名，但是与此同时，这些科学家中的大多数人得到的权限和机会远低于世界平均水平。因此，占据不同大学领导地位的大多数老一辈科学家缺乏现代科学趋势方面的知识和经验，他们不准备将权力移交给年轻一代，甚至拒绝与他们合作。在格鲁吉亚影响年轻研究人员未来职业方向的因素还没有得到很好的研究。① 平均分最低的是犯罪率，这证明格鲁吉亚是安全的经商国家之一，犯罪率低，对警察的信任度高。

表10　　　　　　　　在格鲁吉亚开展业务的优势

	最小值	最大值	均值	误差值
与政府机构互动的便利性和速度	3	5	4.3	0.75
不同程序的简易性和速度	3	5	4.2	0.71
营业执照和经营许可证	3	5	4.1	0.70
税率	2	5	3.9	0.84
劳动力	0	5	3.7	1.31
腐败	1	4	3.5	0.75
融资渠道	0	4	3.2	1.19
海关和贸易法规	0	5	3.0	1.19

调查问卷中与机会有关的部分也很有趣（见表10）。这涉及对以下问题的回答：外国直接投资政策的哪些方面对贵公司在格鲁吉亚的经营方式产生积极影响？答案是与政府机构互动的便利性和速度的平均得分最高。

低腐败（格鲁吉亚腐败感知指数在世界上排第44位）和低税率（根据世界经济论坛全球竞争力报告，格鲁吉亚在低税率经济体中排第9位）意味着特别优惠的税收制度和0的再投资利润税，这也被认为是在格鲁吉亚开展业务的主要优势之一。尽管融资渠道被认为是不具优势的方面之一，但是在格鲁吉亚这个商业社会中融资可能是一种有利条件，因此这个观点仍然饱受争议。这可以用以下事实来解释：因为受访的公司是跨国公司，一般来说，跨国公司不依赖当地的融资机会。

对于打算在格鲁吉亚常驻并在整个地区开展业务的公司来说，海关和贸易法规是一个重要因素。例如，这个特殊的因素对于丰田公司来说

---

① Kvirkvaia, M., Kikutadze, V., Sikharulidze D., Shaburishvili, S. and Charaia, V., "Study of Factors Affecting Young People's Professional Orientation in Georgia," *Globalization & Business*, 2018, pp. 233 – 242.

至关重要。与欧盟和中国同时签署自由贸易协定使格鲁吉亚成为世界上独一无二的国家，这不仅可以促进格鲁吉亚的经济发展，还可以促进欧盟、美国和中国的经济发展。①

许多投资者认为，劳动力因素总体上是在格鲁吉亚开展业务的障碍。然而，在这种情况下，许多在当地市场的导向型跨国公司对这种情况相当满意。对于许多跨国公司来说，重要的是激励年轻人学习外语，并准备好以低于发展中国家的工资工作，甚至是展开实习，而格鲁吉亚很容易获得实习机会。

根据所收集到的数据，我们还进行了因子分析，以确定测量的变量是否可以用数量较少的数据进行更大程度的解释，即我们将在格鲁吉亚开展业务的挑战的所有变量归纳为三个主要因素，将机遇的所有变量归纳为两个主要因素。挑战的主要因素是稳定性（经济、政治、社会）基础设施（物质、社会、犯罪）、法规（许可和准入）和稳定性，机遇的主要因素是速度和价格。分析得出了有趣的结果，并且对决策来说是非常重要的。

表11   跨国公司在格鲁吉亚的重大挑战

	均值	误差值
稳定性（经济、政治、社会）	3.64	0.77
基础设施（物质、社会、犯罪）	3.19	0.72
法规（许可和准入）	2.65	0.67

---

① Lashkhi, M. and Charaia, V., "An Analysis of the Motives Underlying Foreign Direct Investments (The Case of Georgia)," *Central Asia & the Caucasus*, Vol. 19, No. 4, 2018; Charaia, V., *Trade and Investment Relations between Georgia and China*, Expert Opinion, Georgian Foundation for Strategic and International Studies, 2017, pp. 3 – 13, https：//www.gfsis.org/files/library/opinion-papers/94-expert-opinion-eng.pdf; Papava, V. and Charaia, V., "Belt and Road Initiative：Implications for Georgia and China-Georgia Economic Relations," *China International Studies*, 2017, pp. 122 – 137, https：//doi.org/10.2139/ssrn.3325126; Wang, F., Papava, V. and Charaia, V., "China-Georgia Economic Relations in the Context of the Belt and Road Initiative," *Bulletin of the Georgian National Academy of Sciences*, Vol. 12, No. 1, 2018, https：//slidego.org/Engineering/china-georgia-economic-relations-in-the-context-of-the-belt-and-road-initiative.

一方面，从结果来看，宏观经济稳定显然是跨国公司（和本地公司）的最大问题，因为它影响价格，从而影响其产品的竞争力。

表12　　　　　　　　跨国公司在格鲁吉亚的重大机遇

	均值	误差值
速度	3.8	0.52
价格	3.7	0.69

另一方面，投资者表示，在格鲁吉亚做生意的速度和价格都是非常好的（见表12），如果我们衡量其效率，它相当于有着75%的满意度，这将是吸引任何发展中国家更多的外国直接投资的良好资本。然而，被称为在格鲁吉亚开展业务的挑战的其他一些重要方面也应加以改善。

跨国公司正在创造新的工作场所，正在促进当地生产和出口的多样化，正在纳税并参与格鲁吉亚经济生活的许多其他核心方面。然而，迄今为止，跨国公司与当地公司联系的质量仍然处于较低水平。转让给当地公司的资源中只有10%是独特资源（见表13），而非独特资源占了90%的份额。

表13　　　　　将资源从跨国公司转移到本地公司　　　　　（%）

是	否
10	90

跨国公司声称它们正在积极协助当地公司（85%）改进其产品或服务。同时，这些产品或服务以后也可以被这些跨国公司所使用（见表14）。例如，在现场获得更便宜和更高质量的产品，而不是像在本地或海外培训当地员工那样从国外订购。

表14　　　　　　跨国公司协助当地产品改进　　　　　　（%）

是	否
85	15

与20世纪90年代相比，跨国公司在格鲁吉亚投资动机的结构发生了巨大变化，从以当地资源导向型转向市场导向型和效率导向型。然而，在格鲁吉亚进行战略资产导向型投资的公司比例仍然为零（见表15），这对格鲁吉亚来说是一个巨大的挑战，这主要是由于熟练劳动力的缺乏、数字化水平的低下和系统性政治不稳定等因素所致。

表15　　　　　　　　跨国公司在格鲁吉亚的动机　　　　　　　　（%）

资源导向	市场导向	效率导向	战略资产导向
10	55	35	0

对于跨国公司在格鲁吉亚的运营是否影响了这些变化（见表16）这一问题的回答为"有一般影响"（75%），而只有少数回答为"没有影响"（5%）或"不太有影响"（10%）或"有影响"（10%）。

斯科特—肯尼尔模型显示，跨国公司与当地经济之间的联系质量与联系程度呈正相关。[1] 因此，更高的失业救济金会带来更多的好处。然而，就格鲁吉亚而言，在目前的发展阶段，跨国公司与东道国经济之间的联系程度仍然相当低下，是毫不奇怪的。尽管如此，该国的经济发展仍有积极向上的趋势。[2]

表16　　　　　　　　跨国公司对于变革的影响　　　　　　　　（%）

有非常大的影响	有影响	有一般影响	不太有影响	没有影响
0	10	75	10	5

五　结论

本文开头提出了几个问题：跨国公司的动机及其对格鲁吉亚经济的

---

[1] Scott-Kennel, J. E., *The Impact of Foreign Direct Investment on New Zealand Industry*, Unpublished PhD Thesis, New Zealand, 2001.

[2] Charaia, V., "FDI Motivation and Benefits for Georgia," *Ekonomisti*, No. 1, 2018, pp. 47 – 53.

影响是什么？它们对格鲁吉亚的发展和现代化的帮助有多大？此外，跨国公司与格鲁吉亚经济的一体化程度如何？在分析了数据之后，尽管它们之间的一体化和存在的质量截至目前仍然处于平均水平，但是可以得出结论：跨国公司在格鲁吉亚的经济发展中发挥着重要作用。考虑到格鲁吉亚的经济发展及其为跨国公司所提供的机会，我们认为，该国已经走在正确的道路上，预计双方都会因为支持格鲁吉亚经济转型而获得更多的收益。

（兰州大学格鲁吉亚研究中心曹佳鲁译，张彤彤校）

影响南奥塞梯可持续发展的农业因素[*]

里拉·古利耶娃（Lira Gurieva） 诺达尔·卡波尔蒂（Nodar Kaberty） 伊莉娜·季奥耶娃（Irina Dzhioeva）

【摘要】 在格鲁吉亚南奥塞梯，许多的国家财政项目已落地实施，这为国家的可持续发展提供了支持。一些学者认为，仅依靠饮用水出口的收入就足以实现南奥塞梯的经济繁荣，其他学者则建议发展林业以填补国家预算。许多学者还寄希望于建立应用纳米技术和电子技术的现代生产设施。然而，一些潜在投资者认为，高科技生产项目的启动也充满了风险，因为目前实施的轻工业和建筑业项目并没有带来预期的效益。在1991—1992年独立建国期间，以及2008年的俄格战争期间，南奥塞梯的农业均经历了急剧衰退。但在不久的将来，如果南奥塞梯能够出台行之有效的农村一体化发展政策，就可以确保其粮食安全，为经济社会的进一步发展奠定基础，并促成因两次地缘政治冲突而外迁的居民的回流。本文基于国际经验分析了影响南奥塞梯农村地区可持续发展的因素。

【关键词】 格鲁吉亚；南奥塞梯；农业农村；可持续发展；经济移民

---

[*] Gurieva, Lira, Nodar Kaberty and Irina Dzhioeva, "Agriculture as A Factor of Sustainable Development in the Republic of South Ossetia," E3S Web Conf. Volume 208, 2020 First Conference on Sustainable Development: Industrial Future of Territories, IFT, 2020.

一　简介

截至1992年，格鲁吉亚（领土面积为69.7万平方公里，人口为549万人）包括阿布哈兹（面积8.6万平方公里，人口53.38万人）、南奥塞梯（面积3.9万平方公里）和阿扎尔（面积0.3万平方公里，人口38.2万人）。在苏联解体的前夕，格鲁吉亚人与亲俄的奥塞梯人爆发了族群冲突，奥塞梯人遭到迫害，并被驱逐出格鲁吉亚领土。这场冲突很快就演变成一场族群间的战争，一直持续到1992年。之后，南奥塞梯从格鲁吉亚独立，并宣布成为主权国家。同格鲁吉亚的族群战争导致南奥塞梯经济严重衰退，6万多名南奥塞梯人沦为难民，外逃至俄罗斯南部地区。2008年8月，格鲁吉亚军队对南奥塞梯实施了多次军事行动。战争只持续了5天，但却对整个南奥塞梯经济和人口规模造成了严重破坏。

有国外学者表示，在南奥塞梯首府爆发的军事冲突中，约有70%的建筑和基础设施遭到破坏，有20%的建筑和基础设施受到中度和重度破坏，有10%的建筑和基础设施为不可修复的永久性破坏。对道路、天然气和电力等国家和市政设施进行部分修复的财政投资数据可以揭示这些设施所受到的损害，而俄罗斯方面仅补偿了5亿美元。据估计，南奥塞梯私营部门受到的损失甚至更大，人口外迁对人力资本造成的损失无法直接反映到经济数据上。今天，南奥塞梯的经济发展存在着严重问题：随着人口老龄化和低出生率等人口问题的日益突出，南奥塞梯农村地区出现了危险的人口负增长趋势。这是因为南奥塞梯农村地区的贫困程度远远高于城市地区，社会和工程基础设施的使用水平较低，而且在许多人口稀少的村庄，医院和学校的数量也正在减少。

与此同时，南奥塞梯拥有较为丰富的土地和劳动力资源，有利于推动工农业生产的发展。2019年初，南奥塞梯拥有农业用地127677公顷，牲畜存栏量为15120头，其中羊2940只，猪3434头，各类家禽为31655只。然而，有政府官员指出，2018年，在14481公顷的播种面积中只有2540.2公顷属于有效播种，利用率严重偏低。虽然南奥塞梯占有了对实现粮食安全至关重要的大片耕地、牧场和草地，但是，其粮食自给率仅为37%—38%，其余均依赖从邻国进口。

据分析，南奥塞梯农业发展受限的主要原因是大量使用过时的设备和技术，导致农业生产力低下，同时农村作为生活和工作的目的地普遍缺乏吸引力，尤其是对年轻人来说。实际上，如果能将部分未有效利用的土地资源利用起来，南奥塞梯就能显著地提高其粮食自给水平，并创造更多的就业岗位，从而进一步提高农村居民的生活水平。那么，有哪些农业方面的因素会影响南奥塞梯经济社会的可持续发展？这是本文要探讨的问题。

二 研究方法

从历史上看，农业发展的重点是对自然资源的开发与利用，如畜牧养殖、作物生产和林业等。然而，全球化的国际分工、城市化的推进，以及移民和人口的流动，改变了全球各国农村地区的发展模式。来自不同国家的经验表明，21世纪，农业的进一步发展不仅需要新的生产技术，还需要对农村地区可持续发展的方案设计，加强国家对项目的监管。遗憾的是，南奥塞梯的政治精英们仍然不了解这一点。南奥塞梯农业的发展是建立在国家对投资和生产活动进行高度监管基础上的。南奥塞梯农业部门每年会向农民发放商品贷款，以及可用于种植冬季作物的种子，政府还会补贴50%的机械作业费用，相关补贴由国有企业"国际农业服务公司"实施。但是，上述政策仅仅起到了有限的支持作用，并不能真正推动南奥塞梯农业乃至经济社会的可持续发展。显然，在借鉴国外农村地区可持续发展经验的基础上，南奥塞梯需要建立和完善农业经济的新国家调控机制。然而，在可持续发展的框架内，对农业经济进行调控的经验是多样化的，不能盲目借鉴，这需要因地制宜根据南奥塞梯的基本特征来进行有针对性地选择。

本文采用案例分析和比较分析的方法考察美国、中国、欧盟等国家和地区在农业发展、国家调控方面的组织、管理和融资活动。这项工作的目的是研究国家支持农业经济发展的过程，并从中汲取那些适合南奥塞梯的方法和经验。

三 探讨结果

尽管南奥塞梯的经济规模和整体实力无法与发达国家或世界大国相比,但是,美国、中国和欧盟国家的经验依然值得关注。

2015年,中国的农业生产总值为10880亿美元,1990—2015年,中国的谷物产量均居世界第一位,作物品种的数量也位居世界前列。中国培育了占全球总量大约40%的猪,大约10%的绵羊、山羊和5%的牛。2017年,中国的农产品出口金额达到21570亿美元。① 今天,中国无疑是世界上最大的农产品出口国,其产量已经接近农业十分发达的10个国家的总和。

2015年,美国的农业生产总值达到2900亿美元,其中玉米和大豆产量排名世界第一,甜菜产量排名世界第三。全球16%的粮食都是由美国种植的。在美国,有超过250万个私营农场得到各种形式的国家支持,累计雇用了2000多万人。优渥的自然条件、科学技术成果的应用和联邦政府的大规模投资,都是促进美国农业生产稳定发展的因素。2017年,美国的农产品出口额高达15760亿美元。

法国和德国是欧盟居前两位的食品生产国。2017年,德国的农产品出口额达到14010亿美元。需要指出的是,其中的大多数农业生产者是中小企业。法国的谷物、牛奶和甜菜产量在欧盟排名第一,肉类、土豆和葡萄产量位居第二。2017年,法国的农产品出口总额达到5518亿美元。②

值得注意的是,在这些国家里,大量的预算拨款都被用于支持农业,而且在过去几十年里,国家对农业的支持一直稳步增长。2018年,中国的农业财政拨款超过342.8亿美元,居世界首位。美国对农业部门的投入总额为139.6亿美元,欧盟则为57.9亿美元(见表1)。③ 就各国在国内

---

① The World Factbook CIA (2017), https://www.cia.gov/.
② D. Zanko, TOP-10 of the Largest Agricultural Countries in the World (2017), https://agronews.com/.
③ Government Finance Statistics-Summary Tables (2019), https://ec.europa.eu/Budget of the U.S. Government. FiscalYear (2018), https://www.govinfo.gov/National Bureau of Statistics of China (2019), http://www.stats.gov.cn/.

生产总值（GDP）中的份额而言，美国国家农业融资占国内生产总值的比重为0.69%，相比之下，中国为2.63%，欧盟为3.66%（见表2）。①

表1　　1990—2018年美国、中国和欧盟农业发展预算拨款动态　　（亿美元）

年份	1990	2000	2010	2013	2015	2016	2017	2018	总和
美国	45.9	75.1	135.8	155.9	139.1	138.1	138.9	139.6	304
中国	20.0	25.0	150.0	250.0	325.0	358.7	349.2	342.8	1714
欧盟	24.9	37.7	71.8	72.4	79.8	62.8	54.4	57.9	233

表2　　2018年美国、中国和欧盟对农业的总体支持力度

项目	农业发展预算拨款（亿美元）	国内生产总值（亿美元）	占GDP比重（%）
美国	1396	202370	0.69
中国	3428	130400	2.63
欧盟	5790	158000	3.66

在研究支持农业部门发展的国际经验时，笔者特别关注2001年加入世界贸易组织的中国。如时间所证明的那样，正是由于实施了有针对性的保护政策和持续的农业改革，中国得以大幅提高农业产量，成为世界粮食市场上的最大生产者。在其农业发展机制中，国家发挥了核心作用，且这一机制还被广泛运用于政策和金融领域的宏观调控。与此同时，中国又较好地履行了作为世贸组织成员的义务，因为在中国加入世贸组织的谈判过程中，个别承诺是经过长期商定的。②

欧盟也拥有由国家支持农业部门发展的体制机制，且行之有效。自1962年以来，在定期修订的共同农业政策（CAP）框架内，欧盟对其成员国的农业生产者提供了支持。当前，共同农业政策的实施旨在实现欧洲的可持续农业和平衡领土发展，确保能够以可承受的价格为5亿欧盟

---

① Overall Assessment of Agricultural Support 2018, OECD Economic Research Service, https://stats.oecd.org/.

② S. M. Gorlov, G. I. Panaedova, A. I. Borodin, Bulletin of the North Caucasus Federal University, 6 (2019).

居民提供安全、优质的农产品,并使得1100万欧盟农民的收入水平维持在合理区间。① 该计划在欧洲农村地区的社会、环境和经济发展方面发挥了关键作用,它主要在以下三个领域运作:向生产者分配补贴、一般服务预算融资和对消费者的转移支付比例。

为了达到政策的预期效果,欧盟几乎采用了世贸组织所制定的所有农业产业政策:进口关税、进口供应配额、通过政府干预提供价格、生产配额和土地非使用税。

然而,值得注意的是,欧盟的制度性监管偏重于支持资本密集型组织。为此,政府机构大量使用有利于高利润农场发展的政策工具,并实行农业控股。与此同时,小规模农场缺乏可持续增长的前景,因为它们的资源潜力不支持低收入的农民在国内外市场上竞争。由于某一农业生产者群体的收入水平较低,2014—2018年,由于欧盟积极运用相关制度规则,刺激了金融资本向高利润的经济结构倾斜,欧盟的个体和家庭农场数量从2850万个减少到1910万个,而大型农业组织则相反,从960万个增加到990万个。② 按照欧盟国家的现行规定,各种所有制的市场主体均可以凭借优惠条件获得成员国的财政支持,而相关补助应该被分配给所有农场,而事实上西欧国家的预算资源加速了经济发展。高度盈利的农场和农业控股的存在,反而削减了小农个体的竞争机会。2018年,有36%的欧盟政府补贴被划拨给了农产品销售额高达20万欧元的欧洲农民,有64%的补贴则被用于支持大型农业企业的发展。

2014—2018年,美国也出台了类似的支持农业发展的国家政策,以维持出口导向型大型农场的竞争力。③ 官方统计报告显示,在这一时期,美国政府对农民的直接转移支付金额增长了2.1倍,同期,美国农民的收入增幅仅为14.3%,大型农场的农场主则获得了上述款项的62.4%,或者比小型农场的农场主获得的补贴金额高出54.8%。④

2015年9月,各国领导人在联合国大会上表决通过了《改变我们的

---

① Overview of CAP Reform 2014 – 2020. *Agricultural Briefon CAP*, 5 (2013).
② FAO Production, *Yearbook* 2018, 235 (2019).
③ Statistical Abstract of the United States 2018 (2019).
④ "Agricultural, Forestry and Fisheries," *Eurostat Yearbook* (2018).

世界：2030 年可持续发展议程》，该议程列出了 8 个"千年发展目标"，旨在消除贫穷和饥饿、保护地球生态环境、捍卫人权和确保世界人民的共同繁荣。该议程的通过，意味着各国将采取新的模式和方法去解决经济社会不平等和环境问题，这是一个历史性的转变。为实现可持续发展，《改变我们的世界：2030 年可持续发展议程》确定了几个重点转型领域：低碳、内循环、资源节约型的发展模式、包容性的经济社会、劳动者权益的维护、粮食的可持续生产和消费、贸易对全球可持续发展的促进作用，以创造有利于可持续发展的先决条件。

基于对经济合作与发展组织成员国经济发展的深入研究，沃德、布朗等学者指出，在 21 世纪，农业已不是农村地区提质增效的直接因素，各种相关的旅游、娱乐等衍生产业才是。① 然而，正如范·阿什·克里斯托夫、霍尼奇·安娜·卡塔琳娜所指出的那样，有别于城市地区的同质性，现代农村地区之间有了很大的差异。因此，世界各国为促进农村和农业的发展采取了各种各样的针对性措施。与此同时，在所有农业发展取得成效的国家里，农村的治理和发展都是密不可分的，而且在理解可持续发展的过程中，农村社区更善于制定战略。所以，现代农村的发展是一个包罗万象的术语，它主要侧重于城市经济体系之外的经济活动。

需要注意的是，农村地区的经济发展方式不同，因此不同的农村地区所面临的发展问题也不同。首先，我们讨论的是如何从技术上扭转农村地区人口外流的趋势。欧洲经济和社会委员会部长斯塔凡·尼尔森在其报告《迈向更均衡的土地开发》中总结道："世界各国应该考虑，我们需要什么样的新型农村发展模式，因为一旦农村的现代化导致过度的城市化，农村的原生环境便消失了。"该报告指出，在欧盟东南部的成员国，越来越多的年轻人离开家乡，到遥远的城市寻找工作，这是一个令人担忧的趋势。但是，在不久的将来，随着全球对粮食需求的不断增长，农业用地的耕种需求必将回升。② 斯塔凡·尼尔森强调，将大型的农业生产区留给外国企业投资者，是欧盟无法承受的代价。一块农田被暂时延缓耕种是一回事，但是让通常需要几十年才能建成的周边基础设施遭到

---

① N. Ward, D. L. Brown, *Regional Studies*, 43（2009）.
② St. Nilsson, *Towards A More Balanced Territorial Development*（2014）.

人为破坏，从而阻碍了农业和经济的可持续发展则是另一回事。笔者认为，尼尔森的结论应当补充一点，即集中在城市地区的经济活动必然是不可持续的①，因为它长期消耗着空气、水和土壤等自然资源，可能导致出现未来城市居民生活质量严重恶化的风险。②根据"2021—2027年共同农业新政策项目"的原则精神，拥有良好的就业机会是确保年轻人生存和发展的必要条件，但并非充分条件。

对于在农村地区工作的人，如果他们已经离开农村地区，那么，政府需要通过政策激励手段将他们吸引回来。这就需要政府加大对当地的教育、卫生、通信和文化事业的投入，使之达到可以接受的最低水平，从而改善当地生活，让农村地区具备真正的吸引力。这一项目影响了几乎所有欧盟成员国的农业发展政策，均衡的城乡发展和土地开发格局已经成为评估任何一个欧盟成员国政策可持续性的标准。

四　结论

通过研究，笔者建议，在制定有关南奥塞梯农业发展的政策时应作如下考虑：

第一，在现代社会里，如果不加强国家和政府支持某一经济部门的作用，就不可能培育出有竞争力的农业。南奥塞梯政府尤其需要关注以下三个领域：向生产者分配补贴、一般服务预算融资和对消费者的转移支付比例。

第二，目前各国支持农业发展的手段具有一定的相似性，但也存在一定的特殊性，每个国家和地区都应根据各自经济社会发展和公共生活的基本情况，制定独特的农业政策方针，建立符合自己需要的国家支持体系。

第三，世界上所有的农业大国都经历了中小型农庄和个体农户的衰

---

① V. Assche, Kr. Hornidge, *Rural Development. Knowledge & Expertise in Governance* (2015).
② A. Kurbanov, L. K. Gurieva, S. N. Novoselov, O. A. Gorkusha, N. N. Novoselova, and A. A. Kovalenko, *International Review of Management and Marketing*, 6 (1), 2016. I. L. Litvinenko, L. K. Gurieva, O. N. Baburina, M. A. Ugryumova, V. I. Kataeva, *International Business Management*, 10 (22), 2016.

落。尽管家庭作坊式农业的发展依然不可或缺，但是，美国和欧盟的政府机构正在致力于提升出口导向型大型农场的竞争力，这导致农村人口大量外流城市的严重问题，并破坏了长期建立起来的农村生产生活结构。这反过来又降低了农业经济发展的可持续性。南奥塞梯在制定相关农业政策时需要从中汲取教训。

第四，南奥塞梯政府应当从农村发展的宏观角度出发，制定一套促进农业农村发展的系统方案，其政策目标不应局限于为农业生产提供短期的激励，而是要实现广泛、深入的农业农村可持续发展。

五　致谢

本报告系由俄罗斯基础研究基金会（RFBR）资助项目"农业领域发展提高南奥塞梯生活水平和移民吸引力"（No 20－510－07003 MON RYUO_a）资助的。

（兰州大学格鲁吉亚研究中心张诚信译，魏宸宇校）

第五编
格鲁吉亚的民族国家认同

格鲁吉亚穆斯林群体：老问题和新挑战[*]

乔治·萨尼基泽（George Sanikidze）

【摘要】 本文旨在分析以东正教为主要信仰的格鲁吉亚所存在的穆斯林少数族裔问题，并讨论格鲁吉亚社会对伊斯兰教和穆斯林的看法。在对格鲁吉亚历史进行简要的梳理之后，本文对以下问题作出分析：伊斯兰教如何影响格鲁吉亚三个穆斯林群体，即阿扎尔人（格鲁吉亚本地人）、阿塞拜疆人和基斯特人（从北高加索移民过来的车臣人和印古什人的后代）的民族国家认同；他们宗教活动的特点、对彼此的态度，以及与其他宗教团体（主要是与东正教）的关系；他们融入格鲁吉亚社会的程度，他们的国际联系；外国行为体（土耳其、伊朗和不同的跨国穆斯林组织）在该国的活动。

【关键词】 格鲁吉亚；伊斯兰教；阿扎尔人；阿塞拜疆人；基斯特人

一 历史简述

尽管被伊斯兰世界所环绕，但在历史上格鲁吉亚的大部分人口实际上以信仰东正教为主。直至中世纪和近代早期，格鲁吉亚与伊斯兰世界的密切接触才为伊斯兰教在格鲁吉亚的传播创造了有利条件。8世纪，阿拉伯人征服第比利斯；这座城市从730年或770年开始成为伊斯兰酋长国

---

[*] George Sanikidze, "Muslim Communities of Georgia: Old Problems and New Challenges," *Islamophobia Studies Journal*, 4（2），2018：247-265.

的首都①（原籍地为第比利斯②，这在当时的阿拉伯历史资料中第一次被提到）。1122年，格鲁吉亚国王大卫四世夺回这座城市，第比利斯成为统一后的东正教国家格鲁吉亚的首都。但是，格鲁吉亚仍存在大量的穆斯林少数族裔。

18世纪下半叶，原本从14—15世纪就已分裂为多个小王国和公国的格鲁吉亚，实际上被奥斯曼帝国和伊朗萨法维王朝瓜分。1555年，这两个帝国签订《阿马西亚条约》，使这种分裂合法化。

这两个帝国对格鲁吉亚实施不同的宗教政策。奥斯曼人倾向于将格鲁吉亚西南部人口全面伊斯兰化，或者对格鲁吉亚西部一些省份的宗教事务采取不干涉政策。而伊朗人则试图在不改变东正教教徒占人口大多数的情况下，改变格鲁吉亚东部地区精英阶层的信仰。

在格鲁吉亚东部，卡尔特利王国由格鲁吉亚巴格拉帝欧妮王室成员统治，但是与此同时，他是由萨法维国王任命的，他必然会皈依伊斯兰教。值得注意的是，在波斯的官方文件中格鲁吉亚王国统治者的头衔是瓦利，即国王的仆人；而在格鲁吉亚官方文件中王国统治者的头衔是国王。1745年，这样的情况发生了改变。在伊朗国家衰弱的情况下，格鲁吉亚东部的国王们回归东正教。还必须指出的是，皈依伊斯兰教的格鲁吉亚本土人在萨法维时期的伊朗发挥了重要作用。

在奥斯曼帝国的直接统治下，格鲁吉亚南部和西部的情况有所不同。奥斯曼帝国对南格鲁吉亚的统治（该省格鲁吉亚的名称是萨姆茨赫—萨塔巴戈或梅斯赫蒂）是封建格鲁吉亚的重大失败。

在此期间，伊斯兰教传播到农村各个阶层的人口。它首先出现在格鲁吉亚的西南部地区，奥斯曼人在那里建立了阿哈尔齐赫帕夏管区。后来，伊斯兰教被该国的少数族裔所信奉，并随着操突厥语的穆斯林移民浪潮而传播开来。

这个地区的西部叫阿扎尔。那里的伊斯兰化进程很艰难。根据16世

---

① Gocha Japaridze, "The Emirate of Tbilisi," in *Islam. Encyclopaedic Dictionary* (in Georgian), ed. G. Japaridze, Tbilisi: Nekeri, 1999, p. 73.

② The Arabian Form of a Pronunciation of the Name of Tbilisi Which then Entered in Russian and European Languages and Was the Official Name of the City till the Beginning of the Twentieth Century.

纪奥斯曼帝国对阿扎尔山区的人口普查,这里的大多数人口信仰东正教,并缴纳宗教税。① 该地区人口的全面伊斯兰化直到18世纪末才完成。②

19世纪,标志着格鲁吉亚与伊斯兰世界关系的新时代开启。这首先系由格鲁吉亚被并入沙俄所致。格鲁吉亚被并入沙俄,逐渐削弱了奥斯曼帝国和伊朗在格鲁吉亚西部和东部的影响力。

这一时期,格鲁吉亚仍然是伊朗和奥斯曼帝国外交政策的重要议题之一。19世纪,俄波战争和俄土战争的结果是南高加索大部分地区被并入俄罗斯帝国。

必须强调的是,19世纪,在格鲁吉亚的居民中有相当多的人属于穆斯林群体。但是,在确定穆斯林的确切人数、其族群身份及其动态变化方面有如下几种复杂因素:实际上不可能通过昔日的记录区分波斯人、阿塞拜疆人和其他穆斯林群体。19世纪初,穆斯林主要被称为"鞑靼人",有时也被称为"土耳其鞑靼人"。然而,后来有了一些区别(特别是在俄土和俄波战争导致沙俄穆斯林人口增加之后)。与阿塞拜疆人有关的"鞑靼"一词被保留下来,如俄罗斯著名诗人普希金指出,第比利斯著名的波斯浴室的老板是波斯人,浴室服务人员是鞑靼人。③

(一) 阿扎尔地区

在19世纪沙俄进入高加索地区之前,阿扎尔的战略地位日益凸显。阿扎尔地区地缘政治地位的提高,加强了伊斯兰教的地位。黑海沿岸和阿扎尔上游地区的山村建造了几座新的清真寺:"上阿扎尔山区古老、重要的三座清真寺(迪达哈拉、戈尔乔米和胡洛)建于1820—1830年。"④

阿扎尔山区的穆斯林,几乎无一例外都属于逊尼派。在奥斯曼帝国统治下的阿扎尔没有宗教高等教育机构。阿扎尔贵族的孩子,有时会被

---

① Zaza Shashikadze, "Osmaluri Gadasakhadbi Acharashi," *Ottoman Taxes in Adjara* (in Georgian), in Batumi State University Works, Vol. IV, Georgia: Batumi, 2002, p. 217.

② David Bakradze, Arqeologiuri Mogzauroba Guriasa da Acharashi *Archaeological Journey in Guria and Ajara* (in Georgian), Georgia: Batumi, 1987, pp. 72, 84 - 85.

③ Alexander Pushkin, Puteshestvie v Arzrum vo Vremya Pokhoda 1829 goda, *Travel to Arzrum during the Campaign of* 1829 (in Russian), Works, Vol. V. Moscow, 1960, p. 418.

④ Mathijs Pelkmans, *Defending the Border: Identity, Religion, and Modernity in the Republic of Georgia*, Ithaca and London: Cornell University Press, 2006, p. 96.

送到土耳其的宗教学校。但是对大多数人来说，学习土耳其语或阿拉伯语的机会十分有限。①

19世纪下半叶，阿扎尔地区的穆斯林与东正教徒的紧张关系似乎有所加剧。在1855年克里米亚战争期间，许多阿扎尔人与土耳其人站在同一战线；在1877—1878年俄土战争期间，有6000—10000名阿扎尔人加入奥斯曼武装部队，不少阿扎尔人在奥斯曼武装部队中身居要职。② 在第一次世界大战期间，阿扎尔穆哈吉尔人（移民到奥斯曼帝国的人）组成了土耳其军队的一个师。③

在1877—1878年俄土战争后，根据1878年《柏林条约》的规定，阿扎尔成为沙俄的一部分，巴统市变成了自由贸易区。《圣斯特凡诺条约》（同年年初签署）第6条保持不变。根据该条款，居住在被沙俄征服地区的居民可以出售财产并移民到土耳其。就在那时，该地区的许多穆斯林开始移居他处。19世纪末，东正教传教士也开始在该地区积极传教。④ 因此，长期以来，该地区一直有强大的东正教势力存在，至今仍是如此。

事实证明，沙俄的统治对许多阿扎尔人来说是一种苦难。此前，与土耳其接壤的便利条件为改善该地区的经济生活发挥了重要作用。但是随着沙俄边防军和关税检查站的建立，跨境流动变得越来越困难。

19世纪末，为了赢得格鲁吉亚穆斯林的忠诚，沙俄政府多项政策并举，其中之一就是终止鼓励移民的政策。俄罗斯政府资助格鲁吉亚的穆斯林群体在阿扎尔和其他地区建造清真寺并开设新的伊斯兰学校。因此，阿扎尔乡村地区出现了大约400座清真寺，而在巴统有3座清真寺，其中2座

---

① George Sanikidze and Edward Walker, "Islam and Islamic Practices in Georgia," *Berkeley Program in Soviet and Post-Soviet Studies* (Working Paper Series, 2004), 7, Accessed October 11, 2018, http：//socrates.berkeley.edu/~bsp/publications/2004_04-sani.pdf.

② Vakhtang Iashvili, Achara Osmalebis Dros, *Ajaria under the Ottomans* (in Georgian), Batumi, 1948, p. 138.

③ Ilia Datunashvili, "Mihajiruli Modzarobis Sheqmnis Religiuri Paqtorebi," *Religious Factors of the Creation of the Muhajir Movement in Caucasus* (in Georgian), in History of the Near East Countries. New and Newest Period, ed. O. Gigineishvili, Tbilisi: Metsniereba, 1989, p. 14.

④ Alexander Frenkel, Ocherki Churuk-Su i Batuma, *Essays on Churuk-Su and Batum* (in Russian), Tiflis, 1879, p. 62.

属于土耳其人，1座属于阿扎尔人。国家官员也开始支持穆斯林神职人员，希望他们"按照政府的利益行事，而政府则监督其行动，并对其进行长期控制"①。沙俄当局成立了一个特别行政机构来监督伊斯兰机构，在地方一级建立宗教教育中心，并禁止阿扎尔地区的居民到穆斯林国家学习。

弗鲁泽·莫斯塔沙里认为，沙俄在高加索地区对伊斯兰教的态度取决于特定地区的民族宗教构成。因此，在伊斯兰教势力较弱的地区，沙俄政府支持俄罗斯东正教的传教活动。而在伊斯兰教势力强大的地方，沙皇的官僚机构意在拉拢当地宗教领袖。② 总的来说，沙俄当局灵活的宗教政策是成功的。然而，1881—1882年，关于有一半至三分之二的移民返回阿扎尔地区③的说法似乎有些夸大其词。

总而言之，沙俄对格鲁吉亚穆斯林少数民族的政策不是一成不变的，而是根据具体情况不断变化的。一方面，沙俄当局试图改变穆斯林的信仰，通过改变人口状况以支持东正教。另一方面，当局又试图赢得穆斯林宗教领袖及其信徒的忠诚。

19世纪下半叶是格鲁吉亚民族主义运动兴起的时期。尽管格鲁吉亚对俄罗斯化的政策有抵触情绪，但是从格鲁吉亚民族主义者的角度来看，俄罗斯向南方的推进被认为是具有积极意义的：信仰"伊斯兰教"的奥斯曼人和波斯人从南高加索的撤退与信仰"东正教"的格鲁吉亚的利益相吻合。在这种民族主义视角下，阿扎尔被认为是一个失落的地区，应该被重新纳入格鲁吉亚国家的轨道。④

19世纪，格鲁吉亚民族运动的口号是"语言、祖国、信仰（东正教）"，但是在1878年阿扎尔重新回归后，为了加强该地区穆斯林的格鲁吉亚民族国家意识，上述口号中的信仰被删除，更加强调语言的共性。

---

① Akti, Sobrannie Kavkazskoi Arkheologicheskoi Komissiei, *Acts, Collected by Archeological Comission of Caucasus*, V. IX (in Russian), Tbilisi, 1884, p. 126.

② Firouzeh Mostashari, "Colonial Dilemmas: Russian Policies in the Muslim Caucasus," in *Religion and Empire. Missions, Conversions, and Tolerance in Tsarist Russia*, eds. R. Geraci and M. Khodarkovski, Ithaca: Cornell University Press, 2001, pp. 229–49.

③ Mathijs Pelkmans, *Defending the Border: Identity, Religion, and Modernity in the Republic of Georgia*, Ithaca and London: Cornell University Press, 2006, p. 99.

④ Mathijs Pelkmans, *Defending the Border: Identity, Religion, and Modernity in the Republic of Georgia*, Ithaca and London: Cornell University Press, 2006, p. 99.

总而言之，阿扎尔省的"重新格鲁吉亚化"是成功的。大多数阿扎尔穆斯林仍然认为自己是格鲁吉亚人。因此，在第一次世界大战期间，第比利斯成立了"格鲁吉亚穆斯林解放委员会"。该组织的目标是把格鲁吉亚的穆斯林从土耳其的统治下"解放"出来。然而，对于一部分阿扎尔人来说，伊斯兰身份意味着对土耳其的忠诚。这种情况一直持续到1917年十月革命之前，但是共产主义政权在该地区的建立，以及它对传统宗教习俗和民族主义情绪的威胁，使阿扎尔地区的亲土耳其分子变得激进起来。1921年，该地区成立了一个泛突厥和泛伊斯兰的政党——伊斯兰祈祷团，该党主张阿扎尔与土耳其统一。

1921年2月，格鲁吉亚苏维埃社会主义共和国成立；6月，在格鲁吉亚苏维埃社会主义共和国境内成立了阿扎尔自治共和国。

创建阿扎尔自治共和国的直接原因不是民族或文化差异，而是土耳其和苏联政府之间政治谈判的直接结果，谈判结果体现在《卡尔斯条约》（1921年10月）中。土耳其政府坚持这一安排，以保护穆斯林人口为由，为以后的领土主张留出余地。但是阿扎尔人的地位依然十分模糊。阿扎尔人是否应该被视为一个独立群体的问题引起了激烈的争论。① 直到今天，该条约仍然对土耳其、俄罗斯和格鲁吉亚的关系产生着重要影响。例如，1992年在与格鲁吉亚签署《友好和善意条约》时，土耳其总统要求格鲁吉亚提供证据来证明第比利斯遵守了此条约。②

1929年，作为对强迫妇女脱去面纱和关闭宗教学校政策的回应，阿扎尔的穆斯林农民发动了叛乱，这场叛乱被认为是苏联历史上规模大、暴力程度高的类似事件之一。③

---

① Mathijs Pelkmans, *Defending the Border: Identity, Religion, and Modernity in the Republic of Georgia*, Ithaca and London: Cornell University Press, 2006, p. 100.

② Aslan H. Abashidze, Ajaria Istoria, "Diplomatia, Mezhdunarodnoe Pravo", *Ajaria. History, Diplomacy, International Law* (in Russian), Moscow, 1998, p. 265. Article I of the Kars Treaty between Turkey and Russia (March 16, 1921) and Article VI of the Kars Friendship Treaty between Armenian SSR, Azerbaijan SSR and Georgian SSR Turkey Signed with the Participation of the Russian Federation (October 13, 1921).

③ About the 1929 Rebellion, See, Timothy K. Blauvelt and Giorgi Khatiashvili, "The Muslim Uprising in Ajara and the Stalinist Revolution in the Periphery," *Nationalities Papers*, 2016, doi: 10.1080/00905992.2016.1142521.

1930年，土耳其与苏联在阿扎尔的边界被关闭。苏联当局对前往土耳其接受宗教教育或获得头衔的人施加限制。二战期间，阿扎尔是被大规模镇压的目标之一。为了避免紧张局势的加剧，根据苏联国家国防委员会的法令，从1944年11月15日开始有15568个穆斯林家庭（69869人）被驱逐出境。共有4055个这样的家庭被驱逐出阿扎尔，其中1770个是格鲁吉亚族家庭。①

（二）格鲁吉亚的阿塞拜疆人

第一批到达格鲁吉亚的"阿塞拜疆人"（即讲土耳其语的穆斯林）是从11世纪开始在该地区定居的游牧突厥部落。阿塞拜疆人在格鲁吉亚第二次大规模出现是在16世纪和17世纪，当时另一批游牧土耳其人在格鲁吉亚南部定居。与此同时，基齐勒巴什人部落在格鲁吉亚东部定居。②

在近代早期，这些游牧民族定居下来并经历了一个为国家服务的适应过程。截至19世纪，其中大部分是居住在乡村的农民，但是也有一些人居住在城市，成为商人和手工业者。

19世纪，第比利斯的穆斯林人口众多，民族也相当多样化，包括波斯人、讲土耳其语的人（后来被称为阿塞拜疆人）、达吉斯坦人和伏尔加鞑靼人等。其中人数最多的是波斯人，其次是阿塞拜疆人，他们都是什叶派。而第比利斯的其他穆斯林当时都是逊尼派，两个群体之间的关系很紧张。③ 他们有不同的清真寺，也分属穆斯林公墓中不同的区域，彼此之间避免接触。

在整个苏联时期，高出生率导致格鲁吉亚的阿塞拜疆人口快速增长。例如，在1959—1989年，格鲁吉亚的阿塞拜疆人口数量翻了一番。虽然阿塞拜疆人的出生率很高，但是阿塞拜疆人与其他民族通婚的现象极为

---

① Sergo Dumbadze, "Indignities of the Soviet Power," (in Georgian) in *Historical Journal*, Vol. XI (Batumi, 2002), pp. 26 – 27.

② About the Settlement of Nomads of Turkish Origin in Georgia, See *Valerian Gabashvili*, *Feudal System of Georgia in 16th – 17th Centuries* (in Georgian), Tbilisi, 1967.

③ Yuri Anchabadze and Natalia Volkova, *Starii Tiflis. Gorod i Gorozhane Ancient Tbilisi*, *City and Citizens in 19th Century* (in Russian), Moscow: Nauka, 1990, p. 248.

罕见。①

在戈尔巴乔夫执政晚期和苏联解体后的早期，格鲁吉亚的阿塞拜疆人在政治上非常活跃。阿塞拜疆人成立了一个叫"卡里特"的组织。这个组织要求格鲁吉亚给予阿塞拜疆人占多数的地区以更大的自治权。但是这个组织很快就失去了动员的潜力；直至今日，民族主义或分离主义情绪几乎没有延续下来。格鲁吉亚与阿塞拜疆的密切战略伙伴关系是阿塞拜疆人对格鲁吉亚国家保持忠诚的重要原因。

在第比利斯，拥有18000名成员的阿塞拜疆社区几乎平分为什叶派和逊尼派。然而，与19世纪不同的是，这两个群体之间的关系是良好的，有事实可以证明这一点。该地区只有一座星期五清真寺，而该清真寺同时为两个群体提供服务。截至20世纪50年代初，第比利斯清真寺只为逊尼派服务。该市唯一的可追溯到16世纪的什叶派（波斯）清真寺，在1951年被共产党摧毁。此后，逊尼派和什叶派被迫共用一座清真寺。但是这一结果似乎加强了两个群体之间的联系。②

不过，总的来说，格鲁吉亚的阿塞拜疆人的宗教信仰是温和的，很少有人严格遵守伊斯兰教所有的仪式。大多数人去清真寺礼拜、聆听毛拉祈祷的主要目的是参加葬礼。许多人认为自己是信徒，但是他们没有时间尽心地定期祷告。20世纪90年代末，对阿塞拜疆人村庄的实地研究表明，只有13%的男性和9%的女性每天祈祷五次③（在过去20年中，这一数据略有增加）。庆祝斋月似乎是更加普遍的一种宗教活动，大约20%的阿塞拜疆人在这个月里禁食。而且，几乎所有人都会庆祝拜兰节（斋戒的结束），许多人会借此机会为亲人扫墓。

伊斯兰教对格鲁吉亚阿塞拜疆人的民族国家意识有相当大的影响，他们中的许多人将宗教等同于民族属性。在20世纪90年代末的实地调查

---

① For Example, by 1989 a Natural Increase among the Georgian Equaled 7.6%, and Azerbaijanis—22.8%.

② The Reason the Mosque Was Destroyed was Apparently Official Opposition to the Shiite Practice of Self-flagellation during Ashura ("Officially" It Was Announced the Destruction of the Mosque was Necessary for the Enlargement of the Adjacent Avenue).

③ Géorges Sanikidze, "Islam et Musulmans en Géorgie Contemporaine," La Géorgie entre la Perse et l'Europe, ed. I. Nathkhebia and F. Hellot-Bellier, Paris: L'Harmattan, 2009, p. 288.

中，有三分之一的受访者认为伊斯兰教是他们的国籍（"我的民族属性是穆斯林"）。① 同样，对许多人来说，《古兰经》是他们民族文化的一部分，对《古兰经》的敬畏和对其章节的记忆，是其民族传统信仰的体现。

（三）潘基西峡谷的基斯特人

格鲁吉亚的基斯特人是车臣人和印古什人（被统称为"瓦伊纳克人"）的后裔，他们于19世纪30年代初从北方迁徙到格鲁吉亚东部的潘基西峡谷。大多数原始移民是异教徒，但是在他们的习俗中也有伊斯兰教和基督教的元素。尽管在格鲁吉亚当局的压力下，异教徒和穆斯林基斯特人在某些情况下被迫皈依基督教，但是总体而言，大多数基斯特人还是选择了皈依伊斯兰教。

必须指出的是，基斯特人中没有穆里德派②的痕迹，这意味着与车臣和达吉斯坦相比，基斯特人与沙米尔的高加索伊斯兰乌玛，以及将"普通意义上的伊斯兰教"（common Islam）引入北高加索地区的进程毫无关系。

还必须指出的是，在苏维埃统治建立后，伊斯兰教在基斯特人中的地位得到进一步加强。部分原因是"行脚"毛拉继续进行传教，并成功说服许多人皈依伊斯兰教，这一进程持续到20世纪70年代。

与大多数格鲁吉亚人一样，无论是基督徒还是穆斯林，宗教对许多基斯特人来说，既有精神上的意义，也有民族国家的意义。那些基督徒倾向于认同自己是格鲁吉亚人（尽管他们保持着基斯特人的意识）；而穆斯林教徒则坚持自己瓦伊纳克人的身份，即使是在以格鲁吉亚语为母语

---

① George Sanikidze and Edward Walker, "Islam and Islamic Practices in Georgia," *Berkeley Program in Soviet and Post-Soviet Studies* (Working Paper Series, 2004), 7, Accessed October 11, 2018, http://socrates.berkeley.edu/~bsp/publications/2004_04-sani.pdf, p. 23.

② 在北阿塞拜疆并从那里传播到北高加索的各种苏菲主义，穆里德主义是基于禁欲主义和自我牺牲的精神。师父和弟子之间严格的等级关系尤为重要。穆里德主义的军事化形式是北高加索地区沙米尔的伊玛马特（Imamat of Shamil, 1841—1859）的思想和组织基础。About Muridism in the North Caucasus See, for Example: Z. D. Muradiev, Severokavkazskii Miuridism: istoki i Sovremennost' [North Caucasian Muridism: Roots and Modern Times] (in Russian) (Leningrad, 1989); N. I. Pokrovskii, Kavkazskie voiny i imamat Shamilia [Caucasian Wars of Imam Shamil] (in Russian) (Moscow, 2000); N. A. Smirnov, Miuridism na Kavkaze [Muridism in the Caucausus] (in Russian) (Moscow, 1963).

和教学语言的地方，穆斯林也比基督徒更倾向于与车臣和印古什的亲属保持更密切的联系。

与车臣人和印古什人一样，基斯特人中的纳合西班迪教团和卡迪里亚苏菲派（塔里卡特人）也保持着牢固的兄弟关系。① 在某个历史契机，高加索地区的苏菲派非但没有衰落，实际上反而吸收了官方的伊斯兰教。几乎所有阿拉伯主义者和达吉斯坦、车臣地区的乌力玛都是塔里卡特的成员，他们都将自己与反抗俄罗斯压力的民族抵抗运动联系起来。②

20世纪70年代和80年代，由于失业和困难的经济环境，许多年轻的基斯特人移民到俄罗斯；但是90年代末，由于车臣难民的涌入，该地区的居民人数至少增加了一倍（其中许多人已经返回车臣）。

1997年，瓦哈比派③首次出现在潘基西峡谷。许多新皈依的车臣瓦哈比派以难民身份抵达潘基西峡谷，他们试图通过宣扬"纯正伊斯兰"来改变年轻的基斯特人的信仰。为了实现这一目标，阿拉伯国家和土耳其的许多公民在各种伊斯兰组织的资助下，在基斯特村庄定居并开始活动。④

---

① About Sufi Brotherhoods in the North Caucausus See V. Akaev, Sheikh Kunta-Hadzhi: *zhizn' i doktrina Sheikh Kunta-Hadzhi*: *The Life and the Doctrine* (in Russian), Grozny, 1994; Alexandre Bennigsen, "The Qādirīyah (Kunta H. ājjī) T. arīqah in the North-East Caucasus: 1850 – 1987," *Islamic Culture* 62, No. 2 – 3 (1988): 63 – 78; Paul B. Henze, "Fire and Sword in the Caucasus: The 19th Century Resistance of the North Caucasian Mountaineers," *Central Asian Survey* 2, No. 1 (1983): 5 – 44; Paul B. Henze, *Islam in the North Caucasus*: *The Example of Chechnya*, Santa Monica: RAND, 1995; Chantal Lemercier-Quelquejay, "Sufi Brotherhoods in the USSR: A Historical Survey," *Central Asian Survey* 2, No. 4 (1983): 1 – 35; Anna Zelkina, *Quest for God and Freedom*: *The Sufi Response to the Russian Advance in the North Caucasus*, London: Hurst, 2000.

② Alexandre Bennigsen and Enders Wimbush, *Mystics and Commissars*: *Sufism in the Soviet Union*, University of California Press, 1986, p. 21.

③ 这不是一个合适的名称，但是在后苏联国家，通常称其为"萨拉菲派"或"纯伊斯兰教"的追随者——瓦哈比派。直到现在，即使是格鲁吉亚专家也使用这个词。See for example: Giorgi Goguadze and Sergi Kapanadze, "Daesh and Challenges Facing Georgia," *Policy Document*, *Georgia's Reforms Associates* (*GRASS*), 2015, November, http://grass.org.ge/wp-content/uploads/2015/12/Daesh-and-Challenges-Facing-Georgia.pdf, accessed April 20, 2017.

④ See George Sanikidze, "Islamic Resurgence in the Modern Caucasian Region: 'Global' and 'Local' Islam in the Pankisi Gorge," *Regional and Transregional Dynamism in Central Eurasia*: *Empires*, *Islam and Politics*, ed. T. Yuama, Sapporo: Hokkaido University Press, 2007, pp. 263 – 82.

二 当今格鲁吉亚穆斯林面临的挑战

当今，穆斯林占格鲁吉亚人口的 10% 左右。①

在独立前夕（1991 年），格鲁吉亚的伊斯兰教遭到极大削弱：由于社会深度世俗化、苏联的反宗教政策和战后的社会变革，伊斯兰教几乎没有形成实体组织，其影响微不足道。② 但是，在后苏联时期宗教总体复兴的背景下，格鲁吉亚穆斯林公民的宗教认同水平显著提高。外国宗教慈善组织（国家资助和非政府组织），尤其是土耳其和伊朗的外国宗教组织非常活跃。它们建造了新的清真寺，有时还把年轻人送到伊斯兰国家的宗教教育机构接受高等伊斯兰教育。这些活动都是由外国伊斯兰组织或个人资助的。

宗教复兴的过程（最初是基督教，后来是伊斯兰教）相当复杂。正如加默所指出的，马克思列宁主义意识形态有两种选择：民族主义和宗教。在苏联，民族主义并没有被认为是一种完全反动的现象，绝对没有宗教那么反动。因此，最强大的运动是民族主义——苏联时代末期的主要领导力量。但是很快，宗教也开始团结不满社会现状的力量，先是基督教，后是伊斯兰教。③

与普遍流行的观点相反，苏联并没有实施禁止私人信仰伊斯兰教，

---

① 除了阿扎尔人、阿塞拜疆人和基斯特人之外，格鲁吉亚的其他穆斯林小社区也包括所谓的梅斯凯蒂土耳其人，即 1944 年被驱逐到中亚的"图尔茨德拉阿希斯卡省"（格鲁吉亚南部的阿哈尔茨基镇）。少数"梅斯凯蒂土耳其人"返回格鲁吉亚，但是大多数居住在俄罗斯、阿塞拜疆和中亚。(About "Meskhetians Turks" See for example: Meskhetian Turks. Solutions and Human Security *The Forced Migration Projects of the Open Society Institute*, 1998; Lela Inasaridze, "Meskhetian Return Stirs Georgian Dissent," in IWPR's Caucasus Reporting Service, 163/2003, https://goo.gl/MdIwZ8.), accessed April 20, 2017; Abkhazs, Avars, Communities of Turks and Iranians Who are Settled in Georgia.

② Bayram Balcı and Raoul Motika, "Le renouveau Islamique en Géorgie Post-soviétique," *Religion et Politique dans le Caucase Post-Soviétique*, ed. B. Balcı and R. Motika, Istanbul: Institut Français d'études anatoliennes, 2007, pp. 18, 225 – 49.

③ Moshe Gammer, "From the Challenge of Nationalism to the Challenge of Islam. The Case of Daghestan," *Ethno-Nationalism, Islam and the State in the Caucasus. Post-Soviet Disorder*, ed. M. Gammer, London and New York: Routledge, 2008, p. 179.

而是严格限制对外公开谈论、传播伊斯兰教和伊斯兰教育。① 在苏联时期，存在着某种"地下"伊斯兰教，其表现形式是割礼、宗教婚礼和葬礼。葬礼在夜间秘密举行。宗教婚礼举行得相当讲究。穆斯林群体的一个重要部分就是庆祝宗教节日，当然宗教生活是在地下进行的。这些活动有助于伊斯兰教和基督教的宗教传统的流传（基本上是通过口头形式）。

在"改革"运动期间，生活在阿扎尔的格鲁吉亚穆斯林的生活发生了根本性变化。伴随着宗教活动的复兴和清真寺的恢复，这一时期的特点是阿扎尔重返伊斯兰化。② 这一进程是在苏联解体后启动的。目前阿扎尔地区活跃的清真寺，大多数是在格鲁吉亚独立时期建造的。

阿扎尔的独特性取决于该地区形式上基于宗教的自治地位。在格鲁吉亚获得独立后，这种独特性得以保留。这在一定程度上也受到民族解放运动中盛行的基督教弥赛亚主义和民族主义思想的影响："在大多数情况下，人们认为格鲁吉亚民族国家认同重新出现的标志是民族—宗教。"③

在格鲁吉亚，东正教实际上成为民族运动的组成部分，成为巩固格鲁吉亚社会的主导力量。伊斯兰教被认为是穆斯林"入侵者"输入格鲁吉亚的外来宗教，而最好的解决办法被认为是在格鲁吉亚本地穆斯林即阿扎尔人（格鲁吉亚的阿塞拜疆人是"其他人"，他们没有引起格鲁吉亚社会和当局的注意）中推广东正教。"在东正教占据主导地位的国家，对穆斯林的多数评价在很大程度上是负面的，尤其是对格鲁吉亚的本地穆

---

① Bennett Clifford, "Georgian Foreign Fighters in Syria and Iraq—Factors of Violent Extremism and Recruitment," #48, 2015, 3, *Georgian Foundation for Strategic and International Studies*, Tbilisi.

② Tina Shiopshvili and Ruslan Baramidze, eds., Qar'tveli Muslimebi t'anamedroveobis Konteq'stshi *Georgian Muslims in the Context of Modernity* (*in Georgian*), Batumi: N. Berdzenishvili Institute, 2010, p. 527.

③ Sopho Zviadadze, "'me ar var t'at'ari, me var Muslimi q'art'veli', Religious Tramsp'ormatsia da religiuri identobis ramdenime t'avisebureba acharashi" ["I'm not Tatar, I'm Muslim Georgian": Transformation of Religion and some Peculiarities of the Religious Identity in Ajara] (in Georgian), in Religia, Sazogadoeba da Politika saq'art'veloshi *Religion, Society and Politics in Georgia*, ed. N. Ghamgashidze, Tbilisi: The Caucasus Institute for Peace, Democracy and Development, 2016, pp. 15–32, 16.

斯林。"① 总的来说，独立后的格鲁吉亚政策的主要特点之一是加强东正教的地位。格鲁吉亚宪法强调东正教在格鲁吉亚历史和文化中的特殊作用，但也强调不同宗教的平等权利。2002年，格鲁吉亚东正教会（GOC）与国家签署了一项宪法协议，即所谓的"协约"。这份协约强调了东正教会对格鲁吉亚民族国家的特殊历史作用。"因此，多数宗教团体……不仅是由属于它的人口的绝对多数所决定的，而且是由国家对它的优惠待遇所决定的。"② 与现在拥有大量穆斯林人口的其他苏联继承国一样，格鲁吉亚中央政府越来越担心伊斯兰教在共和国内可能的政治化问题。

与格鲁吉亚穆斯林公民有关的主要问题是他们的民事和社会政治融合程度低。这个问题的一个生动例子是，穆斯林公民在中央和地方治理系统中的就业水平很低。疏远穆斯林的主要原因之一是其他宗教信徒对穆斯林的消极态度，尤其是占主导地位的东正教的信徒。"鞑靼人"这个被广泛用于指称穆斯林的术语与宗教有关，而与民族属性无关。这个词被用来指所有的穆斯林，带有负面的含义，因此引起穆斯林受冒犯和沮丧的情绪。格鲁吉亚穆斯林不使用这个词来称呼自己："'鞑靼人'一词长期以来在格鲁吉亚人心目中是'穆斯林'的同义词，带有暴力和侵略的含义。"③

阿扎尔的穆斯林指出，由于他们的宗教信仰，他们在公私场合都会受到歧视。根据他们的说法，穆斯林在阿扎尔被视为具有亲土耳其倾向的拥护者。对于一个阿扎尔穆斯林来说，作为"二流"（二级）公民是一种痛苦的感觉。阿扎尔穆斯林认为，"对格鲁吉亚来说，我们永远是继

---

① Ruslan Baramidze, "Islam in Adjara—Comparative Analysis of Two Communities in Adjara," *Changing Identities: Armenia, Azerbaijan, Georgia. Collection of Selected Works. Scientific ed.* Viktor Voronkov and ed. Sophia Khutsishvili and John Horan, Tbilisi: Heinrich Boell Foundation South Caucasus Regional Office, 2011, pp. 96 – 125, 97.

② Inga Popovaite, "Religiosity Patterns of Minority and Majority Religious Groups in Armenia and Georgia," accessed May 22, 2017, https://www.academia.edu/7296222/Religiosity_Patterns_of_Minority_and_Majority_Religious_Groups_in_Armenia_and_Georgia.

③ Political Aspects of Islam in Georgia, Project Executors: Irakli Menagarishvili, Giorgi Lobjanidze, Natela Sakhokia, Giorgi Gvimradze, Project Supported by the Friedrich-Ebert-Stiftung, Tbilisi: Strategic Research Institute, 2013, p. 63.

子",同时强调"我们是格鲁吉亚穆斯林,我们不是鞑靼人"①。

虽然阿扎尔的大多数居民确实认同格鲁吉亚这个"民族国家",但是他们是作为格鲁吉亚穆斯林而认同的。这种组合与主流的"东正教—格鲁吉亚统一体"的理念相悖,这被格鲁吉亚民族主义者和教会代表视为一种矛盾的说法,对于阿扎尔人自身来说,保持这种立场也变得越来越困难。②他们从宗教上的"其他"③变成了族群上的"其他"。

现在,阿扎尔通常被当作格鲁吉亚基督教传播的第一个省份(4世纪30年代基督教成为格鲁吉亚的"国教")。2000年,格鲁吉亚庆祝建国3000周年(事实上,没有任何真正的历史证据)和基督教诞生2000周年。通过此举,格鲁吉亚象征性地强调,基督教从公元前就深深地扎根于格鲁吉亚的民族国家性中。阿扎尔被认为是使徒安德鲁第一次在格鲁吉亚宣传基督教的地方:

> 这是格鲁吉亚东正教会提高人们对阿扎尔的深厚基督教渊源认识的绝佳机会,而且还可以加强在该地区穆斯林中的传教工作。其中一个庆祝活动,是在据说是格鲁吉亚第一座教堂建造的地方举行的。④

萨尔皮村是土耳其与格鲁吉亚的边界所在地,也是两种不同宗教归属的象征——在土耳其一侧,清真寺占据了整个景观;而在格鲁吉亚一侧则是一座最近修建好的东正教教堂。在阿扎尔,首先是在巴统具有象

---

① Sopho Zviadadze, "'me ar var t'at'ari, me var Muslimi q'art'veli', Religious Tramsp'ormatsia da religiuri identobis ramdenime t'avisebureba acharashi"["I'm not Tatar, I'm Muslim Georgian": Transformation of Religion and some Peculiarities of the Religious Identity in Ajara](in Georgian), in Religia, Sazogadoeba da Politika saq'art'veloshi *Religion, Society and Politics in Georgia*, ed. N. Ghamgashidze, Tbilisi: The Caucasus Institute for Peace, Democracy and Development, 2016, p. 25.

② Mathijs Pelkmans, "Baptized Georgian: Religious Conversion to Christianity in Autonomous Ajaria," Max Planck Institute for Social Anthropology, Working Paper No. 71, 2005, p. 2.

③ Apart from Muslims, There is a Small Community of Georgian Catholics. In Recent Times, Small Communities of Georgian Baptists, Bahaites etc. have Emerged.

④ Mathijs Pelkmans, "Religion, Nation and State in Georgia: Christian Expansion in Muslim Ajaria," *Journal of Muslim Minority Affairs* 22, No. 2 (2002), p. 249.

征意义和值得纪念的地方，有几座东正教教堂正在被翻修或建造。甚至，一座古老但保存完好的天主教教堂被改建成了东正教教堂。

现在，基督教在阿扎尔的传播得到了国家的大力支持，而伊斯兰教没有得到当局的支持。因此，许多年轻的阿扎尔人开始信奉基督教——有些人是出于信仰，有些人是出于完全认同其他格鲁吉亚人（基督徒）的愿望。然而，我们不可能知道这一进程会发生多少次反复。尽管有相当数量的阿扎尔人仍然认为自己是穆斯林并参与伊斯兰仪式，但是毫无疑问再基督教化的进程加快了。甚至这两种宗教在一个家庭中共存，年轻的是基督徒，年长的则是穆斯林，这在阿扎尔已经司空见惯：年轻人说——我们更愿意回到祖先的信仰上来，年长者说——我们忠于父母的信仰。新基督徒将自己的洗礼解释为"本土宗教的回归"和"真实自我的恢复"①。皈依基督教的人被认为是"受过洗礼的格鲁吉亚人"：

> 这种观念是可以理解的，因为伊斯兰教与奥斯曼帝国的过去联系在一起。自苏联统治开始以来，奥斯曼帝国就在官方话语中遭到诽谤，而格鲁吉亚民族国家与基督教信仰之间的联系已成为后苏联时代民族主义意识形态的基石。②

与此同时，必须强调的是，阿扎尔加速皈依基督教与对社会和经济不满密切相关。在过去的25年里，对于复兴伊斯兰更有利的地方是阿扎尔山区和更偏远的地区。在这里，库洛市已成为其中心。但即使在库洛市，基督教也慢慢占据了主导地位。③ 例如，在库洛市清真寺附近，建造了一座东正教神学院

---

① Pelkmans, "Baptized Georgian," 27. Pelkmans Investigates Several Cases of Conversion of Ajarian Muslims to Chritianity and Argues that "Economic and Political Considerations may have Influenced People's Decision to be Baptized more than Religious Concerns."

② Mathijs Pelkmans, "Religious Crossings and Conversions on the Muslim-Christian Frontier in Georgia and Kyrgyzstan," *Anthropological Journal of European Cultures* 19, No. 2 (2010), pp. 109 - 28, 110.

③ Inga Popovaite, "Georgian Muslims Are Strangers in Their Own Country," accessed May 22, 2017, https://www.opendemocracy.net/od-russia/inga-popovaite/georgian-muslims-are-strangers-in-their-own-country.

还必须指出的是，现在阿扎尔地区的大多数穆斯林对基督徒和基督教持尊重态度。毫无疑问，这在一定程度上是因为阿扎尔人要给予他们的祖先极大的尊重，因为这些祖先中的许多人都是基督徒。而在日常生活中，基督徒也表现出对穆斯林传统的尊重。例如，基督徒甚至在圣纪节祝贺穆斯林，并向他们赠送糖果。①

在"逊尼派"阿扎尔中，主要的外国宗教势力是土耳其。在过去的20年里，相当数量的阿扎尔年轻穆斯林在国外接受宗教教育。他们中的许多人都接受过土耳其"马尔马拉教育基金会"的资助。② 在某种程度上，青年阿扎尔人（甚至非宗教徒）的教育是由其格鲁吉亚裔土耳其公民的亲属资助的。③ 土耳其的宗教管理部门迪亚纳特在这方面尤其活跃。活跃于阿扎尔的土耳其"非政府"宗教组织包括了苏莱曼奇［土耳其穆斯林思想家希尔米·图纳汉（1888—1959）的支持者］、努尔库［赛义德·努尔西（1876—1960）的追随者］、保守派酋长马赫穆特·乌斯托斯马诺格鲁的纳合西班迪教团，以及费图拉·居伦创建的互动网络。④

格鲁吉亚东正教和格鲁吉亚社会不同阶层的批评和抵制显然妨碍了土耳其宗教影响力的扩大。

格鲁吉亚当地报纸经常抱怨政府不关注在国外宗教机构接受教育的阿扎尔年轻人的教育质量。人们经常会担心一些年轻的阿扎尔人走向"瓦哈比派"。对于瓦哈比派来说，阿扎尔伊斯兰教的传统习俗是有悖于伊斯兰传统的。事实上，一些在国外接受过宗教训练的阿扎尔年轻人，

---

① Sopho Zviadadze, "'me ar var t'at'ari, me var Muslimi q'art'veli', Religious Tramsp'ormatsia da religiuri identobis ramdenime t'avisebureba acharashi"［"I'm not Tatar, I'm Muslim Georgian": Transformation of Religion and some Peculiarities of the Religious Identity in Ajara］（in Georgian）, in Religia, Sazogadoeba da Politika saq'art'veloshi *Religion, Society and Politics in Georgia*, ed. N. Ghamgashidze, Tbilisi: The Caucasus Institute for Peace, Democracy and Development, 2016, p. 19.

② Elizabeth Sieca-Kozlovski and Alexandre Toumarkine, "Geopolitique de la mer Noire. Turquie et pays de l'ex-URSS," 7. *Les acteurs religieux*, Paris: Karthala, 2000, p. 92.

③ Ekatherina Meiering-Mikadze, "L'islam en Adjarie: Trajectoires Historiques et Implications Contemporaines," Cahiers d'études sur la Méditerranée Orientale et le monde turco-iranien 27 (1999): 41.

④ Bayram Balcı and Raoul Motika, "Le renouveau Islamique en Géorgie Post-soviétique," *Religion et Politique dans le Caucase Post-Soviétique*, ed. B. Balcı and R. Motika, Istanbul: Institut Français d'études anatoliennes, 2007, pp. 36–39.

似乎在某种程度上信奉萨拉菲派。因此，在阿扎尔穆斯林中出现了代际冲突，老一代人支持传统伊斯兰教，而年轻一代人支持萨拉菲派。然而，阿扎尔地区穆斯林的冲突似乎没有前苏联其他穆斯林占多数的地区严重。

自20世纪90年代初始，格鲁吉亚出现第一批关于伊斯兰教的宗教出版物。《伊斯兰教教义问答》是第一本以格鲁吉亚语出版的此类出版物。一些出版物（针对儿童）现在可以在 muslimgeorgia. org 和 islam. ge 网站上找到。第一个网站的总部设在土耳其，它的主要任务是教育，但也有一些分析性文章和采访。它强调伊斯兰教和穆斯林在格鲁吉亚历史上的重要性，以及格鲁吉亚中央政府对格鲁吉亚穆斯林的不正确政策。在第二个网站上，有一些研究论文。在此，必须强调这两个网站的亲土耳其性质。还必须指出的是，这些网站上引用的数字经常被夸大。例如，根据 muslimgeorgia. org 的数据，格鲁吉亚的穆斯林人数约为150万人，但是格鲁吉亚的穆夫提杰马尔·帕克萨泽提供的数据显示，这一数字为80万人。而事实上，穆斯林人数不超过50万人（包括不活跃的信徒）。①

在格鲁吉亚东部，当局对"非土生土长的"阿塞拜疆人②的宗教信仰表现出的关注，远不及对"本土格鲁吉亚人"——阿扎尔人的宗教信仰的关注。一般而言，阿塞拜疆人对格鲁吉亚的态度是一种"间接忠诚"，

---

① 格鲁吉亚2014年穆斯林人数的官方数据为398677人（总人口为3713804人）。巴统有38767名穆斯林（总人口为152839人），阿扎尔有132852名穆斯林（总人口为333953人）。阿塞拜疆的人口数约为30万人。今天，大约有6000名伊朗公民在格鲁吉亚拥有居民身份。很难计算在格鲁吉亚定居的土耳其人的确切数目，因为他们中有很多人是格鲁吉亚人，拥有双重国籍。据估计，他们的人数不超过5万人。2010年，有586名穆斯林梅斯凯蒂人居住在格鲁吉亚，其中数千人仍在等待遣返格鲁吉亚。In 2010, 586 Muslim Mekhetians Lived in Georgia and Several Thousand of Them Are Still Waiting for the Repatriation to Georgia. (George Sordia, "Muslim Mekhetians and the Problem of their Repatriation" (in Georgian), Solidaroba, 2010, #2 (35). The Number of other Muslim Groups (Kists, Avars etc.) Does not Exceed 15000.

② 大多数阿塞拜疆人生活在格鲁吉亚东部的克维莫卡尔特利地区。一方面，该地区具有重要的战略意义——巴库—第比利斯—杰伊汉管道穿过该地区，另一方面，它位于格鲁吉亚与阿塞拜疆和亚美尼亚的边境之间。See Silvia Serrano, "Les Azéris de Géorgie. Quelles perspectives d'intégration?" Cahiers d'Études sur la Méditerranée Orientale et le Monde Turco-Iranien 28 (juin-décembre 1999): 231–51.

也就是说，他们对格鲁吉亚的态度主要取决于他们的"民族国家"（阿塞拜疆）与居住国（格鲁吉亚）之间的关系。阿塞拜疆人的失业问题有其自身的特点。不会熟练运用格鲁吉亚语是这个地区的主要问题。国家已经采取了重要措施来解决这一问题。即便如此，懂得格鲁吉亚语并不会自动带来就业机会。①

土耳其与伊朗组织之间的竞争，在格鲁吉亚东部的阿塞拜疆人中最为明显；由于他们的宗教教育水平较低，有时甚至无法区分逊尼派和什叶派，因此伊朗和土耳其的"慈善"组织试图改变他们的宗教信仰。

从理论上讲，什叶派伊斯兰教这一共同纽带应该会拉近伊朗与阿塞拜疆共和国的关系。然而，在现实中，这一直是两国关系疏远的一个根源，因为阿塞拜疆的世俗政府一直担心伊朗对其什叶派人口的影响。② 这样的阻碍在格鲁吉亚表现得并不那么明显，因此伊朗人更有可能宣传伊朗版本的伊斯兰教（即伊斯兰共和国的价值观）。

在格鲁吉亚东部（包括第比利斯）有两家占主要地位的伊朗基金会：什叶派世界的大阿亚图拉—西斯塔尼基金会（该基金会设在伊拉克，但是资金来自伊朗）和伊朗伊斯兰共和国最高领袖阿亚图拉—哈梅内伊基金会。在阿塞拜疆人居住的格鲁吉亚东部城镇和村庄，有着由这些基金会提供资金援助的什叶派宗教学校和清真寺，还有一些年轻人被送到伊朗宗教学校和大学接受宗教教育。

近年来，基斯特人的宗教热情似乎有了相当大的增长。此外，有证据表明，萨拉菲派（瓦哈比派）在该地区十分活跃。萨拉菲派和那些信奉传统伊斯兰教的高地信徒之间关系紧张。萨拉菲派自称是纯正伊斯兰教的信徒，反对一切不被《古兰经》认可的行为。他们认为伊斯兰教苏菲派背离了原始的伊斯兰教规。

瓦伊纳克人对萨拉菲派的态度存在争议。大多数车臣难民和少数基斯特人（特别是年轻人）支持萨拉菲派，而年长的基斯特人反对萨拉菲派。萨拉菲派的不同伊斯兰运动（包括激进与温和的运动）都试图通过

---

① Political Aspects of Islam in Georgia, 74.

② Shireen Hunter, *Iran's Foreign Policy in the Post-Soviet Era: Resisting the New International Order*, Santa Barbara: Praeger, 2010, p. 171.

不同的手段，建立一个基于他们自己对宗教的解释的新的伊斯兰统一体，与当地的传统形式的伊斯兰教相对抗。他们认为，当地传统形式的伊斯兰教与"纯正伊斯兰教"的"精神"不相符。萨拉菲派在潘基西和格鲁吉亚其他地方的存在，很可能反映了俄罗斯长期指控但是未经证实的现象，即格鲁吉亚正在支持或对武装分子活动视而不见。①

尽管没有官方数据显示潘基西峡谷的萨拉菲派信徒的数量，但是当地的信息显示，近年来，萨拉菲派信徒的数量正在显著增加，他们的数量已经超过了"传统穆斯林"。在外国的资助下，萨拉菲派的经济状况比传统穆斯林要好。大部分伊玛目接受了沙特阿拉伯的教育。根据当地未经证实的消息，沙特阿拉伯资助了他们的教育。②

对国际社会来说，最重要的问题是，有消息称峡谷里有穆斯林恐怖分子。西方国家越来越担心，基地组织和"伊斯兰国"恐怖组织已经在格鲁吉亚建立了活动基地。据估计，虽然在潘基西数百名车臣武装分子中藏匿的恐怖分子人数相当少，但是这些恐怖分子是旨在高加索和中亚建立伊斯兰国家的更广泛网络的一部分。必须强调的是，有大约100名格鲁吉亚公民是"伊斯兰国"的战士，这其中大部分人来自潘基西峡谷。

事实证明，"伊斯兰国"帮助和拯救受压迫和不受保护的穆斯林的想法，对于那些不满现有秩序和现实并希望改变它的人来说，是很有吸引力的。换句话说，要实现（穆斯林群体内部的）整体福祉并使其生活井然有序是不可能的。现阶段，格鲁吉亚出现了一小群希望引入此类重大变革的人，尽管参与此进程的人数截至目前仍然微不足道。③

"伊斯兰国"对格鲁吉亚构成怎样的威胁？我同意这样的观点，即"如果没有适当的条件，特别是在没有众多支持者的情况下，格鲁吉亚就

---

① C. Prasad, "Georgia's Muslim Community: A Self-Fulfilling Prophecy?" (ECMI Working Paper No. 58, 2012), 12, Accessed April 20, 2017, https://www.ecmi.de/publications/detail/58-georgia-s-muslim-community-a-self-fulfilling-prophecy-235/.

② Giorgi Goguadze and Sergi Kapanadze, "Daesh and Challenges Facing Georgia," *Policy Document*, *Georgia's Reforms Associates* (*GRASS*), 2015, November, http://grass.org.ge/wp-content/uploads/2015/12/Daesh-and-Challenges-Facing-Georgia.pdf, accessed April 20, 2017, p. 13.

③ Ruslan Baramidze, "Islamic State and Georgia's Muslim Community," June 17, 2015, accessed March 17, 2017, https://ge.boell.org/en/2015/06/17/islamic-state-and-georgias-muslim-community#_ftn1.

不是受"伊斯兰国"关注的直接对象。"

然而,不幸的是,格鲁吉亚公民、年轻人(甚至儿童)通过土耳其来到"伊斯兰国"控制的地区,加入武装分子的行列。由于格鲁吉亚是一个小国,且这种激进情绪在当地穆斯林群体中并不常见,因此一般也不会引发大规模事件,但这仍然是一个严重的问题。贝内特·克利福德认为:

> 对于格鲁吉亚穆斯林来说,参加叙利亚或伊拉克战斗的决定是高度个人化的,任何单一因素都不能独立决定其最终参与其中……另一方面,意识形态和伊斯兰教萨拉菲派的发展通常被认为是吸引格鲁吉亚穆斯林前往叙利亚和伊拉克的最大"驱动因素"。①

还必须强调的是,一些格鲁吉亚公民在叙利亚不同的圣战组织中拥有重要的领导地位。其中大多数格鲁吉亚的"圣战分子"来自潘基西峡谷,但是也有阿塞拜疆人和阿扎尔本地人。

我认为,穆斯林青年的激进化,在一定程度上是由潘基西峡谷目前普遍存在的社会和经济问题引发的。然而,经济因素并不是唯一的罪魁祸首。其他一些方面也发挥着重要作用,这在西方国家可能也有相似之处。第一个也是最重要的原因是,在这种新环境下成长起来的几代人都存在记忆问题,这些问题源于俄罗斯在北高加索的战争和将难民重新安置到潘基西峡谷,以及随之而来的伊斯兰新思想的进入。

第二个原因是互联网、社交网络和鼓吹激进意识形态的网站,年轻人很容易接触到这些网站。这些网站的影响是如此之大,以至于潘基西的年轻人会产生以伊斯兰教的名义为完全模糊的目的而战斗的意愿。②

截至目前,格鲁吉亚并没有面临直接的伊斯兰恐怖主义威胁。然而,

---

① Bennett Clifford, Georgian Foreign Fighters in Syria and Iraq—Factors of Violent Extremism and Recruitment, Tbilisi: *Georgian Foundation for Strategic and International Studies*, #48, 2015, pp.7-8.

② George Sanikidze, The Islamic State and the "Great Game" *Middle East*, Expert Opinion No.44, GFSIS, 2015, https://www.gfsis.org/library/view-opinion-paper/44.

格鲁吉亚圣战分子却在叙利亚利用社交网络威胁格鲁吉亚当局和民众。值得一提的是，2015年11月23日发布的视频信息显示，四名年轻的格鲁吉亚公民从格鲁吉亚前往叙利亚，对格鲁吉亚人民发表讲话，并用流血、斩首和圣战来威胁他们。这是第一个针对格鲁吉亚的威胁性视频，这显然引起了安全机构和民众的担忧。① 2017年5月，"圣战分子"首次威胁阿扎尔穆斯林领导人，将他们视为"叛教者"②。

格鲁吉亚的穆斯林宗教教育仅限于清真寺的宗教学校，这些学校只能在一定程度上起到教区学校的作用。这些伊斯兰学校在格鲁吉亚没有法律地位，由它们颁发的文件不能用作教育证书。因此，为了接受高等教育，穆斯林被迫出国游学，目的地国的选择也是基于宗教的考虑。阿扎尔居民在土耳其接受神学教育，潘基西穆斯林主要在阿拉伯国家学习，而希达卡尔特里穆斯林则前往伊朗。但是，在希达卡尔特里有一个相对较小的逊尼派群体，其代表则前往土耳其接受教育。

应当看到，神学院毕业生通常会返回格鲁吉亚，在当地清真寺寻找工作。考虑到他们的宗教教育质量，他们很容易获得不是特别精通伊斯兰教基本知识的当地人的尊重和影响。正如一些专家所指出的那样，宗教不可能完全非政治化，因此人们必然会受到某个国家承认的一个或另一个宗教分支（逊尼派、什叶派、萨拉菲派等）的影响。此外，他们接受的往往是，根据受教育国家的国家利益而解释的教义。基于这些情况，必须考虑到这些受过外国教育的穆斯林在格鲁吉亚为其他国家利益服务的可能性。

格鲁吉亚关于宗教少数群体的国家政策，在很大程度上受到格鲁吉亚东正教强大的政治影响力的制约。自2002年签署"协约"以来，作为对苏维埃政权所造成的损害的一种补偿，政府一直向东正教提供资助。出于同样的原因，自2014年以来，其他"传统"宗教团体也获得了国家资助：穆斯林群体、亚美尼亚教会、天主教会和犹太群体。国家没有提供给每个群体具体资助数额的理由。这种缺乏透明度的做法，以及国家控制宗教团体的可能性，受到了当地民间社会组织

---

① Goguadze and Kapanadze, "Daesh and Challenges Facing Georgia," p. 8.
② See https://on.ge/story/10990, accessed May 26, 2017.

的批评。①

2011 年 5 月，为了加强对穆斯林的控制，格鲁吉亚政府成立了格鲁吉亚穆斯林管理局（AGM）。从形式上看，它是一个非政府组织，但是却受到格鲁吉亚政府的资助。随着格鲁吉亚穆斯林管理局的成立及其进一步的改革进程，政府的目的在于控制这一保障穆斯林组织或一般宗教组织的管理组织结构②："新的管理局取代了直至今日仍然还是格鲁吉亚穆斯林管理机构的半独立的、位于巴库的高加索穆斯林委员会（CBM）"③。

该组织的主席是格鲁吉亚穆斯林，他的两名副手是阿塞拜疆人。该组织的竞争对手是高加索穆斯林穆夫提的"代表"组织（总部设在巴库）。高加索穆夫提阿拉赫舒库尔·帕沙扎德甚至称之为'大亚美尼亚'计划的一部分。这引起了阿塞拜疆人对"格鲁吉亚穆夫提"的极度不满。④ 今天，"穆夫提"实际上处于非正式的分裂状态——"西格鲁吉亚穆夫提"被阿扎尔人所控制，而"东格鲁吉亚穆夫提"则被阿塞拜疆穆斯林所控制，并与巴库有着密切的联系。

2021 年初，土耳其与格鲁吉亚当局就恢复和重建土耳其境内的格鲁吉亚教堂和格鲁吉亚境内的奥斯曼清真寺达成协议。⑤ 对格鲁吉亚而言，

---

① Mariam Gabedava and Koba Turmanidze, "Iran's Soft Power in Georgia—Weak for Now, Bigger Potential for the Future," in Religion and Soft Power in South Caucasus, *Policy Perspective*, eds. Ansgar Jödicke and Kornely Kakachia, Tbilisi: Georgian Institute of Politics, 2017, p. 61.

② Ruslan Baramidze, "Political Process, Social Activity and Individual Strategies in Georgia: Institutional Transformations, Struggle for Identity and Georgian Muslims in the Media"（CAP PAPERS, 166, CERIASERIES, 2016）, April 2016, 11. http://centralasiaprogram.org/archives/9598, accessed April 20, 2017.

③ C. Prasad, "Georgia's Muslim Community: A Self-Fulfilling Prophecy?"（ECMI Working Paper No. 58, 2012）, 12, Accessed April 20, 2017, https://www.ecmi.de/publications/detail/58-georgia-s-muslim-community-a-self-fulfilling-prophecy-235/.

④ See http://www.amerikiskhma.com/content/article-124702684/535631.html, accessed May 16, 2017.

⑤ 必须指出，格鲁吉亚专家对土耳其格鲁吉亚教堂的修复质量非常失望，但是在 2017 年 5 月签署了新协议。根据该协议，"格鲁吉亚和土耳其将共同努力恢复和保护两国边界沿线的文化遗产古迹"。据推测，格鲁吉亚和土耳其的专家将参与修复中世纪格鲁吉亚教堂和中世纪奥斯曼清真寺。See http://agenda.ge/news/79946/eng, accessed June 1, 2017.

这首先意味着重建巴统的阿齐兹清真寺，但是该项目仍未完成。① 其次，支持新清真寺建设的人经常提到，由于教区的增加，巴统奥尔塔亚梅清真寺在周五和集体祈祷时经常超负荷运转，人们不得不在院子和邻近的街道上祈祷。为此，他们要求在该市建造第二座清真寺。某些政治家团体、专家和政党都支持这一要求。②

2017年5月11日，格鲁吉亚穆斯林公民收到当局关于两项重要决定的通知：在巴统，当局拒绝了穆斯林申请清真寺的建筑许可证的请求③（穆斯林已经购买了巴统的那片土地）。在阿迪格尼市（格鲁吉亚西部）的莫赫村，一座具有悠久历史的清真寺被移交给国家财产管理局（官方的理由是，清真寺的所在地曾是一座基督教教堂，只是后来被改建为清真寺④）。

宽容和多样性研究所（TDI）的声明强调，关于财产和建造礼拜场所的决定再次凸显了国家的歧视性政策。这些决定侵犯了穆斯林平等行使宗教自由的宪法权利和拥有足够的礼拜条件的权利。⑤ 因为，与此同时，东正教的设施建设并未受到政府的阻碍。

---

① 所谓的阿齐兹清真寺是以奥斯曼苏丹阿卜杜拉齐兹一世（1861—1876）的名字命名的，建于19世纪60年代末，就在俄罗斯征服该地区之前。这座清真寺位于巴统的中心。苏联统治初期，这座清真寺被毁。今天，清真寺及其庭院的遗址上有几栋建筑。关于格鲁吉亚社会就阿齐兹清真寺重建的辩论，可见 About Debates in Georgian Society Concerning the Reconstruction of the Azizie Mosque, See for Example: Ruslan Baramidze, Saq'art'velos muslimuri t'emi da sakhelmtsip'o politika (1991–2012 tslebi) [The Muslim Community of Georgia and State Policy (1991–2012)] (in Georgian), Batumi: Horos, 2014.

② Baramidze, Saq'art'velos Muslimuri t'emi, 241. 还必须注意的是，巴统市领土扩大后，几个村庄和当地一个有小清真寺的小镇成为城市的一部分，所以今天在巴统有几座清真寺。

③ 值得注意的是，格鲁吉亚前总理、大亨比齐娜·伊万尼什维利多次强调，准备出资兴建新清真寺（或扩建古清真寺）。See for example http://thouse.ge/new/1866-bidzina-ivanishvili-mzad-var-batumshi-mechetis-mshenebloba-davafinanso, accessed May 15, 2017. The head of the Ajarian autonomy also promised Muslims that authorities will find another place in Batumi for the Mosque. But till now, It is only a Promise without any Sign of its Accomplishment.

④ About the Problem of the Mokhe Mosque, See, for Example, Mariam Gavtadze and Eka Chitanava, "Georgia: Government and Orthodox Block Muslims Regaining Mosque," accessed May 19, 2017, http://www.forum18.org/archive.php?article_id=2260.

⑤ See http://www.tdi.ge/en/statement/brief-issues-batumi-and-mokhe-mosques, accessed May 22, 2017. 宽容和多样性研究所是一个非政府组织，代表格鲁吉亚少数民族和宗教少数群体（包括穆斯林）的利益并捍卫他们的权利。

总而言之，这三个穆斯林群体的差异大于共同特征。他们的共同利益是，要求格鲁吉亚政府和格鲁吉亚社会更多地关注和尊重他们的宗教权利。总的来说，伊斯兰教被视为一种"传统"宗教，因此格鲁吉亚当局可以容忍，但是东正教在格鲁吉亚国家叙事中处于中心地位；格鲁吉亚东正教的专属权利可被视为穆斯林全面融入格鲁吉亚社会和国家地位的主要障碍之一。还必须强调的是，这些穆斯林群体之间没有团结起来，这也将导致他们难以实现自己的目标。

（兰州大学格鲁吉亚研究中心周骁剑译，柳睿校）

冲突后格鲁吉亚身份转换的案例
——阿布哈兹战争和八月战争*

尼诺·塔贝沙泽(Nino Tabeshadze)

【摘要】 近年来发生在格鲁吉亚当代史上的两场毁灭性冲突,给当地格鲁吉亚社区带来了混乱和迷失。本文试图探讨这两场战争之后所产生的身份危机。由于军事行动,导致许多人被迫离开家园,搬到临时避难所。仅用了几天时间就从普通公民变成了国内流离失所者。这很自然地导致人们对自我在社区中角色的质疑。大规模创伤等重大事件通常会改变人们对现实前景的看法,格鲁吉亚也不例外。为了克服痛苦经历,个体对创伤经历做出了不同的反应,但是我们有机会比较来自这两种不同冲突的国内流离失所者情绪的叙述。本文的主要目的是,观察针对这两种不同的历史事件的看法是否有相似之处:国内流离失所者如何解释这些事件,以及他们如何表达自己的情绪。

【关键词】 战争;创伤;应对;创伤后应激障碍;身份认同

一 导论和文献综述

在过去的 10 年里,学者们对创伤和冲突后身份形成的问题越来越感

---

* Tabeshadze, Nino, Formation of Post-conflict Georgian Identities Case: Abkhazian War and August War (April 25, 2019). RAIS Conference Proceedings—The 12th International RAIS Conference on Social Sciences & Humanities.

兴趣。越来越多的科学家理解跨学科方法在探索概念和历史事件中的作用。因此，在战争研究中，文化领域变得尤为重要。① 为了理解文化、身份和大众创伤之间的深刻联系，我们应该解释一下所有的术语。尽管文化有超过300种不同的定义，但是我们还是试图用韦氏词典中最广泛的解释来探讨这个概念：

> 一个种族、宗教或社会群体的习惯信仰、社会形式和物质特征。还有生活在某一地点或某一时间的人们所共有的日常生活的特征。人类知识、信念和行为的综合模式，取决于学习和将知识传递给下一代的能力。

所有这些定义都让我们认为，文化是一个非常复杂和难以理解的概念。它代表了每个人或社区都试图寻找自己所处的位置或世界观。这就是身份出现的地方：它支持个人寻找与过去的联系，识别与现在的联系，并有助于预测未来的位置。② 身份被广泛视为个人对自我的概念，以及个人在其内部群体和更大社会中对自我的社会定义的解释。③ 身份是人们为了给他们的生活指明方向和目的而采取的角色、目标和价值观的统称。当然，当创伤事件发生时，它会破坏这些计划，以一种不可预测的，有时是永久的方式改变我们的生活。

大规模创伤（集体创伤）是在短时间内发生的令人震惊的意外事件，通过引入恐惧、迷失方向和对旧生活方式的破坏等维度来改变整个社会的生活。此类事件直接或间接地影响了大量人群。它超出了个人创伤经历的范围。大规模创伤包括大规模的自然灾害和人为灾害，如战争。大规模创伤可能包括重大的财产和生命损失，以及对日常生活和服务的广

---

① Summerfield, D., 2001, "The Invention of Post-traumatic Stress Disorder and the Social Usefulness of a Psychiatric Category," BMJ: *British Medical Journal* 322 (7278): 95–98. Available at http://dx.doi.org/10.1136/bmj.322.7278.95.

② Butler, J., 2004, "Undoing Gender," *Routledge*, 14–23. https://selforganizedseminar.files.wordpress.com/2011/07/butler-undoing_gender.pdf.

③ Kim, L. S., 2003, "Exploring the Relationship between Language, Culture and Identity," *GEMA-Online Journal of Language Studies*, 3 (2): 3–9.

泛破坏。应对这种创伤往往需要即时和广泛的资源。大规模创伤可以立即产生一种共性——许多人分享相同的经历。①

我们的身份可以塑造我们感知、解释和体验创伤的方式。创伤性的经历可以改变一个人的身份。我们的身份不仅影响我们感知事件的方式，而且可以塑造我们从事件中恢复过来的方式。综上所述，一方面，创伤可以破坏一个人的生活，但另一方面一个人的身份会影响他感知和从创伤中恢复的方式。然而，创伤也可以融入一个人的身份认同中。创伤可以被视为生活的转折点，也可以被视为对未来预期的参考点。②

大规模创伤通常被称为"上帝的行为"，或者，在其他国际事件中被称为"邪恶的行为"。政治恐怖主义和战争很可能会对幸存者带来持久的后果。从本质上说，任何威胁到一个社区的存在、信仰、福祉或生计的事情，都很可能被社区成员视为创伤。当可怕的事情发生时，将错误归咎于他人是人类的本质。无论创伤的类型是什么，创伤幸存者都会投入大量精力来推卸责任或找出谁有过错。文化强烈地影响着人们对创伤的认知。例如，在一个对来世有强烈信仰的文化中，家庭成员或所爱的人的突然死亡可能导致的创伤较小。③

在压力之下，定义"我们"和"他们"的力量可能会迅速退化为羞辱和杀害"他人"，而大群体有时会以暴力作为回应，以消除对他们的"自我"意识构成的威胁。或者，他们只是为了保持一种优越感，优于那些公开或私下认为低等或不人性化的人。④ 这种行为可以是象征性的、口头上的或精神上的，目的是消除具有威胁性的"他人"。这可以解释格鲁吉亚人在受到创伤后的叙述中所描述的对军事对手的仇恨。当灾难从头条新闻中消失时，公众的关注和担忧可能会减少，让幸存者努力重建他们的生活，而不会得到太多的承认。

---

① Kopstein, A., White, D. K., 2014, "Substance Abuse and Mental Health Services Administration," *Trauma-Informed Care in Behavioral Health Services* 13-4801 (57): 6-18.

② Berman, S. L., 2016, "Identity and Trauma," *J Trauma Stress Disorder Treat* 5: 2. Doi: 10.4172/2324-8947.1000e108.

③ Kopstein, A., White, D. K., 2014, "Substance Abuse and Mental Health Services Administration," *Trauma-Informed Care in Behavioral Health Services* 13-4801 (57): 6-18.

④ Volkan, V., 2012, "Killing in the Name of Identity: A Study of Bloody Conflicts," *Pitchstone Publishing*, pp.22-90.

创伤的概念比简短的描述更为复杂。简单地将人们标记为创伤后应激障碍（社会和个人遭受创伤事件后的影响），会将我们的注意力从对创伤事件的个人测试和具体反应上转移。例如，一些人通过创造力来处理创伤，而另一些人则注定要以象征性的方式重复创伤。然而，还有一些人区别于他人，在某种意义上他们把受创伤的自我放在一个信封里（称为分离），表现得好像什么都没发生过。① 分离的例子在2008年战争时期就已经可以很容易地看到。格鲁吉亚社会的一部分人拒绝接受战争正在进行的事实，并保留了熟悉的惯例。社区的另一部分人则严厉批评那些选择无意识地脱离自己的人。

国内流离失所者所经历的创伤性事件属于与族群情绪有关的共同创伤，并引发了大群体的身份问题。并非所有的国内流离失所者都作为个人受到创伤；他们受到创伤是因为他们属于某个特定的族群；与大群体身份问题相关的共同创伤事件总是被羞耻和羞辱所污染。这种创伤还伴随着巨大的情感（抽象的）和具体的损失，比如失去了亲戚或朋友、家、狗，甚至是花园。② 一方面，这可能是国内流离失所者持续忧郁和做噩梦的原因。创伤后应激障碍无疑与严重的损失和经历过巨大的压力有关。另一方面，这可能是人们开始为新生活而自然斗争的标志。

在过去的20年里，经历创伤后应激障碍的个人成长和性格的变化引起学者们的兴趣。在文献中，与创伤后应激障碍相关的现象用不同的术语来定义：与压力相关的增长、转化和意识利益等。③ 与压力相关的增长与社会支持有关，这有助于个人分享经验和探索消极事件的积极方面。

在过去的10年里，由于两次大规模的军事冲突（1991—1993年和2008年），格鲁吉亚最终出现了两次国内流离失所者的浪潮。根据联合国儿童基金会的记录，截至2008年战争结束，有超过16万人离开了家园。大多数国内流离失所者面临着非常危险的事件，战后经历侮辱、囚禁、

---

① Volkan, V., 2012, "Killing in the Name of Identity: A Study of Bloody Conflicts," *Pitchstone Publishing*, pp. 22 – 90.

② Volkan, V., 2012, "Killing in the Name of Identity: A Study of Bloody Conflicts," *Pitchstone Publishing*, pp. 22 – 90.

③ Tedesci, G. R., Calhoun, G. L., 2004, "Posttraumatic Growth: Conceptual Foundations and Empirical Evidence," *Psychological Enquiry*, 15 (1): 1 – 18.

丧失家园、亲人和领土的情况。为了理解创伤后的叙述是如何回应国内流离失所者的需要的，我们需要一个简短的事件时间表来解释格鲁吉亚两场军事冲突的主要过程。

二 简短的时间表

俄罗斯与格鲁吉亚在历史上和地理上都是相连的，它们是邻国。这两个群体从未有过任何亲密接触，这并不奇怪。为了理解本文中所使用的历史背景，我将提供连接这两种文化的重大事件的简短时间表。格鲁吉亚—俄罗斯互动的历史可以分为远古、中古和现当代。两国之间的密切关系始于1783年；当时格鲁吉亚王国与俄罗斯帝国结成联盟，俄罗斯帝国成为格鲁吉亚的保护国，格鲁吉亚放弃了对波斯的依赖。然而，根据沙皇保罗一世签署的宣言，这项协议并未能够使格鲁吉亚免遭1801年被俄罗斯吞并的后果。格鲁吉亚在1918年脱离俄罗斯帝国后短暂独立，并一直保持着这种独立，直到1921年红军入侵后，格鲁吉亚被宣布为苏维埃社会主义共和国。一年后，苏联宣布南奥塞梯为格鲁吉亚的自治区，这无疑加剧了两者之间的紧张关系。1931年，继奥塞梯之后，阿布哈兹也走上了自治的道路。曾经作为苏联一部分的格鲁吉亚，在1991年3月31日举行全民公投获得独立。同年，爆发了针对格鲁吉亚总统的军事政变。

与此同时，自治领土也开始采取行动：南奥塞梯抵制格鲁吉亚最高委员会的选举。因此，第比利斯宣布南奥塞梯进入紧急状态。1991—1992年，形势变得更为复杂，南奥塞梯战争爆发。停火协议将南奥塞梯划分为由格鲁吉亚控制的地区和由未被承认的南奥塞梯政府控制的地区。当时成立了包括格鲁吉亚、俄罗斯、北奥塞梯和南奥塞梯在内的联合控制委员会，并在联合控制委员会的授权下引进了由格鲁吉亚、俄罗斯和奥塞梯军人组成的联合维和部队（JPKF）。还在该地区部署了少量欧洲安全和合作组织观察员。与此同时，1992年阿布哈兹—格鲁吉亚战争开始，一直持续到1993年。格鲁吉亚议会呼吁联合国、欧洲理事会和俄罗斯联邦委员会，要求俄罗斯军队从阿布哈兹撤军，并声明俄罗斯对格鲁吉亚发动了"一场未宣战的战争"。战争导致阿布哈兹成为事实上的共和国，该共和国被国际社会普遍承认为格鲁吉亚的一部分。双方伤亡严重,有25万格鲁吉亚人成为国内流离失所者。

格俄关系当代史与2008年紧密相关。当年发生的事件逐步导致全面的武装冲突。同年4月,俄罗斯宣布将加强与阿布哈兹和南奥塞梯的关系,格鲁吉亚指责莫斯科事实上有吞并它们的计划。同年5月,俄罗斯向阿布哈兹派遣了300名进行铁路维修的非武装部队。格鲁吉亚指责俄罗斯有进行军事干预的计划。8月,格鲁吉亚总统萨卡什维利向南奥塞梯派遣军队。俄罗斯将自己的军队转移到边境地区,飞机飞越格鲁吉亚上空。南奥塞梯开始发动空袭。8月8日,美国、英国和北约呼吁俄罗斯与格鲁吉亚停止军事敌对行动。欧盟和美国外交官代表团飞往格鲁吉亚,解决不断升级的紧张局势。随即,格鲁吉亚总统萨卡什维利与俄罗斯签署停火协议。这次停火协议是由法国总统萨科齐促成的。8月16日,俄罗斯总统梅德韦杰夫在停火协议上签字。作为停火协议的一部分,俄罗斯从格鲁吉亚撤出部分军队。俄罗斯在阿布哈兹和南奥塞梯有争议领土附近的检查站驻扎着士兵。

三 叙事

在创伤研究中叙事很重要,因为它可以帮助个人和群体为记忆、分析和克服压力创造背景。克里斯托尔指出,语言是身份的主要索引、符号和记录,因为它表达了文化的独特性。① 正如张所认为的那样,"人类的思想或意识形态是文化的重要组成部分,因为语言是传达思想的媒介"②。理查德·奥科尼认为,创伤性叙事有一些具体的特点,包括:

1. 情感脆弱的特征。
2. 对事件的碎片性回忆(结构紊乱)。
3. 混合的时间背景(创伤导致记忆碎片化,因此不可能保持清晰的结构)。

---

① Crystal, D., 2000, *Language Death*, Cambridge: Cambridge University Press.
② Zhang, J., 2006, "Socio-cultural Factors in Second Language Acquisition," *Sino-U. S. English Teaching Journal*, 3 (5): 41-42.

4. 表明谁应该承担责任（谁对所发生的事情感到内疚）。

5. 叙事者的自我感知。①

有趣的是，在阿布哈兹战争和八月战争之后，为展现冲突细节而创作的叙事揭示了创伤后作品的特点。有两种非常相似的叙述，描述了特定的国内流离失所者群体的压力和创伤，以及身份问题。按时间顺序排列，第一个令人感兴趣的叙事是对阿布哈兹战争中国内流离失所者问题和身份危机的描述。《沉重的负担》是由国内流离失所监测中心、在格鲁吉亚的挪威难民理事会和英国伦敦帕诺斯研究所的"口头证词项目"联合编写的一本书。该书作者从受冲突影响的不同社区挑选了 12 名采访者，对他们进行了 59 次访谈。

该书的序言解释了这个标题："沉重的负担"——揭示了大多数叙述者因战争创伤而背负的巨大负担。经过多年的流离失所，叙述者仍然需要与世界分享他们的损失和持续的悲伤。未能够解决的流离失所问题，会导致不安全感的产生。这本叙事集揭示了超越典型流离失所和保护需求的问题，并涉及价值观、身份、感情和情感问题。② 由于叙事是由训练有素的学者参与的，其中包括精心选定的采访。其目的是实现冲突遭遇与流离失所的不同经历之间的平衡。首先，学者们创建了列表，包括记录每位叙述者的主要特征。一个由项目成员创建的阅读委员会使选择过程尽可能全面。最终，在 59 个录音访谈中，有 13 个被选中发表。

情感脆弱，被认为是创伤后叙事的主要特征之一，我们可以在整本书中观察到：

"因为战争开始了，我们于 1993 年 9 月离开了我们的村庄。阿布哈兹人占领了苏呼米，三天后，加利也被占领了。我们在冲突开始时就离开了。在我的记忆中那一天仿佛是昨天，但那是 14 年前。我妈的教子对我说：你为什么要哭？我们三天后会回来。"采访者的最后一句话是在这两种讲述中持续存在的动机。在每一场冲突或战争之后，群体的主要观

---

① O'Kearney, R., Perrott, K., 2006, "Trauma Narratives in Posttraumatic Stress Disorder," J 'Trauma and Stress', 19 (1): 81 – 93.

② Lois, A. S, Tavartkiladze, T., 2007, "A Heavy Burden (Internally Displaced in Georgia: stories of people from Abkhazia and South Ossetia)," 27 – 85. Available at http: //georgica. tsu. edu. ge/files/03 Society/IDPs/Lois&Tavartkiladze – 2007. pdf.

念是快速回归家园。在分析创伤和以某种方式接受结果之前，群体，特别是国内流离失所者选择从经历中分离出来。"他们被杀没有任何原因——只是因为他们是格鲁吉亚人。"然而，这个受害者因为就业和得到周围环境的支持，克服了痛苦的经历。这就是为什么她要呼吁宽恕的原因，"让我们原谅和握手言和"。

第二位讲述者强调了在阿布哈兹战争期间格鲁吉亚人与阿布哈兹人之间的严格区别。可以把冲突前与战争期间的情况划出一条想象的边界。"最初，婚礼上有很多的阿布哈兹人，你根本感觉不到双方之间有什么紧张关系。"然而，在冲突期间，"阿布哈兹人发现该男子有格鲁吉亚身份，于是将他抓捕"。

冲突不仅发生在社区之间，而且也发生在身份之间。其中一位受访者还记得，主持人在他的祝酒词中被要求说"格鲁吉亚而不是阿布哈兹——我们的土地万岁"。但事实上，他自己说的则是"格鲁吉亚和阿布哈兹万岁"，这强调了阿布哈兹在格鲁吉亚边界内的矛盾性存在。受访者强调身份问题和格鲁吉亚人的服务如何不被阿布哈兹人所认可；反之亦然。"当你在格鲁吉亚军队服役时，阿布哈兹立法机构不承认这一点。我是一位格鲁吉亚人，我更喜欢在格鲁吉亚军队服役，而不是在阿布哈兹军队服役后得不到格鲁吉亚人或格鲁吉亚立法机构的承认。"受访者还提到了刻板印象的问题。"在这里"与"在那里"的孩子之间的差异可能并不大，但它仍然存在；"这里的孩子更先进，而在那里，他们没有任何独立思考的能力"。第二次采访完美地揭示出谁应该对人们的悲惨生活负责："有一次，阿布哈兹人袭击了这个村庄，也许是为了盗窃东西或拿走东西。"

在冲突发生后，阿布哈兹的情况有何变化？"时间在那里停止了。它已经停止了。那里没有什么进步，只有衰退。你不能在那里创业。那里没有受教育的机会。"尽管在河的这一边，生活也不完美，受害者提到他们拥有一些改善的机会，而对另一边则没有提供任何观点。"我的家人与阿布哈兹人有联系，但这些联系是基于垂直关系的——就像主人与他的仆人之间的关系。"被调查者认为，由于冲突，他的生活发生了巨大的变化，他在小时候经历了一些自我认知和自尊的问题。"我损失了很多。我失去了更美好的未来。如果我们没有流离失所，我可能会更成功，因为我不会有这些问题。我相信我会做得更多。这次流离失所不仅对我的家庭是毁灭性的,而且对其他许多家庭也是毁灭性的。"

正如书中所提到的,族群身份与社会地位和他们从压迫者那里得到的待遇直接相关。"族群背景决定了那里的人们的待遇。我们格鲁吉亚人被当作下层社会的人。这是错误的,但如果你是阿布哈兹人,你就会被认为比格鲁吉亚人有更高的社会地位。如果我告诉他们我是格鲁吉亚人,我可能会被逮捕。"

总的来说,这本书通过揭示创伤后文学作品的一些主要特征,解释了创伤后叙事的经典特征,如详细描述特定的记忆、描述战后的状况、命名敌人和谈论自我感知问题。但最终《沉重的负担》这本书可以被读者视为一种积极的叙事,因为我们有和解的希望和更好的未来:"我们将会和解""我们对未来有希望"。我们可以看到,在与流离失所家庭密切接触的不同组织和个人的帮助下,压力已经得到了控制。

在其背景和创伤感知上,第二种有趣的叙事是非常不同的。它是在2008年八月战争的创伤性事件之后进行的。这本书是具有象征意义的,被称为《英雄》,显示了"失去"对格鲁吉亚群体的重要性。在战争中阵亡的士兵成为为国家的自由和独立而战的英雄,并试图通过叙事来表达它。《英雄》一书包含了300个故事。这些故事由受害者家属撰写,并由格鲁吉亚新闻协会收集。每个讲故事的人都试图详细地描述事件。除此之外,每个故事都附有士兵的简短传记及其照片。《英雄》明确区分了受害者群体和敌人群体。它公开指责俄罗斯的不当行径,即杀人和大屠杀。整本书对创伤进行了概括,不仅直接与受害者相关,而且与他们的家庭相关,因此也与大社会(间接受害者)相关。[1] 综上所述,我们可以有把握地假设"英雄"属于创伤后叙事。

分离也是《英雄》这本书的一个共同特征。我们在书中看到,一些家庭成员完全拒绝接受创伤及其家庭成员死亡的事实情节。"我不会穿黑衣服的"或者"我坐在窗前等着我的丈夫"。"男孩告诉我他迷路了,但

---

[1] Tabeshadze, N., 2016, "Formation of Post-Traumatic Narrative Templates," *International Journal of Humanities, Art and Social Studies* (IJHAS), 3 (2): 31-39.

我相信他会回来的。"① 这本书试图定义英雄群体和恶魔群体。俄罗斯人被称为"他人",他们带来了一切不幸和毁灭。因此,他们要对受害者的痛苦负责。

如前所述,寻找那些应该被指责的人是创伤经历中不可分割的一部分。对敌人或"他人"的感知与族群认同的加强直接相关。敌人的角色是坏的,书中几乎所有的故事都强调了这一点。"不仅我的儿子被俄罗斯炮弹炸死,而且他人的儿子和他人儿子的后代也被炸死""尽管她认为她的丈夫总会死去,但俄罗斯人直接杀了他",或"在缓冲区俄罗斯士兵告诉她:你的儿子永远不会穿制服""我们抗议俄罗斯人,也抗议语言"。

这本书强调了格鲁吉亚人高于俄罗斯人的优越地位,强调了族群认同。对于受害者来说,英雄行为只能是格鲁吉亚人的特征,因为敌人不能采取英雄行为:"只有格鲁吉亚人才能成为这样的英雄。"他们阻止了敌人的进攻,开始了战斗。俄罗斯人表示遗憾,如果他们有格鲁吉亚人这样的士兵,他们会赢得这场战争或者"他为祖国牺牲了自己的生命,而祖国的敌人用炸弹炸死了他"。

在整本书中发现的另一个非常有趣的现实是,受害者试图将2008年的战争与阿布哈兹战争联系起来,指的是它们的相似条件,特别是人民和领土的损失。这可能不只是一个巧合。阿布哈兹战争对格鲁吉亚群体造成了创伤性事件,它也造成了大量的国内流离失所者。需要特别强调的是,那些是在八月战争前都参加过阿布哈兹战争的英雄们。"他在茨欣瓦利回归了他苏呼米人的身份。他穿越了9个村庄,因为他记得苏呼米",或"他在阿布哈兹死里逃生,但最终在2008年8月的战争中无法逃脱"。

在整个叙事中,对英雄主义的整体关注是持久的。当然,叙事的功能是让全社会了解已故士兵的个人历史。此外,个人历史也反映了成为大规模创伤受害者的家庭成员的状况。这种英雄主义在每个故事中都会得到强调。"他做了英雄应该做的事——他保卫祖国的独立",或"他在8月10日成为一个英雄"。创伤被认为是一个展示英雄本质的机会,这是一个不朽的领域。因此,我们可以说,《英雄》一书是创伤后叙事的一个

---

① Fkhakadze, T., 2010, *Hero*, Tbilisi: Primetime Publishing, pp. 13–56.

经典例子。他们对事件的详细描述，展示了应负责任的群体，以及强调族群认同和情感脆弱：《英雄》和《沉重的负担》是创伤后叙事群体的一部分。

四 结论

这篇文章的主要目的是分析格鲁吉亚两场毁灭性冲突后所产生的两种叙事。人们的注意力主要集中在两场战争及其对整个社会的影响上。本文假设这两场战争都可以被视为大规模创伤；它们也可以被称为集体性创伤事件。这些事件在有限的时间里，不仅造成了破坏和方向迷失——既定的身份角色的转变和价值观的改变，而且导致了许多生命的丧失。一般来说，创伤会伴随着损失和悲伤。这种悲伤导致了受害者家庭成员的创伤后应激障碍特征。处理创伤后应激障碍非常重要，因为忽视创伤可能会给个人带来意料之外的问题，如忧郁、沮丧、孤立和缺乏再社会化的渴望。

在仔细观察两种关于创伤纪念的叙事后，我们可以看到这样一种明显的区别。一方面，这种差异包括在《沉重的负担》中对敌人的中立态度和对未来充满希望的态度。另一方面，《英雄》一书包含了对事件的更模糊的看法，对未来的模糊的看法，以及对敌人更激进的态度。我相信，这些差异可能是由于大规模创伤事件发生后的时间流逝而造成的。《沉重的负担》包括对十多年前发生的事件的采访。《英雄》创作于2009年，出版于2010年，其中包含了发生在2008年的战争故事。这可能是导致激进立场和情绪基调差异的原因。然而，这两种叙事的主要特征无疑都是由创伤造成的。

综上所述，大规模创伤及其不同特征是非常有趣的研究课题。除此之外，创伤研究对创伤社会的恢复也很重要。社会的福利和国内流离失所者的重新融入，取决于应对创伤后应激障碍的恢复过程。叙事是这个过程中不可分割的一部分。

（兰州大学格鲁吉亚研究中心姚梅译，周骁剑校）

在国家与民族建构之间:关于格鲁吉亚公民身份证上"民族"的辩论*

奥利弗·赖斯纳(Oliver Reisner)

【摘要】 本文以格鲁吉亚的一场公众辩论为例,研究转型社会中人们对现实的认知和价值取向。基于对纸媒上100多篇文章和采访的细读,本文探究了公共辩论在格鲁吉亚社会中的地位,辩论的话语风格、范式和结果。同时,本文也研究了不同形式的话语和论点与代际更迭的关系。

【关键词】 格鲁吉亚;身份认同;民族;意识形态

一 引言

> 无论何时,当你开始思考时,你的思想……
> 已经作为思想的形式而存在……
> 这是一个言语世界,它总是产生了
> 伪疑问、伪问题和伪思想本身,
> 而且几乎不可能将它们与真思想相区别。
> ——梅拉布·马马达什维利(Merab Mamardashvili)①

---

* *Exploring the Caucasus in the 21st Century—Essays on Culture, History and Politics in a Dynamic Context*, Amsterdam University Press, 2011, pp. 157 – 179.

① Mamardashvili, M., *Estetika Myshleniya* [*The Aesthetics of Thought*], Moscow: Moskovskaya Shkola Politicheskikh Issledovanij, 2000, pp. 14 – 15.

2008年8月俄格战争之后，俄罗斯单方面承认格鲁吉亚境内有分离主义倾向的地区——阿布哈兹和南奥塞梯的独立。这两个国家承载着苏联民族联邦制的具体制度遗产，这一遗产注定了民族分裂。同时，这一苏联制度也在无意中为民族主义精英创造了一个激励系统。随着1991年南高加索各国的独立，这套激励系统导致其行政区划单位的民族分离主义。于是，这就形成了一种独特的不满、观念和机会的融合，并被镌刻在20世纪发展的某种历史叙事中。①

本文以格鲁吉亚公众的一场辩论作为案例，研究转型社会中人们对现实的认知和价值取向。基于对各种纸媒的100多篇文章和采访的细读，本文探究公共辩论在格鲁吉亚社会中的地位。这种话语是大众的还是精英的？其风格是浸透了苏联的遗产还是充满了反意识形态的、不断变化的范式？考虑到这场辩论的短期结果，人们可能会问，这场辩论会带来什么结果？

另外，不同形式的话语和争论也与代际更迭有关：年轻的"改革者们"在"玫瑰革命"（Rose Revolution）后成为新任部长，他们更喜欢西式民主、人权和市场经济话语；相比之下，昔日国家精英的代表，即位居要职人员（nomenklatura，尤其指苏联等国家，由共产党任命的）依靠的是有数十年发展史并自20世纪80年代末开始政治化的民族话语。苏联解体后，这是支撑格鲁吉亚独立的唯一的意识形态基础。②

二 辩论——一种重建

现行法律修正案于1999年1月14日生效后，格鲁吉亚媒体展开了激

---

① Zürcher, C., *The Post-Soviet Wars. Rebellion, Ethnic Conflict and Nationhood in the Caucasus*, New York and London: New York Press, 2007.

② Cheterian, V., *War and Peace in the Caucasus. Russia's Troubled Frontier*. London: Hurst & Co. 2008: pp. 155 – 215; Reisner, O., "Georgia and Its New National Movement," Jahn, E. (ed.), *Nationalism in Late and Post-Communist Europe*, Vol. 2—*Nationalism in the Nation States*, Baden-Baden: Nomos, 2009, pp. 242 – 268; Shatirishvili, Z., "'Old' Intelligentsia and 'New' Intellectuals: The Georgian Experience," in *Eurozine*, 23.06.2003, at http://www.eurozine.com/articles/2003 – 06 – 26 – shatirishvilien.html (13.07.2009). Already in 2003 he did not share the 'new' intellectuals' 'liberal ecstasy' and their eschatological optimism about the 'new world order'.

烈的辩论，原因是格鲁吉亚的公民身份证和出生证上将不再注明"民族身份"（ethnicity）。对于前议会移民委员会主席古拉姆·沙拉泽（Guram Sharadze）① 来说，新法律剥夺了格鲁吉亚人管理国家人口状况的潜在可能，侵犯了他们的权利。他认为，格鲁吉亚成了"世界主义的试验场"（Test-ground for Cosmopolitanism）。沙拉泽要求在春季议会会议之前暂停这些修正案，并弹劾时任司法部长拉多·查图里亚（Lado Tchanturia），尽管这些修正案是由前总统谢瓦尔德纳泽（Shevardnadze）提出的。② 扎扎·达维塔亚（Zaza Davitaia）是亲兹维德派③的伊利亚正义会（pro-Zvia-dist Ilia the Righteous Society）的活动家和格鲁吉亚人权协会的副主席，他认为，这是"格鲁吉亚事实上的政府"的又一个反格鲁吉亚步骤，旨在使格鲁吉亚人在自己的国家成为"佃户"。在他看来，第一步是关于不受限制地出售非农业用地的法律。④ 工党领导人沙尔瓦·纳特拉什维利（Shalva Natelashvili）也谴责了从身份证和出生证上删除民族身份信息的法律，并称其政党将在春季议会会议上提出对该法律的修订。用他的话来说，当工党在1999年10月举行的下届选举中成为议会多数派时，他们将修改该法律。⑤

一方面，1999年1月18日，谢瓦尔德纳泽总统在例行广播采访中呼吁对民族身份问题进行合理的辩论，但他也表示自己倾向于支持那些主张在身份证上重新引入民族身份类别的人。他指出，格鲁吉亚有自己的传统，"在这个问题上盲目地追随西方是不对的"。其中，世界格鲁吉亚人大会（World Congress of Georgians）宣布，他们认为，恢复民族身份类

---

① 古拉姆—沙拉泽（1940—2007）是第比利斯国立大学的语言学家和教授，与前总统兹维亚德—加姆萨胡尔季阿关系密切。他创立了民族主义运动"语言、祖国、宗教"。1995年至2003年，他作为格鲁吉亚议会的反对派成员批评谢瓦尔德纳泽，2003年他加入了谢瓦尔德纳泽的选举集团"为了一个新的格鲁吉亚"。作为外国特别是西方在格鲁吉亚影响的突出批评者，他经常谴责乔治—索罗斯的公民社会工作以及格鲁吉亚的自由主义人权活动家和改革者的倡议。2007年5月他被害。时代在线，2007年6月4日，http://www.timesonline.co.uk/tol/comment/obituaries/article1878519.ece。

② Gudjabidze, G. (1992: 2). *Resonance* No. 9, 14.01.1999.

③ 兹维德派是格鲁吉亚共和国第一任总统兹维德·加姆萨胡尔季阿（1939—1993）的支持者，他担任总统不到一年，于1992年1月被推翻。

④ Gea News Agency, *Akhali Taoba* (New Generation), No. 12, 15.01.1999, p. 2.

⑤ Gea News Agency, *Akhali Taoba* (New Generation), No. 12, 15.01.1999, p. 3.

别一栏将有助于"维护格鲁吉亚历史上本土民族的贡献""保留格鲁吉亚文化的主导思想"①，以及防止国家名称被改变。17 位著名的格鲁吉亚作家和诗人向总统呼吁恢复证件上的民族身份一栏，认为这可能会让格鲁吉亚失去自己的名字，国家可能会陷入混乱；格鲁吉亚语可能不再是官方语言，后代在"为格鲁吉亚的生存而战时将处于弱势地位"②。

另一方面，遣返局和议会移民委员会主席古拉姆·马姆里亚（Guram Mamulia）认为，沙拉泽主张保留身份证上民族身份类别的运动，可能会阻碍格鲁吉亚成为一个统一的国家。他接着说，如果总统向沙拉泽的要求让步，同意对法律进行相应的修正，那么格鲁吉亚少数民族聚居地的民族分离主义倾向可能会增加。③ 一篇报纸评论认为，反对取消民族身份类别的政治家和公众人物是在强调格鲁吉亚的民族身份是一种特权，他们是在利用"卑鄙的民族主义本能"，以确保他们"廉价的人气"和"可疑的政治生涯"。该报还批评总统偏袒那些呼吁在公民身份证上重新引入民族类别的人。④

1999 年 1 月 21 日，反对修正案运动的发起人古拉姆·沙拉泽组织了一次抗议活动，要求禁止自由电台格鲁吉亚分部的广播，冲突由此升级。他的愤怒是由大卫·派特恰泽（David Paitchadze）的广播评论所引发的，后者不支持沙拉泽的立场，并称其为民族主义。沙拉泽甚至想殴打这位记者，但是混乱中失手击中了派特恰泽的同事塔玛·奇科瓦尼（Tamar Chikovani）。⑤

谢瓦尔德纳泽总统在每周的广播采访中，首先对那些把民族作为民族国家实体的人表示理解。但是，他接着又说，少数民族很难抛开其民族身份，特别是那些像阿布哈兹人一样没有自己国家的人。最后，他再次站在"我们的作家"一边，并以感谢的口吻说："如果一部文学作品不保护它的人民、它的民族和语言，它就不能算是一部文

---

① Bransten, J., "Ethnicity Proposal Stirs Debate on Nationality and Citizenship in Georgia," Prague, 22.01.1999（RFE/RL）.

② Akhali Taoba No. 17, 25.01.1999, p. 5.

③ Prime-News Agency, *Shvidi Dghe*（Seven Days）No. 7, 20. -21.01.1999, p. 1.

④ Koridze, T. (1999), *Droni*（Times）No. 6, 21. -23.01.1999, p. 3.

⑤ Djokhadze, G., *Resonance* No. 17, 22.01.1999, p. 5.

学作品。"①

时任司法部长拉多·查图里亚在接受采访时为自己辩护说，格鲁吉亚社会的大部分人都抗议最近通过的法律，即从格鲁吉亚公民身份证上取消民族身份类别，他们仍然缺乏管理公共事务的技巧和远见。鉴于公众的负面意见，该法律应该被修改，但他对此只能表示遗憾。他警告说，通过表明我们的民族国家身份，我们将把格鲁吉亚变成一个民族身份的动物园。② 1999 年 1 月 25 日，非政府组织"自由研究所"（Liberty Institute）在新闻发布会上谴责沙拉泽领导的运动。其负责人列万·拉米什维利（Levan Ramishvili）指控沙拉泽犯有"迫害批评者"的罪行，并为此提起诉讼，因为他曾试图殴打自由电台第比利斯分部的一名记者，并禁止该电台的广播。此前该电台曾在节目中批评他的立场。他说，"亲西方的"谢瓦尔德纳泽支持格鲁吉亚民族主义者。③

古拉姆·沙拉泽领导的运动旨在反对《土地所有权法》，反对向非格鲁吉亚族群体出售土地。第比利斯市议会成员科巴·达维塔什维利（Koba Davitashvili）律师认为，一场强大的反改革运动可能很快会出现。④

在对格鲁吉亚公民的呼吁中，议会和总统及格鲁吉亚境内 19 个十分活跃的非政府组织声称，格鲁吉亚公民身份证和其他证件上的民族身份类别违反了宪法规定的平等原则，可能会产生特权群体。如果总统和议会修改目前已生效的新法律，在官方文件中恢复这一类别，非政府组织将向宪法法院上诉。⑤ 这场激烈的辩论持续了整个 2 月，1999 年 3 月初，这场辩论戛然而止。

1 月 9 日，格鲁吉亚律师协会成员奇钦诺·茨赫韦季亚尼（Tsitsino Tskhvediani）表达了这场辩论的基本论点。她断言，从司法角度来看，在身份证上取消民族身份栏目不会有任何损失，标明民族身份也不会有任何好处，因为格鲁吉亚宪法平等地保护所有公民。宪法第 14 条和第 38 条

---

① *Sakartvelos resp'ublik'a* (Republic of Georgia) No. 21, 26.01.1999, p. 1.
② Samkharadze, N., *Alia* No. 14, 26.–27.01.1999.
③ Narsia, R., *Resonance* No. 21, 26.01.1999.
④ Gabedadze, E., *Shvidi Dghe* No. 10, 27.–28.01.1999.
⑤ *Shavi Dghe* No. 12, 01.–02.02.1999, p. 3.

指出，所有公民，不论其民族、种族、宗教派别或语言，都在社会、经济、文化和政治生活中享有平等地位。但茨赫韦季亚尼也指出，由于格鲁吉亚人在本国从未享有特权，也许其他民族族群在事实上比格鲁吉亚族群更有特权。心理学家玛奇亚·戈麦洛里（Mzia Gomelauri）的研究①表明，格鲁吉亚公众将祖国理解为一块统一的领土和一个居住于此的民族。

人口学家安泽·托塔泽（Anzor Totadze）在回应沙拉泽时说，他的主要意图是正确的，但他通过电视发出的声明却是错误的，因为他提出的《民事行为登记法案》（On the registration of civil acts）的主要意图已经改变。早在1998年的一次会议上，沙拉泽就要求推迟下一次人口普查，直到公民的民族身份类别在格鲁吉亚的护照和身份证上得到体现。但是，托塔泽坚持将民族身份纳入人口普查问卷的原则，而不是由国家在个人证件上赋予公民以民族身份。这种做法符合国际公认的人口学标准，只有这样才能真正描绘出格鲁吉亚的民族多样性。人口普查的目的是记录真实情况，而不是护照上所反映的法律情况。他肯定了沙拉泽的观点，即对于像格鲁吉亚这样一个面临人口问题的小国而言，了解族群状况是非常重要的。国家必须了解国内的族群关系，以便采取适当的措施，但在个人证件上标明民族身份只是一种象征性的行为。众所周知，国内外恶势力（avismsurveleebi）试图篡改我们的历史，破坏我们统一的格鲁吉亚政府机构和国家的领土完整，并将格鲁吉亚人引向彼此对抗［例如，在1897年的俄罗斯人口普查中，明格列尔人（Mingrelian）、斯旺人（Svans）和拉兹人（Lazes）被列为独立的族群，而不属于卡尔特维尔人（Kartvelians）］。托塔泽问沙拉泽，为什么他没有在1998年的立法会议上提出批评意见。托塔泽认为，这种行为的动机只能是出于包含个人野心的"伪爱国主义"，而非出于"国家大局"（erovnuli sakme）。托塔泽接着说，现在很多政党、政治家和反对派势力只顾自身的利益，他们不做

---

① Dzhaiani, M., "Vin gvartmevs samshoblos? vnebebi kartuli p'asp'ort'ebis irgvliv" (Who will steal our homeland? Passions concerning Georgian passports), *Droni*, 09.01.1999. English version of "The Constitution of Georgia" in: Human Development Report: Georgia 1996", UNDP, Tbilisi 1996, pp. 137 – 147.

实事，只动嘴。长此以往，格鲁吉亚将再次失去独立地位。① 而新法律对注册的要求并不明确。②

将"格鲁吉亚人精神和国家的毁灭"归咎于国会议员，这是沙拉泽以一种民粹主义的方式，密谋反对总统和格鲁吉亚。沙拉泽说，这种国家堕落（gadagvareba）是从"我们的敌人"所策划的"国家自我清算"（the nations self-liquidation）开始的。他谴责改革者的行为是"反民族的"，并把他们排除在民族共同体之外。沙拉泽说："民族身份的丧失是民主的最大特征"③，他把西方价值观与反民族政治联系起来。沙拉泽以一种蛮横的态度强调了他与谢瓦尔德纳泽的亲密关系，并坚持认为"当总统知道这件事时，他会纠正这种错误"。由于宣传的关系，沙拉泽利用这个机会为自己的"格鲁吉亚第一"（Georgia First）运动进行宣传动员。雷瓦兹·米什维拉泽（Revaz Mishveladze）是一位知名作家，也是要求重新引入民族身份类别运动的第二号人物。在其发表的几篇文章中，他反对格鲁吉亚政府的政治行为，认为它是世界性的和非民族性的，因此，在他看来，格鲁吉亚人会日渐减少。但"我们现在需要我们的民族身份，来面对21世纪文化和民族的混合"④。沙拉泽和米什维拉泽得到了格鲁吉亚作家联盟和其他文化机构及报社的支持。他们认为，在失去阿布哈兹

---

① Teimuraz Beridze（国家统计局局长）、Anzor Totadze（人口学家）和 Tsiala Eliadze（人口普查委员会主任）召开了会议。见 Anzor Totadze, "Vis stchirdeba aseti t'quilebi？！bat'on guram sharadzis erti sat'elevizio gamosvlis gamo"（谁需要这样的谎言？关于 Guram Sharadze 先生在电视上的出现），*akhali sakartvelo*（新格鲁吉亚），21.-27.01.1999, p.11。参见"sakartvelos demograpiuli p'ort'ret'l"（格鲁吉亚的人口画像），*Samshoblo*, Tbilisi, 1993.

② How ethnicity was killed together with Lasha Sharadze's father, akhali sakartvelo, 21.-27.01.1999, p.11. 这篇文章提到了沙拉泽的儿子在1997年的死亡。虽然官方记录的死亡原因是自杀，但沙拉泽宣布这是一个旨在惩罚他的政治行为。

③ Guram Sharadze, "shetkmuleba sakartvelosa da p'rezident'is c'inaaghmedg！Conspiracy against Georgia and its president," in：*asavali-dasavali* no.4（18.-24.01.1999）, pp.2-3.

④ Revaz Mishveladze, "rat'om unda gvec'eros p'asp'ortshi kartuli"［Why there has to be written Georgian in our passports］, in：*asavali-dasavali*, no.4, 24.01.1999, p.3；ibid., "erovneba,, kart-veli' daasamares"［Bury the ethnicity 'Georgian'］, in：*sakartvelo*, 19.-25.01.1999, p.2, 5 and 7；ibid., "khma amovighot, sanam permis gotchebivit dagvnomraven"，［Let us raise our voice until we will be numbered as young pigs on a farm］, in：*dro* no.3, 19.-26.01.1999, p.2.

和茨欣瓦利（Tskhinvali）地区后①，经济已经衰退，人们普遍希望格鲁吉亚的族群身份得以保留。由于格鲁吉亚近30%的人口为非格鲁吉亚族人，保留民族类别的支持者们认为自己与同胞的关系处于紧张状态，他们对非格鲁吉亚族群的忠诚度提出怀疑。一些引入民族类别的支持者将分离主义归咎于非格鲁吉亚族人。②

在被称为"改革者"的人看来，引发分裂主义风险的因素正来源于国家确定某位公民的族群身份，从而违背了格鲁吉亚所有公民一律平等的宪法原则。格鲁吉亚议会的年轻议员、新任司法部长、一些社评报纸和设在布拉格的"自由电台"（由美国经营），以及许多非政府组织（以"自由研究所"为首）都被认为属于这个群体。由于缺乏广泛的公众支持，他们中的大多数都诉诸国际标准。其中一些人以同样不容置疑的方式进行回应，称保留族群身份类别的支持者为"民族主义者"或"法西斯主义者"。其他反对者则对他们毫无结果的论争予以了讥笑或嘲讽。

这场公开辩论开始时就像一场老式的苏联式运动，他们集体给报纸编辑写信，试图用不同的意见驳斥代表们的主张。古拉姆·沙拉泽的追随者担心格鲁吉亚民族会因为官方个人证件上没有民族类别而解体，而其他人则担心格鲁吉亚国家会因为重新引入民族类别而解体。双方都呼吁谢瓦尔德纳泽总统的最终裁决。双方都发表了长篇大论，但没有进行真正的辩论。③ 一些具有自由主义思想的学者提出的更有说服力的意见，被这些主要反对者的冲突所掩盖。在比较自由的报纸上，有一些文章试

---

① It is also named "South Ossetia" in Soviet terminology or "Samachablo" among Georgians. The use of certain place names already indicates certain political claims over the respective territory.

② See for example the interview with Guram Sharadze, "jer vibrdzoleb dabadebis motsmobashi erovnebis aghnish vnaze da shemdeg p'iradobis motsmomobaze gadaval" [First I am fighting for the mentioning of nationality in the birth certificates and then continue with the ID's], in *Akhali taoba*, 12. 02. 1999, p. 5. extracted in French in Thorniké Gordadzé, Claire Mouradian (eds.), "Etats et nations en Transcaucasie. Problèmes politiques et sociaux", *Dossiers d'actualité mondiale* No 827, 17. 09. 1999, p. 35.

③ Cf. *Kartveli eri da kartuli sakhelmtsipos momavali* [The Georgian nation and the future of the Georgian state]. Round table organized by Akhali shvidi dghe (New Seven Days), 30. 01. 1998, also extracted in French in Gor dadzé and Mouradian, *Etats et nations en Transcaucasie*, pp. 38 – 42.

图分析这场辩论。① 因此，它变成一场个人化的辩论也就不足为奇了。在这次辩论中，人们很难听到格鲁吉亚少数族群代表的声音。

总而言之，在个人证件上保留民族身份类别的强烈要求和反对采用国际标准的意见，可以解释为继续保持苏联的积极区别对待政策或"反歧视行动"（affirmative action）的做法，以保持不同族群之间的界限。正如谢瓦尔德纳泽总统所指出的那样，这一点也可能在少数民族群体中找到追随者。② 民族文化身份和国家公民身份之间似乎没有任何区别，一位格鲁吉亚法学家认为这是苏联遗产。③ 格鲁吉亚民族的族群文化定义在本质上被置于国家之上，而国家却有义务通过护照和其他个人正式文件来维护这一身份。

三 民族国家认同和公民身份
——苏联的遗产

在国际法和国内法中，公民身份用以描述公民与国家政权（共同体）之间基于对等权利和义务的司法关系。在全球化时代，公民身份昔日的独特功能越来越多地被一个政治共同体成员的指定功能所取代。这使得忠诚和民族国家认同有了不同的模式。④ 但是，是什么将积极的公民身份与民族国家归属联系起来呢？对血统主义（ius sanguinis）原则的依赖表达了这些民族的历史经验，他们在历史上的生存并不依赖于其组织化的力量，而是依赖于其文化存在和族群传统的延续。⑤

---

① Teimuraz Koridze, "Gurami da misi razmi" [Guram and his gang], in *Droni*, 13.02.1999, p. 7, also extracted in French in *Gordadzé and Mouradian*, *Etats et nations en Transcaucasie*, pp. 36 – 37.

② sakartvelos resp'ublik'a no. 21, 26.01.1999, p. 2.

③ Zurab Kik'nadze, "umecreba tu demagogia" [Ignorance or demagogy], in: *k'avk'asioni*, 17. – 23.02.1999, p. 4.

④ Hailbronner, K. (1999: 5), "Ausländerrecht: Europäische Entwicklung und deutsches Recht," in: *Aus Politik und Zeitgeschichte*. Beilage zur Wochenzeitung Das Parlament B21 – 22/99, 21.05.1999.

⑤ Benhabib, S. (1999: 98), "Kulturelle Vielfalt und demokratische Gleichheit," "Politische Partizipation im Zeitalter der Globalisierung," Frankfurt/Main: Suhrkamp. In the Western discussion a possible exit from the dilemma, that a people (ethnos) and a political community (demos) are not identical, may be a "transnational citizenship". Kleger, H. (1995: 85 – 99), Transnationale Staatsbürgerschaft oder: Läßt sich Staatsbürgerschaft entnationalisieren? in: Archiv für Rechts-und Sozialphilosophie, Beiheft 62, Stuttgart 1995.

虽然"格鲁吉亚民主共和国"（1918—1921）的公民身份规定相当自由①，但其在前苏联各加盟共和国中的发展却遵循着一条特殊的道路。当代西方的历史和社会研究并没有证实苏维埃国家是一个民族毁灭者的普遍假设，而是揭示了相反的情况。20 世纪 20 年代，苏联民族政策建立了一个以民族领土为单位的金字塔，这本应该允许绝大多数的个体保留其民族身份而不会觉得自己是少数族群，与特定的领土行政单位相联系，它们的不同地位（共和国、省和区）导致了正式的民族等级制。但布尔什维克设想的民族苏维埃概念与流行的国家主权概念相冲突。通过将民族苏维埃（national soviets）与拥有土地（当时是一种非常稀缺的资源）联系起来，它划定了民族边界，使每个村庄，甚至每个人，都必须宣布效忠于某个民族，并为保持其（行政）单位内的民族占多数而斗争。这非但没有带来和解，反而导致了族群冲突。一个族群共同体的合法化取决于政府对其领土的授予。因此，民族、土地的占有与对领土的政治控制相互交织在一起。②

除了以民族领土为依据在共同体之间划定边界外，苏联的民族政策对个人也是如此。1932 年，所有苏联公民都收到了国内护照，这些护照正式定义了他们的姓名、出生时间和地点、授权居住地（propiska）和民族。个人的姓名和居住地可以改变，但民族身份不能变。个人的民族性已经演变成一个不受文化、语言或地理变化影响的生物类别。民族身份

---

① "Decision from the National Council, July 16th, 1918 and the Bill of the Constituent Assembly of Georgia, May 27th, 1920" documented in: *Parnaoz Lomashvili, sakartvelos istoria* (1918 – 1985). *XI kłasis sakhelmdzghvanelo. Me same gamoc'ema* [History of Georgia (1918 – 1985). Textbook for 11th grade. 3rd ed.] Tbilisi 1997, pp. 22 – 23.

② Martin, T., "Borders and Ethnic Conflict: The Soviet Experiment in Ethno-Territorial Proliferation," in: *Jahrbücher für Geschichte Osteuropas* 47, 1999, pp. 538 – 555; see also Simon, G., *Nationalism and Policy toward the Nationalities in the Soviet Union. From Totalitarian Dictatorship to Post-Stalinist Society*. Boulder CO, 2005; Hirsch, F., *Empire of Nations. Ethnographic Knowledge and the Making of the Soviet Union*, 2005. Ithaca and London: Cornell University Press; Martin, T., *The Affirmative Action Empire. Nations and Nationalism in the Soviet Union*, 1923 – 1939. Ithaca and London: Cornell University Press, 2001; Müller, D., *Sowjetische Nationalitätenpolitik in Transkaukasien 1020 – 1953* [Soviet Nationality Policy in Transcaucasia 1920 – 1953], Berlin: Verlag Dr. Köster, 2008.

类别由国家当局认定，它似乎在出生时就被继承了。① 20 世纪 30 年代末，苏联的民族政策已经放弃了对众多民族的关注，而是集中于少数成熟的、要素齐全的"民族"。强制性的民族识别符号成为一种工具，有利于支持名义上的民族成员；二战期间，这也用来对少数民族群体进行镇压（驱逐车臣人、印古什人和德国人，歧视犹太人），有效决定着个人命运。所有这些过程都可以被概括为族群身份的制度化。反对中央当局的政策被斥责为"向资产阶级民族主义偏离"，或被谴责为"无根的世界主义"（rootless cosmopolitanism）。② 新的领导层通过威胁迫使人们服从。③

1936 年，外高加索苏维埃共和国社会主义联邦解体后，民族认同的形成是通过建立民族共和国和文化建设来实现的。这种文化建设有利于培养民族意识，而这种民族意识是建立在对本共和国特定领土和国家管理认同基础上的。在斯大林时期，名义上的民族共同体领导权的巩固，导致生活在某民族共和国内的其他族群在历史和现实中被"区隔化"（compartmentalization），即"一个共和国一种文化"④。

在后斯大林时期，这一原则被"去区隔化"（de-compartmentalized）为"一个民族国家一种文化"，而不考虑行政和地理因素。依靠苏联政府的资金，政治和文化名人们对"自己的人民"和本人的民族符号表示效忠。然而，政治家在结构上受到限制，而知识分子则受到专门培训来生

---

① 关于"护照系统"，见 Zaslavsky, V. (1982), *The Neo-Stalinist State*, Armonk, N. Y. p. 92ff. and ibid., *Das russische Imperium unter Gorbatschow, Seine ethnische Struktur und ihre Zukunft*, Berlin, 1991, pp. 13 – 14.

② Slezkine, Y., "The USSR as a Communal Apartment, or How a Socialist State Promoted Ethnic Particularism," in: *Slavic Review* 53, 1994, pp. 444 – 445; Simonsen, S. G., "Inheriting the Soviet Policy Toolbox: Russia's Dilemma over Ascriptive Nationality," in: *Europe-Asia Studies* 51, 1999, p. 1070f.

③ Suny, R. G., *The Making of the Georgian Nation*, Second Edition, Indiana University Press, Bloomington and Indianapolis, 1994, p. 259.

④ Saroyan, M., "Beyond the Nation State: Culture and Ethnic Politics in Soviet Transcaucasia," in idem: *Minorities, Mullahs, and Modernity: Reshaping Community in the Former Soviet Union*, Edited by Edward W. Walker. Berkeley. first in Soviet Union/Union Soviétique 15 (1988), 2 – 3as well as the reprint in Suny, R. G. (ed.), 1997: 135 – 166. 1996: 401 – 426. *Transcaucasia, Nationalism, and Social Change. Essays in the History of Armenia, Azerbaijan and Georgia*, Revised edition. Ann Arbor. Saroyan described these processes in the Armenian and Azerbaijani cases, the Georgian-Abkhaz one is covered by Shnirelman, V. A. (2001: 199 – 350), *The Value of the Past: Myths, Identity and Politics in Caucasia*. Osaka: National Museum of Ethnology.

产民族文化。换句话说，"他们表现得像真正的爱国者——而不是糟糕的民族主义者。"① 当苏联政府无法再为民族文化的发展提供资金，并在1970年人口普查的灾难性结果之后试图增加俄语学习的学费时，区分这两者（爱国者和民族主义者）变得越来越困难，因为民族形式似乎已经成为内容，而民族主义除了形式崇拜之外似乎没有任何内容。因此，自20世纪60年代末以来，许多格鲁吉亚知识分子在格鲁吉亚社会中把世界观降为民族国家观，这与他们本国科学和文化人员的大规模增加有关。②

公开化政策（glasnost）不仅对戈尔巴乔夫时期的文化实践产生了影响，而且文化的政治性也决定性地影响了政治文化。通过为民族身份的概念化提供一个新的框架，文化实践促进了族群权利议程的合法化，其中包括各共和国边界之外和之内的民族生存问题。在后斯大林时期，在文化领域发展起来的族群身份认同"去区隔化"，在戈尔巴乔夫时期的社会和政治活动中得到全面发展。民族共和国的族群政治越来越多地围绕着对主权和公民权利的要求而展开，表达了获得对地方事务更多控制权的要求，但也包括对跨越共和国边界的族群权利或对共和国内少数族群权利的要求。此外，在高加索地区，对稀缺资源的竞争一再导致该地区主体民族和非主体民族之间的冲突。在民族共和国领导层有意将其族群空间进一步"民族化"的地方，少数民族社区很快就感受到日益"强大的共和国"的影响。尤其是南高加索地区，以民族为由给予共和国更大的自治权和主权的做法，很容易转化为主体民族在制度上对未获得这种权力的其他民族进行强力甚至是暴力的统治（例如，格鲁吉亚的阿布哈兹人或阿塞拜疆纳戈尔诺—卡拉巴赫地区的亚美尼亚人）。③

当非民族的苏维埃国家失去了苏维埃的意义，非国家的民族实体就成了唯一可能的继承者（俄罗斯联邦除外）。④ 然而，苏维埃时代取缔了

---

① Slezkine (450 – 451), *The USSR as a Communal Apartment*.

② Cf. for Georgia: Gerber, J., *Georgien: Nationale Opposition und kommunistische Herrschaft seit 1956*, Baden-Baden: Nomos, 1997, pp. 33 – 113.

③ Saroyan, *Beyond the Nation State*, pp. 424 – 426.

④ Slezkine, *The USSR and Ethnic Particularism*, p. 451. 各个房间的住户把门堵上，开始使用窗户，而拥有巨大的大厅和厨房的居民懵懵懂懂地站在其中央挠着后脑勺。对于这种民族意识形态在苏联条件下发展的相互作用，仍然没有进行调查，好像没有调查过。但意识形态的产生不能脱离其社会环境。

独立、稳定的正式制度的建立和发展，因此这些制度作为行动的决定因素还没有达到足够成熟的程度。因此，在试图定义"国家利益"时，唯一可用的工具是"民族身份的霸权本性"（nature of the outline of hegemonic national identity），作为决定转型和创建国家成败的关键性措施。这导致格鲁吉亚不断回溯自己的历史，并使用历史和文化论据作为进行政治辩论的手段。这让西方观察家惊诧不已，因为民族认同不能被设想为个人主观认同，而是客观上具有约束力的归属性定义。这意味着那些成功植入其民族认同定义的群体也将决定正在形成中的民族国家的利益。然而，这意味着新生的民族国家合法化的基础将成为国内政治争论的对象，因此这些国家可能倾向于解体而不是统一。① 这在1991—1992年推翻加姆萨胡尔季阿总统、降低格鲁吉亚东正教会内的原教旨主义倾向和许多其他领域中表现出来。于是，族群政治活动就超过了国家政治制度创新的能力。②

四　格鲁吉亚的矛盾性任务
——国家和民族建构

格鲁吉亚目前正面临着建设一个民族和脱离苏维埃、实现制度转型的双重任务。在这种情况下，公民身份并不被视为国家目的的一种机制，而是必须为（民族）国家事务服务。直到最近，许多格鲁吉亚人都相信，意识形态本身不应该被抛弃，如果共产主义意识形态捍卫和强加给人民的既定概念和价值观对特定的政党工作人员来说是"方便"的话，那么民族意识形态将以完全相同的方式捍卫和实现国家利益，确立有利于整个格鲁吉亚民族的思想和目标。这一观点的支持者没有考虑到他们的利

---

① Cf. Jacoby, V., "Geopolitische Zwangslage und nationale Identität: Die Konturen der innenpolitischen Konflikte in Armenien," Doctoral thesis at the Department of Social Sciences of the Johann-Wolfgang-GoetheUniversität Frankfurt/Main, 1998, p. 17.

② 见2000年前后对谢瓦尔德纳泽领导下的地方税务局、当局和警察的详细分析：Christophe, B., "Metamorphosen des Leviathan in einer post-sozialistischen Gesellschaft. Georgiens Provinz zwischen Fassaden der Anarchie und regulativer Allmacht," Bielefeld: transcript, 1005; Hensell, S., Die Willkür des Staates. Herrschaft und Verwaltung in Osteuropa, Wiesbaden: VS Verlag für Sozialwissenschaften, 2009, pp. 163 – 206.

益可能对非格鲁吉亚族人,甚至对许多格鲁吉亚族人来说都是不可接受的。国家意识形态代表了一种价值体系,在本质上是一种祖国处于最高地位的等级制度。① 虽然兹维亚德·加姆萨胡尔季阿谈到了格鲁吉亚的"精神使命",但是这种高估其特殊性的观点仍然得到了许多格鲁吉亚族人的支持。

这些假设越来越受到年轻一代的质疑,他们在国外接受过教育,对他们来说,民主意味着亲西方。② 他们的改革论述不仅代表了对意图的描述,而且成为"年轻"一代权力游戏的工具。对于这些年轻专家来说,改革意味着良好的职业前景。对于那些在苏联条件下崛起的权贵阶层代表和作家来说,这意味着如果他们被证明不适合新条件的话,他们就会丧失地位并被取代。特别是知识分子,作为格鲁吉亚民族的媒介和自称的领袖,经历了权威的丧失和新思想对其民族意识形态的挑战。③ 所谓的"改革者"正在替换旧权贵的代表部门,这对后者是一个日益加大的挑战,这一挑战与对国家意识形态的依赖相抵消。

1993年3月25日,格鲁吉亚议会通过了关于公民身份的法案,承认当时格鲁吉亚的所有永久居民都是其公民,没有任何限制,也不要求掌握格鲁吉亚语。④

---

① Berekashvili, T., "National Ideology and Public Interests," in: p'araleluri t'ekst'ebi/Parallel Texts no. 2. Tbilisi. A Journal run by the "Group for Investigation of Contemporary Consciousness" at the Department of Philosophy and Sociology of the Tbilisi State University challenged the leading national discourse by introducing French philosophy. In an extension of Roland Barthes, the author defines ideology as "an endless search for values that are acceptable and topical for the majority of people", 1998, p. 33.

② Nodia, G., "Georgia's Identity Crises," in: Journal of Democracy, No. 1, 1995, p. 107.

③ 一位社会科学家将知识分子描述为"人类灵魂的工程师",他们的主要文化技术已经被金钱所取代。Jgerenaia, E., "Utopia and the Field of Sociality" (A Sociological Essay), in: p'araleluri t'ekst'ebi/Parallel Texts no. 2. Tbilisi, 1998: 79.

④ Zhorzholiani, G., "Zashchita individual 'nykh i kollektivnykh prav natsional' nykh (etnicheskikh) men'shchinstv," in: 1 sametsniero-sazogadoebrivi k'onperentsia' dghevandeloba da sakhelmdsipoebrivi tsnobierebis p'roblemebi' mokhsene bata k'rebuli (24 – 25 ap'rili, 1998 c'eli, k. tbilisi) [The first scientific-public conference 'Present time and problems of state consciousness' Volume of presented papers. April 24 – 25, 1998, Tbilisi], 1998, p. 201 – 222, here p. 213; Lammich, S. and D. Sulakvelidze, "Grundzüge der postkommunistischen Entwicklung des Rechtssystems", in WGO-MfOR. On the different situation in the Baltic, see Barring ton, L., 1995, pp. 731 – 763. "The Domestic and International Conse quences of Citizenship in the Soviet Successor States," in: Europe-Asia Studies 47.

在格鲁吉亚的建国之路上，未来国家的形式问题自然而然地出现了，不能仅仅归结为经济发展、地理因素或历史。然而，恰恰是格鲁吉亚民族运动的亢奋和随之而来的1991—1992年冬季的内战，1994年在阿布哈兹的失败，2008年8月与俄罗斯为控制茨欣瓦利地区（南奥塞梯）的最新战争，直到2009年4—7月反对派在议会前不妥协的抗议，都揭开了格鲁吉亚民族团结的虚构面具。即使在文化上确实存在一个民族，这也根本不足为整个社会建立基本的政治共识。1994年，在一组格鲁吉亚年轻作家的评论文集中有人表示，希望"苦难能让人们理解"格鲁吉亚人民之前无法想象的分裂和他们被阿布哈兹人打败的事实。① 他们试图通过自我批判的反思来找到原因，而不是将其完全归咎于外部因素（格鲁吉亚的地缘政治位置和"恶魔俄罗斯"等）；相反，这些原因蕴含在他们自己的历史、文化和心态中，以及他们与苏联体系的纠缠中。在经历了国家独立就可以解决国家所有问题的"苦乐参半的幻灭教训"（bittersweet lesson of disillusionment）之后，有必要制定一个关于格鲁吉亚未来的清晰愿景的长期战略。② 这表明了格鲁吉亚社会转型过程中的一场更深层次的内部危机，这场危机始于20世纪70年代并延续至今。③ 这场危机可以归结为："摆脱长期存在的道德惯例，迫使人们过渡到一种反思性的自我证明模式。"④ 然而，在勃列日涅夫的停滞时期，苏联的制度缺陷导致格鲁吉亚社会普遍再传统化。⑤

---

① 作者小组：《从苦难到理解》（Tchk'ua vaisagan. statiebi），高加索和平、民主与发展研究所（CIPDD），第比利斯，1994年。题目是俄罗斯剧作家亚历山大—格里波耶多夫戏剧的变体。

② Nodia, *Georgia's Identity Crisis*, pp. 114–115.

③ 作为外高加索的一个重要部分，格鲁吉亚是否属于欧洲及其历史？位于欧洲和亚洲之间的地理边界，它仍然是一个人民自决的问题，是一个事关他们身份的问题。社会转型是环境变化的另一种延伸。在这里，它们并不是以破坏社区生活的方式出现的，而是以新的元素如何被现有的文化体系所占有，人们如何看待传统和现代元素在生活中的相互扩散，并为自己或社区发展出新的意义。

④ Eder, K., "Geschichte als Lernprozeß? Zur Pathogenese politischer Modernität," in *Deutschland. Frankfurt/Main*, The principle of a generalised reciprocity can be achieved by means of an ethic of (religious or moral) convictions or an ethic of responsibility (Max Weber), 1991, p. 67.

⑤ Cf. Dragadze, T., *Rural Families in Soviet Georgia. A Case Study in Ratcha Province*, London and New York, 1988.

任何被定义为"社会系统适应和自我调节能力增长"的"现代化"①，都迫切需要对价值领域（经济、信仰、科学、社会、新闻等）进行功能区分，并将其分离为具有自身特定逻辑的自主领域。这使人们能够达成"分段冲突解决方案"，从而防止价值冲突在结构上占主导地位，或个人利益冲突（通常是分配冲突）被戏剧化为系统冲突。②

也有关于国家新的象征性表述的讨论。③ 但是，如果这场辩论不涉及更广泛的公众，那么媒体就愿意给战斗人员一个阐述自我观点的论坛，这有什么（隐藏的）目的呢？为了确定这种辩论的原因，有必要更仔细地研究格鲁吉亚的政治文化。尽管有两百年的俄罗斯统治史，但必须记住，作为高加索地区的一部分，格鲁吉亚与地理上相邻的中东，在政治和文化融合方面的历史要长得多。中东的社会组织，以及政治文化方面的影响仍然是决定性的。因此，有必要假设高加索地区有一种混合的政治文化，它结合了两个根本不同的组成部分：在苏联化过程中获得的欧洲民族国家的概念，以及该地区流行的主要群体认同的做法和心态（如大家庭和类似的密切的个人网络）。在这种划分中，新的正式议会机构被认为是非正式结构的伪装，即"基于亲戚、朋友、同事、熟人和邻居网络的关系群，通过持续的利益和义务交换而有层次地联系在一起"④。由于他们有能力为这些交流耗费可用的公共物质资源，他们对追随者进行赞助。因此，精英网络利用国家和社会的政治结构对这些资源的竞争，必须被视为政治生活中的基本动态力量。由于这些赞助的做法不符合西

---

① Sterbling, A., *Eliten, Realitätsdeutung, Modernisierungsprobleme*, Aufsätze 1987 – 1988, Beiträge aus dem Fachbereich Pädagogik der Universität der Bundeswehr Hamburg 3, 1989, p. 51.

② Sterbling, A., *Eliten, Realitätsdeutung, Modernisierungsprobleme*, Aufsätze 1987 – 1988, Beiträge aus dem Fachbereich Pädagogik der Universität der Bundeswehr Hamburg 3, 1989, p. 25.

③ 格鲁吉亚议会副主席、著名电影导演 Eldar Shengelaia 在 p'arrament'is uts'qebani 周刊（1997 年 7 月 27—28 日，第 2—6 页）上介绍了他根据国际纹章规范呼吁提出"国家属性"的结果。

④ Dudwick, N., "Political Structures in Post-communist Armenia: Images and Realities," in K. Dawisha and B. Parrott (eds.), *Conflict, Cleavage and Change in Central Asia and the Caucasus*, Cambridge, 1997, pp. 11, 15; On Georgia see Aves, J., *Georgia. From Chaos to Stability*. London, The Royal Institute of International Affairs and the only empirical study on this issue: Mars, G. and Y, 1996; Altman, "The Cultural Bases of Soviet Georgia's Second Economy," *Soviet Studies* 25, 1983, pp. 546 – 560.

方国家的"法治"传统，因此国家事务的透明度和国家对合法暴力的垄断都无法得到加强。政党只是这种精英竞争的工具（例如，公民联盟），就像族群身份和国家的象征性语言一样。①

在这样的背景下，辩论通常会以一种更加封闭的方式进行，参与者意识到向对手暴露自己"盔甲上的漏洞"（chinks in their armor）的敏感性，因为领导层必须在其政治地位的完整性与民众的愿望之间取得平衡。② 但是，相互竞争的精英派别之间竞争得越激烈，象征性和政治性语言使用的表达方式就越强烈（谴责对方）。20世纪80年代，马克思主义话语被磨练多年的民族主义话语所取代，这也成为谴责对手的政治工具。唐纳德·雷菲尔德（Donald Rayfield）在其分析中就表明了这一点，他分析了斯大林在加姆斯霍迪尔（Gamsakhurdia）执政末期的格鲁吉亚表达方式的复兴，他的结论是："这一时期形成的是一种讨论的语言，它超出了所有公认的知识伦理。"③ 在苏联社会，"语言异化"（linguistic alienation）之后就失去了原有的意义，变成了单纯的标志，以特殊的形式和表面的完美来吸引和打动贫穷和迷失方向的人。④ 作为排他性的表达方式，它们可能在格鲁吉亚境内找到自己的追随者，但"在世界文字市场上"，它们必须反对诸如"开放"或"公民"社会、"人权"等术语。

那些主张以更加西化的方式把握社会现实的人，面临着一个小国对外国文化永久的"影响焦虑"，这种焦虑每一次都因试图将格鲁吉亚的历

---

① Theisen, S., "Mountaineers, Racketeers and the Ideals of Modernity-State-building and Elite-Competition in Caucasia," in: Høiris, O. and S. M. Yürükel (eds.), *Contrasts and Solutions in the Caucasus*, Aarhus, Aarhus University Press. Christophe, *Metamorphosen des Leviathan*, 1998, pp. 53 - 86.

② Cohen, *Conflict and Peace*, p. 31. See footnote 70.

③ 雷菲尔德：《滥用的语言——格鲁吉亚语的论战》，见 George Hewitt 编写的《高加索人的观点》。雷菲尔德正确地指出，如果"格鲁吉亚的公民思想要找到意义和适当的语言，那么最好的人必须表达他们的缺乏信念，这需要的将不是预先烹饪的短语和比喻，而是新鲜的材料。格鲁吉亚的公民思想应该交流，而不是谴责；它需要的不是一种石头语言，而是一种活生生的语言，在这种语言中，第二人称是拼凑者，而不是被压扁的替罪羊，第一人称是陪审员，而不是检察官。"

④ Society is deprived of the means even to articulate and express its demands because language is monopolized by ideology. Nodia, G., *Nationhood and Self-Recollection: Ways to Democracy after Communism*, in: Duncan, P. and Rady, M. (eds.), *Towards a New Community. Culture and Politics in Post-Totalitarian Europe*, Hamburg and Münster, 1993.

史和文化观念去意识形态化或进行修正的行为而扩大（例如，格鲁吉亚东正教会离开世界普世教会，麦当劳在鲁斯塔维利大道上开业，抗议在美国举办格鲁吉亚圣像展览的计划）。这可能会导致一种彻底阻挠外来影响的绝望式努力，从而导致孤立。① 任何试图实施同质化格鲁吉亚民族意识形态的行为，都会激起普通人避免这种意识形态影响的对策，这种做法早在苏联时期就已经形成。尽管这些策略很务实，但是它们很坚韧，会"像被强风吹拂的芦苇一样弯曲"②。

然而，本土文化和外国文化并不像公共辩论中经常提及的那样相互排斥；它们只是在一个广泛而多样的连续统一体中并列成为极端的代表。在这个连续统一体中，公共生活可能会自我发展。

即使在今天，"现实危机"和迷失社会发展方向的风险仍然困扰着格鲁吉亚，因为经济和科学等其他领域无法调集起足够的自主权，按照机构确定的合理性标准进行决策。在整个社会的决策过程中，它的具体知识和利益根本没有得到考虑。③ 与此同时，也没有一个过程可以将大部分人的具体利益纳入整个社会的决策过程中。因此，激励结构和生活策略已经形成，它们基本上不受意识形态的影响，因此不受政治导向的影响。政治控制的公共领域与私人领域已经渐行渐远，现在看来，它们将在新

---

① Jgerenaia (Utopia, p. 83) and Nodia (Nationhood, p. 63) called this 'ideological fetishism'. Oliver Reisner, Pamela Jawad, Die Nationalisierung der Religion in der Orthodoxen Apostolischen Kirche Georgiens-Begünstigung oder Hindernis im Demokratisierungsprozess? [The Nationalisation of Religion in the Orthodox Apostolic Church of Georgia-Encouragement or obstacle in the process of democratisation?], in: Mirjam Künkler/Julia Leininger (eds.): Zur Rolle von Religion in Demokratisierungsprozessen [About the Role of Religion in Democratisation Processes] (to be published in 2010).

② There is also the example of Georgian history teaching in state run secondary schools. Reisner, O., "What can and should we learn from Georgian history?" in: *International Textbook Research* 20, 1998, pp. 409 – 424.

③ 对于 Eder，自治主体的理念与平等主义话语民族化形式之间的联系意味着"创造政治现代性的关键"，并在两个层面上发生：1) 以社团的形式创建社区，例如，涉及所有成员的形式平等，新的议题和新的发言与辩论方式，以及 2) 政治活动的法律编纂，其形式是规范正式进入政治制度的机会，以及让那些将受到必须做出的决定影响的人参与的程序。Benhabib 指出，作为话语伦理学的基本原则，所有受遵守某些规范后果影响的人都应有权根据每个人的利益决定在实际话语中是否接受这些规范。另见 Stefes, C. H. (2006), *Understanding Post-Soviet Transitions. Corruption, Collusion and Clientelism*, Houndmills, Basingstoke: Palgrave.

的"国家意识形态"的基础上（被迫）重新结合。① 为了抵消这一趋势，学校和媒体发挥了关键作用。他们通过灌输民族认同感，从而产生对国家和公共道德的忠诚度以阻止这种趋势。② 迫切需要的国家共同体的合法性并没有成为现实，因为公民被剥夺了参与这一进程和真正分享利益的任何机会。尽管格鲁吉亚是一个独立的国家，但是如果不能形成一种具有普遍约束力的规范性秩序，其将处于严重危险的"病态"（pathologic）之中。③ 对"法治铁臂"的绝望呼声，以及 1995 年对总统谢瓦尔德纳泽的暗杀企图④，都清楚地说明格鲁吉亚社会的国家独立实际上是多么不稳定。国家构建与民族构建的进程是同步的。后者的需求在许多方面使前者的一致性变得复杂。这代表了格鲁吉亚"国家的创伤"（trauma of statehood）。⑤

古拉姆·沙拉泽通过煽动关于族群分类的辩论，表明他自己及其所代表的群体是被边缘化的，他们因此需要直接向公众呼吁获得支持，将他们的地位与其所捍卫的关切联系起来。正如这场辩论突然出现在公众视野中一样，它又陡然消失了，而且没有产生任何显著的后果，转而以新的问题再次吸引公众的兴趣。这场辩论可能是旧知识分子作为苏联社

---

① 斯特布林认为，东欧社会现代化的障碍在于，在苏联社会中，精英的发展作为一种社会发展的形式，沿着特定的社会文化和社会经济利益，直至"意识形态上的统一精英"，受到了严格的压制，这与知识模式、对现实的解释和理性的标准不符合官方解释的主导意识形态也受到压制一样。

② For an earlier period see Janusz Tomiak in collaboration with Eriksen, K., Kazamias A. and R. Okey (eds.), *Schooling, Educational Policy and Ethnic Identity*, New York University Press, Dartmouth (Comparative studies on governments and non-dominant ethnic-groups in Europe, 1850 – 1940, Vol. 1), 1991; Fletcher, G. P., *Loyalty. An Essay on the Morality of Relationships*, New York/Oxford: Oxford University Press, 1993.

③ "如果我们能确定一个社会在其发展过程中部分或完全破坏了自己的结构性前提条件，我们就可以说是病态。所涉及的病理因素包括破坏就哪种规范性秩序具有集体适用性进行辩论的任何可能性"。原文为德语，作者翻译。

④ 之所以这样做，是因为人们认为成功的暗杀会使整个国家陷入混乱和宗族战争的状态。

⑤ Cohen, J., *Conflict and Peace in the Caucasus: Obstacles and Opportunities*, in *Media and Conflict in the Transcaucasus*, McCormack, G. (ed.), The European Institute for the Media, Düsseldorf, 1999, pp. 29 – 41; Jones, S. J., "Georgia: The Trauma of Statehood," in Bremmer, I. and Taras, R. (eds.), *New States, New Politics: Building the Post-Soviet Nations*, Cambridge: Cambridge University Press, 1997, pp. 505 – 543.

会现存的残余势力带来的动荡之一。一方面,社会变革使以前的文化精英失去了他们惯常的角色——使苏联政权或现在的格鲁吉亚民族合法化。如今,他们试图"在自由市场上出售自己的力量,把他们(知识分子)变成商人",这使得他们以前的地位更加令人怀疑。① 另一方面,作为沙拉泽昔日的对手,新兴的非政府组织仍然主要限于首都,他们必须认真对待这个问题。他们必须在不破坏"游戏规则"的情况下使整个辩论具有合理性,并有机会影响这些规则。两个对手的特点都是相对无力。正因为如此,他们诉诸在其他地方为自己寻找支持(民族建设与国家建设)。所以,这个例子已经证明公共辩论中政治发展的范围是有限的。虽然缺乏精英派别之间政治冲突的其他制度化形式,但是媒体上的这些辩论却表现出个人化政治体系中隐藏的、永久的个人联盟的组合(Ranking of Personal Coalitions)。

(兰州大学格鲁吉亚研究中心魏衍译,欧阳煜岱校)

---

① Jgerenaia 称军阀和剧作家 Jaba Ioseliani 是"格鲁吉亚知识分子中的最后一个莫希干人"的完美例子(Jgerenaia, *Utopia*, pp. 79 – 81)。

后　记

本书是 2021 年度"中央高校基本科研业务费专项资金"兰州大学格鲁吉亚研究中心基地建设项目（2021jbkyjd008）的阶段性成果之一。

兰州大学格鲁吉亚研究中心成立于 2017 年 3 月，并于 2017 年 6 月进入教育部国别和区域研究中心备案名单，是研究格鲁吉亚问题的专业学术机构。自成立以来，格鲁吉亚研究中心立足于服务国家战略，为国家"一带一路"倡议的深入发展提供智力支持和决策咨询，重点关注中格关系发展、格鲁吉亚对外政策、格鲁吉亚经济政策及形势、格鲁吉亚文化教育和格鲁吉亚民族个性等领域。格鲁吉亚研究中心还通过服务国家战略以提升兰州大学的国际化办学水平，为兰州大学建设世界一流大学贡献一己之力。

本课题获准立项后，课题组成员在中心主任汪金国教授的精心指导下，对人员分配和工作进程做了十数次讨论，每篇论文都经过了翻译、互校和课题组成员面对面逐字逐句的推敲打磨。本书得以付梓，在此要特别感谢"中央高校基本科研业务费专项资金"提供的出版资助！感谢兰州大学政治与国际关系学院、中亚研究所同仁，以及格鲁吉亚研究中心的老师和同学们的携手努力！中国社会科学出版社赵丽老师为本书的出版付出了辛勤劳动，在此谨向她和她的同事的无私帮助和辛勤劳动表示最诚挚的谢意！

汪金国

2022 年 8 月